要想佩服谁，
我就照镜子。

独坐书斋、独步文坛、独立抗争，
狂放不羁、锋芒毕露、风流多情，
博闻强识、皓首穷经、纵横捭阖，
以玩世来醒世，用骂世而救世，

用一支笔震撼海峡两岸，
用一张嘴影响无数华人。

李敖

李 敖 著

自传

人民文学出版社

著作权合同登记号　图字　01—2017—9483

图书在版编目(CIP)数据

李敖自传/李敖著. —北京:人民文学出版社,2018
ISBN 978-7-02-013648-3

Ⅰ. ①李…　Ⅱ. ①李…　Ⅲ. ①李敖—自传　Ⅳ. ①K825.6

中国版本图书馆 CIP 数据核字(2017)第 324565 号

责任编辑　付如初
装帧设计　刘　静
责任印制　苏文强

出版发行　人民文学出版社
社　　址　北京市朝内大街 166 号
邮政编码　100705
网　　址　http://www.rw-cn.com

印　　刷　固安县铭成印刷有限公司
经　　销　全国新华书店等

字　　数　424 千字
开　　本　680 毫米×960 毫米　1/16
印　　张　30.25　插页 24
印　　数　100001—170000
版　　次　2018 年 1 月北京第 1 版
印　　次　2018 年 3 月第 2 次印刷

书　　号　978-7-02-013648-3
定　　价　78.00 元

如有印装质量问题,请与本社图书销售中心调换。电话:010-65233595

“台湾断桥日，是我出生时”。我在台湾六十六年，如今心灵上另有天地。

抗日在先的马占山将军（右上）。抗日在地下的我的父亲李鼎彝（左下）。

我生在一九三〇年代中叶。一九三〇年代是一个各路人马白刃相加、举枪相向的年代，它的混乱是世界性的、普遍性的，资本主义在经济萧条，法西斯主义在东征西讨。土地像荒原，人们在战栗。那是一九三五年，乱世之中，有了我。

我生在哈尔滨，东方里的西方。图为哈尔滨圣索菲亚教堂（Harbin St.Sophia Church）。

从小是戏迷，手执长枪，寻找敌人。

见证了照相馆有布景的时代。

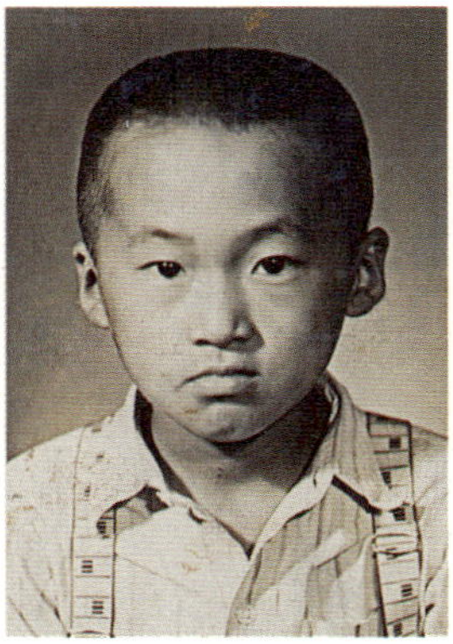

畢業證書

學生李敖係山東省濰縣人現年十二歲在本校初級修業期滿成績及格准予畢業此證

北平市立新鮮胡同小學　校長張瑞珂

中華民國　年　月　日

见证了初小有文凭的时代。

“深情那比旧时浓。”北京李敖故居，内务部街甲四十四号。现已改头换面了。

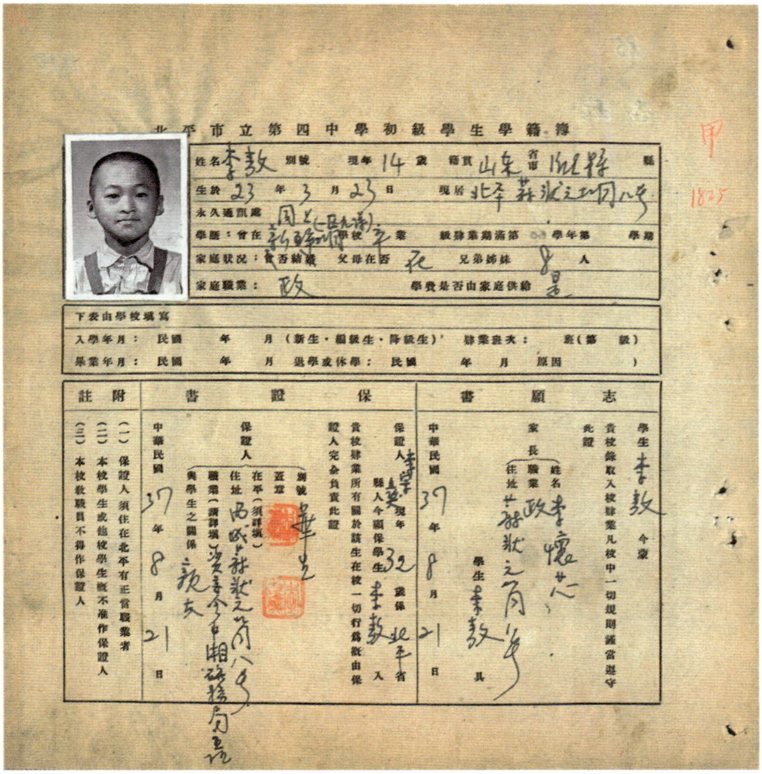

北平市立第四中學初級學生學籍簿

姓名 李敖 別號 現年 14 歲 籍貫 山東 省市 濰縣 縣

生於 23 年 3 月 23 日 現居 北平

永久通訊處

學歷：曾在 學校 年 級肄業期滿第 學年第 學期

家庭狀況：曾否結婚 父母在否 在 兄弟姊妹 8 人

家庭職業：政 學費是否由家庭供給 是

下表由學校填寫

入學年月：民國 年 月（新生・插級生・降級生） 肄業班次： 班（第 級）

畢業年月：民國 年 月 退學或休學：民國 年 月 原因 （ ）

附註	保證書	志願書
（一）保證人須住在北平有正當職業者 （二）本校學生或他校學生概不准作保證人 （三）本校教職員不得作保證人	保證人 現年 歲係 省 縣人今願保學生 李敖 入貴校肄業所有關於該生在校一切行為概由保證人完全負責此證 保證人 別號 蓋章 在平（須詳填）住址 職業（須詳填） 與學生之關係 親友 中華民國 37 年 8 月 21 日	學生 李敖 今蒙貴校錄取入校肄業凡校中一切規則應當遵守此證 家長 姓名 職業 政 住址 學生 李敖 具 中華民國 37 年 8 月 21 日

甲

1825

北京四中档案中的初一李敖。

一九四九年在这一码头来到台湾，全家九口。六十年后，坐在那里，剩我一人。

十二三岁时在大陆的一张旧照，凭它办了到台湾的“入境证”。

历史系一年级。

台中李敖故居。与妈妈合影。六十年后旧地重游,写了一首诗:“六十年前谁识我?六十年后我识谁?信知老屋终作土,捧得凄凉片瓦回。”

在军队里，我看到中国人民质朴纯真的一面。

李敖在碧潭。

文星被封后，与小蕾游山。

军车载特务，开到家门口。我被软禁了十四个月。

一九七五年十二月，李敖在“台湾仁爱教育实验所”洗脑，在《开释证明书》上，留下这样一张照片。

白色恐怖时期的“百衲被”，它涵盖了红色信念的悲欢离合。

“红色 11”牢房的一角（约全房的四分之一大）。李敖旧牢重游，追述当年。

牢里构思，牢外下笔。法海真源，书中见底。

我的安和路书房、东丰街书房、阳明山书房，都已卖掉，现在的书房叫“金兰书房”，在右起第四栋大楼的第十二层，我将终老于此。

“金兰书房”一角。

第二次入狱的牢房。

第二次出狱，背后是高墙和警察。

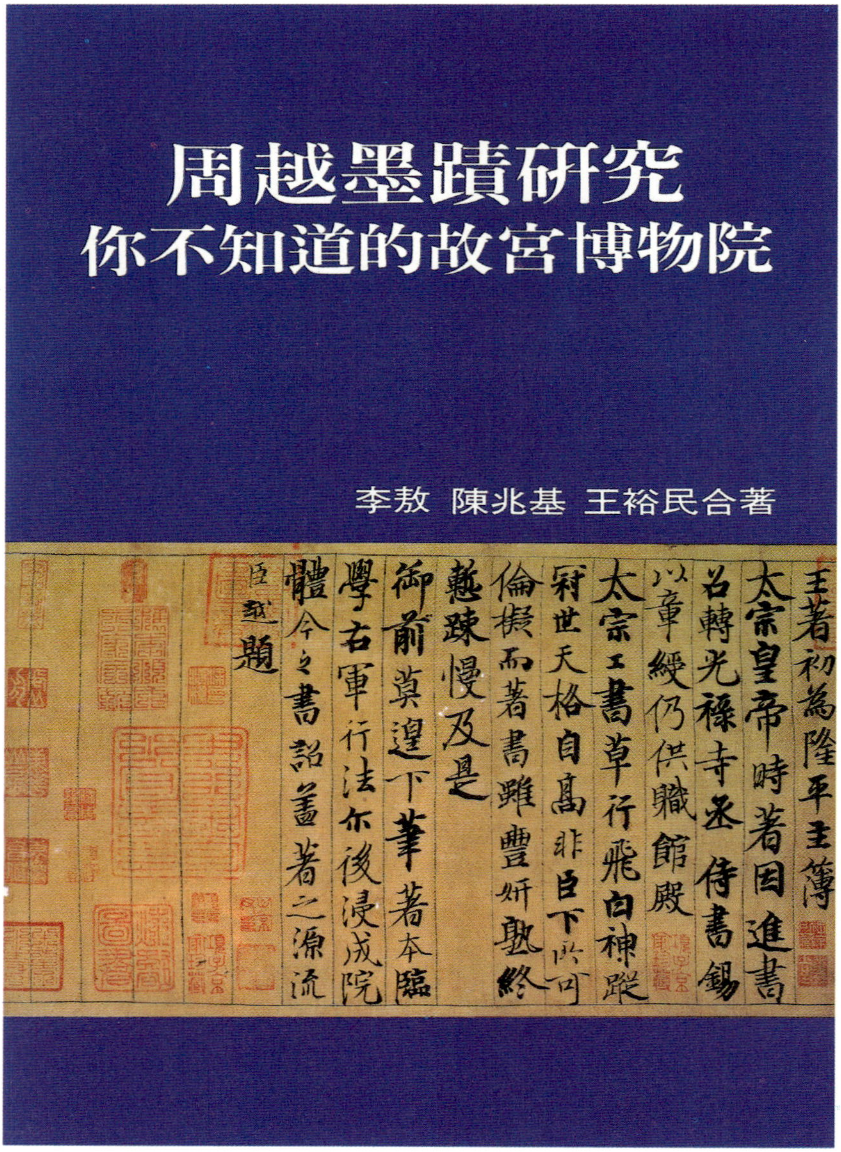

很少人知道我是中国文物鉴定专家。很少人知道《中国书法史》中有我名字。

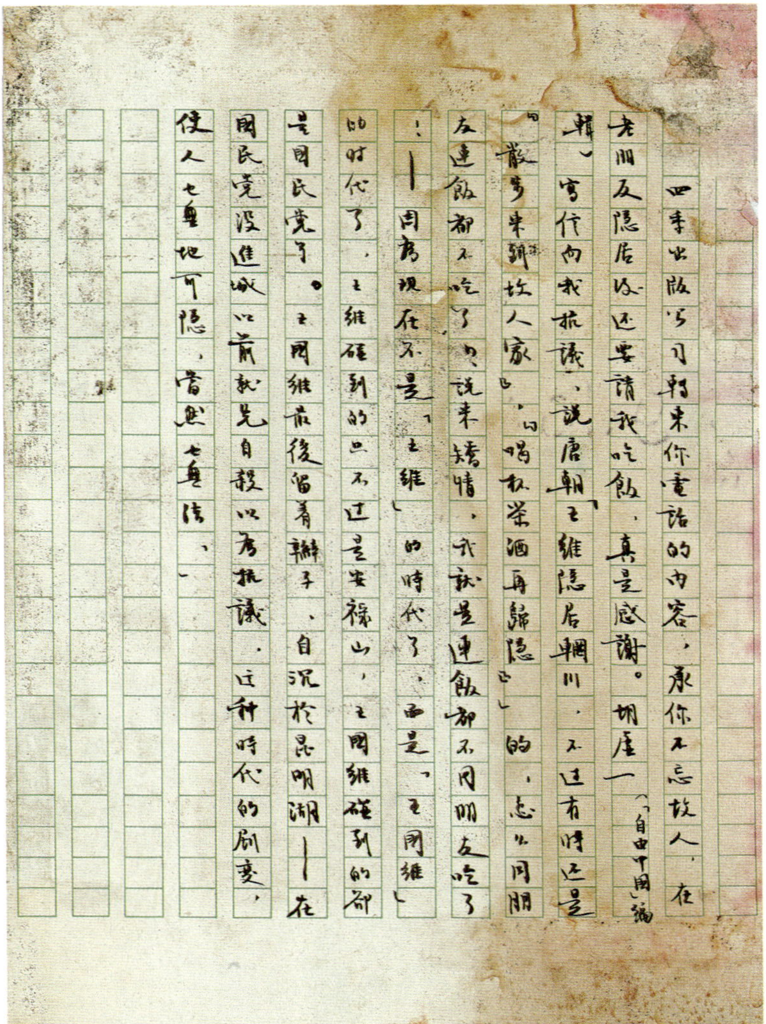
四季出版公司轉來你電話的內容，承你不忘故人，在老朋友隱居後還要請我吃飯，真是感謝。胡虛一（「自由中國」編輯）寫信向我抗議，說唐朝「王維隱居輞川，不過有時還是『散步來尋故人家』，『喝杯茶酒再歸隱』」的，怎么同朋友連飯都不吃了？說來矯情，我就是連飯都不同朋友吃了！——因為現在不是「王維」的時代了，而是「王國維」的時代了。王維碰到的不過是安祿山，王國維碰到的卻是國民黨了。王國維最後留着辮子，自沉於昆明湖——在國民黨沒進城以前就先自殺以為抗議。這種時代的劇變，使人已無地可隱，當然已無法、、

很少人知道我写了一手好毛笔字。

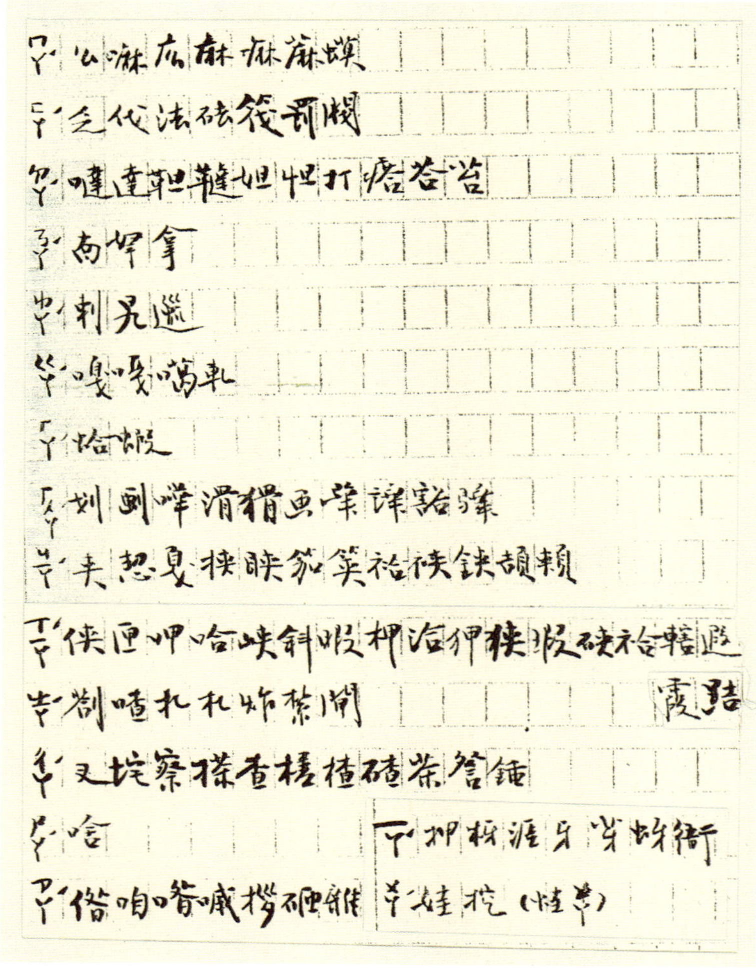

我的毛笔字（原寸）。

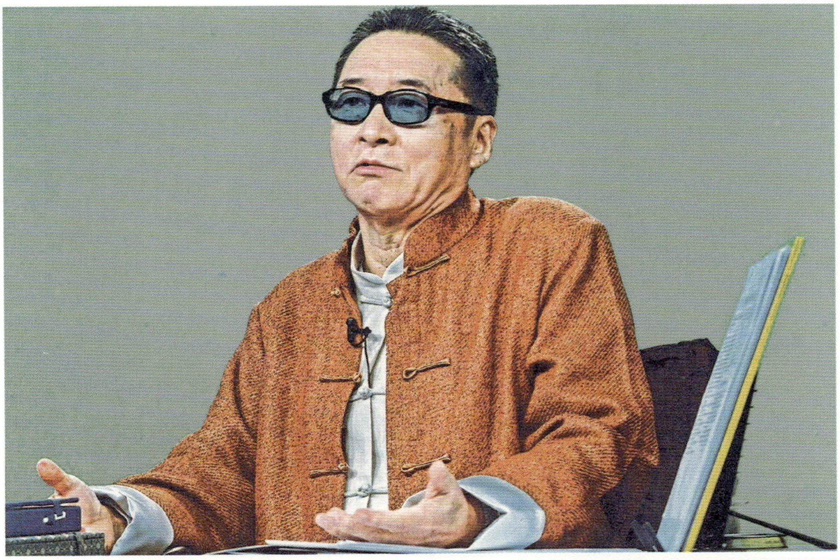

凤凰台上，唱作俱佳。

李敖在三场演讲中，夹带了许多私货。五十多年以来，只有他才有这等本事。对李敖的人格，许多人有不同的看法。然而三场演讲，李敖变成了一个“语言胡迪尼”——胡迪尼，不就是那个浑身绑牢锁链、装在箱子里、沉在海底，还有本领逃遁无踪的魔术界传奇吗？

上图我与刘长乐，下图李谌与李戡。

北大领导闵维方与李敖互送礼物。李敖送了当年李鼎彝的毕业文凭，世所罕见。

李敖为上海复旦大学题字：“天不生仲尼，万古如长夜；天又生我们，长夜才复旦。”没人能把中文写得这么奇妙了。

阳明山书房——“青山见我楼”一角。

阳明山书房——“青山见我楼”另一角。

马家辉主持李敖在香港书展的演讲。

封面是"虚拟的十七岁"，封底是真实的十七岁？

烈士永生，民国已死。建国百年，一派胡言！

什么样的人，养什么样的猫。

永恒的忧郁，永恒的美丽哀愁。

验明正身，“老弃台湾”。

英雄割据虽已矣！

文采风流今尚存。

——杜甫《丹青引》

吾爱孟夫子，
风流天下闻。
我找李大师，
云端不可寻。

前两句是李白赞美孟浩然的诗。
后两句是电脑云端找不到的诗。

目　录

破　题

宋朝有个风俗，叫“八十孩儿”。小孩出生，为了盼他长寿，在他脑门子上写“八十”两个大红字，以讨吉利。现在我真的活到八十岁了，脑门子上要写，得写“八百”才过瘾了。看来“八百”是活不到了，但写几百条浮生杂忆是没问题的，于是我花四十天写他几百条。因为是浮生杂忆，不求齐全，随笔而为，尽得风流。书名原拟《李敖八十风流录》，嫌八十太老气，改为《李敖风流自传》（简体字版名为《李敖自传》——编者注）。由于写法太破格，也可叫作《李敖浮生缤纷录》。看来破格的马劳（André Malraux）的《反回忆录》（*Antimémoires*）、葛拉斯（Günter Grass）的《我的世纪》（*Mein Jahrhundert*）都写得太规矩了。唐朝诗人写“文采风流今尚存”是吹牛的，实际上，他们的“文采风流”，直到李敖身上方得实现。“后之视今，亦犹今之视昔”。“今之视昔”者，我也；“后之视今”者，有乎哉？没有也。千山独行，千古一人，广陵之散，从此绝矣！

凡　例

一、一生写的书都太有板眼了，这本书要颠覆一下：信笔所之，不计较章法、文体、均衡感、首尾相顾，但得徜徉自然，不怕乱七八糟、不怕不连贯。

二、有时用瓜蔓式。瓜蔓就是跑野马。跑了一阵再回来，或不再回来，悉随性之所至。

三、有时长话短说，有时短话长说，啰唆一下。也不怕小有重复。重复就重复，我在加强事实、加重语气啊。至于长话短说，难道在做简报吗？不是，只是不想多花时间。万一说长了，一定是气极了。

四、所写黑暗中见野火、文明中见野蛮，得其野趣；又俗中见雅、雅中脱俗，得其雅趣，也得其俗趣。

五、多写花絮。古人"踪迹大纲""情怀小样"，古人吹牛，我却得之。

六、有时用跳跃式。跳跃式写法最自然。看来没头没尾，其实自成单元。跳跃式写法也不是一跳不回，它会"将往复旋"。只是跳回来的时候，你衔接不上了。跳蚤多么了不起，它以三毫米的大小，可以跳高自己七十倍、跳远自己一百一十倍。跳跃真好，它可以平地就给自己高度和远方。请接受我的跳跃式写法。

两位老太太

我的写法采“随意唠叨体”。我虽然已不耐繁剧文字，但自传例外，该啰唆之处，绝不轻饶，还要特别啰唆一下。汗牛也、充栋也、上网也、下载也，古今自传多矣，但最好的，出自两位老太太。一位是赵元任太太杨步伟，一位是胡适太太江冬秀。老太太式自传的最大好处，在她随意唠叨。唯其随意，故少弄假；唯其唠叨，故无遗珠。李敖者，行文固大手笔也，以大手笔效老妪书；能解老妪，方足以读自传。知我者，其唯老太太乎？我的收藏中，有一章打字稿，上面有胡老太太亲笔改动，是骂干女婿、干女儿钱思亮和钱思亮老婆忘恩负义的，骂得很生动。胡适生前招朋引类，引来的多是匪类；胡适死后，一一现原形而去，毋怪胡老太太怨气满纸也。

时——一九三五

一九三五年，那是中国人最倒霉的年代，阿比西尼亚最倒霉的年代，犹太人最倒霉的年代。犹太人被锁定是万恶之源，直到被杀了六百万才稍得喘息。那种杀戮是渐进的，从他们身挂牌子自责开始；就在一九三五年，他们就被挂上了。挂牌子，洋人可早了去了！

地——我住在中国

我否认“中华民国”的存在。有人问你不承认“中华民国”,那你住在哪里?我夷然答曰:“我住在中国。”所谓“中华民国”,事实上,根本相当于中国的一个省,以一个省的现状——拖了长达六十六年的现状,居然要“省可敌国”“分庭抗礼”,这是很不要脸的抹杀事实的态度。如果大陆上一九四九年起没出现中华人民共和国,也许“中华民国”四字还可蒙混适用;但是,中华人民共和国早就成立了,为中国人民、世界各国所承认了,“中华民国”早已亡国属实!我最爱挖掘国民党的文件,我早就指出:一九五〇年三月十三日,“中华民国”的亡国总统蒋介石在“阳明山庄”秘密讲“复职的使命与目的”,就承认说:“我自去年一月下野以后,到年底止,为时不满一年,大陆各省已经全部沦陷。今天我们实已到了亡国的境地了!但是今天到台湾来的人,无论文武干部,好像并无亡国之痛的感觉……我今天特别提醒大家,我们的中华民国到去年年终就随大陆沦陷而已经灭亡了!我们今天都已成了亡国之民而还不自觉,岂不可痛?”白纸黑字如此,可见说“中华民国”未亡者,自不符合“总裁言论”“总统训词”也!而奴才们的“总裁”与“总统”,私下里也未尝不承认“中华民国”已亡的事实。当然,私下里是一回事,明目张胆又是另一回事。蒋介石在明目张胆时,还是不要脸地宣称“中华民国”不但未亡,还涵盖整个大陆。并且,还涵盖外蒙古。外蒙古早就被他卖掉了、外蒙古早就进联合国了,蒋介石还说是他的。不甩卖国的蒋介石吧,外蒙古在我感觉里一直是中国的。

人——曾经走过这样一位血肉之躯

总结八十年的成就,似乎止于“示范”与“播种”。李敖一生独来独往而能独立存在，贫贱不移、威武不屈，是为“示范”；又在年复一年重围中，自台岛流窜祖国，以自由智慧崇中反美为天下倡，是为“播种”。只是世界和中国太大，阻力也多，究竟能播多少种，难以评估。最后能把握的，也是以“示范”为主。爱因斯坦（A. Einstein）论印度圣雄甘地（M. Gandhi）说：“后代子孙很难相信这世界上曾经走过这样一位血肉之躯。”（Generations to come will scarce believe that such a one as this ever in flesh and blood walked upon this earth.）我蛮喜欢这一描述。后代子孙也难想象在我们中国，生民犹如过客、成千上万又上亿的过客，能够反客为主的，除非成群结队、立党夺权营公或营私，个人绝无机会。不入于杨、则入于墨、或浮海入于美。个人没有前途，只有夭折与牺牲。冒出头来的个人仅有李敖一个、仅幸存李敖一个。如今也忽焉老矣。所以，就“示范”而言，反倒更为写真。其实古今个人，“匹夫而为百世师、一言而为天下法”者，毕竟寥寥。从历史长流评估，也只是一道灵光而来，化为一道阴魂而去。看看甘地吧，他一辈子的苦心与苦行，有生之年并没看到；而横死以后，自己国家的演变，也与他一生努力的走向不同。至今印度人怀念甘地，也只是“高山仰止、景行行止”的“示范”而已。山外有山，彼山非此山；人民景行阁下，景行半天，人民还是人民。“吾道不孤”是有的，但是点起名来，没有几个。为你立几个铜像可以，铜像只是观光一景，不是吗？（插播一句题外语：一生中，跟我上床的女人最能见识到我的血肉之躯，最有“金刚经”“真实不虚”的情调，但她们知道我多伟大吗？）

鬼——日本鬼子

我生那年，一九三五。正是日本鬼子羞辱中国如火如荼之年。蒋介石的国民党政府对日本，是一路低声下气的。订什么什么协定固不必说，一个言论自由上的故事，倒特别值得一提。杜重远在《新生周刊》发表《闲话皇帝》一文，日本驻沪总领事以“侮辱天皇”为口实，要求国民党亲日政府法办。国民党法院判了杜重远一年两个月，同时查封了媒体《新生周刊》。想不到吧？七十六年后，二〇一一年，王伟忠之流却利用媒体《全民最大党》，向日本天皇道歉了，多丢脸啊！当年日本人给杜重远和媒体的罪名是“侮辱天皇，妨害邦交”，日本人可恶，但还在有邦交基础上戴你帽子。今天呢？日本人早就把你一脚踢开跟你台湾没“邦交”了，台湾却在自己有二十一万的贫户拮据下，由马英九带头募捐，奉献了五十八亿给日本救灾。如今杠上开花加上道歉，他们把台湾人搞得这样贱，马英九、王伟忠可都是在台湾的外省人呀。从一九三五年《新生周刊》事件到二〇一一年《全民最大党》事件，都被我赶上了。

原来我就是“上帝”

根本上，人是被上帝的化学游戏给要了。上帝造男女，又用化学成分作弄了，使生理有需要、心理有需要，所以有性交和爱情，在这些需要上随上帝指挥起舞，百怪千奇，窘态毕露；上帝高高在上，窃笑以自娱。无法自脱于上帝的魔障，但是自成舞步，别立婆娑，还是有机会的。换句话说，把上帝指挥下的生理需要和心理需要予以改变，变得像万花筒一样的千变万化、绮丽多彩，使上帝感到惊叹失控；上帝只是天工，但可以巧夺。上帝只变成动物层面的庸俗，包括单一的传教士的性交姿势，但我从这个层面提高了水平。我变得超越了庸俗，我作弄了上帝。

上帝把亚当夏娃们造得那么粗糙，经过进步与修饰，变得多么与亚当夏娃不同、多么与诺亚方舟中的动物不同、多么与原始的自己不同。我出自人群，我曾受污染，我接触到太多太多的庸俗和世俗，可是我走了出来，证明了可以胜天、也可以胜群众、也可以胜自己。在两性关系上，从上帝到人群，把这种关系搞得兽性、单调而痛苦。如今，我走了出来，我打败了上帝给我的极限。

在床上，上帝不见了，原来我就是“上帝”。

上帝管两头,我管中间

虽然如此,我仍旧自勉我自己一段话:“当它变得什么也不是,你跟它同在一起,你也变得什么也不是。你不必对陨石做什么,如果你不与陨石同碎,你还是做你自己的世界性、普遍性、永恒性、生命性的工作罢。”这就是我一生的计划,也是我余生的方向。我一生的计划是整理所有的人类的观念与行为,做出结论。人类的观念与行为种类太多了、太复杂了,我想一个个归纳出细目,然后把一个个细目理清、研究、解释、结论,找出来龙去脉。这不像是一个人做得了、做得好的大工作,可是我却一个人完成它。这是我一生留给人类的最大礼物;因为人类还没有一个人,能够穷一生之力,专心整理所有的人类观念与行为的每一问题。也许有人说:“你做的,好像是最后审判?”其实不一样,最后审判是人类的愚昧已经大功告成、已经无可挽回,只是最后由上帝判决而已。我做的,却是一种期中结账。结账以后,人类变得清楚、清醒,可以调整未来的做法和方向。所以我做的,跟上帝做的不一样,我们只是分工合作。上帝从最初造人类开场、到最后审判落幕,他只管首尾两头;而我却管中间,要清清场,检讨一下上半场的一切。所以,上帝最后可以审判我,但在最后没到以前,我要先审判他。

视——息眼之所

最喜欢把眼睛闭起来,埋在十七岁情人的大腿上。光滑、柔软、温暖、香馨,还有弹性……眼睛埋在那里,我愿从此一瞑不视,那是我永远向往的安息地方。

年复一年的辛苦、日复一日的萦扰,在须臾之间,全化为无形。出现在目前的,恰似那《神女赋》中的云梦人儿,或近或远、或俯或仰,陪你解脱又为你解脱,让你飘浮天上又婆娑人间。那样的舒服,那样的安谧。多么希望那是一种归宿,眼睛不要再睁开,就长眠在那里。

声——蝴蝶夫人

我的一个朋友薛起文是音响迷,整天整夜为新款音响神魂颠倒。市面上一有新货出来,他就疯了,千方百计,要汰旧换新,搬进搬出,几无宁日。我问他新旧之间,有那么大的落差吗?他苦笑一下,摇了摇头。人生啊,N就很好了,为什么拼命追求N+1?不断用新音响听追魂曲的人,何不减1一下,N就好了?薛起文最喜欢听CD歌剧,尤嗜《蝴蝶夫人》。我认为《蝴蝶夫人》最令人吃不消的,在段落之间,失声失音太长;以为歌剧已完、夫人已死,不料又活回来。歌剧迷薛起文跟我说:他每听《蝴蝶夫人》都要哭。他太太不许他用大音响了,他买了一台随身听,偷偷在浴室放,结果每次大便完了、厕所门开,都泪流满面而出。我听了大笑:蝴蝶夫人终于惨死了。

色——日本女人

我太太小屯向我说了一句妙话,她说:“当你开始喜欢日本女人,就证明你老了。”真糟糕,我近年已有喜欢日本女人的倾向。日本女人比洋婆子细腻多了。写真集要数叶月里绪菜最好。我在电视节目中,展示叶月里绪菜的照片,反证我们在这方面不如日本开放、自由。为了这一展示,台湾的新闻局行文警告了电视公司,但不敢警告我,这次似乎李敖吸引不了他们。人间最好听的声音,不是蝴蝶夫人的歌剧,而是蝴蝶夫人的叫床。

书房之“被”

在书房里，有时我不找书了，而是幸会它、碰到它出现了。书仿佛主动冒出来。风吹草低“现”牛羊也、图穷匕首“现”也，主动在彼、不在此。让我的眼睛被动吧，被动的快乐像被按摩。“被”字被这样诠释，多好！（虽然这些，都是十年前的风流了。）我迷恋过那十七岁。十七不是一个静止的数字，十七是三百六十五个日夜滑走的数字。当最后一个滑走，十七岁即将不再。不再，不是时间的不再，不是这一年青春的不再，而是十七岁的风华不再、欢乐不再、声容笑貌不再。留给你的，是完整的回忆格子，等你细补、等你描红。回忆是实况的延伸，它比实况还细腻、还完整逼真；如果你会回忆、而非伤逝。伤逝不是回忆，伤逝是一种错误的人生态度，它使快乐的回忆蒙上尘土。

从十七岁身上，我有结论在我心上。我用一句洋泾浜英文来写我自己：I have taken more out of seventeen than seventeen has taken out of me. 这就是我的结论了。文学作品《虚拟的十七岁》是我 out of seventeen 的另一范畴的所得。没有 seventeen 的真身，我很难写出那么瑰丽的画面。写作和绘画一样，要有 model。那一真身，就是我的模特儿。

《虚拟的十七岁》

《虚拟的十七岁》是一九三五年后七十三年的小说，也就是说，我七十三岁写的。苏惠昭写了一篇书评，其中几段如下：

> ……没错，小说是有缺点，缺点就在它“滔滔不绝”（remorse eloquence），删掉十分之一后还是滔滔不绝。滔滔不绝有错吗？萧伯纳也一样滔滔不绝。萧翁笔下每个角色都仿如萧翁化身，争相为之立书，《虚拟的十七岁》亦复如此。这一回李敖创造了两个知

识暴露狂，比八年前的《上山，上山，爱》多了一张说个不停的嘴，一个博学多闻深不可测的大师“我”，一个头脑被植入芯片的超神童，十七岁高中女生朱仑（怎么可能不漂亮？漂亮到任何形容词都被摧毁了），这一老一少因为一段奇缘而相识相遇，在一幢天母豪宅中展开一段，应该说是五百七十页的声色纠缠，知识大飙车。小说的设定是，朱仑脑中虽然有一部百科全书加上古往今来的经典，但需要有人来为她开启，解开封印，所以天降大师，合情合理创造出一个卖弄和炫耀知识的机会。六十七岁进入十七岁的灵魂和身体，这完全是李敖为李敖所量身定做。

至于六十七岁和十七岁谈些什么，随手拈来的就有时间、佛法、文学、艺术、快乐、爱情、纳米、生物芯片、人工智能……就像在Google搜寻，最终将会连结到一个出发时候无法想象的地方。小说情节和真实之间最大的差距，“就是真实的我没有那么多次勃起，”李敖说。十七岁的故事纠缠李敖许久，应该说从他六十七岁那年认识一个十七岁的高中女生开始。二〇〇四年以后，他断断续续写了许多个小章节，这中间又“浪费老年”去当了三年“立法委员”，花掉“国家”两千七百万，还清欠税，为香港凤凰卫视开节目，因罹患摄护腺癌住院开刀，下海“陪选”台北市长，如此一阵拖延下来。一直到二〇〇七年，为了向凤凰卫视总裁刘长乐证明他李敖在“逃出”凤凰后，人生依然快意充实，没有浪费，便快马加鞭完成小说。新书发表会主持人不是别人，就是刘长乐。

刘长乐主持了《虚拟的十七岁》新书发表会，他的公司为了戏剧效果，特别找来两位十七岁的少女来持书作态。其中一位，很快就走红变成×××。×××青春美丽，但太快乐了、太肉感了。她应该知点“愁滋味”，可惜她跟不上。十七岁怎可那样？青春美丽不等于世俗哦。

我写《虚拟的十七岁》

人类有许多好梦,其中一个,是结合两种极端、把不太可能结合的梦想结合。

莎士比亚(Shakespeare)的《威尼斯商人》第四幕第一景里,有 Bellario (贝扭利欧)那封介绍信的话。信中说,介绍来的人儿是 so young a body with so old a head(身体,年轻的;头脑,年深的)。《威尼斯商人》写成在十六世纪,到了十七世纪,英国 Strafford (斯垂弗德),就是后来被国会砍了头的大臣 Thomas Wentworth(托马斯·特沃斯),向英国国王 Charles I (查理一世)推荐 Earl of Ormond(阿蒙伯爵)时,说:"He is young, but take it from me, a very staid head."看到了吧,人们发酵了莎士比亚。多么美妙!多么令人憧憬、令人向往!"身体,年轻的;头脑,年深的。"用中文里的"少年老成"翻译它,是中国莎剧译者的共同错误。"老成"两个字,太老化了年轻的在头脑上的登峰造极,是拙劣的翻译。

So young a body with so old a head,在这一好梦出现五百年后,应赋予新的诠释。五百年前的头脑,涵盖的内容是有限的,so young 和 so old 还有个成真的空间。但是,五百年后的今天,头脑上的登峰造极,简直不太可能了。所以说,这一人类的好梦、越来越遥远的好梦,难以成真了。

不过,崇尚科技的科学怪人们不相信,他们不怕好梦遥远。他们不是要把遥远拉近,而是要追上遥远。这些科学怪人未必熟悉莎士比亚和斯垂弗德,但是,不谋而合,同做好梦,却是真的。他们都要"身体,年轻的;头脑,年深的"。

新时代的思想家、文学家出现了,就是李敖,他创造了《虚拟的十七岁》,创造了"朱仑症"和"朱仑现象"。因为"朱仑症",凄艳的高中女生成了抵抗科技疯狂的牺牲者;因为"朱仑现象",这一牺牲给了人类最后的余光。

小飞侠“彼得潘”(Peter Pan)的作者巴里(James M. Barrie)道出“巴里定律”:“我未能年轻到无所不知。”(I'm not young enough to know everything.)在李敖笔下,一位年轻的正在无所不知,她是朱仑。

几年前,八卦媒体拿李敖和高中女生的故事做封面。

高中女生十七岁,是李敖的模特儿。在她肉身上,李敖灵修出《虚拟的十七岁》。

这是一本玄之又玄的奇书,十八岁以下不能看、八十岁以上也不能看(看了都要偷买“威而钢”)。

有一种人会默默看,是那远去的十七岁。毕竟她不再高中,毕竟曾有流光仰望了岁月,毕竟曾有流盼低回了真情,毕竟曾有流年似水的十七岁。

那远去的十七岁,名字是C.J.周,在台北市朱仑街念了高中。她是《虚拟的十七岁》的模特儿,我写下“朱仑”一如写下了她的名字。

“Deliver a real novel along with a mystery.”(创作一部有神秘感的小说——编者注)这是我的最后感觉。

小说那么真实、朱仑那么神秘。沿着神秘,我告别了十七岁。

愿——我愿我是驯兽师

所有的职业中,我最欣赏驯兽师。驯兽师这一行,建筑在一个奇怪的敌我关系上,建筑在“因为你又不怕我又怕我”的大前提上。驯兽师驯公狮子,公狮子只要一冲过来,驯兽师就完了;可是驯兽师拿个长鞭子,吆喝着逼公狮子就范,蹲上圆凳。公狮子并不服气,它一再拒绝、相持一阵,还是心不甘情不愿地上了,上了又伸出狮掌抗议,朝驯兽师一吼再吼。驯兽师面对的,是时时刻刻的不可测。驯兽师不像斗牛士,斗牛士面对的庞然大物是可测的。反正它就是敌人,它就是看你不顺眼,要快步冲过来,你有技巧可以闪开。空间很大,牛转个弯回头,你已经重作准备了。但驯兽师就不一样了,狮子比牛会转弯,空间又同在一个大笼子里,并且,又不止一头狮子蠢蠢欲动,每头都是凶手。只不过狮子们有了一个错觉,以为你比它强,它怕你,又怕又不怕,最后还是决定怕。under protect(在抗议中怕你而已)。还有一种驯兽师,艺高人胆大,要钱不要命,他居然可以叫公狮子张开大嘴巴,而把驯兽师自己的头,塞到狮子口里,你咬呀,看你敢咬!当然,十分之九、百分之九十九,狮子不敢咬。但是十分之一、百分之一出现了,就说不定了。我们听到过“虎口余生”这四个字,但没听过狮口余下什么。所以,驯兽师这一行太精彩了、太冒险了、太刺激了、太有挑战性了。并且,听说这行像刽子手一样,还家传的呢。爸爸是刽子手,儿子克绍其刽,也是刽子手。爸爸是驯兽师,儿子也是驯兽师。一个笑话说:有一天,儿子找不到爸爸了。他跑进狮笼,要狮子张开大嘴,一只只检查。人问他你去干什么?他说我在找我爸爸。

寿——一百岁前的八十感言

因为我立志要活到一百岁,所以在八十岁时写这本书,好像太早了一点。但是八十总是一个关卡,要定性、定位,总不失为一定局。八十以后,所作所为无非就此定局,锦上添花而已;所以,一百岁以前的二十年,只是花团照眼,其为锦簇,八十以前早定之矣。

于是,几经犹豫后,我还是决定写这本书,给我一生做一前瞻和总结。前瞻一百,总结八十,除非我一百以前讨逆、讨姨太太,活得不厌烦了;我一生的定性定位,趁八十生日就此打住。我要用我的八十定性、定位,显灵给人,使人感到,后世的子孙,很难想象“这世界上曾经走过这样一位血肉之躯”。——这是我一百岁前的八十感言。在我文章和讲话中间,我有个习惯,你可以说是恶习,就是要随时插播吹嘘自己。插播以后,又回入正题,讲话与常人无异。全世界最习惯我这种习惯的人是赖岳忠,开玩笑说,赖岳忠是我的“御用摄影家”。他随我的便,发现我一插播，他就喝口咖啡，见怪不怪，面露笑容，静待歪风扫过。陈文茜说能够以欣赏态度看李敖自我吹嘘的人，是“有道之士”。她有时候是有道之士，有时候不是。

狮妈妈外出时

狮妈妈出去觅食了。三头小狮溜出洞口，正在高兴互咬。突然间，老鹰凌云而降，抓去一头。对饥饿中的老鹰说来，是自然法则。对惊恐中的、顿失玩件的两头幸存者，也是自然法则。动物眼里，没有悲悯；动物心里，没有感叹。悲悯和感叹都是我们加上的。有时候，我们明知这是自然法则，可以解释，可是难以释怀。我们总该调整一下自己，放开自己的视野，动物化再人道化。动物化，是某一程度的欣赏动物的“忘情”；人道化，是瞩目在有关人道的大题目上，不能“忘情”。某种程度的回归原始，动物化的原始，也不失为高明。

斗鱼

二〇〇三年八月十七日，我买了一条斗鱼。我好喜欢斗鱼，它飘逸、倨傲，并且甘于孤独。

但它的孤独只在视野以外，在视野以内，就砸了。

本来是照鱼贩嘱咐，单独养着它的，但我看它独处缸中，淋漓雄伟，心想如放大鱼缸中，当更具壮观。所以十九号起，我把大鱼缸中劫后余生的小红鱼留置保护箱中，放斗鱼进来。此公一下水即锁定小红鱼不放，绕着鱼缸随浮随沉，想追杀小红鱼，其专心程度甚至入夜熄灯后，还“睡”在保护箱外面。夜班轮值、监守自盗，其疯狂可想。结果四天后，到了二十一号，它终于自沉在大鱼缸一角，死了。——小号的敌人健在，它把大号的自己累死了。

对小号的标的也不放过，不能视而不见，反倒 beating around the fish，困扰自己，不得宁日宁夜，此斗鱼之所以为斗也，此斗鱼之所以斗死自己也。

残棋

当刘会云去了美国，我写了一首《残棋》：不必有惊天号角，不必有动地鼓鼙。无声中，我们作战。在泥里，一片春泥。哪怕是好花堕水，哪怕是落红成离。只相信此心一念，一念里多少凄迷。明知你——你将远走，明知我——我志不移，明知他——灰飞烟灭，也要下这盘残棋。

如今，残棋已毕，但输棋的他们，留下余孽，仍死赖桌子不放。我却远飏。

反对读死书

长篇大论是自传，花团锦簇也是自传。我把《八十自传》写成花絮体，也别开生面啊。我一生写长篇大论太多了，老来厌倦繁剧，拾零之作，反倒称心。我喜欢用一个小故事微言大义，小故事有的是我身历的，有的是书上的，影响到我，我就大笔一挥了。我一生的生活经验很单调，但在书上却万马奔腾。我是真正能读活书、取实证的高手，所以在这本怪书里，我收了许多我读书得间的心得，包括读书得奸在内。我生平的实际经验很贫乏，但从书本里，受益良多。但受益要会读活书而非读死书。而我是读书最多又最会把书读活的高手，一般人学不到我这一本领，多读何益？我最有本领把死书读活，而我所写的，全是活书，像一篮活鱼，每条都在跳。让每条鱼自成单元、让每条鱼成为花絮，该多好！

自吹自擂，不可免也

要不要写这本书，犹豫好一阵子。因为我正在写的大书挡在前面，写八十年来的，似非当务之急。最后一个理由说服了自己：写了一辈子书，八十岁了，不来本书自庆一下，好像缺了点什么。于是决定在八十生日前花四十天，快速完成这本“自庆”之作。因是“自庆”，自吹自擂，不可免也。目无读者之讥，也全盘承认也。这是我的随兴之作，“寿星老吃砒霜——活得不耐烦了”，自己都服毒了，还在乎读者喊饶命吗？

莽夫阿里一张照片

八十岁了的特色是精力日衰。我不羡慕别人的年轻，我只羡慕去年的我或上半年的我。我的书房里摆了一个小相框，框中竟是莽夫阿里（Muhammad Ali）一张照片。阿里以重量级拳王称雄世界。一九八一年三十九岁被打得鼻青眼肿时退休，今已退休三十四年且得帕金森氏症，老境颓唐。我比他大七岁，但行年八十，还可不量力写点东西，原因我干的就是不量力而写这一行。阿里干的那行，太早就得退休。因为要把人一拳拳打倒在地；三十九以后，无力可量了。我庆幸我干的这一行尚有三十九岁以后可要，如今多要了四十年。毕竟人已八十，在写大书之余，速成一本《李敖自传》，啰唆一阵也算老去快乐之道。

俞樾老婆死后

清朝大学者俞樾五十九岁时，老婆死了，自言已无力写大书（“精力益衰，不能复事著述”），乃在读书自娱之时，成茶香室丛钞、续钞、三钞、四钞一〇六卷，活到八十六岁。今我老去，小屯小我三十岁，自不得借为口实拒写大书；但大书尽管写，八十到来也不能不摭拾杂碎以遣吾怀。乃信手拉杂而碎之于此书，不成体例，也志不屑体例；不成格局，也意不在格局。快活而已。

“安”

每想到俞樾的书，我就想起“安”。“安”写了一手好字。她为我整理资料，把我标点出来的《春在堂全集》一一剪贴在白纸上，分别注明《春在堂全集》第几卷，极有耐心。“安”是文化大学的漂亮女生。那年我四十七岁。她是我一生中最安谧稳定的床上情人，我们裸体在一起的时间比穿衣服的时间多，三年中从没有过不愉快，也没时间不愉快，因为快乐占去了一切。“安”去欧洲观光，带给我一双荷兰木头鞋，我至今保存。

波波颂

“安”喜欢猫，我送了她一头波斯猫。第一次看到它还小，再见到的时候，已被“安”养成了一只大猫——漂亮无比的大猫，干净雪白，气宇轩昂。一九八四年春节，“安”回宜兰，托我照顾。“安”说此猫有怪癖，你会发现的。初来之日，它尚怕我。不料不到二十四小时，它就完全不怕我了。不久，它的怪癖就显现出来了。原来它哪里都不爱，就是爱书桌，一天到晚，要赖在书桌上，非上桌不乐。在桌上，轻则昏睡，重则你写字，它咬笔；你翻书，它不起。耐心捣蛋，永远没完。我每天要伏案十多小时，但是除非人猫大战，这小家伙总要霸占书桌少说也有八小时以上，并且霸占时，姿势多端、怪态百出，或横或纵、或俯或仰、或下巴抵地、或四脚朝天，让你纵使让步，愿割据湖山少许，供其租界一脔，它也没完没了,并且全不领情。因为它在桌上,是吉卜赛式的,要以游荡为乐、以逐书纸而居,所以全无规矩,喧宾夺主,悍然极矣!我在无奈之余,心想总该有一物可降此物,想来想去,想到我的拍立得(Polaroid)SLR680照相机,"咔嚓"一声,它大惊跳起,抗议而逃。我大喜,心想这下子可好了,总有老美可制此柯梅尼(R. Khomeini)的小老乡了。不料好梦不长,逃后断交时间,不过两小时,就自动修好,再度上桌,全套劣迹,又复重来。我再照,它再跳,再绝交。可是到了后来,绝交时间越来越自动缩短,每照必逃,但相机甫放,它就纵身上桌。旋照旋逃,旋逃旋返,屡吓屡逃,逃而不退。到了最后,它索性不逃了,坚守桌面上,不再跳下,被拍立得时,它至多从桌上此端移到彼端,聊示厌恶而已。于是人猫大战,猫赢;老美柯梅尼海外大战,浑身发毛的柯梅尼赢。在战败之后,我搂住波波,一边摸它、揉它、亲它,一边说:"我对你这小家伙没办法哟!你是一个小赖皮哟!"它顾我而乐之,居然闭上一只眼,只用另一只看我,憨态可掬,我爱死它了。我私下给它起名叫"波波",还写了一篇《波波颂》赞美它呢。

"推倒一世豪杰"

我年轻时候,没想到能活到八十岁。年复一年,居然超出自己的想象。"老而不死谓之贼"这个"贼"字,含义无穷。

"贼"是一种慧黠,也是反应机警的能力。斯宾塞(Herbert Spencer)综合出来的"适者生存"(survival of the fittest)不是"贼",因为"苟且偷生"也属之。我生平桀骜剽悍,绝不苟且偷生,并且一再冲决网罗。古人有大志者"推倒一世豪杰",但我认为他们说大话,真正做到此气魄的,乃是千山独行的李敖自己、千古一人的李敖而已。

我才根正苗红

中国有五十六个民族，汉族独大，占90%。其他五十五个民族中，有十八个民族人口在百万以上：壮、满、回、维吾尔、苗、彝、土家、蒙古、藏、布衣、侗、傜、朝鲜、白、哈尼、哈萨克、黎、傣等族。其他小族中有羌、阿昌、怒、俄罗斯，还有台湾少数民族。根据《李氏宗谱》，我的祖先应该来自苗族；根据人类学，我的祖先也是台湾少数民族。台湾就有“九族文化村”，细分起来大陆的少数民族其实更多，其中最身份复杂的莫过李敖。李敖以苗族自居、以台湾少数民族自居，且有一首七言绝句，以记其盛：

落落何人报大仇，明珠岂肯做暗投？
信手翻尽千古案，我以我血荐蚩尤。

反正李敖是反派人物，他既然硬说自己根正苗红，就苗族吧。我笑称李敖要被双重保护：一、李敖是“国宝”；二、李敖是少数民族。

“乌撒者，蛮名也”

我小时候在北京，每逢过年，家中即捧出《李氏宗谱》上供桌，一起列在香案上，焚香膜拜。这部宗谱后来带到台湾。根据宗谱，我的远籍实际是云南乌撒。据《元史·地理志》：“乌撒者，蛮名也。”元朝时包括现在云南镇雄县和贵州威宁县；到了明朝，改为乌撒卫，就是现在的威宁县。宗谱上说是明太祖洪武年间自乌撒迁到山东潍县（潍坊）的。洪武十四年（一三八一）秋天，明太祖曾派傅友德为征南将军，带兵三十万征云南，那次人民的北移，是强迫性的。我的祖先应是苗族。照人类学家的研究，苗族的支流，渡海来台湾，成为高山族的一部分，所以，我是台湾高山族的族人，而目前自称真正台湾人的福佬与客家，比起高山族来，其实是假台湾人，或是喧宾夺主的台湾人。在台湾大学教过我《考古人类学导论》的凌纯声教授，曾综合日本学者金关丈夫、国分直一、鹿野忠雄等教授的见解，益以己说，发表《古代闽越人与台湾土著族》论文。他的结论是：高山族"在古代与原来广义的苗族为同一民族"。五百年来，我的祖先由苗族一变为山东人，再变为东北人，变得与我们苗族老乡高山族越分越远，相逢如不相识。一九四九年，我东渡台湾，重来认同，大家自属真台湾人无疑。那些假台湾人想搞小圈子吗？那我就告诉你，台湾是属于苗族的，而不属于汉族的；你们这些来自闽粤的假货，不管来了几代或十几代，不管是小番薯或大芋头，都差得远啦！"卵叫你呷"啦！

老祖宗，小百姓

我在云南乌撒的祖先迁到山东潍县后，累世做小百姓，虽在潍县五百年，但是乏善可陈、无恶可作，绝无"名流"出现。但是有些丑类却以没"名流"祖先为憾，为了体面，硬替自己换了假祖宗。例如窃国大盗蒋介石，高攀自己是周公之后，但其手下何应钦却技高一筹，高攀自己是周武王之后，而周武王是周公的哥哥，是老大、是嫡系，光宗耀祖起来，显然我比你大。其实周武王、周公绝不会跟国民党这两个人沾亲带故，只是这些"名流"死后倒霉，被抓住不放而已。

郑板桥是我县太爷

山东潍县有过一位好县官，就是大名鼎鼎的郑板桥。郑燮（一六九一—一七六四）号板桥，江苏兴化人。他十七岁中秀才，三十岁前落拓扬州，卖画度日，"日卖百钱，以代耕稼，实救困贫，托名风雅。"四十岁中举人，四十四岁中进士。中进士后，做了潍县的"七品官耳"，为了救济难民，得罪了上司、丢了差使。他在潍县作《逃荒行》《还家行》《思归行》等诗，表达民间疾苦，都很动人。潍县人感念他，为他立了祠堂。丢官以后，郑燮住在扬州，继续卖画，“一缣一楮，海内争藏之”。他自订润例，说：“大幅四两，小幅二两，书条对联一两，扇子斗方五钱。凡送礼物食物，不如白银为妙；盖公之所赠，未必弟之所好也。若送现银，则心中喜乐，书画皆佳。礼物既属纠缠，赊欠尤恐赖账，年老神倦，不能陪诸君子作无益语言也。”为人的洒脱、风趣，可见一斑。我真高兴我的老家有这么一位县太爷。

郑板桥论“雅俗”

郑板桥《潍县署中与舍弟第五书》：

> 写字作画是雅事，亦是俗事。大丈夫不能立功天地、字养生民，而以区区笔墨供人玩好，非俗事而何？

郑县太爷以雅为俗，一派风流也。

我是“遗民”

一九三五这一年在中国，祸国殃民的蒋介石内斗内行，大力“剿匪”，逐共中原；但外斗外行，对日本鬼子卵翼的政权，瞪眼旁观、无能为力；在长城以内，殷汝耕成立了冀东政府；在长城以外，溥仪头一年就称帝于“满洲国”，那正是一九三一年“九一八事变”后两年半。也正是蒋介石丧权辱国、贯彻“不抵抗主义”后两年半。一九三五年到了，两年半变成了三年半，“满洲国”使中国东北变成了“遗民”地区，而我，就是“遗民”中的一位。

一九三五年四月二十五日，我生在中国东北哈尔滨。那时是中华民国二十四年，正是“九一八事变”后三年七个月，中国东北已是日本鬼子控制下的“满洲国”。照历史的说法，我一出生就是“遗民”，就像孔夫子一出生就是“遗民”一样。不过，孔夫子做“遗民”做来做去，是给不同的中国统治者做“遗民”，但我却一生下来，给日本鬼子卵翼的中国末代皇帝做“遗民”。所以，我比孔夫子还窝囊。

我的皇上是溥仪

如果我生时不奉中华民国的正朔，那么开句玩笑，我的皇上是溥仪！古今中外亡国之君很多，但是亡国以后几十年间，饱更忧患，忽而御苑称孤、忽而出宫道寡、忽而以王被尊、忽而因夷就攘，最后满洲为帝、赤塔成囚、东京受审、抚顺观天，垂老又以一介平民，重回故宫，重游他当年做皇帝的所在，为难友做义务导游……这几十年的荣枯对比与浮沉奇遇，不但是古今中外帝王所绝无，也是人类有史以来平民所仅有。溥仪这一生，太动人了。他是一个死掉的皇帝，却是一部活的现代史。追随溥仪的郑孝胥是书法家，笔力饱满雄浑。在古董市场上，赵中令老先生对我说：“凭什么说郑孝胥是汉奸！他可是清朝的忠臣呢！”这话倒别具史观。

一九三五生人

一九三五年四月前后，世界上也生了不少“名流”：世界三大男高音老大帕华洛帝（L. Pavarotti）、歌星“猫王”普利斯莱（E. A Presley）、导演伍迪·艾伦（Woody Allen）、没脱光的影星亚兰德伦（Alain Delon）和脱光照裸照的影星毕雷诺斯（Burt Reynolds）等皆属之；中国的女明星尤敏、妖僧达赖喇嘛、蒋介石的长孙蒋孝文，也都生在一九三五年。当然，同是一九三五年生的人也有贤有不肖，神棍达赖与纨绔蒋孝文，自属不肖之例。国民党在台湾的当权派,一九三五年生的也正当行。自国民党伪政府司法院长以下,全是不肖之徒,不但属猪,根本一窝猪耳!

一九三五名人

我生在一九三五年,这一年有人如日方中。像美艳女星珍·哈露(Jean Harlow),她这年二十四岁,可是再过两年就死在尿毒症上,那时候,我只有两岁。而发掘珍·哈露的美国资本家休斯(Howard Hughes),也在这年创造了每小时可飞三百五十二英里的飞机。对特定的人来说,一九三五年是速度的象征;对我们李家连生四个女儿的妈妈说来,是高速变速生男,自然也是一种速度。一九三五,电影明星玛琳·黛德丽(Marlene Dietrich)也是如日中天的一个。她在珍·哈露死的那年成为德裔美国公民,以神秘、沙哑、慵懒和性感直做到祖母明星。五十七岁那年还参加《纽伦堡大审》(*Judgment at Nuremberg*)的演出呢。一九三五年,有人命丧黄泉。身具美国原住民血统的幽默大师罗杰斯(Will Rogers)飞机出事死了,他讽刺伪善的美国人,笑里藏骂,千古第一。罗杰斯著作有《牛仔哲学家话禁酒》(*The Cowboy Philosopher on Prohibition,1919*)、《牛仔哲学家谈和平会议》(*The Cowboy Philosopher on the Peace Conference,1919*)、《我们笑什么》(*What We Laugh At,1920*)、《文盲文摘》(*The Illiterate Digest*,1924)、《自封外交官给总统的信》(*Letters of a Self-Made Diplomat to his President,1927*)、《威尔·罗杰斯的政治愚行》(*Will Rogers' Political Follies,1929*)选集收在《威尔·罗杰斯自传》(*The Autobiography of Will Rogers,1949*)和《清醒在你发现的地方》(*Sanity Is Where You Find It,1955*)。罗杰斯的墓志铭是:I joked about every prominent man in my lifetime,but I never met one I didn't like.(我这一生中拿每一位杰出人士都开过玩笑,却还没遇到哪一位是我不喜欢的。——编者注)我呢,正好与他相反。我不喜欢太多的人,但我却会开玩笑。

李鼎彝

爸爸名叫李鼎彝,字玑衡,生在一八九九年(民国前十三年)。一八九九年是己亥年,就是戊戌政变后一年。一九二〇年(民国九年)进入北大国文学系。那时正是"五四"运动后第一年,正是北大的黄金时代。蔡元培是他的校长,陈独秀、胡适、周树人(鲁迅)、周作人、钱玄同、沈尹默等等是他的老师。爸爸本人书念得并不出色。他在一九二六年(民国十五年)毕业,吉林省政府想公费送他留学。他那时已经二十八岁了,急于回家乡养家,所以就拒绝了。因为是"京师大学堂"毕业的,回到家乡非常拉风,不但做了东北大学讲师,并且立刻被聘为哈尔滨吉林六中校长。当时的待遇极好,远非日后的穷教员可比。当时对教育界人士和知识分子的重视与尊敬,也远非日后的风气可比。爸爸说:军阀张作霖,在孔夫子诞辰的时候,脱下军装,换上长袍马褂,跑到各个学校,向老师们打躬作揖,说我们是大老粗,什么都不懂,教育下一代,全亏诸位老师偏劳,特地跑来感谢。军阀们是不敢向教育界人士致训词的;也不敢颁发训词教教师研读的。比起又致训词又发训词的国民党来,军阀太可爱了。爸爸除在吉林六中做校长外,也在吉林女子师范、吉林大学兼课。他唯一一部著作——《中国文学史》也写在这个时期。这部《中国文学史》,后来由我加上长序,由文星书店印出来。当时我的长序惹起大风波,经文星书店撕掉长序,才免于被查禁。

蔡校长

爸爸在北京大学亲见蔡元培做北京大学校长的故事。一天,在北大图书馆里,一个湖北籍的学生,伏在阅报架上看报,看得正起劲,来了一个湖南籍的,也凑过来看。这湖北人喜欢独占,不喜欢与人分享。湖南人的头伸到左边来的时候，湖北人就朝左挤；伸到右边来的时候，湖北人就朝右挤，这样忽左忽右一阵，湖南人发觉了，火了，不管三七二十一，就给湖北人一个耳光，于是起了纠纷。两个人，加上看热闹的，浩浩荡荡，找到正在一个人吃便当的校长。湖北人陈述完毕，湖南人也陈述完毕，看热闹的围成一圈，看这革命党出身的老校长怎么处理。老校长既不和稀泥，也不动用训道规章，更不乡愿。他对湖北人说："如果你不该打，他打你，他是妄人，你不必和妄人计较；如果你该打，他打你，你自己评判吧！"两个人都没说话，鞠躬退出；看热闹的也都没说话，鞠躬退出。他们领教了第一流的水准是什么。

张学良背黑锅

一九三一年九月十八日，发生了"九一八"事变，当时国民党的政策是不抵抗，但把这一政策叫张学良执行，并要他代背黑锅。这一内幕，我和一般人一样，都被国民党宣传骗了多年，直到我的三姐夫石锦教授告诉我蛛丝马迹，才引起我为张学良平反的兴趣。石锦的爸爸是石九龄。张学良和国民党合作，石九龄出任吉林省党部常务委员，"九一八事变"后第二年，国民党将辽宁、吉林、黑龙江、哈尔滨四省市党部合组为东北办事处，石九龄仍任常务委员，直到一九三九年。前后十年，领导东北党务，所知内情独多。据石九龄向石锦透露，所谓"张学良不抵抗"，事实上是国民党中央给张学良命令不抵抗的，叫张学良背黑锅。

国民党抗日的起点

国民党抗日的官定时间远在十年之后才宣布，其悠闲可想！这时马占山将军早已抗日抗了十年了。国民党日后倒装光荣历史，把抗日的账一古脑儿算在自己头上，不但把马占山将军靠边站，甚至卢沟桥抗日的光荣，也一网兜收了。其实一九三七年七月七日，只是北方将士在卢沟桥抗日，是北方将士用流血造成事实上的一个明确起点，国民党宣传他们从这时候向日本如何如何，是与事实不符的。国民党政府向日本宣战，乃远在四年以后，时间是一九四一年十二月九日，是日本偷袭珍珠港、打了美国人的第二天。中国打了四年仗，到这一天，才宣布正式对日宣战。——被人侵略了四年，才向人宣战，这种杰作，真是天下第一贱种了。

我见到马占山将军

马占山将军领导了中国人对日本侵略的第一次公然反抗，也是对国民党不抵抗的第一次公然藐视。他告诉中国人，我们肯打、能打、打不过也要打，而打游击是对付日本人的最好战术。他孤军抗日后，在关内，各地青年在国民党“骂了不还口，打了不还手”（一九三七年八月八日国民党文告中自承）的政策中，纷纷请缨北上，要加入义勇军，甚至“一二八”抗日的非国民党嫡系部队十九路军，也自动要求北上；在关外，各地义勇军风起云涌，与日本鬼子苦战不懈。据日本鬼子统计，从“九一八”事变后，到一九四五年日本投降，十四年间，光在前十年就出动“讨伐队”达一万三千六百八十九次，平均每天出动近五次，来剿义勇军。日本鬼子阵亡的骨灰，每年运回达十万具！我的老姨父李子卓的妹妹，是王家桢（树人）的太太；王家桢是吉林双城县人，是张学良走红时候的外交部常务次长，抗战胜利后做东北生产管理局局长。我家那时租他们家的后院，我有时到前院来玩。有一天，马占山将军来看王家桢，我见他走进来，心里无限崇敬，那时我是初一学生。马占山将军很会骑马，在马上能双手用枪，神乎其技。有一次在零下三十度的雪地中，枪管炸开，炸掉了他的手指，所以他的一只手总是戴着手套。我见他两年以后（一九五〇年），他死在了北京，活了六十四岁。跟这位民族英雄有关的《义勇军进行曲》，做了中华人民共和国国歌。

吴焕章

马占山将军是武人，他有一位替他拿主意的军师，就是吴焕章。吴焕章是黑龙江大赉县人，是爸爸最好的朋友。他管爸爸叫二哥，为人风趣、热情而细心。爸爸死在台中后，他和张松涵（也是叫爸爸二哥的）合写挽联，内容是："去国八千里，谊兼师友，晨夕过从，方冀联骠归故里；订交三十年，情比弟昆，金兰契合，何期驾鹤脱凡尘。"他们的交情，由此可见。吴焕章一九三五年起做"立法委员"、一九四四年做三民主义青年团黑龙江省支团代表、一九四五年做国大代表、兴安省主席；到台湾后，做光复大陆设计研究委员会台中研究区主任。他由国立北京法政大学俄文法政学系毕业、俄国海参崴东方大学研究。"九一八"事变后，他和爸爸展开抗日工作；卢沟桥事变后，爸爸留在北平，吴焕章"同意由李同志参加敌伪组织，做掩护与策动各工作"，由东北挺进军总司令马占山将军秘密任命。所谓"同志"，是同马占山将军抗日志愿的有志一同，并非国民党。吴焕章有个没问题的儿子，叫吴丁凯；有个有问题的媳妇，叫张淑芬，离婚后嫁给财阀张忠谋。

我被日本宪兵抓

老牌汉奸王克敏因为老资格，也有个性，对日本鬼子并不唯命是从，惹起日本军方的嫉恨，掀起"太原禁烟局贪污案"，给王克敏好看。另一方面，日本怀疑鸦片买卖有蹊跷，可能资助到抗日人马，要查清楚，于是兴起大案。首当其冲的被害人，就是我爸爸。一天晚上，爸爸、妈妈、二姐、我、大妹，搭上自太原回北京的火车，车开到榆次，上来几个日本兵和翻译，同爸爸说了几句，就由两个日本宪兵把我们带下车了。走在又黑又泥泞的路上，日本宪兵轮流抱着我，很久以后到了日本宪兵队，我不久就睡了。第二天醒来，看到的是一间旧式的平房，中间院子不大。到了下午，妈妈和我被释放，爸爸就失掉自由了。多年以后，我半开玩笑半认真地说："我第一次被抓，可是被日本人抓，被日本宪兵抓呢。"

爸爸坐了日本牢

日本军方作案方法是：由商人咬太原禁烟局的信科长、于秘书等贪污，再牵连到爸爸。信科长长得人高马大，在宪兵队，被日本鬼子打得皮开肉绽后，再在打破的肉上，揉上咸盐来整他；于秘书也被三上吊、灌凉水等，可是他们都不肯诬攀爸爸，所以爸爸没吃苦头。他被关了半年多，最后无罪开释。爸爸坐的日本式牢，规矩很严，白天必须盘膝挺腰，正襟危坐。由日本宪兵做禁子牢头。整整六个多月，他挨过一个耳光，他的手表，被日本宪兵要求对换，最后他回北京时，戴的是个东洋烂表。

父子对读图

爸爸最后无罪释放，王克敏对爸爸的清白极为欣慰。他把爸爸请去，把华北禁烟总局局长的职位给了爸爸，但是爸爸决心不干、决心脱离官场、决心埋下头来研究一点问题。他选中了中国土地问题，做专题研究。他从此成了国立北京图书馆的常客。在这个第一流的图书馆里，他遍读有关土地问题的书，做笔记。他偶尔也买一点旧书，像向乃祺的《土地问题》、万国鼎的《中国田制史》等。有时候，他也带我到这个图书馆来，他看他的大人书，我看我的儿童书。父子对读，构成我一生中最值得怀念的一幅图画。六十年后，我重来北京图书馆，故都记忆如新，自己恍然如昨。

走回老家

抗战胜利后，爸爸因为抗日抗得早、抗的拍子与国民党不对，自然有被国民党诬为“汉奸”的危险，所以不得不做一点准备。他决定在清白没被澄清以前先躲一下，于是他就只身先回东北老家。那时候老百姓是分不到交通工具的，他只好徒步走回东北去；结果走到山海关，就被共产党给挡住，只好折回来。后来第二次再走，才走回老家。爸爸在沦陷区背“汉奸”之名、做地下工作，为了安全，他并不澄清他的形象。抗战胜利后，吴焕章给国民党特务头子郭紫峻一封密件，提到“七七事变后，又商得焕章等同意，由李同志参加敌伪组织，做掩护与策动各工作”。“后敌人侦知李同志行为可疑，遂假贪污为名，举行二百余人之大检举，幸李同志事前有所闻，将抗敌工作痕迹完全毁灭，使敌人无由发现。至所诬之贪污，虽经敌人宇载之详密调查与酷烈刑讯，竟未发现丝毫污浊之处，即当时伪华北组织亦认同李同志为洁白。故此冤狱，虽经半载之久，而对伪太原禁烟分局长之职，终未派人。”吴焕章这一密件，最后使爸爸在抗战胜利之后，总算免掉了牢狱之灾。至于爸爸抗日的功劳、做地下工作的功劳，当然是没有奖励的。不坐牢就是奖励——这就是国民党的酬庸与宽大啊！

爱国者的悲剧

爸爸的故事画出了一幅谑画，就是，作为一个国民党统治下的中国人，不爱国当然不对，但是爱国不爱在嘴上，而要言行合一，可不是好玩的。——要爱国，必须得跟着国民党永远在一起才行，你要单独去爱，不论你多少功劳，结果不用“汉奸”办你，就是党恩浩荡了。爸爸的一生，痛苦地得到这一教训，永矢弗谖。因此，在日本人走了的时候，他学乖了。他知道这回一定得抓住国民党、跟国民党永不分离才成,再被国民党所弃、再做国民党的“弃民”,国民党再回来,他一定又是“汉奸”了。于是,他决心抢登巴士,先期逃难,追随国民党到天涯、到海角,再也不分离。最后,天外有天、海外有海,他跟到了台湾,就这样,我们全家到了台湾。那时我十四岁,无决定之权,一切爸爸决定。爸爸来台湾的目的,的确没别人那么“雄壮”,所谓“救国救民、反共抗俄”的大道理,他全都跟不上,他来台湾,原因只是怕国民党又说他是“汉奸”而已。做“汉奸”,他做怕了。爸爸的故事是国民党统治下一个党外人士爱国者的故事,它凄婉动人、它含冤难诉。在他死后二十八年,我终于查明真相,并有能力公布真相,为公理招魂、向国民党抗议。我觉得我一生的工作中,这件工作,是最令我“国仇家恨”的了!

鸦片上操场

吴焕章在致郭紫峻原件中提到:“李同志初在伪组织内充任法部科员,后以平津工作被敌人严密监视,而后方之经济上补给又时感不足,李同志遂转任太原禁烟分局局长,局面即较广大,抗敌工作自易进行,被掩护之同志亦较多。”爸爸升到华北禁烟总局下太原禁烟局的局长后,他真的“参加敌伪组织”了。所谓“禁烟”,禁的就是鸦片烟。华北的鸦片烟,山西省是大宗;山西省会太原,自然是最重要的管辖地。华北禁烟总局局长是北大教授出身的北洋要人万兆芝。首屈一指的太原禁烟局交给无名小辈当家,这是北洋耆旧们用人唯才的一种肚量。这种肚量在国民党当道后,已经越来越远了。爸爸在一九四一年去太原上任,五六岁的我也去了太原。禁烟局的鸦片一堆一大操场,都是一块块砖头大小,排列成阵,像去了砖窑似的。对鸦片烟,我是见过这种大场面的人。我想任何毒枭,都不会比我看过更多的鸦片。

五足牛

中国历史上有“五足牛”的记录，见于京房《易传》和《汉书·五行志》。中国古人认为五足牛的出现，是上天警告统治者不要过分使用民力的意思，是一种不祥的讯息。我在太原公园里看过一条有五只脚的怪胎牛。多的那只脚从脖子下伸出来，真是无奇不有。这件事，原本我完全忘记了。四十多年后，我在台北天母侨大木器行看家具，看到一张五脚大会议桌，中间有一只脚，我突然想起太原那条牛！人的记忆，真不可思议！

相扑目击记

我在山西看到日本文化“相扑”，看到一个个特大号的大胖子角力赛，发现他们虚礼与赛前动作N多，令人好笑。那天台上台下，全场都是日本鬼子，现在回想起来，日本侵略中国，他们派来的鬼子可真不少。那天是我生平看到日本鬼子最多的一次，印象奇劣。

二姐也有回忆如下：相扑是日本的国粹，可给我的印象坏透了。首先观看时要盘腿坐在榻榻米上，日本人会跪着，我们则坐得屁股疼腿发麻。加上那些胖得没边儿的国粹们路都走不动，每个运动员进场都要磨蹭好半天，才挪到中间赛场。除去丁字带他们什么都不穿，头上梳个髻儿，看上去又蠢又野蛮。加上我对摔跤规则一窍不通，只看见有个拿小扇子的裁判或者助兴的人，在场内跳来跳去，口中念念有词，与那些摔跤壮士相比，显得瘦小可怜。我看若是给块头很大的运动员抓住，一下子就能捏死。实际上最后两个超级块头根本不摔跤，手上打着幡儿，费九牛二虎之力将两脚拖到中央，手臂往上举起就掌声不断。真不懂那算什么表演！

现代汽车无此古趣

我又在山西看到美国文化“汽车”。一辆从 T 型车变出来的黑色福特,是局长的专车。这辆车车门外有很宽的脚踏板,可以站人,尤其可以站保镖。我在北京亲眼见过大人物坐在这种车里,车门两边站着保镖。保镖一只胳臂从窗外勾在窗框上,两眼圆睁,向路人盯着,神气活现,颇有晏子御者的味道。不过这辆局长的车并没有保镖。现今世界上,坐过福特这种车的人不多了,阴错阳差,我倒坐过。车身很高,十足“高轩”味道,现代汽车无此古趣矣。

最奇异的,当时的汽车里有股说不出来的汽油味,一坐进去就知道那是汽车。现代汽车就没那种味道了。古典是鼻子先闻到的,有趣吧?

温茂林

山西对我的最大影响不是地,而是人,是一个山西人,名叫温茂林。他是我家的男佣人,长得两眼有神、两腮无肉、中等身材、中年岁数,穿着裤脚缠绸带的黑棉裤,留平头,一派典型中国淳朴农民的打扮。我到山西以后,茂林就来了,负责照顾我的一切,整天同我形影不离。茂林的话不多,粗识文字,脾气很憨,我做错了事,他会怒目指摘我,可是我很喜欢他。我日后的一些耿直的脾气,深受他的影响。茂林对我很严,我对他也一样。小时候,我很道学。“严男女之防”,后来发展到连温茂林都吃我不消:当茂林同女佣人们一起吃饭的时候,我竟在旁边监视,不准男人同女人讲话!有一次茂林看我不在,讲了几句,不料我却从桌子底下跳出来,对他大声申斥一番。我的古怪与任性,由此可见一斑。

提着鸟笼子

茂林喜欢鸟，我也大受影响，养起鸟来。北京旧家的纨绔子弟，常常出门卷着白袖子、提着鸟笼子、叼着烟、迈着八字脚走路，一派腐败堕落的模样。我那时太小，还不到这种水准，不过鸟倒也养过几只。有一只百灵，老老的，会学十一种动物的声音，可惜其中包括学猫叫；百灵一学猫叫，就被认为误入歧途了。江述凡写书大谈鸟经，我也跟他谈上几句。他奇怪我怎么懂起养鸟来，我说我差点儿变成北京旧家的大少爷呢。

童子尿

受了传教士影响，太原算是很西化的城市，但西化不能配套。例如我看到搬来一个好大好大的搪瓷浴缸，可是却没自来水。

茂林以外，我还记得那挑水夫。洗澡时，水是由挑水夫一次一次挑来的，向缸里倒。他是一个小伙子，造型很像丰子恺漫画《阿 Q 正传》中的阿 Q。有一天，他向我要我撒的尿喝，说“童子尿”可以治他的病，不久他就死了。

骷髅

除了太原以外，我有一次同爸爸去了榆次和太谷。太谷是山西最早受西方文化影响的地方。我记得参观一家医院，医院中有一架人体骨骼，那是我生平第一次见到骷髅。我到台湾五十年后，宣布把我的遗体捐给台大医院“千刀万剐”，做人体解剖，然后把骷髅挂在台大医院，恨我入骨者，可见吾骨在此；赞美我有骨气的，也可一睹真身。这一骷髅观念，就是从这次太谷之行来的。我这一捐尸，当场得台大名医韩毅雄、陈耀昌见证，并由台大医学院全部骨科团队集体具名感佩，自然已成定局。不料后来我得了摄护腺（前列腺）癌，由名医张树人开刀，切去几公分的摄护腺后再上下衔接，阴茎长度受了影响。我生怕死后解剖时，被台大医学院师生议论，误以为李大师天生那么小，未免对李大师敬意有伤，遗体啊，就后悔不想捐了。

出满洲记

"九一八"事变前，东北正是黄金时代；"九一八"事变后，发光的未必都是金子，东北人民泪尽胡尘，饱尝做亡国奴的痛苦与辛酸。爸爸一直计划全家离开东北，进入关内，不受日本鬼子的统治，可是种种困难，未能如愿。到了一九三七年（民国二十六年），他终于做到了举家南迁的大手笔，十九口浩浩荡荡迁到北京，完成了他的《出满洲记》。《出满洲记》可不容易，因为全家人口浩繁，计开：爷爷、奶奶、姥姥、爸爸、妈妈、五叔、三姨、四姑、老姨、老姑、大姐、二姐、三姐、四姐和我，外加大爷、大娘一系四位，共达十九口。在刚到北京碰到七七事变后，《出北京记》再也走不动了。

张桂贞

妈妈名叫张桂贞，吉林永吉人（原籍河北），吉林女子师范毕业。她在辈分上是爸爸的学生，爸爸在吉林女子师范教高班的，妈妈却在低班，没教到。教到的高班学生里面有申若侠，后来嫁给故宫博物院副院长庄严。那时候，流行高班学生同低班学生交朋友、合照相，申若侠和张桂贞就合照过。妈妈是学校锋头人物，是篮球健将。那个时代女子到新学堂念书的不多，所以女学生很拉风。爸爸在吉林六中有一个学生名叫程烈，后来变成国民党政府中的一名“立法委员”。据说当年因追求妈妈，被校长我爸爸开除。师生关系中断几十年后，在台湾恢复，他的儿子程国强在台中一中也做了爸爸的学生，有一次被军训教官陷害，要开除，经爸爸力持交涉，才免于被开除。两代开除恩怨，竟成佳话。程国强六十大寿，我是不参加婚丧喜庆的，但被骗去，席上邀我讲话，我说：“幸亏当年我爸爸追我妈成功，幸亏程烈失败了，否则这世界没有李敖，而我就是程国强了。”闻者大笑。

六女二男

妈妈生我时候，已经一连生了四个女儿，这种情形，在那时代，已经有点岌岌可危了。

中国汉朝就有“盗不过五女之门”（生了五个女儿的家，连小偷都不去偷）的话，一个媳妇，不老老实实生儿子，却一而再、再而三、三而四地生女儿，这成什么话？幸亏我应运而生，使妈妈立刻从“败部复活”，帮了她的忙不少。在生我以后，妈妈又故态复萌，连生了两个妹妹，那时我在家中地位如日中天，直到最后弟弟出世，才算“两权分立”。六女二男，就是我的同胞情况。大姐李珉，北京辅仁大学（后改北京大学），嫁给周克敏，夫妻两人都在昆明行医；二姐李珣，北京燕京大学（后改北京大学），工程专家，嫁给汤克勤；三姐李琳，台北师范大学，嫁给石锦，移民美国；四姐李琤，台北台大护校毕业，嫁给张立豫，移民美国；大妹李珈，台中静宜学院，嫁给陈大革，移民美国：小妹李瓔，台北实践家专，嫁给叶成有，移民美国；弟弟李放，台北一中毕业，与王自义结婚，移民加拿大。我在十三岁，一九四八年离开北京，下天津和上海，那时大姐、二姐留在北京。大姐大我六岁，正念大一；二姐大我五岁，正念高三。这一分别，一别就是四十四年！一九九二年我请她们来台湾，那时我已五十七岁，大姐、二姐已经六十三、六十二岁了。二十年下来，大姐、二姐夫、三姐、四姐夫都已去世。去年二姐、四姐、大妹、小妹到台湾看我，恍然如昨。

旧式家庭三大战

中国旧式家庭有三大战：婆媳之战、姑嫂之战、妯娌之战。这三大战，都跟媳妇有关。妈妈是我们李家媳妇，当然无役不与。李家正赶上中国大家庭的解体时代，所以大战的程度极轻，只限于背后的一些女人是非而已。作为一个媳妇，妈妈对奶奶不错，奶奶临死前，缠绵病榻，每天给她擦身体的，就是这位二媳妇。爷爷奶奶一直跟老二和二媳妇一起住，但奶奶却说老二以外的儿子和媳妇最好。奶奶曾对整年养她的老二和二媳妇有微词，却对平时聊拔几毛、只在年节生日送点小礼的其他儿子、媳妇大加称赞，这种是非不明，是旧时代老太太的一个特色。爸爸、妈妈身受委屈多年，想不到妈妈老了以后，也有这种倾向，也变得抱怨"养生派"而偏心"送礼派"，谁说历史不重演！

老太趣闻

一、我母亲活了九十一岁。她在五十以后，就预设防线，以玄言妙语，闪烁年龄。每遇不识相者问她几岁，她的统一答案是："你看像几岁就几岁。"原来老太太的高寿是"浮动汇率"式的，老而弥诈、高下随之。如今我也老不堪言，每思老太太的统一答案，深感学问渊深。我的客观系于你的主观，多妙啊！

二、我住豪宅，妈妈李老太住楼下。二十四小时看护、菲佣照顾，白天加派学生陈境圳。为了更安全，除浴厕外，又加装闭路电视，楼下如有意外，立刻得知。李老太是何等人物！她很快查出闭路电视有死角，她拉境圳到死角，说我坏话。第三天，我笑着说我都知道了。老太长叹一声："唉！知人知面不知心哪！"

三、老太回北京，她的妹妹（我们叫三姨）来接她。她嫌三姨，厉声声明不许拥抱、不许哭，高姿态一如西太后。老太离开北京不久，三姨就死了。三姨的儿子写信向我抗议："我妈连批斗都斗不死她，却被你妈斗死了。"我深知老太不好相处，乃买电视机送三姨之子，消灾了事。

四、三姐夫石锦教授开玩笑："我们家啊，有两个人最像共产党：李老太和李敖。"李老太就是我母亲。她生了二男六女，可是只愿跟我住。有一天，她愁眉不展，我劝她出去走走啊上个教堂啊打个小牌啊，她说："为了你的名誉，我不能出门啊！"问为什么？她说："我一出门，就要说你坏话！"

五、同栋大楼中，我住楼上，老太回国后，为她买了楼下。二〇〇〇年，老太死的当天晚上，菲佣 Rose 要求上楼来睡，因为"怕老太太的魂回来"。小屯说："中国人死了七天后，魂才回来，你今晚就怕吗？"Rose 说："菲律宾人死了三天，魂就回来了，所以怕得要早一点。"小屯笑起来，立刻同意了。

张人权

外祖父（我们叫姥爷）名叫张人权，这个名字倒蛮有时代意义。他长得身材高大，相貌堂堂，威严无比。他有一张大照片，一直挂在家里，照片中的眼睛不论你从哪个角度望去，好像都一直盯着你，教人为之生畏。姥爷是哈尔滨警察局下一个分局的局长，他为人耿直，不喜欢拍马屁。他的上司在台上，他不理、不买账：他的上司垮了台，他却跑去"烧冷灶"。外祖母（我们叫姥姥）是一位胖太太，胖得自然不会背挺得直，姥爷是衣着笔挺背也笔挺的威严人物，经常对姥姥说："老太太，把背挺起来、挺起来！"姥姥却不太理会他。姥姥唯一理会的是姥爷有爱讨姨太太的毛病。姥爷喜欢讨姨太太，本来是说说的，后来真的讨了一个回来，但是不久姨太太就离去了。姥爷还不死心，还想讨，但是不久他就死了。姥爷死后，姥姥就同我们合住，一直到她死去。

心在胳肢窝里

在内务部街，正房一直有位老太太跟我们住，就是外祖母。我们叫姥姥。家里女孩子太多了，姥姥比较偏心大姐、三姐。其实老太太们的偏心性格是很普遍的。我看到外祖母一边做活儿（用针线“衲”鞋底做布鞋）一边听收音机，收音机中说相声的挖苦老太太，说：“老太太动胸腔手术，可是开刀后找不到心，找了半天，原来心在胳肢窝（腋下）里！”其心之偏也可想。外祖母一边听收音机一边笑，但是笑归笑，偏习难改也，一定要附加一句：我还记得那座老收音机是真空管的。我可听过真空管的收音机呢。

沈二爷

爸爸死后，有一位老先生特别奔走，料理后事，他就是人称“沈二爷”的沈铭三老先生。沈二爷因为辈分是外祖父级的，我们称他“二太老爷”。他是典型的中国正派士绅，爱护朋友。对朋友的忠心可靠，给我极深刻的印象。他跟爸爸的交情极深，他生在一八八七年，民国前二十四年，我则是民国二十四年，正好前后各二十四年。他比爸爸年纪大，对国民党来了以前的政治社会，有着微妙的眷恋。他不相信国民党，认为国民党自私、没原则、不可靠。当跟他同岁的国民党蒋介石弄出了签了《中苏友好条约》、让外蒙古独立的消息传来的时候，他气愤地对爸爸说：“巩衡，你看，国民党在卖国！”后来局势逆转，国民党收缴全国黄金以发行金圆券的时候，他基于对国民党的不相信，坚决不肯拿出黄金来兑换。他说他宁肯被查出来，黄金没收、人枪毙，也不要给国民党来骗。沈二爷的不相信是正确的，金圆券很快就崩溃了，他保住了他的黄金；凭这些黄金，他有了逃难的本钱，最后逃到台湾来。爸爸死的时候，沈二爷在大热天里，四处奔走筹募“李鼎彝先生子女教育基金”，有恩于我，使我们能够完成学业。他因为是前安东省主席高惜冰的亲戚，得在彰化纱厂做个看门的小职员，八七水灾时尽忠职守，在水淹及桌的桌子上站了一天一夜。他得享大年，九十六岁才死。沈二爷没受过什么新式教育，爱看的只是一部书——明朝吕坤（新吾）的《呻吟语》。《呻吟语》是中国正人君子的教科书，在沈二爷身上，我看到了正人君子的一个典范。沈二爷使我对朋友之道变得甚为古典，我变得喜欢交够朋友的朋友，这些朋友，都是旧式的。我对工业社会里的朋友之道一概不欣赏，我觉得那种友情现实、速成，而易消，因此我的朋友不多。我很挑剔。但成为我的朋友的，我就忠心耿耿，他们对我，也应一样。远流出版社王荣文有一敏锐观察，他说：“李敖是最够朋友的人，他绝不对朋友不起，但他很容易证明朋友对不起他。一证明完了，朋友也完了。”

我吹牛，因为你沉默

我承认有些人了不起，但他们活在我活的时空里，不会凌我而上。王阳明说他做圣人，他做不到；但圣人做他，也不会超过他。真相在此。我一生的“苦心焦思”、一生的“困学纪闻”、一生的“没个商量处”、一生的“虽千万人，吾往矣”都是我“综合爆发力”的张本。因此在八十前夜，我写下这本书“自大其身”。清朝学者李塨说：“交友以自大其身，求士以求此身之不朽。”我一生朋友不多，也不花时间招朋引类，所以“自大其身”，全靠自己吹捧自己。吃不消我自吹自擂的人应该惭愧，你们本该替我吹的，但你们闪躲，我就只好自己来了。我吹牛，因为你沉默。

吹乎哉？不吹也！

改写《论语》一句："吹乎哉？不吹也！"我生也野狐，死也野狼。"自大其身"的不朽，全靠自己野牛的牛×。不过牛×只是我闹剧式的宣传，实际上，我是货真价实的。我有真功夫、有硬里子，我的程度，迥非世俗所能测其浅深。我留下这本书，正说明了这一点。我不全是写给世俗看的，我是写给自己看的，所以"秘密"，不无自藏自珍之意。宋人的诗说"半是浓妆半淡妆"，是浓是淡，随我高兴，不化妆素面朝天照镜子，也是自得其乐。虽然事实上，我很少照镜子，因为我怕看到镜中人，他是"文化恐怖分子"。

综合一下我的"伟大"

我以自得其乐的心境写这本书。我笑对李戡说："妈妈认识我三十年，她的最大本领就是知道我伟大，但不知道我多伟大。"如今，我要综合一下我的伟大。八十年了，我要用这本书，综合一下我的伟大，无惧于读者又喊饶命了。有个陈文茜，她看来是最能欣赏李敖自吹自擂而不以为苦的人。文茜说能欣赏李敖的自我吹嘘而不以为他在吹牛的，是具有智慧的读者。陈文茜自结识连战、郭台铭，说了很多错话，但这次说对了。

五六百字的神通

别人老了会啰唆，我老了却怕别人啰唆。我的书，除小说外，一律长话短说了。任何大道理，都限定在两页红稿纸上说清楚。两页是六百字，标题不算，大概用五六百字畅所欲言。五六百字一定足够了，我是大手笔呀！一个主题，用五六百字还说不清楚的，要打倒它。一九四四年，诺曼底登陆后三天，二十四岁的英国诗人凯斯·道格拉斯（Keith Douglas）阵亡了。他在死前三年有诗预告：Remember me when I am dead/and simplify me when I'm dead. Simplify（简化）的第一篇乃从形式开始，用五六百字决定内容、浓缩了形式。也许沙丁鱼不赞成，但罐头不容分说。五六百字的神通，化为几百个主题，写《李敖自传》。鸡零狗碎，您老写的是哪门子自传？答复是：我写的就是鸡零狗碎的自传。

远离前丈母娘

年轻时自己以为不是长寿相，活到中年就死了，没想到居然一活活到八十岁，并且坐八望九、坐九望一百呢。长寿不是自己以为，而是修为，我的长寿和我的修行、作为大有关系。我不烟不酒，我不参加婚丧喜庆，我一个人关门快活，处处都是寿征。活了九十八岁的英国哲学家罗素（Bertrand Russell）说，八十之道，首先是选择父母。其实他的长寿，是一再选择前妻。说句笑话，长寿重点不在遗传，而在远离前丈母娘。如今我的前丈母娘在第十九层地狱纳祸，也算天道好还。我写"风流自传"，就是这种"行文恣肆"的写法，随兴为之，你必须习惯我的胡天胡地胡言乱语，因为这是我的自言自语。我要写的大书太多，"风流自传"排不上。写起来费时、懒得写；但聊起来倒可解颐，但我又无聊的对象，只会自言自语。自言自语起来，真相毕出，对前丈母娘还有好话吗？

马克斯哥儿们

看了"放映公司"（Flickback）出品的《一九三五》（1935）一瞥，都是一九三五年的片段画面，其中每一个人，如今都不在人世了。看过以后，不能不有几许凄凉，因为纯粹属于一九三五年留下的、能够光照后代的，历历可数。全垒打王鲁斯（Babe Ruth）的纪录已被打破了、风光一世的罗斯福（F. D. R）总统也人死烛灭了。倒是喜剧明星马克斯哥儿们（Marx Brothers）的搞笑戏（Marxism）耐看。八十年来的时代演变与实验，证实了人类讽世的笑声应该长存，而正经八百的主义倒必须中国化了才算。知道了中国特色，这是有趣的开始。

共产党大我十四岁

一九二一年成立的共产党大我十四岁，它的成长与我萧条同代。看它壮大、看它富国强兵、看它使中国人站起来、飞起来，我不能不欢欣。古代生于忧患的知识分子，“远路不须愁日暮，老年终自望河清”。我有幸望到河清，虽然我已老在浊水里；虽未途穷，却已日暮。我年轻时候陷在台湾，台湾属于中国，却成了国民党的；我年老时候远离大陆，大陆属于中国。我倒想得开，因为我的光华本就不在现实利害上。我是中国的，中国也是我的，我的中国不是他们抢的那块肉，我的中国是于万斯年的。写这本书，志在说明我与他们的大异其趣。他们无趣，我有趣。他们实在无趣，我实在有趣（顺便声明一下，我把国民党、共产党并列，其实没等量齐观。共产党给中国带来富强光荣，国民党只是丧权辱国）。

陈云裳与“那破碎的战场”

我生那年，一个十六岁的漂亮女孩从广州发迹，在上海、在香港主演《木兰从军》《月儿弯弯照九州》等几十部电影，从一九三九到一九四一，做了三届中国电影皇后。她叫陈云裳，我记得她演花木兰的电影,《月亮照着那破碎的战场》主题曲,我至今还能哼上几句。陈云裳生在一九一九,是我小时候喜欢的明星。写这段文字时,她应该九十五岁了。她还在世吗?我不知道。她白发了昨日,但花木兰却红颜了今天。

我行年八十,一生与恶势力斗争,打了太多太多的好仗与烂仗。如今老去,不入流的敌人一一死去,“那破碎的战场”已黯然无声,但我却有功足录,以自传颜之,自然彩色缤纷。这是“李敖风流自传”,也是八十缤纷录。

李大师“年老轻狂”

有学问之人,满纸涂鸦也好、涂鸭也好,不管涂什么,其实是“年老轻狂”。不过,你想从轻狂中查到我的潜意识吗?可没那么容易。我的潜意识可是铜墙铁壁的。不有计划写出这本书,而是堆出这本书。“信笔所之”真好,使自己没有了拘束。七十而“不逾矩”地从心所欲,八十不必“不逾矩”了,八十事事无碍,八十除了笔下龙蛇外,还能怎样呢?连想女人,都要看A片时,把自己加入了,随后恍然一笑,我在干吗?跟A片中的黑人比吗?我真该死!旁观者就是旁观者。读者亦然。读者就是读者。读者永远超越不了李大师,一如李大师永远超越不了黑人的黑××啊。写到这里,我学京戏,奸笑三声,笑得既真且幻。幻不是假,幻是真戏假做。戏不是不真,只是该黑人做的,李大师免了。李大师八十岁了。人家是“年少轻狂”,李大师“年老轻狂”。

“孤笑”

轻狂溯源,跟我的玩世不恭有关。玩世不恭在我生命里霸占一方。我一生快行己意快意恩仇,却不怄气负气、也不郁郁不得志,不得胃癌,反倒“孤笑”不已，都跟我玩世不恭有关。那年王大智请我在他课上演讲，很受学生欢迎。大智要送我车马费，我拒绝了，但我开口向他要个图章。我说：“你老太爷是金石家，一定刻了不少闲章。挑一个送我吧。”大智果然不辱命，从他妈妈那边取得闲章一方，上刻“孤笑”二字，是从朱子书里找出的，我好喜欢。我是常常“孤笑”的。闽南话“偷笑”、古文字“窃笑”，种种用法各有趣味，但是“孤笑”最有道学气。如果我正经一点“偷笑”“窃笑”，我就“孤笑”了。

跟自己聊天

这本书，用语活泼，上天下地，随意为之，主轴是我八十年来的一些杂感。这些杂感有些该是高朋满座时聊天的，但我息交绝游已久，每天都是一个人在大书房里盘踞，虽没神经到喃喃自语，但万念俱灰的局面倒匆匆来去。有些念头被我钩住，就跟自己聊起来了。实际都是自说自话、自问自答，有时也会“自讼”、跟自己抬杠，当然赢的还是自己。老子说“自胜者强”，他“自胜”的意思跟我不太一样。我看他的“自胜”，是跟自己过不去；我的“自胜”，是说一个我好、另一个我不好。最后好的我赢了，自圆其说后，我理直气壮，全身统一。

生日成谜

出生时候，还流行用阴历计算，所以一直是乙亥年三月二十三日辰时（上午七至九点），小名就叫“安辰”。乙亥年生的属猪，三月二十三日的生日一直按阴历过，直到我二十岁前查出是一九三五年四月二十五日，此后就放弃阴历生日了，毕竟阴历太落伍了。不料，快六十岁的时候，二姐从大陆来，她断书生日不是阴历三月二十三日而是三月三日。二姐的记忆力一向过人，所言如不虚，则阳历生日是四月五日才对。市井中人说，四月五日是牡羊座、四月二十五日是金牛座，我嗤之以鼻。信星座是怪力乱神，从不信这些鬼话。

“李敖”

我名叫“李敖”。这名字前人也有过。在我家家谱《李氏宗谱》中，居然有一代祖宗名字也叫“李敖”！《湖南省博物馆藏古玺印集》有汉朝“李敖”钢印、魏晋南北朝也有“李敖”之名，可见古人先得嘉名，“李敖”两字并非首见。只是在发音上，我倒由第四声的“傲”音，慢慢倾向喜欢第二声的“熬”音，一来忧患使然，二来第二声听来响亮一点。有人甚至纯用第一声为名呢！孔丘、曹操是也。我对中国文字的运用，非常考究音域。我家客厅中挂了一副小联，张伯英写的。上联“何必瑶池昆仑阆风玄圃方是神仙”，下联是“不须终南太华天台赤城亦云山水”。我在挂出时，故意上下联对调。上海朵云轩的行家对我说：“你挂反了。”我说：“我没挂反，是他写反了。”对联的下联收尾应该是平声，上联收尾应该是仄声。这样念起来才响、听起来才响亮。很多人懂中文，却不解平仄之美，常常把对联写反了。二姐回忆：“李敖有个正式小名叫安辰，大概因为是男孩对出生时辰也重视起来，并起在名字里面。实际上并没有人叫他安辰，大人用‘噢，噢’的声音逗他，被四妹误解，于是四妹喊他‘小噢’，变成了李敖大名的来源典故。”“李敖”名字来源，并无玄机也。

老汉溜冰图

北京的北海是辽朝、金朝、元朝、明朝、清朝以来，一连五朝帝王经营的园林，是有九百多年历史的美丽宫苑。这一宫苑，在帝王倾倒后变成公园，是我小时候喜爱的地方。每到冬天，三十九顷的大湖结冰了，我常去湖上溜冰，除了享受北国风光外，还享受到一幅“老汉溜冰图”。溜冰作为运动，早在两千年前起源于北欧，一八七六年伦敦建立世界第一座人工冷冻溜冰场后，进而变成非季节性的。我在北海溜冰，还是季节性的。季节是冬天，溜冰场上红男绿女，是年轻人的世界，但却有个白胡子爷爷穿梭其中，并且技高一筹，还做花式表演呢！这么不搭调的人，他是谁？他就是当年清朝西太后的御前溜冰表演师，虽然帝王倾倒了，他也老了，但每到冬天，他还是要“老当益溜”，令年轻人惊叹不止。溜冰是洋玩意儿，是中国在西方文化下欣然跟着西化的项目之一，这位老先生在“中国西化史”中的溜冰项目上，首当其冲并且优游其中，真有他一手、有他两腿。最能象征历史痕迹的，莫过于他的溜冰鞋，那鞋是用布条缠的，跟我们的全不一样。当年北欧用骨头磨成冰刀后，再用皮条绑在脚上变成溜冰鞋，这位老先生的鞋，庶几近之。我有幸同这位老先生在北海溜冰。我不是同一位老人家溜冰，我是同一个时代溜冰。我见证了一个时代，中国在西化，从脚上开始。

张伯英的小联

小时候在北京，每见商家匾额有“张伯英书”，看到他那雄浑开展、风格劲媚的大字，就非常喜欢。到台湾后，在流落岛上的大陆文物中，我收到他家藏的王文治中堂、铁保中堂，卷轴背上题有“王梦楼书　云龙山民题签”“铁梅庵书　勺圃张伯英题”字样，楷体小字，笔法灵巧劲挺，虽寥寥二十个字，却有如见故人之感。后来王文治、铁保的中堂都失窃了，但是窃贼只割走卷轴正面大字，背上的小楷，却留下给我了。我手持两条“张伯英”，忧喜参半。后来路过文物之肆，得见张伯英写的小对联，店主人不大识货，又震于我在此道的威名，乃廉价脱手于我，我的“张伯英”收藏，自此不复两条。我夜不成寐，为小对联写了篇《子夜神驰》的散文。写完以后，天已微明，我重新站在小对联前，但觉它已不是流落文物之肆的一件艺术品而已，它实在是一位活生生的过客。

五十年后，我必死亡，而它必传诸收藏家之手；收藏家必死，但它却存活。存活之余，它也许会想到某年某月某一天，会有一位收藏家与它独对，并写《子夜神驰》一文以记其事，它会欣于所遇，亦未可知。物是人非之后，因缘际化之前，尚有奇趣逾此者乎？

“左倾”的笔盘

地上有三块小纸屑，我都受不了，要捡起来丢掉。

我没有洁癖，但我有秩序癖，秩序得颇有英国海军的味道，一切井井有条。严侨说他祖父严复，连回家脱下靴子都摆正在一边。我的笔盘走向正确，所有的笔尖都左倾。坐在桌前开工时候，左气盎然，不是昂然。我的“左倾”没有幼稚病，比较平和而不躁进。列宁（V. I. Lenin）遗憾萧伯纳（G. B. S.）以“太费边社”了，其实正因为萧伯纳费边，英国才能在敌友之间屹立。而俄共七十四年辛苦，最后分崩。这还不是欲远则不达的问题，这是“欲左则不达”。总觉得普亭（V. Putin）不错，受命于分崩之际，自己快速从鼠辈中窜起。铁杆鼠辈乃打着共产党旗号的在新国会中占五分之一上下。向左看齐，齐一难矣。我的笔盘其严乎？（我的眼睛不行了，上面都是用毛笔写的。对目力可纾解，字亦随意不成形，好像熊十力写给居正那封信。我本可写出很好的毛笔字，但好好写就要花时间花体力，所以就不书法家了。书法家要有闲工夫，我无此闲工夫，未能丹青长存，亦一美中不足矣。）

江述凡

我认识江述凡很晚，在文星被蒋介石封门后，我以兜售旧电器维生，跟一些演艺圈中的俗汉鬼混，大家赌梭哈（一种扑克游戏——编者注）。李翰祥也、刘维斌也、骆明道也、宋项如也、贡敏也、刘家昌也。

赌桌中有个冬天穿长袍的老北京,我们叫他 Peter,就是江述凡。述凡生在一九二七年,老北京也。跟我侃北京大山,极为有趣。他送了一幅林森的字给我,后来病不见人,死在新店。他出《东南西北任鸟飞》时,要我写序。一九九七年十月八日,我写《序江述凡新作》如下:

我生平四面树敌八面威风,且以威风树敌为乐,但有一面也为朋友网开,至于谁能入此面而不被化友为敌,则有赖段数与造化。三十年老友江述凡者,此面之健者与健在者也。他与我交友垂三十年以至垂垂将老,不吵架、不红脸、不借钱、不干娘、不失立场且不退出国民党,终能与我相终始而不被整肃,此公段数与造化,自是高人一等而足多者。不过,述凡的高人一等不止善于委蛇于李敖者流,其精于弄蛇式的文化之旅更非人所能望其项背。他年少浪迹大江南北,老去促谈文化西东,其精其广其娓娓动听,海峡两岸,可谓无出其右。东坡为文以"行云流水"自喻行止,述凡为文,"扯到哪里就写到哪里",也正见其转合,乍看似野老谈苑,细味乃方家正作,盖以谈笑间泄天机而展功力者也。纸贵之日,邀序于我,我乐于从命,并以老友兼大师身段,表而出之,布告世之知吾人者。

以貌戏人

巴斯噶(Blaise Pascal)以芦苇喻人:Man is but a reed, the most feeble thing in nature; but he is a thinking reed. 芦苇何辜?我在中学时,钱穆每月送我一册《人生》杂志,看到殷海光给《人生》主编的一张照片,以芦苇自喻。殷的好笑是其貌不扬却好作睥睨状,迄未稍悛。殷比起别人,思想家多了,可是样子太不称头。他们那批人,好像只有笨蛋唐君毅有点人样,其他长相都差劲。钱穆晚年还叼起烟斗来,烟斗和这土蛋,其实两不相妨。他的徒弟余英时也作烟斗状,生硬不堪。徐复观三角眼,诈形外露;牟宗三两腮无肉,小人相(蒋介石相貌很好,但头太小,尤其和大头宋美龄站在一起,益见其小)。我喜以貌戏人,但和迷信无关。

“三不朽”中的我

古人讲“三不朽”,有三方面:立德、立功、立言。先说立功,台湾太小了,无功可立。再说立言,在立言上,我一直被奉为大写手,不分敌友,对我的健笔如飞,皆无间言。在写的字数上,从梁启超到胡适、鲁迅,都不能跟我相比。我的《李敖大全集》,早在一九九九年就出到四十巨册,早都压倒群雄。一九九九年后十六年来写的还没计入。虽然在立言数量上我如此拉风,但奇怪的,我每自吹自擂、排起顺序来,却总把“立德”排在“立言”前面。换句话说,我一生自憙我人格的伟大,乃在文章的伟大之前。

一些浅人(包括所谓正人君子)听了,有的会奇怪,会发笑,为什么你李敖不以文章盖世,却以人格号召?答案是,眼观天下,我在人格上,的确雄踞第一,因为我有“大人格”。

“大人格”

早在一九八一年,我就提出“人格的两层面”的说法。什么是“人格的两层面”?第一层面是“管仲的层面”;第二层面是“匹夫匹妇的层面”。“匹夫匹妇的层面”是小市民的层面,是随波逐流的层面,是依附权威的层面,是“庸德之行,庸言之谨”的层面。“管仲的层面”是大人物的层面、是特立独行的层面、是大无畏的层面、是“虽千万人,吾往矣!”的层面。这种层面所表现的人格,叫“大人格”;“匹夫匹妇”所表现的,叫“小人格”。胸怀“大人格”标准的英雄豪杰,都会长期遭到舆论、谣言、群众、世俗的打击。所以,“父子责善”的贤人匡章,全国说他不孝;“弟死不葬”的志士张良,社会说他不仁;周公旦被诬不利孺子;直不疑被诬与嫂通奸;马援被诬贪污;袁崇焕被诬反叛;张自忠被骂汉奸,蒙羞六七载;岳飞不得昭雪,沉冤二十年……多少大丈夫,在“小人格”标准下,都变成了“人格有问题”的下三滥。虽然这样,以“大人格”期许的志士仁人,也不会怀忧丧志,因为他们把握了大规迹。我们不要忘记:在举国滔滔,为阉党拍马祝寿的时候,顾宪成不肯签名,这是何等人格!在举国滔滔,为国社党攘臂欢呼的时候,艾德诺(K. Adenauer)不肯妥协,这是何等人格!在举国滔滔,为国民党歌功颂德的时候,有人敢捋虎须、敢浇凉水、敢扯后腿、敢跟他们不合作,这是何等人格!

艾德诺

我佩服的人中,有艾德诺。我特别顶礼艾德诺。第二次世界大战尾声的时候,英美联军进入德国,想找一个有知名度的强者而又不与纳粹合作过的,找来找去,只找到一个艾德诺!艾德诺那时已经被极权政府整得灰头土脸(法庭上诬陷他诈欺背信,又以政治原因把他下狱,并要他太太做不利他的证词),但他绝对保持大人格,虽然名誉被破坏、财产被没收、自由无缘、家庭破碎,但他是大丈夫,是男子汉,他九死无悔、孤军奋战,直到国土重光。

所以,一个人,他在军国主义下不阿附军阀、在法西斯主义下不苟同纳粹、在一党独大下不加入这个党,他在先天上,人格就高于阿附的、苟同的、入党的。这种人,即使沦落到去做下里巴人、去做下三滥、去做下水道的党外人士,他们的人格都是高的。因为在大的行为上、大的规迹上,是正确的、伟大的。不得志独行其道,宁肯抱关、击柝、贩牛、屠狗、做隐士、做罪犯、做赌徒、做流氓、做小买卖……就是不同他看不起的政权合作,不同他们看不起的一党独大合作,宁可因此被毁、被骂、被告、被关、被夹击、被围剿、被迫害、被整得家破财光……也不合作、不入党。这种人,人格是多么崇高、多么艰苦卓绝、多么了不起啊!

李立德

我很自豪，我就是这种人。古人“虽千万人，吾往矣！”指的就是这个。但古人很难做到，因为太难了；现代人也难做到，现代的难处比古人更多。可是，我李敖风流一生，我做到了，并且做得“风流天下闻”，虽然我的名誉并不好。我不伪善、不乡愿、不惜得罪人、不八面玲珑、不整天讨人好、不整天做公共关系、不随波逐流、不走官方路线、不加入任何政党……从不投靠在强梁的一方，从不强上添花、也从不向社会降格取媚。虽然我待人客客气气，但我实际一身傲骨。“虽千万人，吾往矣！”有一次在诚品书店电梯前碰到国民党大官僚徐立德，两人相对，还客客气气聊了几句。随后我对小屯说：“这家伙叫什么徐立德！我才该叫李立德呢！”

我愿我是——

我最佩服以色列人。以色列人生于忧患，深信一种强者的哲学，对任何骚扰一律大力报复：你丢他一颗手榴弹，他扔你一百颗炸弹，真是要得。以色列不但有立即的报复手段，还有长程的报复手段。当年在集中营陷害他们的纳粹，在多年以后，一个个都被以色列人抓到——以色列人绝不忘记。因为忘记报复就是亵渎正义！我生平做一件事，每生联想式愿望：一报复，我愿我是以色列人；一上床，我愿我是黑人；一怕冷，我愿我是爱斯基摩人；一上船，我愿我是海盗；一坐飞机，我愿我是十个空中小姐的情人。

报复

我一点都不伪善,我赞成报复。我在《红色 11》中用小共产党跟胡牧师的对话,表达了我的报复哲学。胡牧师说:“报复能证明什么?报复太消极了。”小共产党说:“报复能证明最后伸张了正义、制裁了邪恶、清算了为非作歹,它一点也不消极,它的结果是积极的。否则坏人有能力作恶时,就会为所欲为、无所不为;没能力作恶时,就以请你宽恕逍遥法外。既往不咎,这等于是纵容,等于是姑息。”胡牧师说:“很多过去的,其实应该忘掉;学会忘掉,是人生重要的一课。坏人坏事,既属于过去,也可以忘掉。”小共产党说:“你忘掉的不是坏人坏事,你忘掉的是正义。正义在坏人得势时候,它在哪里?它在脚底下、在阴沟里、在监狱内。当最后,最后,多少年以后,多少头发白了、掉了;多少烈士冤魂死了、完了,那时候,偶尔有幸存的一些人劫后余生,主持最后审判,那时候,向坏人报复就是为了那些白了掉了的头发,就是为了那些死了完了的烈士冤魂,给他们追悼,给他们安慰与怀念。那时候,你必须用报复坏人来证明正义已经不在脚底下、阴沟里、监狱内,正义已经重见天日。所以,我说,胡牧师,那时候你忘掉坏人坏事,忘掉的不是坏人坏事,而是多年不见天日的正义。”在《红色 11》里,我痛痛快快发挥了我的报复哲学。我常说:“有仇不报的人,就是忘恩负义的人,因为这种人恩怨不分明,所以会这样莫名其妙。至于不但有仇不报,还反过头来歌颂仇人蒋氏父子,如××之流,他们太可耻了。”

不只报复,且是恶作剧

我喜欢对敌人报复,但在报复中充满喜感。从一九八六年九月五日我给王尚勤信中的一段,可以看到我在报复中的恶作剧:王剑芬欠我钱，我追讨，她说给了萧孟能，结果被刘会云代为把他们双双告进法院。王剑芬、萧孟能都被判了刑；萧孟能又欠萧太太钱，又被告进法院。王剑芬家被查封，我代为执行，除依法留下一桌一床外，全部席卷而去。最后搬沙发时，我还说："孟能、剑芬，现在免费让你们坐五分钟，要坐快坐，再不坐就没机会了。"此事以后，王府重新装修，听说家具都改为嵌入墙里的（all built-ins），下次如再去，除非找爆破大队，恐无他法矣！剑芬前一阵子又考取了台视基本编剧，我情报准确，立刻派人找法院去查扣她薪水，她只好离开台视（留出名额，应由"胡星妈"递补才是）。总之，魏廷朝说得好："李敖是最可靠的朋友，也是最难缠的敌人。"世之不信斯言者，有如此"萧"！（此"萧"后来把《文星》复刊，我又演出查封戏，结果六十平房子，里面贴了五十九张封条。当然要玉成他把《文星》办下去，所以全部家具都可照用不误，只是件件上有封条耳！）

和这么多人为敌

一九八七年四月一日，邓维桢写信给我说："和这么多人为敌，我真佩服你的勇气！这不只是敌人多而已，而是许多朋友会因你树敌太多而不敢和你做朋友。"不过，从谑画的角度看，我这种四处树敌的作风，岂不也正是检验"朋友"、验明"朋友"的好法子？如果"朋友"是这样伪善、胆怯、骑墙、闪躲，这种朋友，也真可有可无了。我常笑我自己说，别人整天做公共关系讨好人，我却整天破坏公共关系批评人；我的敌人不是一个个出现，而是一窝窝出现，我几乎每半个月就要多出一窝敌人，我真"阔"得很呢！我为什么这样与人为敌？因为我争是非、不讲俗情、不肯做乡愿。我的敌人十九都是小人，如果我的朋友不勇于做君子（战斗性的君子），不敢和我做朋友，我觉得我该就此人我两弃，也不错啊！王尔德（O. Wilde）说世人都疏远了我，而仍在我身边的人，就是我真正的朋友。我年纪越大，越觉得他这种严格的择友标准其实还不够。我觉得该改为:我疏远了他们、他们仍挺身为真理而公然站在我身边的人,就是我真正的朋友。看来我悬格太高了。

牺牲自己的名誉去奋斗

我托难友刘辰旦代我自西泠印社标到郭嵩焘的一副对联。郭嵩焘被我佩服的一个特点,是他为了爱国,竟被国人诬陷为汉奸,牺牲了自己的名誉。在国民党的长年统治下,花样更多了,斗倒又斗臭的技巧细腻多了、匿坏多了。例如国民党会用法院判决来斗臭你:国民党用法院判决诬陷李敖对萧孟能侵占财产,这种诬陷一直跟着李敖,甚至传到大陆,给大陆一些妄人人云亦云之资。原来台湾这边国民党都不吭声了,大陆那边还有妄人摭舍国民党斗臭故伎呢。我写过《论牺牲自己的名誉去奋斗》,就特别点出这种,这是郭嵩焘时代更遭遇不到的。所谓"牺牲自己的名誉",情况不止于郭嵩焘式遭遇和李敖式遭遇,还包括别的。几十年来,在国民党堵塞每一条出头管道下,大丈夫没有正常管道的用武之地,要想出头,难免要耍一些世俗眼中的"花招",制造新闻性引人注意,但一有新闻性,大丈夫就不可能有"正人君子"的清望与形象了。新竹市长施性忠被李登辉等迫害下台,他在印信交接上耍尽花招,使朝中恶人大窘,但他自己也饱受中伤,虽然他一派风流。他坐牢时,太太庄姬美陪我探狱,隔着铁窗,他还对我唱个小调呢。我当时大笑,站在一旁的禁子牢头板着脸看我们,一定奇怪这些名人在牢里还这样满不在乎。

老太太不贪污

多年前,我母亲在台中一中做职员,为人刚正,绝不贪污,刻板的墨守训道陋规,执行不懈。从同仁到同学,都深以为苦。有一天我写信劝她,有这样的话:你在台中一中工作十年多,工作成绩,有目共睹……你知道我过去一再写文章攻击现在的中学训导处活像警察局,而你老太太正好在一中训导处掌管全校小毛头请假大权,不肯收任何红包,自然积怨不少。你记得上个月我还向你开玩笑说:您老太是标准的“悍吏”,中学训导制度的严格与不合理,在某些方面,甚至需要“人情”和“红包”的力量来软化它、来松弛它,否则板板六十四,完全照严格与不合理的典章执行——不打折扣地执行,小毛头们就更苦了。您老太在中学训导处,铁面无私,完全是一个守恶法的才吏,未免太可怕了!我上面这一劝告,对李老太完全无效,她照样把台中市长因请托而送的礼物丢到大门外面。从此我再也不劝她何妨“贪污”了,我改劝别家的老太太了。

看不起知识分子

我看不起蒋介石统治下的高等知识分子,绝非泛泛之见,乃有所本。以一九六六年五月十六日岛上各报刊出的大广告为例。大广告是号称一千五百余位学人及教授的联名信,内容以指斥“美国姑息分子费正清”为名,以“给美国人民的一封公开信”表达的。信中声言大陆“这政权不是中国革命的结果”,先否定中国共产党的革命,这是歪曲真相的。又说“中国人民伤亡于韩战者,十倍于美国的伤亡,这都是史达林和毛泽东应负责任的”,也是歪曲真相的。因为死于十倍伤亡的是哪国的子弹啊?

看到最后会发现,号称一千五百余位学人及教授众口一声干的事,原来是请美国对台湾不要变心,你绝对想不到,这封信的起草人叫胡秋原,他最后又被国民党开除出党了。

签名重复的教授们

这封公开信正显示了岛上的高等知识分子个个没有不签名的自由！知识分子要成群结队为政权护航，怎么教人看得起！

我揶揄性地写了一封信，给当时英译此信在海外发表的新闻局长沈剑虹，提醒他，名单中有六个教授重复签名，因为他们在各校兼职，所以见名就签，更显出整个事件的无耻凿痕。

最有趣的后话是：沈剑虹自己做了末代驻美大使，垂涕指出美国不可信，因为骗了台湾六十四次；起草公开信的胡秋原自己被国民党开除在案，信中所有的一厢情愿与反共大道理，都破灭了。对我说来，公开信说什么倒不重要，重要的是一千五百余位学人及教授，他们的独立人格原来是这样脆弱的，恰恰给了我绝佳的臭例。我本来就看不起岛上的知识分子，“天上掉下来的礼物”，如此铁证，真要谢天了。

中国由大变小了

中国有多大？要看在哪一个朝代。元朝的中国最大，可是蒙古人太喜欢跑野马，版图虽大，统治力却松懈，像个淹了水的大面包。严格说来，中国之大，始于清朝。清朝起自中国东北，统一满蒙，底子本来就厚，又加上吃了新疆北部的准噶尔、南部的回部、青海、西康、西藏，总计起来，内地有十八省（含台湾）、满洲全部（含东三省及俄属阿穆尔省、东海滨省并库页岛等地）、内外蒙古（含鄂嫩河流域、贝加尔湖西岸及阿尔泰山沿西等地）、新疆（含中亚细亚东部）、青海、西康、西藏。又东自琉球、朝鲜，南自后印度诸国，南洋苏禄群岛、婆罗洲及藏边诸国，西自中亚诸邦，皆为藩属。声威之盛，远超汉唐。虽然清朝碰到“三千年未有之变局”，日后领土日蹙。但是丢来割去，大都是自己挣来的家当。中国真正变小了,乃始自蒋介石。我鞭尸蒋介石,光此一点就够了。蒋介石丢掉了外蒙古,是千古罪人。

秋海棠与老母鸡

我反蒋,完全不同于别人反蒋。我反对的主轴是蒋介石没给中国带来一寸新土地,反倒是个败家子。他丧权辱国的最大杰作是丢了外蒙古。外蒙古比台湾大四十四倍!孙中山基调是"让而不割",他把中国土地押来押去,但土地还有宗主权。蒋介石却连宗主权都双手奉送,是十足的汉奸。蒋介石使中国由大变小了。我从小受的教育是中国像秋海棠叶子,蒋介石卖国后,秋海棠变老母鸡了。

圆山

台北市圆山虽一点儿也不高,但是看起台北夜景来,倒也有气象一新的迥异。这种迥异,一上山就立刻显出来了,它使你立刻感到你已不在台北;虽然事实上,你还在台北。我蛮喜欢这种立刻脱离台北的一股错觉。尤其上山前经过"太原五百完人"招魂冢,宫殿式建筑的阴影,更增加了你立刻坠入"时光隧道"的气氛。"太原五百完人"是国民党在大陆撤退前的一批死难者,但他们不是国民党嫡系,而是"山西王"阎锡山的人。他们在山西太原,在城陷以前,自知逃不掉,乃在太原城中最高的山头死守,其中有的还强掳城中美女一起"世纪末",最后一起死了。国民党嫡系精于逃难,死难非其所长,以致烈士缺货;缺货之下,就只好挖阎锡山的死人来充数,一网兜收,唤作"太原五百完人"。我小时候,曾在太原这山头玩过,如今他们魂兮归来,从太原最高山头到台北最高山头了,我也幸逢其会,也从太原而台北。恍惚之间,我好像是一个大历史的小证人,冷眼看尽国民党的洋相。我每次路过圆山,在坠入“时光隧道”之余，常常浑忘台北，反倒想起太原，为之在生死线外，别有所思一番。山西官僚贾景德有诗说“胜景失圆山”，我真见过胜景呢。

灌了水的“完人”

我小时候到太原最高点玩过一次，后来这地方有争夺战，阎锡山的一些干部自杀于此。阎锡山到台湾后，写“先我而死”四个字追念他们，这四个字，倒写得颇能传情。根据所谓总统令，明说：“太原被攻陷之际，五百余人，从容就义。”但照阎锡山“太原五百完人成仁纪念碑”说：“集体自杀以报国家者，举今所知已五六百人。”两者说法，死难人数在五百到六百之间，至为明确。不过，照《山西文史资料》第六十辑公布的调查报告，事实上，死难者“全部只有四十六人”而已！的确有人死了，但没死那么多。号称五百，是串连并比美古代田横五百义士殉死的故事，于是就吹起牛×来。据调查报告，台湾这边所捏造的五百完人“题名录”，就是所谓名单，只有二十个人是真的，“‘题名录’列出其名的不到二十人，除此之外，都是捏造的。其中，有的名字确有其人，但不是仰药成仁，他们有的还健在人世；有的是战死或病死的；有的是被阎锡山或其军政机关处死的；而有相当一部分名字，是并无其人的；而这些人的职务百分之九十以上又是虚构的。”以上所根据的调查报告是文证；还有人证，就是台湾这边的前情报局督察室主任谷正文将军。他是山西人，对他家乡的内幕了解独多。他告诉我，“太原五百完人”中，有人活到台湾来了。“五百完人”，有人还没完蛋。

魏群芳

在上千集的《李敖笑傲江湖》中，都以棚内录影为主，外场极为罕见。有一次公司设计一场访问，以一家西餐厅做背景，与两位大学女生聊天。魏群芳出现了，年轻、美丽、迷人。后来在阳明山、在剑潭、在我新书发表会上，都有她的身影。我一生看多了大学女生穿牛仔裤，最迷人的，是魏群芳。有一次她陪我去"太原五百完人招魂冢"，两人从圆山饭店石阶走下来，我更感受到牛仔裤在她身上的性感多姿，令我心动。在招魂冢的"题名录"前，我为她留下青春的照片。在生死线上、在生死线外，招魂冢、牛仔裤，交杂了多少浩渺美丽的回忆。所谓"五百完人"中，有十八九岁的少女在内，她们跟共产党有什么仇，死个什么？原来她们是被裹胁的，例如特警处代处长徐端的小老婆刘建德，就是其中之一。她是山西徐沟人，死时才十九岁。特警处副处长兰风霸占的晋剧女演员王桂燕也陪做"完人"了，她本要逃走，被兰风当场击毙了，死时才十八岁。龙应台喜欢向失败者致敬，请致敬吧。不是喜欢拈出"一九四九"吗？又怎么面对所谓"太原五百完人"呢？如果真的，不能不写；如果假的，不该逃避。"五百完人"太特殊了，他们是漂洋过海而来的五百个死鬼，比起逃到台湾的残兵败将，他们太"大江大海"了。我一生看穿了太多太多的假历史，但永不看穿牛仔裤。魏群芳对我是一个永远美丽的故事，在交错中，她使我印证了更真的历史。

从生离到死别

《上山·上山·爱》是李敖继《北京法源寺》后又一部长篇小说。几十年来，一般以为李敖是思想家、是历史家，其实李敖更是文学家——有深刻思想、深远历史做纵深的文学家。没有这种纵深，一切所谓文学，不管它卖了多少册，不管它得了什么奖，只是庸俗与浅盘。

三十二年前，《上山·上山·爱》刚写出第一部分连载时，国民党伪政府就查禁了它，罪名是"蓄意为匪宣传、诬蔑政府、侮辱壮烈殉国先烈、扭曲事实、挑拨政府与人民情感、严重混淆视听、足以影响民心士气"——这七项罪名、四十五个字的文字狱，部分显示了这部小说的震撼性。三十二年后，它终于全身裸露、笑傲江湖，为中国文学、为世界文学，智照千年、雄开百代。

小说开始在白色恐怖的山上，国民党伪政府的特务们，环伺在异议者的山居，准备逮捕他。一个二十岁的大学女生小薬，偶然进入山居，与异议者有了一连六天的缠绵与畸恋。书中以四百页的篇幅，写出他们之间的交合与际遇，有真身示现、有妙相庄严、有床上俯仰、有笔下波澜、有布偶能语、有双头佛尊、有奇情高论、有道大通神。最后，第六天的晚上，特务们按了门铃，异议者出门一笑，与情人小薬做了永诀。

三十年后，也就是异议者出狱二十年后，大学社团请他演讲，主办单位负责人是二十岁的女生君君，长得酷似小薬。演讲后，异议者送她一支钢笔，两人通过信，就断了。七个月后，一天清早，君君出现在异议者的山居，久别重逢，相谈甚欢。到了中午，君君告辞，说她要去山上扫墓，异议者说既然同在一座山上，我陪你一起去吧。最后到了墓地，墓碑上赫然出现的死者名字竟是小薬！

小薬死在二十年前生君君后一小时，由于羊水栓塞，很快由休克而死亡。母女之间的生命，没有重叠，只有衔接；没有平行，只有连续。君君不知道母亲这段情史，异议者也不会道破。在坟上，一场倾盆大雨把两人淋回了山居。没有干衣服可穿，君君要在山居过夜。三十年前小薬的往事，会重演吗？书中以一百四十页的篇幅，写君君出现后的变局，有山谷依然、有夕阳空好、有美人寄迹、有造化入诗、有灵塔出树、有蜻蜓邀盟、有幽明同路、有墓里前身。最后，坟上黑色大理石板下的，不是孤单的小薬自己，还有一个死掉的异议者，深情的、永远的，相依在她身旁。

《上山·上山·爱》，一个白色恐怖下的红色故事，你可用黄色的眼光去看它？

我的视野不限一岛一国

我的视野何等宽广，不限于一个岛、更不限于一个国。我的同情心和仇恨，也不限于一岛一国。古人说“不出户，知天下”，是吹牛的。古人知识太窄了、传播太慢了，口口声声知天下，其实所知极为有限。不过这一抱负，至少被李敖兑现了。我行年八十，一辈子没出过国，也不参与什么智库，但我自己就是大智库。我用大头脑驾驭天下，表达我对天下的理解。古人“天下无双”的期许，又被我包了。我是历史的扶正人，我是时代的见证者。

我用过“哥罗仿”

我是时代的见证者，由一件小事可以看出：我用过哥罗仿。

我六岁时候，得了慢性盲肠炎。一开始是肚子痛，家里人以为是普通毛病，替我用热水袋去熥，结果越熥越严重，脓化开了，成了腹膜炎，爸爸感到情况不对，请关颂韬大夫来看。关大夫是北京协和医院外科主任，是中国第一名医，他断定是盲肠炎，必须开刀。那时还没有盘尼西林等名药，割盲肠还算不小的手术。听说肚子上要开刀，全家一致反对，爷爷、奶奶、姥姥等都坚信中医可以看好，为什么要给西医动刀。大家七嘴八舌，使爸爸也感为难。幸亏关大夫说：“开个刀没关系，如果不是，缝起来就是了。”于是爸爸决定开刀。我住进东华医院，开刀那天，医生用哥罗仿按住我鼻孔，叫我跟他数数字，我跟他数到三十多，才麻醉过去。开刀打开一看，盲肠已烂，割下后为了清脓，插入两条皮管，不能封口，拖了二十多天，才能下床，但已不能走路了。开盲肠炎用的麻醉药是“哥罗仿”，我是什么时代的人啊？

新鲜胡同小学

从内务部街东边街口,向左转朝阳门南街,再向右转,就是新鲜胡同。新鲜胡同有新鲜胡同小学。这小学是我的启蒙学校。它共分两部分,胡同中间路北,是分校,包括一、二年级和操场;再往前走,路南就是校本部,包括三至六年级、音乐教室、校长室。校本部有纵五排侧三排房子,第二、三排最高,盖得最早,颇有巍峨的气象,原来那是三百年以上的房子了。它们原来是明朝大宦官魏忠贤的生祠!生祠是人还没死就给他盖祠堂,祠堂通常是纪念死掉的伟人的,但马屁专家认为魏忠贤活的时候就该享有这份荣誉。给这种割掉生殖器的太监盖生祠,不始于魏忠贤,而始于《法门寺》的刘瑾,只是到了魏忠贤时候,数量就大变了。为了拍魏忠贤马屁,全国大小官员都纷纷在各地为他建生祠,盖一所要花几十万,要砍多少树、占多少地皮,可是谁也不敢不盖。光在河南开封建生祠,就毁掉了两千间民房。为宦官遍天下建生祠,是中国古代政治黑暗的一个特色。明思宗上台后,魏忠贤上吊死了,他的生祠自然也一所所完蛋了。新鲜胡同小学在三百年后接收了这一生祠,真是谁也想不到的事。

梁实秋是我“同学”

新鲜胡同小学是北京最早的小学之一,梁实秋就是这个小学毕业的。一九八二年四月十二日,梁实秋在《中央日报》写《忆周老师》,说:“这是七十年前的事了。那年我十一岁,我的父亲领着我哥哥和我进入京师公立第三小学。校址在北京东城南小街新鲜胡同东路南,差不多就是城墙根儿了,相当僻静。门房肃客入校长办公室。校长赫杏村先生,旗人,矮矮胖胖的,声如洪钟,和蔼之中带着严肃。他略微测验我哥哥和我的程度，把我们编入高小一年级，什么别的手续都没有，令我们明天就去上学。”可以想见这小学当年的情况。梁实秋以外，我的大姐、二姐、三姐也都是这个小学毕业的，四姐是史家胡同小学毕业的。史家胡同小学原是史可法的祠堂，比我们新鲜胡同的魏忠贤生祠光彩得多了，可是成为小学的历史却差得远哪！它原来是北京市立第二中学，改成史家胡同小学是很后的事。

小学上课，东张西望

我七岁时，一九四二年，进北京新鲜胡同小学念一年级，当时在家娇生惯养，胆子很小，初次上学，颇不习惯，所以由佣人温茂林陪同。温茂林站在教室窗外，跟我保持隔窗遥望的照应。我一边听级任老师上课，一面紧张地看着温茂林，心有二用，绝不大意，形成有趣的画面。

鬼迷

新鲜胡同小学因是古宅老屋，颇多鬼怪传说。我只有一次奇遇。二年级一天上课的时候，我坐在教室左后角的最后一个位子上，突然全身似为鬼迷，神志清楚，可是不能动弹，好一阵子才过去，至今记忆犹新。三十年后，我睡在警总军法处地板上，半夜忽醒，又有此一现象。我知道这是一种“梦魇”(nightmare)经验而已。我生平不信怪力乱神，但新鲜胡同小学的许多教室，倒颇有一股阴气，有时令人发毛。

日本顾问

日本人侵略中国，在台湾、在东北，都从小学一年级起有日文课；在华北，则从小学三年级起。当时每个小学都有一名日本顾问，新鲜胡同小学日本顾问叫“施掘”（?），我们给他外号，叫“屎橛”。这个日本人态度还友善，写了一手扁扁的毛笔字，经常写出来，作为每周重点。我记得他写过“姿势”两字，贴在布告栏，要大家注意“姿势”。教我日文的是一位男老师，我那时恨日本侵略中国，不喜欢学日文，成绩很坏。成绩单拿回家，爸爸说：“恨日本和学日文是两回事。学一样东西，总要学好才对。”于是我开始发愤，最后考了一百分。我只学了一年，日本便投降了。“八个牙露”日文呀，我再也不学了。

炉子与摇煤球的

冬天早上教室里冻得要命，只好一个教室一个火炉，但是学校只供应火炉，燃料是供应不起的。燃料由全班同学每人每天带煤来。生火是由全班最早到的同学负责。一般北京人的炉子有两种，一种是烧煤块的，一种是烧煤球的。煤球燃料是煤末子、碎煤，加上有胶质的黄土摇出来的，就像摇元宵一样。摇煤球的工人，外号“煤黑子”。他们摇煤球的时候，先做好两三坪面积的煤糊，然后再用铁铲子切，横切成一寸多宽，这面切完后，再掉换方向，还是横着切，这样切完，便成了小方格子，然后放在筛子里去摇。摇的时候，先放一个花盆在下面，再把筛子放在花盆上。摇煤的便蹲在地上，用胳臂左右交互摇将起来。筛子下的花盆好像一个轴，一边摇还要一边注意将黏在一起的散开，又得随时撒些煤末子，摇到后来，筛子里的小方块渐渐摇滚成了黑乒乓球，晒干以后，就可用了。不论烧煤块或煤球，都会在拢火后留下残渣，残渣丢到垃圾堆里，捡煤核儿的便去废物利用了。他们遇到一块煤，认为中有文章，便用家伙敲打一阵，把炉灰敲掉；如果中间有点还没烧完的黑心，便放进小竹筐里，积少成多，也够自己家里烧个一天半天的。所以在垃圾堆上，常常看到穿着又脏又破小棉袄棉裤的孩子，缩着脖儿，冻得流出两行清鼻涕，在翻腾垃圾堆。当然这些小孩子是没钱念书的。

难忘小学，小学难忘

二〇〇五年我回到北京，匆匆去新鲜胡同小学一趟。小朋友们送我一些纪念品。八年后，孙文燕校长又转来礼物，是小朋友们为李敖校友做的纪念册，令人感动。小学在三百八十七年前，是明朝大宦官魏忠贤生祠；二百八十四年前，是清朝八旗正白旗贵族学校；如今它已赢过汉奸、赢过贵族，成为走过从前、飞跃历史的人民学校。十年树木、百年树人，四百年树了悲观中的乐观：看最后谁赢了！

我还是齐白石"再传弟子"呢

小学时有劳作课，美术老师自称是齐白石学生；如果是真，我还是齐白石"再传弟子"呢！劳作课教画画和刻印。印文是"竹报平安"。《酉阳杂俎续集》（支植下）："'北都'惟'童子寺'有竹一窠，才长数尺。相传其寺纲维，每日报竹平安。"典出于此。美术老师外号"老头"，顽皮同学懒得刻印，以朱笔描出印章缴卷。"老头"一看，就知道不是真的印出来的，一个巴掌就打过来。同学恨他粗暴，用镜子反射"打倒老头"四字于墙上，鼓掌称快。

恭迎如仪

国民党趁抗战胜利的威风之一，是陆军总司令何应钦到北京来宣慰。全北京的小学生都列队在马路两边，恭迎如仪，也不在话下。我们这些可怜的小学生，还参加欢迎美国军人北上。大老美们在卡车中招摇而过，我们恭迎如仪，更不在话下。美国军人北上，是美国人支持国民党的具体行动，大家对老美最初印象尚可，后来他们闹得不像话，最后强奸了北京大学外文系二年级女学生沈崇，惹起公愤，才滚了回去。

卖小鸡的

北京乡下人沿街叫卖小鸡，用扁担挑两个很扁很扁的箩筐，到了家门口，把箩筐盖打开，顿时一两百个鸡头攒动，毛乎乎的、黄澄澄的，每只都在摇、每只都在叫，可爱极了。卖鸡的随手抓出一两只来，放在掌心，特别介绍，痒得你非买不可。我是老北京的见证者，但小鸡应是我的见证者，我那么爱过它们。可惜可爱的时间极为短暂，小鸡很快地长大，长大就不可爱了。

我爱老式火车

“深情哪比旧时浓”，深情的对象，不一定是哪位情人，哪头白猫，或是哪只黑狗，也会是老式的火车头。它把黑烟一团团喷到蓝天里，呼啸而来、呼啸而去。力量展示在赤裸的活塞杆上，粗犷而原始。好好看。如今，我已老去、它已退去，但它永远是我的火车。蒸汽火车才是火车，电动的算什么火车！新鲜胡同小学校长室外边有火车模型，史家胡同一家仪器行也有一组，我在橱窗外面盯着看了又看，我喜欢死了。

洋车

我赶上北京的洋车时代。洋车起源于十九世纪法国（所谓 the old French brouette），自日本传来，北京人叫它“东洋车”，后来简称洋车，天津人叫它“胶皮”（一开始没有打气的车胎，只是以硬胶皮卡在车圈上），上海人叫它“黄包车”。它是介于马车与三轮车之间的交通工具，靠人力来拉，是最能显出北京文化的一个特色。北京拉洋车的，都很有教养。大一点儿的胡同口，都有一批拉洋车的，聚在一块儿等客拉，可是绝没有地盘之争。喊车的若是生客人，说明要去的地方，他们算算有多远，开出价钱，谁认为合适谁拉。喊车的若是某一位拉车的熟客，绝没人去跟他争，谁的老主顾谁拉。拉车的在路挤的时候，嘴里不停地说“借光，借光”，说“您让一步”，说“靠边啊！往里，您哪！”都看出他们的教养。他们有时要小费，也出之以客气委婉。比如讲好八块钱，拉到目的地后，他们也许会说：“先生，您瞧，三伏天，这天儿多热，真跟下火似的，浑身全湿啦！多花您两个吧，多吃您个窝头。”他们从不恶形恶状的。老舍有《骆驼祥子》写这一阶层的中国人民，是最动人的一部。一九四九年，我刚到台中时候，大雨中坐过洋车，后来就绝迹了。

把兄詹永杰

八十年来，我见证过许多时代变化，包括了习俗。拜把兄弟习俗就是其中之一。二姐大我五岁，她记得的我的事，比我还清楚。她回忆：敖弟最要好的同学叫詹永杰，两个孩子有八拜之交，两人宛若兄弟常形影不离。我家曾在市场买来一只狮子毛小哈巴狗，我们叫它“伯儿”。“伯儿”像马戏团的小狗一样会许多表演，后来“伯儿”有个体态庞大的男友，生下一条杂种大长毛狗并送给詹永杰。过旧历年的时候，詹永杰牵着“伯儿”的后代来我家拜年。詹永杰白白胖胖、仪表不俗、举止大方、彬彬有礼，十分讨人喜爱。就连磕头的样子都四平八稳，一看就知道是受过正宗训练。他和李敖是拜把子兄弟，两个人学习成绩也都数一数二。过年一样穿上长袍马褂，人人见了都夸赞这一对小哥俩。二姐绝没想到：“詹永傑”这名字现已简化成詹永杰，分别四十年后跟我再度联络上，他负祖国安全的重任，职位之高，已达人莫敢提的境界。一九九二年，他送我“墨宝文房用品”一盒，内附手书：“李敖学兄把兄如晤:契阔四十五载常思念,但愿有朝一日重相见。弟永杰”。没想到契阔五十余年后,我们真的相见了。

“詹永傑”名字改成詹永杰,不全是简体字的原因,而是当年有个中朝大员王世杰,教育部长、外交部长都做过,整天见报。詹永杰见多识广,就杰杰互通了。他没想到,几十年后,王世杰在日记里大骂李敖,也算是一番孽缘了。

外蒙古被出卖了

一九四五年八月十四日,蒋介石国民党政府和苏联签订了《中苏友好同盟条约》,中国丢了比台湾大四十四倍的领土——外蒙古。七年后,一九五二年十月十三日,蒋介石终于承认上当了。他说签约是“我个人的决策”,“是我的责任,亦是我的罪愆”,要“负其全责”。自承当年签约放弃外蒙古,“实在是一个幼稚的幻想,绝非谋国之道”,“对总理、对革命、对国家和人民应该引咎自责”。这种“自责”,终于使我们对“民族救星”的“高瞻远瞩”,有了原来如此的理解。出卖了比台湾大四十四倍的外蒙古,卖国属实。说怪美国在雅尔达下的蛊吗?又不尽然。因为细查史料,却发现美国主子要你蒋介石卖国没有错,但没要你卖那么多!事实上,可以不卖那么多!可以不卖那么多却要卖那么多,“要五毛,给一块”,此蒋介石及其手下王世杰等之莫名其妙也!

王世杰

一九五二年十月十三日,蒋介石在中国国民党第七次全国代表大会第四次会议上,发表《对第七次全国代表大会政治报告》,秘密归属了责任所在。他说签约是“我个人的决策”、“是我的责任,亦是我的罪愆”、要“负其全责”。他在签约七年后,自己承认当年签约放弃外蒙古，“实在是一个幼稚的幻想，绝非谋国之道。”但是，王世杰这边呢，却仍旧一言不发，但却不断放出风声，他是“为国家利益”，以致如此。我在《蒋介石研究四集》有《蒋介石、王世杰卖国》一文，收有张九如影印给我的一封王世杰一九六六年二月二十二日致他的信，谈到“中苏谈判”之事，“惟为国家利益，世杰守口如瓶已二十年于兹，即命会聚，弟我亦病不能自由发表耳。”《王世杰日记》在王世杰死后出版了，一九六五年十二月二十日如下：

> 有李敖者，日前在文星书店所刊《蒋廷黻选集》，对余被免总统府秘书长（民国四十二年二月），与签订中苏条约两事，做侮辱性抨击。中央党部秘书长谷凤翔等促余向法院控诉其诬毁。余殊不愿给此等人以出风头之机会。惟余对此两事为避免牵涉他人过失之故，迄未发布文字，抑或是余之过。

“他人过失”的“他人”是谁呢？

最早发表的文章

小学六年级时候，我开始向北京的《好国民》杂志投稿，刊出有《妄心》《人类的冷藏》等文，这是我发表文字之始。从十二岁到我写这本自传时八十岁，我已足足有六十八年的发表资历了。我干写文章这行干了六十八年，近七十年，真老于此道了。

我考上状元

十三岁时，我小学毕业，去考北京四中。爸爸跑去看榜，从后面看起，看了好半天，没有“李敖”之名。爸爸心里想：“这小子没考上吧？”越看越心凉，最后才看到，状元当头的，竟是自己的儿子。五十八年以后，在《鲁豫有约》节目上，北京四中校长提供我当年的入学填表，我看到我失传了的状元照片，不胜惊喜。

我爱潘金莲

一九四八年暑假后，十三岁的我进了北京第四中学初一上，那时我正计划写一部《东北志》的书，并开始搜集资料，从谢国桢的《清初流人开发东北史》到张纶波的《东北的资源》、郑学稼的《东北的工业》乃至于外人写的《日本在满洲特殊地位之研究》等等，都在搜集之列。一个初一学生，有这种水平与气魄，洵属罕见。有这种程度的少年人，其骄傲自负，也洵属当然。不过我的骄傲自负，都在心里，待人接物，仍旧一片冲和。不但冲和，并且还常开人玩笑。有一次，我在班上恶作剧，搂住一位两眼含情脸蛋泛红的潘姓漂亮小男生大叫："我爱潘金莲！"这个举动，颇有 gay 的味道。

缉槼中学

我从北京转天津到上海时，已是一九四八年岁暮。我在上海念初一上，学校当时叫缉槼中学，今已改名市东中学，老友陈平景、陈兆基都代我旧地重游过、拍照过。缉槼是聂缉槼，他是曾国藩女儿曾纪芬的丈夫，曾国藩儿子曾纪泽在日记中骂他"纨绔习气太重，除应酬外，乃无一长"。吴沃尧《二十年目睹之怪现状》第九十回也如此骂他，不过左宗棠却提拔他，最后自江苏巡抚做到浙江巡抚。我对缉槼中学感情最淡。一来前后只三个月；二来上海是个市侩气极重的地方，给我印象不佳。

“小李飞刀”

缉椝中学就是现在的市东中学。我注册以后,二月十五日开学,一上课就傻了,因为老师学生多讲上海话,我不懂上海话,非常不方便。尤其英文课,上海地区小学就念英文,英文课本是沿用几十年的《英文津逮》,内容比北京四中的《正中英语》深,简直跟不上。英文老师是女的,讲得一口又快又阿拉的上海话,这下子英文不懂、上海话也不懂,上课时候简直受罪。幸亏每天回家由爸爸恶补,过了一阵,总算稳住局面。由于在班上国文、历史成绩突出,老师另眼看待,同学也不敢低估我,所以还勉强不受上海佬的气。不料好景不长,一天中午休息时间,我正在教室做齐白石再传弟子——刻图章,马面班长过来说侮辱的话,我说你给我停住,再说我就不客气了,可是对方还说,我就随手举起刻印刀来,来个“小李飞刀”,正好扎进对方的脚心,上海佬立刻疼得大哭大叫起来。大家赶忙把他抬到医务室,我也跟在后面,只觉得脑里昏昏的,心想这下子可闯了大祸。训导主任长得人高马大,过来问我:“是侬干的?”我点点头,主任“哼”了一声,掉头而去。后来马面班长给送到医院,住了好几天,费用全由我负担。学校方面,说我行为粗暴,以刀伤人,记大过一次。半个世纪后,这所中学全校欢迎校友李敖返校,大礼堂里,我问被记过的事,学校方面说:档案都没了,没证据证明你在学校行凶过,你是好学生呀。

王云五

我从小爱书,在北京念小学时候,最吸引我的有两个画面,一个是史家胡同一家商店的橱窗,窗内有蒸汽火车模型,这是真正用蒸汽开动的玩具,我爱死它了。另一个是学校音乐教室后面的书橱,橱内是一排排整齐的丛书——商务印书馆出版、王云五主编的“小学生文库”。在日本鬼子统治北京时期，这些书是比照禁书锁起来的；抗战胜利后，不但橱门打开了，我还做了图书馆长。从此“利用职权”，对这套“小学生文库”，更为熟悉。这套书有五百本，约一千万字，插图达七千多张，作者达一百二十人，是我欣赏的第一套丛书。我十七岁在台中一中时，当年商务的正牌总经理王云五写了一幅字送我，字写得又破又熟练，但他不是别人，就是“小学生文库”的主编者啊！我三十一岁被国民党迫害时，印《李敖告别文坛十书》，王云五也亲笔预约了一套。后来听人说王云五极力称道李敖才干，可是“不敢用他”，足见李敖之悍，真是人所共寒呢！

开明书店

小时候在北京，喜欢读课外书。课外书中，以开明书店的出版品，影响我最大。《开明青年丛书》《开明文学新刊》《开明文史丛刊》《中学生》月刊、《开明少年》月刊等等，都是我最喜欢的。由于喜欢它的出版品，连带也喜欢上那家书店。在北京，我去过它在琉璃厂的分店；在上海，我去过它在福州路的总店。北京的分店比较大，上海的总店就小多了，但不论大小，比起附近的老字号书店像商务印书馆、像中华书局来，都寒酸得不成样子。虽然如此，但开明书店给青年人一股朝气，它是左派的书店，比起它来，任何老字号的书店都显得尸居余气了。开明书店不单在北京有分店，在南京、重庆、成都、汉口、广州、长沙、杭州、南昌、昆明也都有分店，最后一个分店，设到了台北。在台湾光复后，它把触须延伸过台湾海峡，使在台湾的中国人一同感染它的朝气。不过，朝气还没感染了多久，国民党伪政府就撤退到台湾来。开明书店的出版品，大量被查禁了。纵使内容不涉及政治的书，也因作者没有来台，变得只敢印书却不敢印作者名字。于是，叶绍钧编的《十三经索引》，变成了“本店编”；只要人在大陆，哪怕是你编的谈数学的、谈电动机的、谈原子能与原子弹的书，也都不能让作者抛头露面！“本店”代替了大陆的一切，令人有点哭笑不得。这一中国禁书史的怪现象，我躬逢其盛。

索非与世界语

跟大陆上的开明书店不同的是，台湾的开明书店坐落在台北中山北路，距坐落重庆南路的老字号的书店很远。它孤零零地在中山北路一段七十七号开起店来，店面开得极不景气，推门进去，书架分格未扫、书本尘封未除，冷冷清清、疏疏落落，一眼望去，令人倍感凄凉。去中山北路太不方便，我在大学时候，每年会去上一次，有点似曾相识之感的，是我看到那位衰老的店员索非。索非编有《世界语入门》，开明书店出版，算是唯一跟大陆发生连锁的老作者。他不晓得我知道他就是索非。他的《世界语入门》，书如其人，也早就落伍了，但他在那儿，多少还流露出一股味道。不过，似曾相识之感很快就被沧海桑田之感取代。索非人如其书、书如其店，他象征了一个书店的没落。——政府可以流亡，书店不能流亡。一朝变成了流亡书店，它的精神就中断了。

世界语是一种人工语言，看来又进步又科学又简明，事实上却行不通。语言不是硬造的。许曹德坐牢时，闲来无事，便为他梦想的台湾国造台湾字，最后劳而无功。他太天真了，也太不懂语言学了。大陆也有人曾着迷于中文的改造，什么汉字拉丁化之类，最后认清了，对中文不能这样鲁莽灭裂，只弄出个简体字算“革命成功”。

书店之死

一九九一年的一天，我心血来潮，要去看看中山北路的开明书店。到了旧址，却连那家极不景气的店面都找不到了。门牌一段七十七号的，却分明是一家气派堂皇的“马可孛罗面包公司”，我呆了。开明书店呢？向面包店的柜台小姐打听打听。小姐头都没抬，把手向上一指，又向后一指，声音平直地说：“搬到三楼去了！它没有门，你就从后面上楼梯。”我顿觉起死回生。走到后面，满屋满地都是面包工厂狼藉，满楼梯也是。我左闪右躲、九转十绕，总算上了三楼。迎面的是一间小房，左边有一点铁柜式书架，右边就是四张办公桌。要找的书，寥寥可数，就在书架上。办事的是一位女孩子，她对开明书店却很陌生。这时，一位老先生进来了，坐在朝窗的办公桌旁。我想这位老先生一定知道得多些。我首先打听索非的下落，他望着我，为之一怔。然后说：“索非在本店，已是三二十年前的事了，下落早已不明。”我向他说：“四十多年前，我去过上海开明书店总店。”看他反应。他盯住我好一阵，慢慢地说：“你看到最风光时代的开明书店了。可是，这回开放探亲后，我去了上海，上海的总店却早就没有了。所以，开明书店啊，全中国只剩下台北这一家。我们这一家也撑不下去了。这就是开明书店。没有人认识它了，连我也不认识它了。”

抱着新买的一包书，我原路走下楼来，走出了“马可孛罗面包公司”。站在门口，我转身仰望，在古老的建筑沿线外，是一片苍穹。像是死掉一个老朋友，我黯然而别。

王家桢

在上海，除了对书店的深刻记忆外，跟王家桢吃饭那次，也使我记忆犹新。王家桢是我姨父李子卓的小舅子，他本是替张学良主持外交的。张学良垮后，他的宦途也今非昔比。抗战期中，他做国民参政员、做外交部顾问，已是闲职。抗战胜利后，出任东北行辕政治委员兼东北生产管理局局长。抗战时他在重庆，他的家人都留在北京。抗战胜利后，他回到北京，坐着新式福特汽车，国民党大员也。值得注意的是：他在后方秘密讨了个姨太太，而这姨太太却是共产党。他的最后投共，听说跟这位姨太太有关。当时共产党革命,多少女孩子,为了国家与理想,甘心把自己青春牺牲,而实际献身给国民党高干以卧底者,比比皆是。这位王府姨太太下场还算好的,王晓波的母亲,就是下场凄惨的一例:她嫁给宪兵高干,最后被查出,伏尸法场。当年我被国民党特务软禁时,特务们看到王晓波来看我,就闲聊起他们见过王晓波的母亲,说那位女士年轻漂亮,可惜为共产党牺牲了。最传奇性的是,杜聿明将军的太太曹秀清,先做共产党,后来嫁给杜聿明,生了五个小孩后,又与杜聿明回到北京。我跟她儿子杜致勇说:"你家老太太一生做了两次共产党。"杜致勇吓了一跳。

出大陆记

我们全家是一九四九年五月十一日早上离开上海的,搭的是"中兴轮"。"中兴轮"本来还算豪华,可是现在已沦为难民船,有立脚处,就是难民。我们把行李堆在甲板上,我就躺在行李上漂洋过海。五月十二日傍晚到了基隆,自此一住六十六年!我们全家九口逃到台湾后,爸爸五十七岁死去,枯骨一坛;妈妈九十一高寿死去,亦枯骨一坛。当年的孩子们,如今只有我一人在台湾。"与台湾共存亡"?没那么严重;"归骨于昆仑之西"?又太远了。我曾以粗话自嘲:"我来台湾时,鸡巴还没长毛;如今鸡巴毛都快白了,人还活在台湾。"其实,何止活在台湾,我终将化为白毛老怪,死在台湾。陈寅恪"生为帝国之民,死为共产之鬼",我则生为白山黑水之民,死为草山(阳明山)浊水(浊水溪)之鬼。难民不复返矣!

基隆码头

一九四九年五月十二日日落前,难民船"中兴轮"到台湾,我们在基隆码头登岸。六十年后，为了给香港凤凰卫视做来台六十年节目，我重新踏上同一码头。码头依旧，人已老了六十年。当时登岸九口之家，如今只剩我一个在台。

说一九四九年是大迁徙，是高估了历史。事实上，一九四九到台湾岛上的，是挫败者和裹胁者。以六十三岁的蒋介石为首，全体是被共产党打得落花流水的败兵残将和夹尾党工民代，他们裹胁了畏共者、挫败者和大量拉夫拉来的老兵，隔着海峡，一起喘息，直到美国人因朝鲜战争而救了它。当时基隆上岸的人，其实前途茫茫，没人想到会有朝鲜战争救了台湾。照周宏涛的回忆，连蒋介石都要在日本买房子呢，来台湾都是不得已的。

一九四九穷鸟入怀

国民党革别人命，一革几十年，按说这样革个没完，难免有失手而逃的时候。但国民党是性格巨星也是性格巨驴的党，国民党是不逃的。“逃”这个字，在国民党的字典里，早就解释成“转进”。“转进”者，先向后转再前进也。国民党丢掉大陆前，就是这样先向后转再前进的，这样一转一进，大陆就在脑后、台湾就在眼前了。于是，“一九四五年，台湾投入祖国的怀抱；一九四九年，祖国就投入台湾的怀抱了”。国民党最喜欢说“台湾投入祖国的怀抱”，不料一九四九年到了，“祖国竟投入台湾的怀抱”，太吊诡了，太有趣了。

流亡在岛上的一位艺术家

一九四九流亡在岛上的，倒有一位与国民党时代错乱的人，就是画家溥心畬溥儒。中国画家有两类，一类是走权贵路线的，一类是不走权贵路线的。前者阔，后者穷；前者显赫，后者无名。不过后者之中，有一个绝对的例外，就是溥儒。这位画家有点钱，可是他绝对不花。他从不用新台币上街买东西，他根本不知道新台币怎么用。他有名，可是他对名也不过淡淡的，他自称“西山逸士”，他把自己，逸出于世俗之外。一个人根本不要知道钱怎么用，这种人，似乎和文明脱节，或向文明抗议，谁知道他不是有意装糊涂呢？溥儒是满族的皇族出身，就是所谓“旧王孙”，自己根本就是这种地位的人，自然也就更目无权贵。一般画家都巴结权贵，可是溥儒不买账，再显赫的他也不理。我们只注意到毕卡索(P. Picasso)在德国军人面前的傲慢，却忘了溥心畬在日本军人面前的不合作。溥儒整天在诗画世界之中，寄身于无为，以显示有为。他是德国生物学博士，可是他好像有意把自己给“报废”了——变成一个只会画画的，他不要自己变得有用。溥儒一派天真，不拘虚礼。在日本大饭店餐厅，他忽然嫌热，脱掉长袍，光着胳膊，吓得洋婆子大叫起来。吃酒席时候，他发现有一盘特别好吃，就端到自己面前，向其他客人说：“你们别吃了，由我一个人吃吧！”

蒋介石老婆宋美龄附庸风雅，要学国画，想请溥儒做老师。溥儒说可以，但是拜师要磕头。蒋宋美龄只好请不磕头的黄君璧做她老师。

我家里挂了几幅溥儒书画，我最喜欢他写的圭峰碑体。中有一件《归田赋》，北京故宫博物院院长郑欣淼到我家拜访，我特别请他面壁看这幅字。我说：“这幅字是丁亥年写的，正好与你同岁。”我应凤凰卫视之邀，在薇阁中学做了《富春山居图》的专题演讲，溥儒的夫人也来了。这时溥儒已死了四十八年了。

刚到台湾时

我们到台湾，依靠的是手上的一点黄金。离上海前，匆匆脱手了上海弄堂公寓，得黄金六两半。临走前送六叔一两、在台湾置日式平房四两、船票三两半，最后所余无几，坐吃金空。爸爸日记：每月开支“照一钱五分黄金计算，连日米面燃料，以不超出三钱三分为原则，能维持多久算多久，要能于短期内找到小事，则更出乎预想，能宽裕与延长几许矣！”

幸亏“立法委员”王墨林王二叔亲自排队领表，在他的帮助下，爸爸终于找到了一个职业——台中一中国文教员。正巧我由上海缉槼中学初一上的身份，跳班考取了台中一中，也考取了台中二中。台中一中好，我就上了一中。摇身一变，进了初二上。那时初二上有甲、乙、丙、丁、戊、己六班，我编在初二上甲。

台中一中

一九四九年台中一中校长是外号“金乌龟”的金树荣，福建林森人，四十六岁，热心办学，人也有霸气。当时一中师资集一时之盛，其中刚从大陆逃难来台的老师不少，这些人有的在大陆“此马来头大”，但是逃难到台湾，求食而已，一切也就没话说。例如程东白老师，四十五岁，辽北开原人，学历是日本明治大学法学士，经历是辽北省教育厅长。但在一中，只能混到个夜间部教员！他后来转到日间部，教我《公民》，给分数豪迈，一出手就是一百分。

爸爸·我·便当盒

我进台中一中念初二，爸爸正好在同一学校谋得教职，于是父子二人，每天一同出发，由台中西区走到北区，中午就在学校吃便当。由于我们从没见过便当盒，所以买的是一组上下多层的圆形饭盒。第一天上课时，我背着书包，提着上下多层的怪物进教室，惹得全班大笑，说这个“阿山”（指外省人，有奚落之意）原来是饭桶，不然怎么吃这么多。当时同学的便当原来只是长方形的一小盒，饭菜皆在其中，反观自己的上下多层怪物，却像吃酒席、吃大餐一般，为之大窘。第三天连忙换了。

我一辈子特立独行,但没独行到做饭桶地步,这次可真“吾从众”了。

日月潭

一九四九年,逃难到台湾,已经一穷二白。在初二甲,班上要远足,我听说日月潭不错,提议去日月潭,全班一致通过。回家向爸爸伸手,爸爸说:“我们家早起刷牙,买不起牙粉,更买不起牙膏,只能用盐水刷牙,哪有余钱去日月潭呢?”于是,全班在日月潭日月潭,我在家里日月潭。二十年后,我终于去了日月潭。我跟小情人小蕾一起去的,开的竟是自用轿车。

我给我画帽子

一九四九年逃难时候,处处要“画影图形”,就照了一张穿中山装的。这张照片把我从上海证明到台湾、证明到台中一中,一路“验明正身”,没受刁难,最后却在童子军老师王福霖面前,打了回票。原来童军老师选拔优秀学生参加菲律宾的童军大会,找到我,要我缴头戴童军帽的照片应征,但是,我哪来钱照相呢?穷则变,变则通,通则心生一计——我发现这张逃难照片还有剩余,心想:既然照相馆可以用毛笔修版,我何不用毛笔画它一顶童军帽呢?于是就大画特画起来。画好了,横看竖看都像戴着帽子照X光,帽里的脑袋发生排斥作用,老朝外透,跟帽子打架。越看越不敢亲自送,乃央求班长陈正澄代递,最后,害得正澄同我的现代画,一律被老师斥回。人去不成菲律宾的理由有一千个,我却只有一个:我没钱照相。

穷困

诸如此类的穷困故事，显示了我家来台湾，虽然爸爸找到了职业，但入不敷出，生活仍旧穷困。穷困的原因之一是爸爸要医治长年气喘病、妈妈又开刀等等。从大陆带来的一点黄金已变卖殆尽，唯一的模范西巷房子也不得不卖掉。台中一中终于分配给我们半栋宿舍，那是新北里存德巷十三号的日本木屋的一半，只有八个榻榻米大，外加前后两个小玄关，我们一家九口住进去，其拥挤可想。后来因为长久付不出薪水，老妈子老吴转到“立委”阎孟华家帮佣了，我们又有幸转到木屋的另一半，才稍觉宽松。另一半有十多个榻榻米大，并且厕所不在院子里而在屋里，比较像样一点（原来那一半改由音乐老师郑嘉苗一家住了）。我家在存德巷十三号一住十三年，这一老宅，横亘了我的中学时代，并且充满了穷困与灰暗。但我个人比全家人都幸运，我分到两个榻榻米的空间，隔了起来，算是我自己的独立天地。在这小天地里，我一桌一椅四壁书，快速地成长、辛勤地写作，奠定了我在知识思想上的过人基础。

参加烹饪比赛

台中一中是一个本省人比较多的学校，我初二时候，全班只有四个外省人，班上一有事，台湾同学就推我去干。一次全校烹饪比赛，同学推派我和三位台湾同学参加，我声明我根本不会炒菜，可是同学不由分说，硬拉鸭子上架。好像那天烧的是一盘鸭子，好像由我主厨，不料烧出来，整盘菜都像锅巴一样乌漆麻黑的；如果另烧，时间已不允许，于是只好硬着头皮送到台前给评判老师。看着那样一盘黑菜，不论大陆人台湾人，谁都没有勇气端上去，于是协商之下，四个人，每人捏住盘子一角，一齐送上，害得评判老师们哄堂大笑。当然他们是不敢下箸的，那是有史以来，唯一一次评判连尝都没尝就决定了的烹饪比赛。

初中即以文贾祸

升上初三上甲后，国文老师是二十七岁的杨锦铨，又兼导师，是一位最能启迪学生的国文教员，国立海疆学校毕业，学历虽然不怎么样，但书教得真好。他那时还兼事务主任，可以“上下其手”，学生供应蜡纸、白报纸、油墨等等，鼓励学生办《初三上甲组报》，于是班长陈正澄任发行人，我做总编。赵天仪（“台大哲学系事件”时被挤出台大教职，是大好人，可惜做了诗人）写钢版，就办起来了。一次还因为批评了高班生，被他们兴师问罪。我自豪地回忆：“可见我李敖办刊物贾祸，固其来有自也！”

国文老师杨锦铨

因为国文在班上出色，自然被杨锦铨老师另眼看待。有一次作文，谈到国文程度，我写道：“现在学生的国文程度要比过去差一倍。”杨老师批改时，不以为然，批曰：“怎么可以数字计量？”作文簿发下来，我没说什么。三十六年后，杨老师退休了，我托石文杰送书过去，以示不负师教之意，顺便请石文杰转告杨老师：“奥斯汀《傲慢与偏见》小说中，就有谁比谁漂亮一倍的用法。”四十六年后，我在电视节目《李敖笑傲江湖》中提到杨老师，称赞他，移居美国的杨老师知道了，写信给我说：“我兄名满天下，却如此念旧，衷心感动不已！”

英文老师杨锦钟

杨锦钟老师三十一岁，教我英文。她是江苏宝山人，金陵女子文理学院毕业，美国密歇根大学硕士，因为留美，外号“USA”，当时她已嫁给空军军官胡旭光。后来走红，随胡旭光上任，做了国民党驻美副代表夫人，六十五岁那年（一九八三年），死在美国。杨锦钟当时锋头甚健，在老师中甚为出色。当时她家境比一般外省流亡台湾者要好，用得起佣人——下女。她说她家下女最怕买牛肉，每次到菜市场买牛肉回来，一定把手平伸，远远用拇指食指提着。那时台湾人不流行吃牛肉，全台中市只有一家牛肉店，下女有所惧，非“个人行为”也。谁想得到，土头土脑的台中人，不但多年以后嗜吃牛肉，并且“卫尔康牛排馆”大火起来，还把人烧成“人排”呢！光在吃牛肉习惯上，就看出外省人带给台湾人的大影响了。

参加多项比赛

从初二到高一，十四岁到十六岁，我因为国语好、国文好，参加过多起演讲、辩论、论文比赛。初二时得过全台中市第四届全市国语演说竞赛，得初中组第二名（第一名是四姐，她代表省立台中女中；第三名是张立纲，他代表台中二中。张立纲的哥哥张立豫后来成了我四姐夫，张立纲也变成院士级的学者）。高一时参加台中市论文赛、本校论文赛，皆获第一名。高二时在《合作经济》第二卷第十二期发表《合作制度与节制资本》，这是参加庆祝第三十届国际合作节征文而作，得了全台湾第一名，并拿到有生以来最大一笔数目的奖金。我用那笔钱买了中华书局版四十册的《饮冰室合集》。

在参加各种比赛以外，我在高一也写过《李敖劄记》四卷；并在《学生》杂志第四十六期发表《杜威的教育思想及其他》;在《新生报》发表《“英伦归来”的启示》《生也有涯知无涯》;另外还写了《学习英语的目的》《诸葛亮的军政》《虚字的对联》《字形的对联》《毋忘在莒的出处》《行李考》等稿子。这时我十七岁。

拒过旧历年

我从小喜欢特立独行,屡出惊人之举。从初中二年级开始,就要移风易俗,不过旧历年。我认为过旧历年是一种不进步,而且违反现代化。出身北大的爸爸通达随意,说:“好小子,你不过就不过罢!你不过,我们过!”于是全家人开始兴高采烈,大过其年。他们吃大鱼大肉,我偏要吃炒饭;他们熬夜,我偏要早睡;他们送来糖果压岁钱,我一概退回。从此一连五个年头,直到爸爸死去。不过,爸爸死后,妈妈陷入寂寞的处境。当第一个旧历年到来的时候、当妈妈习惯性地替我安排大鱼大肉以外的炒饭的时候,我没说一句话,放弃炒饭,加入了“过年派”的阵营。我的“温情主义”,原来如此。

乔·路易

我在中学时候,绰号“褐色轰炸机”(Brown Bomber)的重量级拳王乔·路易(Joe Louis)到台湾做过一次表演赛。美中不足的是,在众目睽睽之下,竟然没有可堪一击的对手能配他一战,他在台上,表情只是一片索寞。一个不量力的美国军官颇有拳名,上台跟乔·路易比划,可是拳未伸出,人已被撂倒,乔·路易表情继续索寞。——他索寞,因为在这个岛上,没有真正可堪一击的“敌人”。乔·路易来台湾时,我正念中学,看到报上对他的描写,我茫然一直难忘;可是十多年后,当我在文坛上独霸之余,我想到乔·路易,却又恍然若有所悟。乔·路易在美国，有一次与朋友们外出，途遇有眼不识泰山的小子们寻衅。小子们打过来，朋友们打过去，但是大家交手，乔·路易本人，只是闪躲而已。朋友们大叫老乔你怎么不打，乔·路易说："我这一拳多值钱啊！怎么可以用来打这些小子们。"乔·路易说这话的时候，也可想到他的索寞。——台上的"敌人"固然不堪一击；台下的小子们，也不屑一揍啊！我在台湾文海称雄，有一点对乔·路易自愧不如的是，我有时要在对方太不入流的时候，为了开道过路，也会挥拳。几十年来，我被逼得不得不自愧不如，揆诸大义，深感不值。

一中的同学们

在台中一中的同学，转成我好朋友的颇多，高我三班的有张世民、何同纹、周春堤；高我二班的有李天培、金嘉锡、陈钦铭、蔡希灼、陈世熙、黄容；跟我同班的有陈正澄、张育宏、赵天仪、吴铸人、杨尔琳、赖宪沧、韩毅雄、林静竹、王新德、黄显昌、施启扬、朱广诚、刚华民、熊廷武；跟我同届的有张光锦、孟祥协、吴文立、何西就、胡家伦、何铠光、李耀祖、张仁龙、庄铭山、赵秀雄、林益宣、李仁、谭伟力、李述古、李华俊、章含精、任建园、马宏国、宋世源、李咸林、姚嶂、江合祥、程国强、徐武军、胡业纯、陈振威；晚于我的有李文岳、丁善玺、吴杰人、陈瑞洲、张宏谋等。最有趣的是林正方，他在一中，以留级出名，从高我 N 届到低我 N 届，算也算不清了。他是个有趣的人，只是太粗线条了。

时代的见证者

一中同学中不乏时代的见证者。我同吴文立放学走在一起，他讲述这一悲剧。他那时十二岁，同母亲被赶出长春，国共双方还在交火，流弹打中他母亲，当场毙命。奇怪的是，母亲身上都饿得干扁了，流不出什么血来了。侈谈“大江大海一九四九”的龙应台,她又知道多少?陶英惠跟我说,龙应台访问他和张玉法,结果书印出来,全是龙应台自己选择的故事,陶英惠的苦难,竟只字不提。

一中的本省籍同学

在台中一中本省籍同学中,跟我同届的陈正澄是学问最好的,通中、英、德、日四国文字,后来做到台大经济系主任。他去德国留学时要我用毛笔写字送他。我题诗一首:“人生何处不相逢,我来台湾识正澄。同学十载空余恨,抢去我的第一名。”乃写实也。他把字带到德国,一直挂在墙上。陈正澄以外,张育宏也是我最早认识的台湾同学。四十年后,他以新光产物保险总经理的身份,开了两桌酒席,庆祝我来台四十年。他的国语、日语都讲得极好,演讲起来,外省人与日本人都推服无间。赖宪沧也是老同学,我办《求是报》时还大力出资订阅送人。我们一起吃日本料理时,双方都带儿子,但他的儿子大我儿子二十多岁,同桌而食,非常有趣。韩毅雄在全校考试中是冠军,下象棋也是冠军,聪明绝伦,做到台大医学院骨科主任,至今犹是我的“御医”。王新德在班上,翁硕柏老师公开赞美他是美男子,为人头脑细密。有一次他静静看我和施启扬争辩,劝我说:“你不要同施启扬争辩了,施启扬这个人头脑不行,你何必费唇舌。”这话使我印象深刻,至今不忘。爸爸死后,他写了一封深情的信慰问我,我至今感念。何西就在六十年后与我为邻,人最热心公益,每天早晚去马路义务维持交通,保护小朋友们安全。妈妈因常在楼下走动,附近人都见过她,但有的不知为李敖之母。有一次她去照相馆冲洗照片,我赶来时,看到何西就正和她聊天。西就看到我跟妈妈一见如故,奇怪地问:“你也认识这位老人家?”我笑说:“我当然认识——她是我妈。”西就今天犹是我的里长,我每以“长官”称他。赵天仪跟我办过组报,“台大哲学系事件”时是受迫害的教授之一。他人很温和,可惜做了诗人。相对于何西就“不辞小官”的是施启扬。他一直做国民党狗官,做到伪司法院长,是我一中老同学中狗官做得最大,也是最"狗"的。

林云

台中一中最出名的学生中,有二人焉。一为李敖,一为林云。我在初二时,林云已念高三。他当时叫林石。

林云是我父亲的学生,他在台中一中时功课平平,在知识上,无出人头地希望,就以密宗来弄玄虚,欺骗世人。他的高明处是先把密宗学术化、把自己高僧化,以学术高僧为障眼法,自上而下地雄霸迷信之坛。这种自上而下的搞法,对象不是村夫村妇,而是上层社会的一些无知的教授、无知的新闻工作者、无知的名女人……这些人喜欢附庸风雅,但却无知得竟以全世界最下流的秘密佛教为风雅、无知得竟以追随林云这种货色为风雅,这就益发好笑。密宗这种秘密佛教,本来在佛教真谛上已是妖妄。从中阿含、长阿含和四分律等佛教经典看,这种世俗的咒术密法,已经不成体统;从巴利经典小品小事篇看,根本就是"畜生之学"。而林云呢?却连这种"畜生之学"都要加工打造。他把密宗的"畜生之学"中国化,保留了原始的咒术密法,又加上中国的气、道、风水堪舆之类,最后再附会上他自己的红绳、铜钱、橘皮之学,遂成一家之妖。他拿这一大套招摇撞骗,于是,风光所至,从演艺人员到空中小姐,都腕系红绳焉;从海外学人到台湾记者,都床藏铜钱焉;从新年元旦开始,电视台就播出林云大师朝东西南北各丢橘子皮一片,"为国家祈福"焉。以这样妖妄之人,做如此幼稚之事,居然还得无知的教授、无知的新闻工作者、无知的名女人们前呼后拥地膜拜、请教、宣传、赞美,居然还登大雅之堂、入录影之间,公然无耻大谈其下流迷信,这成什么世界!国民党口口声声"中国文化复兴"、口口声声"提倡精致文化",原来结果是如此这般的"怪、力、乱、神",为有识之士所不齿。

林云之相

林云的窜起,有一个最不伦不类的情况,就是他的造型。自来为僧者,既以僧为名,总得多少有一点"仙风道骨"相,用来骗人,否则脸呈"凶伧恶道"状,就难得售。林云则不然,他一点也没有"仙风道骨"相,但也不怎么"凶僧恶道",一眼望去,与他所"弘"的"法"全不搭调,其中发型尤属此中之尤——哪有僧道之士是那样油头厚发的?我奇怪无聊男女们跟他观"气",为什么不看看他的"相",就凭他那副在相书中上榜的相,就该对他敬而远之哟!我这种不迷信的人,是不相信相书的,但我相信美感与"归纳",从林云的造型上,他实在全不适合干这一行。这种货色,居然在台湾海外得以招摇,可见纵使迷信,今天的善男信女都不入流哟!

事实上,他岂止唐突中国,还唐突世界呢。一九八三年十月二十四日国民党中央社华盛顿专电说:林云大师建议里根总统把白宫椭圆形办公室的座椅向前移四吋至五吋,这样会对里根及美国有好处。并说尼克松的下台,跟房中厚重的黄窗帘有关,因为它"遮住窗与窗间的墙壁,而墙壁正代表民众的支持"云。——以这样腾笑中外的荒谬言论,出之于林云之口,我们还能放过他吗?

林云眼中的二救星

一九九〇年八月九日,由李涛主持《华视新闻广场》,请来《中央日报》所谓的"三位宗教大师"——"星云大师、周联华牧师及林云教授",大谈社会乱象。三个人坐在一起,一眼就看到林云是完全不搭调的。在不搭调的排排坐中,林云大发妖言,本不足奇,但是,他冒出来一段话,倒是足奇之至。林云说:"我看台湾的气是否极泰来,因为台湾倒霉，已到了极点，二位民族救星的总统，已先后去世，现在则是新任的李总统上任了。”我听了，大吃一惊。因为以蒋介石之无耻，也只是对大陆同胞自称“蒋总统是大陆同胞的救星”“蒋总统才是你们的救星”，还不敢在台湾自称“民族救星”；以于右任等国民党之无耻，也只是对蒋介石称呼“民族救星”，而不敢对蒋经国也这样称呼。但是，连国民党都不好意思、都羞于启齿的马屁，却被林云一语道出，而以“二位民族救星”谄媚蒋氏父子。简直连无耻都无耻得不入流了！

林云的同班

林云同班有臧英年，在台中一中时，高我四班，今年八十三，虽老相毕露，但健康无比。我屈居八十，年龄后人，健康绝不后人。两人一见面就开玩笑：“总有一天，到你坟上去小便。”前一阵子，他的同班林云死了，林云在台中一中时还好好一个人，真该到他坟上先来两泡尿啦！谈到林云，我要再啰唆一次善男信女，他们太缺审美眼光了。

刘泰英

一九九九年十月九日，为了盼我撤销控诉，刘泰英请我吃饭，由刘家昌、刘大贝作陪。我问刘泰英：“你明知国民党党产是取自国家财产、人民财产的，并且有一天总会纸包不住火的，为什么不考虑考虑返还给国家、人民呢?”刘泰英很坦白地向我说：“李敖兄，你不知道，如果我们把党产还出来，那么国民党就先完了，民进党就当选了。”

刘泰英在台中一中比我晚一班，我在初二上甲时，他在初一上丁，与陈瑞洲同班。爸爸很喜欢他，他也怀念李老师，我送过一张爸爸照片给他。刘泰英中学生时，穷得能吃一碗“刨冰”冷饮就是一周大事，后来给国民党做大掌柜，每天燕窝鱼翅都吃腻了。一生穷通如此，却不知信佛以舍财,真笨蛋也。

施启扬"狗官亨通"

一中同学中,有一人值得特别一提,就是施启扬。施启扬是我台中一中高一同班,到台大后,来往不断,相处甚得,甚至一起伪造文书,帮孟大中逃避兵役呢。我的大学毕业论文题目是《夫妻同体主义下的宋代婚姻的无效撤销解消及其效力与手续》,写作过程中,因为牵涉到中国法制史,特别到法学院找材料。施启扬陪我,拜访了戴炎辉教授。后来我发现原来戴炎辉的著作,多是抄袭日本学者仁井田升的,特别告诉了施启扬,他大吃一惊。后来施启扬退伍,时相过从,他的法制史研究几乎全靠我提供资料。他出国后,为《文星》写过稿子。五年后返台,与我往来较多。他和李钟桂在台北中山堂光复厅结婚,由国际关系研究所主任吴俊才证婚,在所有他的外省同学中,只请了我一个。

施启扬的"堕落"

有一次,有外国友人向我要台湾钳制言论自由的法令,为了使译名准确地出自法律行家之手,我到施启扬家,请他代译成英文。他犹豫了一阵,慢慢翻译出来。为了使他安心,我机警地当场照他的译稿抄了一份,不带他的笔迹出门。不料到了门口,他忽然冒出了一句话,他说:"李敖兄啊,也该为政府留点余地啊!"我听了,大吃一惊。我所认识的施启扬怎么说出这种话!我心里想,这位老兄大概跟国民党搭线搭得有眉目了。我很不高兴,义形于色,说:"启扬啊,这样的政府,它给我这种人留了什么余地呢?"从此以后,我就没再见过他了。后来在我第一次政治犯坐牢五年八个月期间,施启扬官越做越大。一九八一年八月十日,我第二次政治犯入狱半年,他以法务部次长身份到牢里巡视,邀我一见,我悍然拒绝。施启扬深知为官之道,为人全无锋芒与野心,又具有“崔苔菁”(吹牛、台湾人、青年人)的三条件,且是外省人的女婿、德国的博士,自是国民党提拔的最佳样板。事实上,他的本质是十足的官僚,胆小怕事,但求做官,其他推托。他在法务部长任内,我写过几封信指责司法与狱政黑暗,不但寄给他,并且一一公开发表。他除了请老同学程国强回我一次电话外,一直龟缩不理。这时候的施启扬,早已不是当年的施启扬了。

施启扬给国民党做走狗,最后官拜司法院长。官运亨通,末了却一场空。他与我同岁,生日比我小十天,如今已老年痴呆,不复官箴与人形了。

一中的外省籍同学

在台中一中外省籍同学中,高我二班今为世界级学者的李天培,是温柔敦厚的君子,与我通信最多,至今保存完整。他和弟弟李善培两人,随父亲李子宽老居士到台湾。老居士是老革命党,做过孙中山秘书,被蒋介石关过后归顺蒋介石,垂老主持中国佛教会,住在善道寺。我到台北念台大,一开始就借住善道寺。高我三班的张世民,是我参加演讲比赛认识的,我代表初中,他代表高中,后来变成好朋友。他为人理性正派,人又漂亮,张光锦曾打趣说:“你跟张世民是同性恋。”张世民结婚时,笑着宣布他绝不洗碗,我同李圣文问他为什么不做家事?他说不能做,所有权利都要在结婚那天争到手,不然一洗就洗一辈子,其风趣可想。程国强是最顽皮的。他被训导主任“老驴”谭卓民老师记过,近五十年后,谭老师死了,程国强和我都捐了钱,旧情缭绕,有如是者。杨尔琳喜欢研究问题,高中时曾有信给我讨论手淫等,得博士后,在大学专教马克思,还陆续供应我“珍贵资料”。我们互相觊觎对方的妹妹,但都是说着玩的。张光锦跟我常做深谈,两人相知甚深,后来做到中将司令。他当年写的新诗,至今还藏在我手里。孟祥协是孟子七十五代嫡孙，高二后迷上围棋，自此一头栽进，成为国手，终身职是“亚圣奉祀官”。两人见面，喜谈《三迁志》等古书，因为两人国学底子都好。熊廷武来一中较晚，在高二戊与我同班，为人诚恳，大异他的姐夫王升。我恨王升并常骂之，但和廷武交情不受影响，见面时也互相绝口不提王升。熊廷武拜姐夫之赐，位居台湾电视公司要津，他还算健康，但跌了一跤，爬起来，坐在椅子上，忽然开始胡言乱语，接着就坐化了。人生死相众多，但廷武临去，却不曲终奏雅，反倒胡言乱语一阵而亡，看来不无深意。他一生谨书慎行，最后得以坐在椅上鸣放。说他语言欠清，不足以知廷武，此公正以胡言乱语自嘲耳。

我中学没毕业

我在一九四九年暑假后进了台中一中，从初二念起一直念到高二。这四年间，我陆续读了许多课外书，由于年复一年在知识上“独与天地精神往来”，基本上，学校和同学是不能满足我的“境界”的。在内心深处，我与人颇为疏离，我有一种“知识上的傲慢”（intellectual arrogance），不大看得起人，尤其讨厌制式的学校生活。自愿休学在家后，最后以同等学力考上大学。所以，如说“李敖连中学都没毕业”，这一陈述，并不错误。我一生的记录是：中学没毕业，但大学毕业了。研究所又没毕业。不过，照所谓历史家许倬云的口气，我连大学都没毕业呢。这种历史学家太荒腔走板了。

没有乡愁

我在台湾，本是时代与地方的交错，既然阴错阳差地浮海而至，也就随缘入化地凌云而活。对大陆，我并没有乡愁；对台湾，我也不曾寄旅。台湾只是我的工作所在，它是我的战场，“破碎的战场”。我对它非常习惯,习惯而遥远。遥远既是空间的,也是时间的。正因为有那种时空上的遥远,我素来讨厌中国人轻易乡愁的情绪。我早就说乡愁观念的基本成因,一个是农业社会的安土重迁;一个是古代交通的不发达、通讯的不方便。这些因素,在我们现代化以后,都不存在了或减少了,所以"乡愁"二字也就越来越没意义。古人的诗里有"却恐他乡胜故乡""此心安处即为乡"的境界;有"埋骨何需桑梓地,人间何处不青山"的境界,可见古人也不无提升起来的水准。台湾是我的成长之地,我对台湾当然有一种厚情,但我却深知我是"真正大陆型的知识分子",我不喜欢台湾。但是,大陆对我说来,也是"江湖寥落尔安归"的局面,我喜欢多少大陆,也是可疑的。看来我只喜欢我的大书房而已。徜徉其中,浑忘其外。大陆也、台湾也,我都见外了。至于有些人对台湾的乡愁,乃上了余光中的当,太多情了。

黄钟老师

一九五二年我升高中二年级后,编到高二戊班,数学改由黄钟老师来教。黄钟那时二十八岁,安东凤城人,他是国立东北大学毕业的,严侨是私立福建协和大学毕业的。在数学造诣上,黄钟似乎比严侨专精。黄钟对学生的诲人不倦,是我生平仅见的老师。他常常在下课时不下课,延长时间为学生讲课;或另外跟学生约定时间,在空堂时候跑来加讲。黄钟面目瘦削,身体很弱,有肺病,眉宇之间,总是一片忧愁。他几乎从来没有开怀地笑过,态度总是严肃而认真,令人敬畏。黄钟的父亲黄剑秋是爸爸老友,爸爸担心我数学不好,特别请黄钟照顾我。黄钟对我印象很好,他在数学练习簿上批写:"为人诚实可爱。"给了我不少鼓励。当然他从没说过我数学好——我的数学实在不好。我像许多恨数学的大人物,如丘吉尔、萧伯纳一样,对数学恨得要命。我的苦恼是数学老师却一一同我有交情,使我不胜尴尬之至。黄钟的弟弟黄锷后来变成"中央研究院院士",不过在我眼中,仍是穿中学制服的小弟。黄锷告诉我:他哥哥本要留在大陆,不肯来台湾。但父亲黄剑秋写信求他来台养家,只好来了,不幸短命而死。

遇到严侨

我在台中一中,最难忘的一位老师是严侨。严侨是福建福州人,是严复的长孙,身材瘦高、头生密发、两眼又大又有神。三十一岁时到台中一中,那是一九五〇年八月间,他比别的老师稍晚来,但却很快使大家对他感兴趣。他有一股魔力似的迷人气质——洒脱、多才、口才好、喜欢喝酒和一点点疯狂气概,令人一见他就有对他好奇、佩服的印象。

一九五一年到了,我十六岁。暑假后进了高一上甲。正好严侨教数学,这样他就正式成了我班上的老师。这时我在知识成长上已经极为快速,在班上喜放厥词,好争好辩,颇为张狂。当时班上同学很吃我不消,王文振甚至写匿名信丢在我书包里痛骂我;施启扬喜欢同我辩,但他实在很笨,又做少年老成状,令我总要用口舌修理他。由于我张狂好辩,在严侨课堂上,也就常常在数学以外,扯到别处去。严侨上课,才华四溢,大而化之,许多机械的题目,他自己干脆不做,反倒坐到学生座位上,叫吴铸人等数学极好的同学"站板"(站到黑板前)去做。他常在课堂上聊天,有一天居然说:"我要把你们的思想搅动起来!"还有一次为了证明他说得对,他近乎打赌地说:"我若说错了,我就把我的名字倒写!"说着就用极熟练的笔画,把倒写的"严侨"两字写在黑板上,俨然是"镜子书法"(mirror writing)专家,我们鼓掌呼啸,师生之情,融成一片。那时我们的数学作业有专门印好的数学练习簿,我在练习簿中做习题不在行,但扯别的倒有一套。我来了一段"簿首引言",引安东尼(Oscar W. Anthony)的一段话,说:"数学是人类智力的灵魂……它超越了空间与时间的领域,告诉我们宇宙是这样的悠远,光线会经历百万年的行程,方才照射到大地上……"后来,"数学练习簿"发回来了,在"它超越了空间与时间"的一行下,被严侨打了一条红杠子,下有朱笔批曰:“我想它超越不了空时!”——这就是严侨的可爱处,他是数学老师,但他在精改习题以外,还会跟学生的引文打笔仗!

原来他是共产党

一九五三年到高三后,我自愿休学在家,准备以同等学力资格去考大学。苦命的是,黄钟仍不放过我,他和爸爸“通谋”成功,硬要我到他家去,专门为我一个人补习。他家住台中市永安街一巷五号,我每次补习,视若畏途,但是实在不能不去,内心交战,非常痛苦。这一痛苦,最后终因黄钟病倒而暂告结束。黄钟病倒,住在台中医院里,昏迷不醒,整天只好用机器抽痰。我每天去照料他,直到他无言死去。我大为伤感,写了一篇《黄钟诔》和《九泉唯有好人多》等几首诗纪念他,并把他的遗像挂在墙上。爸爸生平最好占卜星象,他跟我说:“黄钟是好人,可是长了一副坏人相。他的人与相不相称,所以要早死。”黄钟死时,还不到三十岁。

严侨虽然不再教我数学,但他和我的交情却与日俱深。我花了几天的时间,写了一封长信,信中细述我成长的历程,我对现实的不满,我对国民党的讨厌等等,交了给他。严侨看了,对我有所劝慰。他跟我的交情,自然也就不同一般师生了。他家住在一中斜对面宿舍,就是育才街五号,是一栋日式木屋,分给两家住,前面住的是郭大傅老师(他是江西兴国人,国立中正大学毕业。二十年后,在景美军法处坐牢,和我见过面。真没想到他还有这样迟来的红帽!),后面就是严侨家。因为一栋房子硬分成两户,所以变得狭长阴暗,不成格局。严侨约我去他家看他,我有时去。在黄钟住院后,一天严侨正好去探望,碰到我,我告诉他医生说黄老师恐怕已没希望了,严侨颇多感触。那时已是晚上,严侨要回家了,约我同行。在路上,他低声而神秘地告诉我:“你不要回头看,我感觉到好像有人跟踪我,是蓝色的。”(国民党特务源出蓝衣社,他说蓝色,当然是指国特。)我顿时若有所悟。隔天黄钟死了,严侨再去医院，感触更多。当天晚上我送他回家，他约我进去坐。在昏暗的灯光下，他劣酒下肚，终于告诉我，他是“那边来的”——原来他是共产党！

严侨偷渡来台

在多次跟严侨的夜谈中，我约略知道了他的一些情况。他来台湾比较晚，并且是从福建偷渡上岸的，当时还带着严师母。他坐的船是最小的木船，他说船上只有埋在沙上的一个罗盘，扬帆过海，就过来了，言下不胜得意。到台湾后，他被发现，国特把他请去，问他你来台湾干什么？他说我来投奔自由。国特说你胡扯，你的爸爸在福州做共产党的市长，他那么前进，你怎么这么落伍？一般情形总是老一代跟国民党走，青年一代跟共产党走，为什么你们家特别：你老子反倒前进，你反倒开倒车，来投奔我们？严侨说我不是来投奔你们，我是来投奔自由；何况我有老母在台，我要来照顾她。国特查出严侨果然有老母在台，只好暂且相信。但这样总不能结案，总得找个保人，于是，由妹夫叶明勋出面，保了严侨。严侨有两个妹妹，大妹严倬云，嫁给辜振甫；小妹严停云（就是女作家华严），嫁给叶明勋。

严侨被捕

严侨在台湾无法施展，决定回大陆去。由于他有那样的背景、那样的偷渡经验，我相信他说的，我答应跟他走。我当时梦想我会参加一个重建中国的大运动。可是梦想毕竟是梦想，半夜里五个大汉惊破了他的梦和我的梦，他被捕了。这是一九五三年的事。那时候严侨三十三岁，我十八岁。

严侨被捕时我还不知情，第二天中午，爸爸从一中回来，说到一中传出严侨被捕的事，我听了，十分感伤。我的感伤不重要，重要的是如何照顾严师母和三个小孩。那时一九五〇年生的大女儿严方才三岁，儿子严正尚小，小女儿严谅还在怀里吃奶。我跟严师母商议多次，一筹莫展。我那时休学在家，只是高三上的学生身份，家里又穷，没有任何收入，实在愧疚无以帮助严师母。我只好饿早饭不吃，存了一些钱，送给了严师母。后来爸爸知道了，严肃责备我不可以这样做："严侨既然被捕了，谁还敢帮他呢？"这是爸爸的理由。这种理由是缺乏同情心的，但是在国民党的苛政下，同情毕竟是一种跳到黄河也洗不清的"危险品"。在阴影幢幢的株连下，残存的一些道德品质，也就备受考验了。

人人自危的白色恐怖

当时的台中一中，像其他学校一样，不时有所谓共产党、匪谍被捕去。最令我心动的是当时女老师牟琴和她男友杨肇南老师的双双被捕。他们都是山东人，牟琴年轻艳丽，身材尤其肉感动人，令我们暗慕。一天夜里，他们都被捕去了，听说都是共产党、匪谍（多少年后，仿佛听说牟琴给放出来了，已被折磨得年华销尽）；还有一位教数学的杨肖震老师（福建政和人，二十四岁），也被捕去（后来听说太太生活无着，已改嫁给他的一个朋友了）；还有一位王怀中老师（山东诸城人，三十八岁），教历史的，也神秘失踪了（多少年后才在新竹中学重拾教鞭）。当时颇有人人自危的味道。黄钟死后，外界盛传他是共产党，"畏罪自杀"云云。可是直到今天，我还不能相信。因为他咽气的时候，我正守在他身边。他久病属实，绝不像是自杀。

台中一中的一位老师叫朱景昌，在国民党"白色恐怖"时代声言不交任何朋友，为了怕交到的朋友是"匪谍"。当时我十几岁，颇怪此公交友门槛太严了。后来我从十几岁活到几十岁，才恍然大悟，觉得这位老师的门槛不是太严而是太宽了。因为照国民党的尺度，"匪谍就在你身边”，岂止朋友，连茶房都不能认识啊。

那种大陆型的脉搏

虽然如此，严师母和我，总希望血缘关系和亲属关系上的帮忙，或能免掉国民党的嫉忌。因为这种关系毕竟是血亲问题，总不是政治问题。在一阵日子拖过后，严侨毫无音讯，严师母和我商议，决定北上投亲，她希望辜振甫等能施以援手。就这样的，严师母收拾残破的一些家当，带着三个小孩，含泪北上了。严师母北上后，没有任何消息了。我个人也忙于大专联考等，没有再能做什么。严侨和严侨一家，就这样在台中育才路消逝了。我有时夜里散步，经过严家的旧宅，遥望院里的一片浓荫和屋里的一片死寂，内心悲凉不已。

几年以后，一天胡家伦在台大告诉我："你记得严侨吗？他死了，死在火烧岛。"（我们那时都叫"火烧岛"，不叫"绿岛"。）胡家伦的父亲是国民党中央社老人胡传厚，与叶明勋他们熟，他的消息应属可信。我听了消息，十分难过。在我思想成长的过程中，严侨虽然对我已是"过去时"，但他的伟大人格、他的音容笑貌、他的热情犀利、他的悲惨人生，却对我永远是"现在时"。他是我人格上的导师，我庆幸在我一生中，能够亲炙到这么一位狂飙运动下的悲剧人物，使我在人格形成中，得以有那种"大陆型的脉搏"、那种左翼式的狂热、那种宗教性的情怀与牺牲。在这些方面，严侨都给了我活生生的身教，也许严侨本人并不那么丰富、那么全面、那么完整，但对"少年十五二十时"的李敖而言，无疑都成为我的导师。最后，虽然导师自己倒下去了，但他的学生还在前进——他的学生没有倒！

我结识了钱穆

有一种观点认为,来台的学者,共分两个型,一个是“胡适型”,一个是“钱穆型”。我对他们两位,都分别加以注意。但胡适远在美国,钱穆却因阴错阳差到了台湾台中,使我先结识了他。结识的原因,得力于同学徐武军。徐武军外号“日本和尚”,因为他爸爸是日本留学的,故有这一称呼。徐武军在台中一中,有点特权似的,原因是他忽来忽去、去了又来。后来才知道,原来他爸爸是徐复观,先举家来台,后感台湾情况危险,又全家迁到香港。朝鲜战争发生后,美国第七舰队“协防台湾”,台湾不危险了,又全家迁回台湾。徐武军住在台中市的一幢单门独院平房里,很考究,我去过多次,可是从来没见过徐复观(虽然十年后,我跟他大打笔仗并且大打官司)。客厅里书甚多,墙上有毛笔字赫然曰:“架上书籍,概不外借。”我至今记忆犹新。

一九五二年钱穆应淡江英专(淡江大学前身)校长居浩然之邀,在惊声堂讲演,不料天花板突然落下,钱穆受伤。那时徐复观想在学术界插一脚,故拉拢钱穆,把钱穆接到台中徐府养伤,后来改住存德巷一号。徐武军是我好朋友,他受了徐复观影响,课本以外知识知道不少,和我很谈得来。他说,你李敖程度这么好,我要带你去见一个人;我问是谁,他说是钱穆,我听了很高兴。不久,他就跟钱穆约好。一九五二年六月十五日,徐武军带我走进存德巷一号,见到了钱穆。

钱穆印象记

钱穆身穿府绸小褂,个子很小,满口无锡土音,乍看起来,长相与声名不太相符,简直使我有点怀疑眼前这位,是不是就真是钱穆。他为人极为亲切,对我们两个高二学生全无架子,聊起天来。我向他请教治国学方法。他说并没有具体方法,要多读书、多求解,当以古书原文为底子、为主,不受他人成见的约束。书要看第一流的,一遍又一遍读。与其十本书读一遍,不如一本书读十遍。不要怕读大部头的书,养成读大部头的书的习惯,然后普通书就不怕了。读书时要庄重,静心凝神;能静心凝神,任何喧闹的场合都可读书,否则走马看花,等于白读。选书最好选已经有两三百年以上历史的书,这种书经两三百年犹未被淘汰,必有价值。新书则不然。新书有否价值,犹待考验也。

我去看钱穆的时候,手中拿着我的《李敖劄记》第二卷,钱穆接过去,翻了一下,看到第一篇我写的《梁任公上南皮张尚书书》,他很惊讶,问我梁启超这封信的出处,我告诉了他。这件事,使我有两点感想:第一,他不耻下问,真有"知之为知之,不知为不知"的风度,令我敬佩;第二,他竟不知道这封信的出处,他的学问的广度令我起疑。

钱穆翻完了我的劄记,一边夸奖我,一边转过头来,温和地对徐武军说:"你不如他。"我奇怪钱穆竟这样当面教育徐武军,也许是他住过徐府,跟徐武军很熟的缘故。

临告辞前,钱穆约我再去看他。那时我家住存德巷十三号台中一中宿舍,每天经过他门口,看他很方便,可是我没再去。后来他回到香港。我在第二年(一九五三年四月十四日)写了一封信给他,表示我对他的感谢,并质疑他著作中的错误。半个月后(四月二十九日),我收到钱穆的回信。

钱穆给我的信

李敖学弟如面:

昨奉来书,知君努力学问,与日俱进,若能持之有恒,继续不懈,将来必有成就,可喜可贺。学问之事,首贵有恒心,其次则防骄气,小有所成,志得意满,中道而止,虽有聪秀之质,犯此二病,终不能有远到之望,唯立志高远,始克免此。君尚在青年,向学伊始,故特以此相勉。能熟诵《庄》书，亦一佳事，然《论》《孟》尤为重要，须时时玩索，心体力行。盼先就《朱子集注》细细研读，勿以能读过为了事。此乃学者所宜终身常诵之书。穆最近有《四书释义》一种，亦在台北出版，与《中国思想史》同收入“国民基本智识”丛书中，内有旧稿《论语要略》《孟子研究》两种，为初学治《论》《孟》者指示涂辙。最近又泛事《论语新解》，刊载于某杂志，以后当按期邮寄。当知学问与德性实为一事，学问之造诣，必以德性之修养为根基，亦以德性之修养为限度，苟忽于德性，则学问终难深入，此层务盼注意。《近三百年学术史》若能细读，可获许多治学方法，恨手边无此书可以相赠。所询两节，关于新疆汉民移植，罗书亦有据，然大量之流入乃在后；安达生为瑞典人，《史纲》系一时笔误，未经校出也。《国史新论》短期内或可付印。穆最近恐无来台之便，得暇盼时时来书，以获知君学问进诣为快也。匆此，即询

进步

钱穆 启

钱穆的信，用钢笔写得工工整整，足见此公主敬修养的一面。信中对一个十八岁的青年人如此鼓励，固因我的好学引起他的注意，也实可看出他具有教育家的风度。信中说他要“按期邮寄”他在“某杂志”的《论语新解》连载，他言而有信，果然按期寄来（“某杂志”是香港《人生》杂志），使我对他益发感念。按说以钱穆对我的赏识，以我对他的感念，一般的读书人，很容易就会朝“变成钱穆徒弟”的路线发展，可是，我的发展却一反其道。在我思想定型的历程里，我的境界很快就跑到前面去了。对钱穆，我终于论定他是一位反动的学者，他不再引起我的兴趣。我佩服他在古典方面的朴学成就，但对他在朴学以外的扩张解释，我大都认为水平可疑。钱穆的头脑太迂腐，迂腐得自成一家，这种现象，并无师承，因为钱穆的老师吕思勉却前进得多。老师前进，学生落伍，这真是怪事！

心里一直感念他

与钱穆通信后第三年(一九五五年),我进了台大历史系。台大历史系是“胡适型”的地盘,对“钱穆型”是隐含排挤的。在胡适有生之年,钱穆未能成为“中央研究院院士”,我始终认为对钱穆不公道。钱穆的杂七杂八的理学怪说固不足论,但他在古典方面的朴学成就,却更该先入选成院士。

与钱穆通信后第九年(一九六二年),我已经成为成熟的战士。我在《文星》发表《给谈中西文化的人看看病》,开始激烈地攻击了钱穆。这种攻击一直不断,在我们会面后三十四年(一九八六年),我还发表文字,大表我对他倒在蒋介石怀里的不满,我说:

> 试看钱穆写《总统蒋公八秩华诞祝寿文》,歌颂蒋介石是“诚吾国历史人物中最具贞德之一人。禀贞德而蹈贞运,斯以见天心之所属,而吾国家民族此一时代贞下起元之大任,所以必由公胜之也”。肉麻兮兮,已是全然无耻!知识分子反动到这步田地,真太令人失望矣!回想钱穆当年给我写信,标榜“学问”与“德性”的关系,如今“学问”竟不能阻止“德性”的沦落,我真忍不住为他悲哀!

我又说:

> 回想我与钱穆的一段因缘,我的确完成了“一朝眉羽成,钻破亦在我”的阶段,可惜的是,钱穆本人,却越老越“自缠”得紧了。如今他过九十三岁生日,五代弟子,冠盖云集,人人称庆,我却别有志哀——我为钱穆惜,他有做成真正“一代儒宗”的机会,可是他却做成个假的。历史上,真正“一代儒宗”是不会倒在统治者的怀里的!

在钱穆死前不久,我去“故宫博物院”,远远地望见了他。他已老态龙钟、步履维艰。我没有趋前问候,但心里一直感念他,毕竟在我少年时代，他曾经被我心仪，曾经热心指导过我、帮助过我，这种老辈风范的人物，对“现代史”的人说来，真是“上古史”了。

王作荣

一九五四年我十九岁，以高中二年级肄业身份考大学，误入台大法律专修科，就是后来的法律系司法组。入学日期是一九五四年九月十四日。在课堂上，我极为顽皮，喜欢挑老师的错。当时司法行政部部长林彬教我“刑法总则”，有一天他讲到李大钊的死，讲错了，我立予纠正，他很有雅量更正。王作荣教我“经济学”，三十三岁，初来教书，还是生手，表情虽然严肃得像张扑克，但也会突然笑一下。我有次劈头大声将他一军：“三民主义到底有没有缺点啊？”他应声脱口而出：“当然有啊！”我追问：“缺点在哪里啊？”他厉声回答：“我不敢讲啊！”然后突然笑一下，全班为之哄堂。三十四年后，相遇道上，时有过从。很不幸的，后来他为了支持李登辉，写了许多马屁文章，犯了我怒也犯了众怒。最后一次，我们在“湖北一家春”吃饭，我当面指着他说：“老师啊，请你搞清楚，现在恨你的人比恨我的还多。”此后为了我公然陆续举证指责他不该支持李登辉，两人关系疏远了。不过在他胃癌开刀时，我还是到医院看他，留名片而去。他出院后，对我敬而远之，礼数也不见了、书也不送了、信也不写了、饭也不吃了。师生之谊，竟为一个李登辉而绝。王作荣当年介绍李登辉入国民党，他们关系甚深。他告诉我一个秘密：人家说李登辉曾以《出埃及记》中的摩西自比，这不是真的，因为李登辉曾告诉他：摩西其实是蒋氏父子，他们《出中国记》，来到台湾。王作荣问你不是摩西你是什么？李登辉神秘一笑，答的竟是：“我是耶和华（上帝）！”李登辉的狂妄竟至于此！

吾爱真理甚于吾师

王作荣跟李登辉火热时,曾流传一则笑话,保险公司对王作荣有三不保:“天灾不保、人祸不保、晚节不保。”但他后来迷途知返,跟李登辉搞翻了,追随我对李登辉口诛笔伐了。一九八八年七月六日《商业周刊》登,王作荣桃李满天下,可是他曾对家人说:“李敖是我眼中唯一的天才。”但他对我的直言,心存耿耿。他有一本书,叫《我志未酬》,我奇怪,身为“监察院长”高官,还不弹劾李登辉,还有何怨?结论是:此公言行两截,令人深惜。湖北俗谚:“奸黄陂,狡孝感,又奸又狡是汉川”,王作荣老师是汉川人吧?虽然如此,他九十大寿时,我还通知石齐平,请花店送了花。后来他在马英九授勋后死去。在国民党的官员中,王作荣文笔第一,脾气也不差,殊为难得。希腊哲人有道是:“吾爱柏拉图(Plato)甚于余物,吾爱真理甚于吾师。”回想我与王作荣的交情与决绝,更赞美我多么希腊了。

王作荣“海岛飘零五十岁月”下,“终于回到祖国”,“激动得哭了,一直哭出机场”。他的悲情是动人的,只是忘了:在“海岛”,他似非“飘零”,而是在李登辉手下做到“监察院长”的高官,他的“五十岁月”,干的多是敌对祖国、推迟统一的错事。泪水中有忏悔吧?

桂裕

在法律专修科时,教我“英美法学名著选读”的是曹文彦和桂裕。桂裕学问渊博,又高寿,四十年后我办《求是报》时,还有信给我。最有趣的,是他的英文满口上海腔,并且念出的重音多于应有的重音,把自由 Liberty 念成“癞比利台”,我听了大笑。桂裕的学生很多,陈水扁、马英九选市长时,为演尊师假戏,都找桂裕去喂稀饭。当时桂裕已上百岁,被这两个冒失鬼闹得不可开交,消化不良后,不久就死了。

我勇于丧礼改革

爸爸是我二十岁生日后两天死的,死于脑溢血,晚上死在家里。第二天午前,我得到"父病速归"的电报后,赶返台中,一下火车,看到李华俊在等我,告诉我死讯,并陪我到停灵处。因为天热,当时爸爸已入棺,棺盖已钉,未能见到最后一面,我为之泪下。晚上我找谭洁力,她有照相机,我请她为棺材拍了两张照片存念。谭洁力是一个可爱的女孩子,我暗恋她;她生病住院时还去看过她,可是一言未发就走了。

爸爸当时是"台湾省立台中一中"的国文科主任,因为在这个学校教了近六年的书,又在校外教补习,教过谭洁力等几十人,所以"桃李无算"。他是一个好教师,公祭时候,场面很大,自台中市市长、市议会议长以下,有二千人。这二千人,不但当时目击了李鼎彝先生走向了火葬,同时还目击李鼎彝先生的宝贝儿子李敖,表演了一次犯众怒的丧礼改革!那时我受了胡适的影响,坚持改革丧礼。按照传统,要烧纸、诵经、拿哭丧棒弯下腰来装孝子,要给来吊丧的人磕头,我统统不来这一套,并且当众一滴眼泪也不掉。这次经验使我深深感到:所谓"虽千万人,吾往矣",读起书来容易,若真正实行起来,可就需要大勇。这次经验使我一生受用。我一生勇于特立独行,都伏机于此。但这番特立独行,却使我从此横被"不孝"的恶名。恶名后来越背越大,穿凿附会,像一个越滚越大的雪球。其中一个好笑的说法是:"李敖把他老子气死了!"散布这种说法的,李济便是一人。有一天,李济向姚从吾说:"听说李敖跟他父亲意见不合,最后把他父亲气死了。"姚从吾说:"这我还是第一次听说。我知道李敖的父亲是我们北大毕业的。北大毕业的学生,思想上比较容忍、开通。李敖的父亲若能被李敖气死,他也不算是北大毕业的了!李敖对他父亲的态度如何,我不清楚,但我知道李敖对母亲很好。一个对母亲很好的人,大概不致对父亲不孝罢!"爸爸死后十一年，我印出他的遗著《中国文学史》，书前写了一篇序，谈到所谓“不孝”之事，提到李济儿子“潜返大陆”，引起调查局“国特”们的过敏和不满，强命文星书店撕去这篇序才能卖书。所以，我二十岁这次丧礼改革，不但祸延先考，并且祸害言论自由、出版自由，还祸延我进不了“中央研究院”历史语言研究所，真是后劲十足。

陆啸钊预知我狷介

我个人本来志在学文，不在弄法，只因几分之差，误入法学院，心有未甘，决定重考。但台大学生不能重考本校，得先自动退学才成。我很有破釜沉舟的勇气，就在改制前夜的六月二十七日，自动退学了。一百五十人中，我是唯一一位因兴趣不合，敢于退学的。由于胡家伦为我恶补数学，考了五十九分，得以在一九五五年考入台大文学院历史系，从此我告别了法学院，但是并未告别法学院的许多朋友。朋友中陆啸钊者，此中之尤也。我初与陆啸钊长谈，在一天清早，我在教室看书，他走过来聊天，并拿他写的一篇署名“青鸟”的文章给我看，我不客气地提出意见，他颇为折服，从此成为好友。陆啸钊又精明又聪明，对我了解最深。一九五五年四月二十七日，爸爸死了，我赶回台中，全班同学捐了一大笔钱送我，捐钱时人人都捐，唯独陆啸钊不肯，理由是：“李敖个性耿介，他绝不会收你们的钱，不信你们送送看！”不出所料，当史静波、邵显章携款赶到台中时，果然钱被我拒收。

我卖弄旧文学

我重考改入台大文学院后，因抽签住校未中，又没钱在外租房，只好在温州街七十三号台大第一宿舍与陆啸钊同挤一张床。虽然有时斗嘴气得不讲话，但在不讲话中，陆啸钊还是送水果给老朋友吃。陆啸钊与我交情很深，深知我为人。一九九一年十月二日他对陈良榘说："李敖为人，绝不先向你开枪。但你先向他开枪，他就用机关枪打死你。打死以后，还要补上一阵枪。"真知我之言也。多年后，陆啸钊做我邻居，并接替我出任《文星》杂志主编，因他的姑妈陆寒波是党国大账房徐柏园的太太，有点背景，可以缓冲一下，但没多久，《文星》还是被查封了。陆寒波死后，啸钊请我代他写副挽联，联中要嵌入"寒波"两字，我代他写了。

这是我卖弄旧文学的一个故事。

重温旧梦就是破坏旧梦

"重温旧梦就是破坏旧梦"，这是我的名言，我当然深信不疑。陆啸钊在一别半世纪后重返浙江，电约五十年前的青梅竹马老情人在当年相聚的青青河畔一晤。他先到达，远远地看到一龙钟老妇，满面风霜，彳亍而来，不是别人，来的正是"秋水伊人"也！陆啸钊回来告诉我，他当时的第一个反应就是拔腿想逃！我笑说："你真自找苦吃，旧梦是那么好重温的！看来罗曼蒂克，其实胃口倒光，尤其是老情人，只宜来生再见，切忌白头重逢啊。"——山水旧宅虽然比老情人禁得住折腾，但毕竟不看也罢；有道是"近乡情怯"，怯心一起，就是提醒你不近为宜。人要智足以知怯。"故国梦重归"比真重归好得多；故乡重返、故人再见，梦中的也比玩真的好得多，此中至理，啸钊不知也。

国文差点不及格

我是一九五五年二十岁进台大历史系一年级的，表面上如愿以偿，很快就大失所望。我看不起别人、不喜欢上课，连考试都懒得应付。大一时八门课，有三门不及格，甚至连国文都差点不及格。原来国文是国民党文人叶庆炳教的,第一次交作文,虽在班上公开夸奖李敖的作文全班第一,可是我一直讨厌他,认为他没有学问却装腔作势,后来因为拒绝背书,叶庆炳声言给我不及格。他的老师——中文系的郑骞在旁讲了一句话:“李敖的国文不及格,谁的国文及格呀?”叶庆炳有所顾忌,给了我六十八分。我大一总成绩,第一学期只七十一点三一分,第二学期只六十五点四五分,成绩之烂,一望可知。可是“不畏浮云遮望眼,自缘身在最高层”,我始终自喜我有学问,只是不屑上课和应付考试而已。

不喜欢学校生活

我离开台大多年,陈依玫访问我,我对她说:“欲求灵药换凡骨,先挽天河洗俗情。”我在整个大学时代,都在努力又洗又换。如果时光倒流,我大可不必在大学过这四年。我觉得从大学中“换凡骨”“洗俗情”反倒过慢,慢得使自己不满意,感到浪费过多。大学中除非有启发性的师友,否则效果不如休学自修。但是启发性的师友太少了。我活到今天,从自己困学得来的自修成绩,远超过师友的切磋之益。沙特(J.-P. Sartre)不同人论学,只是自己做学问,他的学问已经无须外求,我也是如此。我在大学四年中,好像师友跟我,变成只是情感上的交流,而非知识上的共进。我念书,我做学问,都是“单干户”,和他们不相干。我的一切几乎都来自书本,而不是来自师友的启发。真的,我真的不想回到那段大学生活。如果我重活一次,我对我全部的学生时代,都愿意挖去,我并不留恋。我觉得学校是一个斫丧性灵的地方,对越有天才的人,斫丧得越厉害。萧伯纳说他不愿再假设回到学校重温学生生活,就好像囚犯不愿再假设回到监狱重温坐牢生活一样。对我来说,几乎也是如此。

姚从吾

胡适给我报告严侨的信，由姚从吾代转，乃因他们是师生关系；而姚从吾正好跟我也是师生关系。一九五八年，胡适来台，主动安排我和胡适见面的，就是姚从吾。历史系老师虽多，但跟我关系最深的，不是别的老师，而是他。姚从吾做过北大历史系主任。他拙于口才，讲话时先是张开奇厚的嘴唇，下颚乱动，满口乱牙翻滚，然后发音，我心想物理学上光比声快，此之谓也。他的声音中气十足，地道的河南男低音，配合上他那厚实朴拙的造型，俨然一副中原老农相。他的老农相，对他逃难颇有帮助。共产党解放开封时，他正任河南大学校长。吴相湘跟我说："姚老师化了装，逃出来的。"我笑问："共产党分得清校长和农民吗？姚老师还要化装吗？"

姚从吾逃难第一天，走得很慢，路走得也不多。一起逃难的人笑他。两三天后，别人因一开始走得又长又快，反倒走不动了，姚从吾却能照走不误。他跟我说：这是他读《水浒》得到的灵感。国民党兵败山倒时，众生逃难，能从容脱身如姚从吾者，"从吾所好"，真老农之智可用也。

姚从吾学名姚士鳌，从德国留学回来，做北京大学历史系主任。他虽喝过洋墨水，但是出身河南襄城，人还是土土的。学生们乃把"姚士鳌"戏呼为"姚土鳖"，深为他所忌，乃用姚从吾之名代之。有一次同我两人照相，洗好后，我送他一张，背面题"士鳌老师惠存"等字样。后来一个偶然机会，又看到这张照片，背后"士鳌"两字已被他偷偷涂去，自改为"从吾"矣！

姚从吾待子甚严，他的儿子姚大湘，在台大地质系念书，在校园远远地看到老子走来，必绕道而过。四十年后，我在东吴大学教书时，姚大湘还来听过两堂课，送我一本《姚从吾先生纪念集》。纪念集中有合照，因我坐牢，不敢指出李敖的名字；别人人人有名有姓，只有我成了无名氏。白色恐怖下,学术界胆量如此!

我的毕业论文

姚从吾跟我很有交情,他是我论文指导老师,也是胡适给我的密信的转信人,又找我做他的助理人员。我的毕业论文《夫妻同体主义下的宋代婚姻的无效撤销解消及其效力与手续》,姚从吾对这题目全无研究。他只能给我改一处笔误而已。我在论文第三章第四节《外姻而尊卑为婚》内,徽宗“政和八年”条下原注说:“政和只七年,洪迈此乃重和元年之误,是年为一一一八年。”姚从吾看了,加注说:“政和共八年短两月。”“重和改元在戊戌十一月己酉朔(《宋史》卷二一)。”他把我的论文拿给赵铁寒看。赵铁寒是师大教授兼办《大陆杂志》,回信给他说:“李君天分很高,能放大找材料,更长于组织与剪裁。”“我公赏识足以服众也。”其实,赵铁寒也未必对我的论文在行,他们都是旧式的学者也。这篇论文,后来改题《宋代的离婚》收入我的《历史与人像》里。

考入研究所

赵铁寒说我的水准“足以服众”,至少服了历史系的老师们。我的成绩突出,识货的教授们早已服我。这由后来考研究所的一幕可知。考研究所口试,众教授(姚从吾老师在内)环坐,但没人“敢”提问题考我,最后主试者文学院长沈刚伯问了一句:“你还要穿长袍吗?”遂在大家一笑状态下,考取了。这个故事,使我想起科学奇才欧本海默(J. R. Oppenheimer),欧本海默在哈佛读书,三年时间就修完四年功课,二十三岁到德国哥丁根大学,三星期就得到博士。他的量子力学论文使主考教授甘拜下风。主考教授在口试后说:“幸亏我趁早开溜,他已经反过来向我发问了!”

研究生与助教

台大毕业后要服兵役一年,考研究所时,我重回台大。考前是姚从吾助理,薪水每月一千元,由"国家长期发展科学委员会"发放。一千元这个数目,仅够维持一个学生最低的生活,而不是一个"学人安于为学"的最低生活。我太穷了。我想起《东轩笔录》中的那个故事。范仲淹奇怪那个孙秀才为什么年轻有为却"汲汲于道路",当他知道孙秀才志在"日得百钱,则甘旨足矣"的时候,他决定做此人"日可得三千",为了使其人能"安于为学"。十五年后听到孙秀才变成一代大儒孙明复了,他忍不住感慨说:"贫之为累大矣,倘索米至老,则才如明复,犹将汩没而不见也!"更严重的是,助理薪水三个月一发,又不准兼差,寅支卯粮,也得支得到粮才成,可是从何支起?何况我在夏天又考上研究所,按任用助理的规定,助理是专任,研究生不能做,所以专任助理的一千元薪水没有了,只能拿研究生的研究费四百元;四百元对我,显然无法做研究。当时姚从吾打算由杨培桂接替我的助理职,让杨培桂把台北商职的教员职务让给我,算作私下交换。可是北商那边一个萝卜一个坑。有坑要填校长自己人,不同意杨走李来,所以最后也泡汤了(施珂出国前,想把成功中学的教员职务让给我,也被校长拒绝,理由同上)。当时我所以考研究所,自信考取后虽然丢了专任助理职务,但因为研究生可兼助教,所以可"失之东隅,收之桑榆"。不料考取后,沈刚伯为了抵制我,突然废除了研究生兼助教的规定,硬定另聘助教;所聘者王德毅等人,却都是考不取研究所的。这种措施,当然使我不服气。后来我弃研究所不念了,沈刚伯见我走了,又恢复研究生可以兼助教了。我在《文星》写文章攻击教育黑暗,攻击到台大文学院和院长沈刚伯,伏机在此。我纵有私怨,但攻击时候,却诉诸大义,这是我一生的作风。特别值得一提的是王德毅,他当助教后,小心翼翼,多年勤勉熬成婆,变成台大历史系教授了。他不算旁门,我却成了左道,学府秘辛,好有一比啊。

我就上了“贼船”

给姚从吾做助理，除我以外，还是陶老三，就是陶晋生。陶晋生是陶希圣的儿子，在历史系比我高三班。他老子过去在北大教书，又是北大毕业生，和姚从吾有交情。姚从吾见我生计困难，认为陶希圣欠他的情，颇想把我介绍到陶希圣主持的“中华民国开国五十年文献编纂委员会”，暂时糊口。他把这意思告诉吴相湘，吴相湘极为赞成。因为他一直想拉我搞近代现代史；由于姚从吾是他的老师，挡在中间拉我搞中古史，他就一直不便多说。这回是姚从吾的意思，他自然乐为奔走。他跑去找陶希圣，陶希圣立刻表示欢迎李敖去，并写信相邀。不料姚吴两位老师兴高采烈地告诉了我，我却面有难色。我表示陶希圣是汉奸，又是国民党中的红人，我实在不愿意和他接近。吴相湘说：开国文献会并非陶希圣一个人的，罗家伦也是主持人之一，并且你去只是帮忙编民国开国时史料，是以整理辛亥革命为主，可以发扬先烈们的幽光潜德，跟陶希圣的身份有什么相干？国民党史料不开放，你去可以趁机看到一些史料，“不入虎穴，焉得虎子”，你还是去吧！姚从吾也劝我不妨暂时去，他说他和胡先生（胡适）也谈过，胡先生说不妨去。在两位老师的劝说下，我说既然如此，我就暂时去混碗饭吧！就这样，我上了“贼船”，虽然最后因为不能“从贼”而被开革，但回首之余，仍不无悔恨，悔恨我实在不该上船。去文献会工作是我结束新店山居的最大原因。在到文献会后两个月，我便把新店山居让给陈鼓应，搬回台北。

文献会

一九六二年一月二十九日，旧年将至，姚从吾送来一千元，并附一信。两天以后，又转来陶希圣“拟请李敖同学参加中华民国开国五十年文献编辑事务工作按月津贴新台币一千元”的信。姚从吾和吴相湘又分别给我一信,嘱咐我“从此安心工作”,因为这一职务,“得来亦不易也”。

一九六二年二月一日,我去文献会见陶希圣的时候,正是我在《文星》第五十二期发表《给谈中西文化的人看看病》的同一天。这篇文章里已点名攻击到陶希圣。在这篇文章发表前一个月,我在《文星》第五十一期发表《播种者胡适》,已先引起各界的重视。这种重视,是从《文星》第四十九期起发表《老年人和棒子》的一贯延续。姚从吾信中嘱咐我“若过于放肆,不但树敌太多,亦恐于工作有妨”;吴相湘信中嘱咐我“切忌多书”,都是他们的先见之明。他们劝我“往事已过,今后仍应潜心学问”,“从此安心工作”,显然期许我仍旧去走做学问的路,不要乱写文章。他们把我安排在陶希圣那里,目的都在希望那个职务使我得以缄口,并且“借此研究民国史,以期有些具体的成就”。事后回想起来,两位老师似乎都太天真了一点。其实他们不了解陶希圣,也不了解我。不了解陶希圣的是:他们以为我们只是把李敖暂时“寄存”在你陶希圣那儿,李敖毕竟是我们的人、我们的学生,殊不知陶希圣才不这样想呢!陶希圣慧眼识人,看到李敖是何等人才,焉有不拉为己有、拉为国民党所有之理?不了解我的是:他们以为我会与陶希圣勉强相处,殊不知我才不这样想呢!

我一去文献会,心中打定主意就是要防备陶希圣拉我。陶希圣对我,果然备极礼遇。那时他正搬了新居,把旧宅留做文献会工作人员宿舍,指定我住他的卧室那一间,可是我一直没去住。他见我不去住,乃在文献会楼上隔出三间房,由我住一间。因为与办公厅在一起,比较单纯,我就从新店迁回台北,住进杭州南路文献会。罗家伦、陶希圣上楼来看我,并且参观我这间卧室,看到墙上我挂的《花花公子》(PLAYBOY)的大幅裸体女人,两人的尴尬表情,我至今难忘。

吴相湘

吴相湘搞现代史,最能启迪学生、帮助学生。他长寿,与我周旋半世纪。一九八七年,他七十五岁时从美国写信来,赞美我写的《孙中山研究》,并说:“兄于是书对湘时有念旧情殷文字,尤使湘感动。回忆三十年前往事,真‘当时意气论交人’。”他的国民党史观是我全盘否定的,但交情永在。

吴俊才

吴俊才教我“近代印度史”,他要同学交笔记;我从来不记笔记,实在交不出来。我花了几个小时,写了三十五张卡片,敷衍上去,且在前两张极力攻击记笔记。我说:“大学为自由研究学术之地,研究之方法亦各自由。”“累牍连篇千册一律之笔记实非必要。大学生之治学方法贵乎参考众书独立治学,不当株守笔记以应考试及先生审阅也!”吴俊才是有眼光的人,他居然在班上不夸奖别的抄笔记的同学,而大大称赞我一阵！这位老师跟我颇有后缘。我坐牢时,他正当红,为了拉拢我以为他们党用,颇费苦心和心机。最后他失败了。大概他终于发现:李敖是他最优秀的学生,但却是一匹狼。

历史系众师相

在北京念初一时,我买了一本李玄伯的《中国古代社会新研》,喜欢该书见解奇特,不料七年以后,我竟上了这书作者的课。李玄伯即李宗侗。这位老师,待人彬彬有礼。他有自备三轮车,在路上碰到我,一定请我上车，送我一程。我后来在文星，还为他出过书。

夏德仪教“中国通史”，冬天一袭长袍，但夏天不穿。他看到我夏天还穿，对我说：“你比我还顽固。”此老高寿，移民美国后，还夸李敖文章不绝。

教“西洋史”的刘崇鋐是系主任，为人甚笨，上课时讲得头绪混乱；但这种混乱，还是头天晚上开夜车准备的。我出售家藏影印百衲宋本《资治通鉴》时，他用毛笔写信给我，老辈风范，展现无遗。

劳干教“秦汉史”，上课时片纸不带，随口说出，其功力真不简单。后来我在文星，他有信来，我还为他出了书。

历史系有“西洋史”教授，叫张贵永，道貌岸然、待人甚吝、文字晦涩。有一天家中下女事情做完，要提前一刻钟下班，不料他却站起来，脱下衬衫，说：“你还可以洗一件衬衫。”

另一教“西洋史”教授，叫杨绍震，学问极差，却又喜装腔作势、作洋绅士状。上他“西洋通史”课时，我常用假史料作弄他，他佯作知道，其实一无所知，也不可能有所知，因为从来没有那种史料。后来此人到东海大学去了，为了多赚一点儿钱，会向校方哭诉，请求多发他津贴云，传为笑柄。

教“中国近代史”的李定一，我没选过他的课。他是书呆子，上课时说他一生只知道一位电影明星，名字叫作“玛丽‘梦莲’露”（Marilyn Monroe，译名应为“玛丽莲·梦露”！）其实这种有趣的孤陋寡闻也不只李定一，胡适亦然。胡适知道远在天边千万人所不知的神会和尚，却不知道近在眼前千万人皆知的大明星玛丽莲·梦露，引得人们大笑。

黄祝贵教“国际现势”一般科目，以两手空空、口若悬河方式上课，足见其博闻强记。他跟我谈得来，会到我宿舍看我，并签名送我书。不料三十年后，跟我同届的李远哲在一九九一年教师节致辞时，特别向黄祝贵老师表示敬意，并感性地说：“在台大，经过三十多年仍能留下这么深刻印象的老师，还不太多。”我猜李远哲这次莫名其妙、生硬而唐突的表态，似与我揭发他对恩师王企祥负义行径有关。——他抓个毫不相干的黄祝贵来垫底，以洗刷他不是不尊师重道的。我想黄祝贵对这突如其来的感性戏,一定一头雾水也。

徐子明与沈刚伯

历史系有一极顽固老教授,叫徐子明,痛恨胡适。他演讲时到处说:“我当年亲眼看见胡适一手把‘毛匪’提拔起来!”说时还用右手拇指食指交接,手心向下,手背向上一提,作提拔状。因为痛恨胡适,连带痛恨白话文,他说白话文是狗叫文。姚从吾问他:“既然白话文是狗叫文,你为什么口中讲白话?”他忿然答曰:“我跟狗说话,不能不狗叫!”

当时胡适系的学阀们整他,把他开的选修课,故意排在其他必修课同一时间,以达到没学生选他的课的效果,让他自行了断。可是汪荣祖一个人跑去选了他的课。他虽只教一个学生,但夷然自得,气派不衰。他骂人,把“他妈的”发音成“塔马滴”,口音使然也。死前躺在病床,不想再活,乃自行拔管,大呼“吾去矣!”而亡。

徐子明自称做过文学院长沈刚伯的义父,真相不详。沈刚伯教“英国史”,但我没选过他的课。我在文星时强力批评过他,说他太懒等等。后来在胡之伟(胡志伟)、赵万年的婚礼上,他还向我打趣,说:“我这文流氓斗不过你这武流氓。”

“罗”

我在中学时,偶尔在路上碰到一位女学生,清纯无比,眼睛不大,但在含情之中,透视出一片灵光。慢慢知道她住我家附近的存信巷,家里很穷,父母在家开一小杂货店。每逢星期日,全家在思恩堂做礼拜。她就读的学校是台中市中,比我低一班,功课极好。我高三时休学在家,写了很多情书给她,每封都称呼她“罗”,都等她在放学经过的太平路上面交,可是不说一句话。我进台大法学院后,情书改由我在市中念书的大妹转交，每封都谈天说地，都很长；有一封长达八十三页，后来因故中断。爸爸死后，她写信给我，于是重续前情。我重考进台大文学院时，她考入台大理学院化学系，住女生宿舍，我却没去找她，还在写信。直到有一天，她约我在入夜的校园相见，从此陷入热恋。碧潭泛舟、傅园过夜、图书馆双进双出……到处是两人的身影。有一段时间我送报、送全台大各单位的报纸，早上未明即起，骑车到火车站附近贩报地以现金批来报纸，就地折好套好，再赶回台大；等到送到女生宿舍时候，她一定等候在门，双手奉上为我冲的热牛奶。感情好到这种程度，不但同居，并且在大二时，她干脆转出了化学系，转进了历史系（在她转出时，有一个化工系的学生转进化学系，就是李远哲），与我同班了。

艰苦的恋爱

跟“罗”恋爱的时代，环境颇为艰苦，连到旅馆开房间都要被警察查，可见国民党政府的专制扰民。袁方《记者生涯》书中记有蒋介石都关注到基隆男女教员开房间的事，可见此风之渐，原自上起。后来我和庄因等合租了一间小房，有时和“罗”两人在一起，并在一九五六年十月十五日这天“情归不处”（我不再是处男，她也不再是处女了）。当时我二十一岁，正在历史系念二年级。在那个年代台北有公共浴池，内有房间，似乎未闻警察去查，我们提心吊胆地去过一次，好痛快。

纵花袭人亦不若也

不过，相恋得太满也就是晴阴圆缺的开始。我的信仰和穷困，构成了我们分手的主因。信仰方面，我不信宗教，并且态度坚定，而她一家都是虔诚的基督徒。我没有蒋介石等人的本领可以为女人改变我的信仰，这下子构成她父母兄妹激烈反对我的借口。当然，更基本的原因是我太穷，并且毫无将来会变得有钱的迹象。这对开小店的她的家人说来，诚属不快之事。她有一次告诉我："三十八年刚来台湾时，家里一贫如洗，妈妈做了一双布鞋，叫我沿街去卖。我看到一位高大的先生，很胆怯地上前问他可要看看这双鞋，不料他大吼一声，表示不耐，吓得我哭着回来。"还有一次她的脚踏车丢了，她痛苦极了，写了一篇文章，题目是《还给我吧，请你！》，发表在香港出版的《今日世界》杂志上，文章哀婉、凄楚感人。家境的艰苦，似乎使她的父母加深了反对异端李敖的敌忾。我和她有一对石印，她父亲发现了，把有她名字的那颗印磨去名字退还给我；而她的母亲则说："你将来阔到了做总统，我们也不上你门；你将来穷得讨了饭，讨到我们家门口，请你多走一步！"这使我对虔诚的基督徒的作风，有了极深的印象。"罗"的功课各科都好，考大学时，国文作文近九十分；台大中文系主任台静农后来告诉我：那届国文作文，以那篇文章得分最高，他们原以为是李敖作的，不期竟出自"李敖的女朋友"之手。由此可见"罗"在国文上的功力。以那种功力，与我互写情书，内容精彩，可以想象。不过这些信都烧掉了。"罗"送我一个本子，原来整本抄的是朱光潜的《给青年的十二封信》。她中学时没钱买书，那时代也没有影印机，所以她就手抄了整本书。她的字迹秀丽、思路敏捷、聪明过人，读英文诗，三四遍即能背诵。我生平交女朋友不少，但是论眼神、论才气、论聪敏、论慧黠，无人能出其右。两人分手之夜，她把内裤送给我，纵《红楼梦》的花袭人亦不若也。

自君别后

在"罗"离去以后，我花了半年时间用日记勉励我自己，但是，过多的日记其实活像理学家与宗教家的内省功夫，这种功夫一个人做尚可，可是一与人接触，便败相毕露、犯错累累。晚上在日记上自责，第二天一出了门，又复失控。如此周而复始，实在无效而且累人，因此，我就决定停写了。这次记日记的经验，使我此生很少做长篇的自省式的日记。

我认为三省吾身也好、五省吾身也罢，都要有临场的可行性才算，而自省式的日记一如军校练兵，上了战场能否打胜仗，还要看实际才行。至于情人离去，解决之道是立刻另有新情人，才能有效。一如苹果没了，要吃柿子才能忘情，否则老是想苹果，不论怎么自律、自责或他责，都无补实际。但是，立刻以柿子代苹果，谈何容易！我在大学中后期起，一直无法在爱情上振作。与“罗”的经验使我得到大教训，就是男人穷困时不要扯女人，穷困是非常弱势的条件，会受尽不愉快。拖到台大毕业、当兵归来、在《文星》窜起，我才改变了我的弱势。跟情人的关系，我不再弱势了。几十年后，有历史系老同学约我去厦门大学一行，说“罗”在厦大，大家见面。我没回音。永恒的过去就让它永恒吧。

送报生涯

台大校本部送报生，原由台静农的儿子担任，后来转给庄因，庄因转给我，我转给陈彦增、孙英善，陈彦增、孙英善转给张丕隆他们。有一天我看到报贩子在送报，乃问张丕隆怎么回事。张丕隆说：“你们真笨，一个个大清早起自己送报！我们却把权利转包给报贩子了，每月抽头。鬼才自己送报呢！我们不做劳工，做资本家！”孙英善去年出版《阳明山的落日》，还有这么一段：“重温当年在台大送报的旧梦，是温馨的。李敖送报充满了罗曼蒂克。上文曾述及我们送报的路线，从医学院开始，校总区结尾，而后回温州街宿舍。李敖说他送完校总区的最后一份报纸之后，必定绕到傅园（傅斯年故校长的墓园）对面的第一女生宿舍，因为他那位初恋女朋友，已冲泡（当时鲜奶太贵，多用奶粉）一杯热腾腾的牛奶等着他。”英善所说，转眼已近六十年前了。

英国血统的“咪咪”

“罗”的离去,使我遭遇了有生以来最大的困境。那时我年轻,一天晚上吃了半瓶安眠药,被同房的翁松燃发现,强拉我去台大医院洗肠。在我《大学札记》、《大学后期日记》,甚至《一个预备军官的日记》里,可以很明显看到我怎样励志自勉,度过那最大的困境。其实,度过的根本方法不在励志自勉,而该赶紧李代桃僵、赶紧以新的情人取代旧的。有三四年之久,我一直未能成功地达成这一转换。在大学后期,我跟同班的有英国血统的“咪咪”有短暂的恋情。“咪咪”身高一七〇、身材一流、皮肤白皙。分手之日,我把她的来信都还给她了。我写的信,只剩下一封副本,就是发表在《李敖情书集》中的第一封。“咪咪”的父亲是名人,家世不错,她仪态在优雅中有股气焰,一看就是大家出身的。有一次我看到她手执线装本《仁寿版二十五史》,觉得古籍红颜,正好辉映。我至今还保有她送我的世界唯一一张她小女孩时的照片,神韵飘逸,有着混血儿的美丽。我虽然也勾引过别的女生,但灵则灵矣,乏肉可陈。那个时代女生少,思想也不开放,我这种不去教堂、不会跳舞的穷学生死硬派,其实要找个理想的女朋友并非易事。“红颜知己”上的苦恼,使我大学念得很不快。

陈彦增

陈彦增是我大学宿舍同一室的老友,至今还见面。他为人敦厚。我一生活得难度最高,却活得最痛快。痛快的原因之一,是我可以公然自大。我曾告诉陈彦增说:“大概只有像你这样深知我的老朋友,才对我这种‘关门自大’的态度不以为异,也毫不见怪。不深知我的人,就不习惯我这种大模大样了。其实我的自大,从不表现在脸上,只是表现在身上，我从无‘满脸骄气’，却总有‘一身傲骨’……只有深知自己的老朋友，才能消受得起，不是吗？”我认为，自大如果变为一种施教或武器，自大是可贵的。李鸿章、戴高乐（De Gaulle）都是出了名的自大的人。他们在受别人气的国势里，居然能以气势凌人、以自大获得别人的慑服与尊敬，这真是了不起的事。但是，李鸿章、戴高乐他们这种大模大样的外铄，都因为在内心中，他们真的都有舍我其谁的气魄。陈彦增从不嫉妒我，他做他的大学教授，与世无争。我坐牢时，他还寄给我四千元零花呢。陈彦增能够与我维系几十年的友情，和这四千元绝对有关。我重视我在“缧绁之中”关心我的人，终身感念。

马戈

历史系高我一班的马宏祥，我们叫他“马戈”“老马”，是我好朋友。有一天陈彦增和我，同他在学校前面打弹子，他把我们打败，我们先走了。时已深夜，我们藏在校钟下的矮丛里，决心在老马归途时吓他一下。不久老马低吟而回。陈彦增和我，双双以外衣蒙头，边跳边叫而出。老马大叫一声：“是鬼啊！”这时我们已笑得腰都直不起来了。

打自己小报告

第四室同房法律系司法组第一届的王建人，此公非常制度化，一切都有板有眼。最有趣的是，他时常自己批自己的“公文”。在他案头日历上，常常出现这样的自问自答：“某月某日，有某某某讲演。决定：不去。”“某月某日，有某某社郊游。决定：去。”看到他这样自己批自己的“公文”，我打趣他，我说你何必这样子脱了裤子放屁啊？他不以为忤，反倒说，这是家教。我问什么家教？他说他爸爸规定，儿子们有任何事或请求，都不可径自面陈，一定得先写书面报告，给爸爸批。他们家里就这样“公文”来“公文”去的，所以他养成习惯，也就自己过瘾了。我问他，你爸爸过去在大陆是否做大官？他说是呀，可惜到了台湾，吃不开了，只做个“立法委员”。我说原来如此！王爸爸叫王述先，真是妙人！他自官场上退下来，可是官瘾未退，没了衙门，以家做衙门；没有属下，以儿子做属下，于是从缴学费、缴电费、缴水费，到买电影票、买卫生纸、买花生米，都无一不大批特批一阵，以过干瘾。国民党沦落到台湾做政治穷措大，但还是“孔乙己”派的，王爸爸只是其中小焉者也。王爸爸的积习难改，不是他个人的事，这种“报告狂”，其实师承有自，来自蒋介石。国民党出版的《蒋总统与中华民族同寿》一书，是一部马屁大全。其中最全的，是张群的一篇《我们对于总统言行的体认》。这篇文章集合了“总统府”的大小文学侍从之臣们的马屁，每人拍一段。在第八节“总统之严肃家风”项下，有蒋孝杰署名的一段：“总统在家中，不论对人对事，都非常认真严肃，大公无私，即如蒋部长经国、蒋校长纬国欲晋见时，亦必须先行报告，获得允许，方可进去。”可见“报告狂”之祖，乃王爸爸的主子蒋介石也。王建人后来在美国买了一些房子，做了收租公，什么雄心壮志都没了。

神童陈又亮

在台大，住第一宿舍第四室最久。同房间先后有翁松燃、陈彦增、庄因、王建人、陈良粲、孙英善、陈鼓应、陈又亮、李耀祖等人。陈又亮年纪最小，慧黠可爱，神童也。有一次我跟李耀祖冲突，扭成一团，陈又亮冲过来劝架不成，突然大叫：“你们踢到我睾丸了！我疝气病给踢出来了！”说着就握着小鸡鬼哭狼嚎起来，大家一时惊愕，武斗自停。这时陈又亮破涕为笑，原来是假借卵子来退敌的。陈又亮后来在美国得博士、做教授。二十多年后回台湾看我，说：“我一看到过去的老情人，就对她们丈夫感谢万分。——所有老帮子都归他们，所有新枝嫩叶都归我，焉能不感谢、焉能不感谢！”陈又亮的女朋友，多看来既老且大，像他妈妈。我笑他有“恋母情结”，结果满校园是情人，满校园是妈。他说：“我做爱的时候，一边叫床，一边喊妈。”我哈哈大笑。

我在前年微博上写陈又亮：老友陈又亮博士跟他爱人感叹：“李敖七十八了，我也七十三了，想去台湾看看李敖，可能是最后一次见面了。”爱人听了，掏出一万美金给他。不料电话里，被我拒绝了：“一回相见一回老，不见要比见面好。你懂吗？相见争如不见，有情还似无情。你忘了吗？看我照片、看我遗照，比看我本人好。”这就是我。陈又亮是我可以发他脾气的小兄弟之一，另一人是陈平景。

帮孟大中伪造文书

我一身傲骨、自命不凡，但在待人接物上，却从无满脸骄气，不但休休有容，并且乐于与人为善。我有个好朋友，物理系的孟大中。孟大中的父母早在印度离婚，离婚后他和弟弟都随父亲到台湾读书，母亲仍在印度。有一次聊天，我足智多谋，提到：如果离婚时，离婚协议上兄弟跟了母亲，那么兄弟两人即可视同侨生，不必当国民党的鬼兵了。孟大中听了，为之心动，希望我帮他假造一张离婚协议，我说可以，可是其中法律问题得找施启扬。于是到法学院找到施启扬，告以原委，遂由施启扬起章，捏造了一封符合当年印度离婚情况的“离婚书”，其中每一细节，包括币值换算，都做得天衣无缝。造好后，由我亲自刻印二枚，作为证人。一人名“彭立云”，一名为“孔昭庆”，用印后，全纸用茶水泡过，再予晒干，于是大功告成。为求妥善，我建议孟大中去找台大训导长查良钊。查良钊当年也在印度，与孟大中的父亲为旧识，可做人证。查良钊在西南联大时外号“查婆婆”，乐于助人，又为人糊涂。如告之以离婚时兄弟跟了母亲，他必然会跟着说模糊记得，如此在“离书”以外，可多一人证。于是一切依计行事，孟大中果然不必当兵，得以远走高飞。台中一中老同学刘家顺，保送入台大，他印名片，头衔是“台湾大学政治系保送学生”，洋洋自得。此公毕业后离台，在松山机场，飞机起飞了，还被“警备总部”下令飞回，把他逮捕。孟大中离台时，我到松山机场送行，对他说：“这回你远走高飞，可自由了。”孟大中答道：“想想刘家顺吧，要真的飞走了才算！”

杂记同学

政治系翁松燃是第一宿舍老室友，为人稳健。见我吃了半瓶安眠药，硬拉我去医院洗肠。他讨了纯种洋婆，在香港中文大学开中共的课。

机械系高才生卢保，为人温和、用功而节俭。开学时从南部北上，他母亲给他十个咸蛋，他慢慢吃，吃了一学期；放假回家，还带回去半个。

我住第七宿舍时，与张京育同房。张京育人还可以，但其貌不扬，像个拉三轮车的，并且越老越像。四十年后，他和他太太俞雨娣请我和汪荣祖、陆善仪、刘显叔、陈烈在台大校友会馆吃了一顿饭。饭难吃无比，陈烈吃的牛排且未化冰，我们都不能吃完，但他却津津有味，全部吃光，原来他的好胃口也是三轮车夫式的！他投奔国民党做官，从新闻局长到政大校长，都做过。

五十年是什么？

五十年前，做大学生的时候，经过台北重庆南路的一家商号，常为之流连。

那是一家出售文房四宝的名牌店，名叫“胡开文笔墨庄”。“胡开文”是“胡笔徽墨”中产墨的巨擘。前清有徽州府，下辖歙、休宁、婺源、祁门、黟、绩溪六个县，而“胡开文”这个几百年的招牌，就来自绩溪。

“胡开文”传到胡汉文一代，在上海做得风光。此公为扩张业务，到台北开了分店;两船货品运到台湾,时局突变,他回不去了。从此,分店变成总店,“胡开文”浮海到中原以外的孤岛,墨守成规了。

在孤岛上,胡汉文拥有中原文化的存货,老店新开,也风光一时。我念大学时,正是他业务鼎盛的时代。他的文房四宝,我是买不起的,不过可以进去参观。参观之时,墙上的一张条幅深深地吸引了我。条幅写着——

不畏浮云遮望眼　自缘身在最高层

汉文弟　适

原来是胡适写给他的族弟的,原来他们都是绩溪胡家。这一家族,分别流亡到台湾岛上,但是,岛孤人不孤,在他乡,他们又重聚了。

胡适写给“汉文弟”的,本来是王安石《登飞来峰》诗中的最后两句,全诗是——

飞来山上千寻塔,闻说鸡鸣见日升。
不畏浮云遮望眼,自缘身在最高层。

全诗把王安石因寄所托的伤心,挥洒无余。胡适以“胡笔徽墨”出之,也别具怀抱。我每事流连,允称眼福,仰止之情,不可掩也。

五十年过去了。胡适早已墓草久宿;“胡开文”也被银行拍卖、倒店异乡;胡汉文退而卖水果、卖台湾玉以死,一代文物,俱成云烟。偶过重庆南路,浑忘当年会有笔墨之庄于斯,既茫然无人指点旧迹,复惘然前尘不可复识,以浑忘出之,正所以结之也。

二○○六年九月十八日办公室传来,有称胡适为大伯者,持文物求知于我。我笑说胡适在家为老么,何来大伯之称?此公可疑,要查问清楚才好。隔天得知,说此公胡姓,自称持有胡适给他父亲的条幅与对联云云。我闻而好奇,乃电话此公,他自道胡适是他族伯,他家曾开笔墨庄。我问你老太爷是否是胡汉文,他说正是;他奇怪我说得出他父亲的名字。我说更奇怪的是我可以说出你手上收藏品的内容,当下我背出王安石的诗,他更奇了。他立刻说要来看我。两小时后,他出现了,胡汉文之子出现了,胡适的族侄出现了。半百年纪,却不无风霜。他打开包包,尘封般的一卷,最后赫然出现了。

五十年是什么?五十年不是冰冷的半世纪,五十年是它已斑驳,我已老去;五十年是什么?五十年是自从前走来、又走过从前;五十年是人海沧桑、坟生墓草;五十年是众散如烟、离合奇缘;五十年是物是人非、物非人是;五十年是重现重逢、劫余劫后,是留恋又是等闲。

五十年是什么?五十年是早已迷失掉的旧梦,蓦然归来;五十年是什么?五十年是重温了旧梦,又凝住了它。最后,是嘱托也是割爱,那不无风霜的身影,留下了他的家藏。

现已夜深,胡适墨迹下的王安石,安睡在我家"最高层"里,"浮云"都不见了。五十年过去了,五十年是什么?五十年不是什么,它只是子夜中的无声欣喜,长夜里的一声叹息。

我与《自由中国》

我做中学生的时候,就对中国的思想家胡适有过很深的研究。我写过一篇《关于〈胡适文存〉》,陈世熙那时正在台大法学院办《这一代》,他看中了这篇文章,愿以胡适给他们杂志的题字——"为者常成,行者常至"来换,我同意了。不料台大训导当局在审稿时认为有问题,不准登,陈世熙就还了给我。过了两年,我已是大学生了,陆啸钊办《大学杂志》,他不在乎,遂拉去登。刊出后近一年,"罗"忽然提议说:"何不寄给《自由中国》?他们一定登!"我过去认为《自由中国》高不可攀,想都没想过,经她提议,我就删了一部分,由她誊好,寄给《自由中国》。

一九五七年三月一日的《自由中国》第十六卷第五期上,登出了这篇文章,改名《从读〈胡适文存〉说起》。雷震立刻写信给在美国的胡适,特别推荐这位"对胡适有独到研究的专家",这是胡适后来告诉我的。这是我跟《自由中国》结缘之始。

《自由中国》十年

回想《自由中国》杂志驰骋十年的特色，正在它单纯地讲了真话。它的主轴是提倡自由民主，千书万语在“与朝廷争胜”（这是当年苏东坡的“毛病”），很了不起。但我常常想，当《自由中国》被封杀后，影响一时的掌声歇后，平心而论，究竟这个杂志影响了谁？除了我李敖能够延续这一“与朝廷争胜”的风骨与干法外，它又影响了谁？我找来找去，实在找不出一个响当当的名字。其杂志存则义举，其杂志亡则义息，不是吗？看看我台中一中的同学施启扬，他当年和我一样都是为《自由中国》写文章的大学生，唯一不同是我用真名“李敖”，他用笔名“扬正民”。在雷震死后问世的日记中，我们甚至看到施启扬与雷震“暗通款曲”的细节。可是一朝《自由中国》没了、雷震坐牢了，我们看到的施启扬，却是卖身投靠国民党的文人了。《自由中国》提倡的自由民主、开明法治，和“与朝廷争胜”的种种，早都被它的作者施启扬忘得一干二净了。究竟这个杂志影响了谁？我终于看到倒行逆“施”的范例了。马君武诗说“文字收功日，千秋革命潮”，但在《自由中国》杂志上，我看不到。在《自由中国》后，我也办过杂志，但究竟影响了谁？看来看去，原来答案是我自己。我深切感到“文字收功”的局限，“反革命”（这里不遵守国共的狭义用法）的势力太大了，最后最突出的，只是“与朝廷争胜”的那股精神而已，是精神胜利！其他的赢面，毕竟又迟缓又可怜。胡适在《自由中国》茶话会上致辞说：我们不要妄自菲薄，我们也是有权有势的人，只是那种权势不是世俗的武力与财力。他的观点令人心神一畅。但是，毕竟时代已变得越来越不“匹夫而为百世师、三舌而为天下法”了。蒋廷黻预告说：他们那一代的知识分子是中国有影响力的最后一代知识分子。从许多面上观察，蒋廷黻说得也是。知识分子的确越来越小化、越专家化了。这个世界已经罕见“大儒”了、已经浪淘尽千古风流的“大儒”了。

“反攻大陆”的残梦

来台湾后二十六年，蒋介石的神话一直笼罩在“反攻大陆”上。“反攻大陆”是蒋介石政权被赶出大陆、逃亡到台湾的最重要口号，首见于一九四九六月二十六日蒋介石《本党革命的经过与成败的因果关系》的讲话。在这次讲话里，他清楚明定“一年反攻，三年成功”的期限。可是，就在一年将尽之际，蒋介石改口说“三年反攻……三年成功”（一九五〇年三月十三日）了，又改口说“五年成功”（一九五〇年五月十六日）了。但五年过去了，还是反攻无望。拖到第九年（一九五九年五月十九日），在《掌握中兴复国的机运》的讲话里，做了最后的哀鸣，他说“再过十年（指一九六九年），超过了‘十年生聚，十年教训’的期限，还不能反攻复国的话，那就任何希望都要破灭了。”结果呢，十年又过去了，蒋介石自定希望破灭之期终于到来，他一筹莫展。六年以后，蒋介石有疾而终、“反攻大陆”无疾而终。这一骗人骗了二十六年的口号，虽然自蒋经国以下犹未放弃，但却尸居余气而已。“反攻大陆”只是一个梦，且是一个残梦，它没有可行性。雷震的《自由中国》早就拆穿了它，但是，说真话的先知者被迫害，罪状是你的真话打破了别人的残梦。

打破了别人的梦

有一次，雷震愤愤不平地向胡适说：“胡先生啊，我们《自由中国》讲了真话，我们指出‘反攻大陆’是不可能的事，为什么我们讲了真话，反倒被围剿？这公道吗？”胡适答道：“问题不在你们说了真话，问题在你们打破了别人的梦，打破了千千万万人共同的一个梦，即使那是个迷梦。你们打破了别人的梦，别人自然就恨你们了。”

这一对话很有醒世的作用。原来人间的问题有时不是你讲了真话那么单纯。雷震太单纯了、胡适太世故了。

所谓“中华台湾民主国”

令人遗憾又莫名其妙的是,雷震在联合国赶出蒋政权后,居然在一九七二年一月提出所谓《救亡图存献议》,开宗明义宣称要改“中华民国”国号,从速宣布成立“中华台湾民主国”!“以求自保自全,并安抚台湾人,开创一个新局面”!他的怪论,一来显示出他的爱国,竟不过是爱小朝廷以求自保;另一方面,他虽非“台独”,却无异“台独”。难怪海外“台独”如获至宝,《台湾青年》第一七二号、《“台独”》第三十五期,都为他广为散播了。雷震真可怜,他办了十年《自由中国》、坐了十年大狱,最后竟自己糊里糊涂否决了自己。至于和他一起下狱的傅正,出狱后索性与“台独”党走在一起了。上面这个故事,证明了国民党出身的反对派多么不可靠!政客就是政客哟!

选择了胡适

一九四九年我到台湾,最强烈的感觉是孤单与封闭。国民党疯狂杜绝了资讯,并用疯狂而严厉的手法,查禁了书刊。我没有任何导师、任何朋友,可以讨论。我从上海带来的一些书中,有《开明少年》等左派刊物,同学朱广诚借去看,立刻被他大哥下令还我,并转告我不要借这种书给他弟弟看。我完全落单了。左派思想断了线,难以为继了。这时美国宣传品进来了。由美国新闻处大量而廉价地输入了美国。国民党政府对宣传美国是放行的,我们那一代人,因此对美国有好感,至少向往美国是我们在苦闷中的一道憧憬与清凉。美国总比国民党好啊。国民党政府另外一种放行是没有查禁胡适著作,胡适比国民党高明多了。我自然接近了胡适。“严侨事件”是我生命里第一次受震撼的事件，他的离去使我有很长一阵子心灰意懒，并且迷惘混乱。这一事件对我是一个总结，它刺激我，使我重新给我自己结一次账。最后只有胡适了，在我历经右派、左派、国粹派的长期混乱中走出来后，最后只有胡适了。

综论胡殷

我在台大时，所佩服的在台湾的前辈人物，只是胡适、殷海光而已。我后来的发展，和他们比较起来，可以这样说：胡适得其皮，殷海光得其肉，真正皮肉相连的，是硕果仅存的李敖。李敖的际遇比胡适、殷海光坏得多：第一，胡适、殷海光出道时，整个原野是大陆，李敖只剩下台湾；第二，胡适、殷海光有正当职业，并且是大学教授，李敖却一直被封杀；第三，胡适、殷海光赶上知识分子被尊敬的最后一代，李敖则碰到经济挂帅、武士刀挂帅、知识分子不帅的时代；第四，胡适、殷海光都没因思想和先知坐牢，李敖却饱受皮肉之苦。所以，李敖虽然皮肉相连，却生不逢时，也不逢地。对他们两位的综合看法，一九八六年十月号香港PLAYBOY中文版由黎则奋访问我时，有这样几段：

> PLAYBOY：在思想上，你自承深受胡适和殷海光的影响，究竟影响在哪方面，是否对自由主义的坚持？
>
> 李敖：他们对我的影响不是那么多，只有一部分……
>
> PLAYBOY：那么，如果你要为年轻人推介思想人物，舍你以外，你会推荐何人？
>
> 李敖：不会，一个也不会。
>
> PLAYBOY：真的没有人值得你佩服吗？
>
> 李敖：想佩服人，我就照镜子。

任何思想家都有胸襟希望后一代超过他们，龚定盦说“别有狂言谢时望”，我想，我这最后的狂言，就是我对他们最大的敬礼了。

足道与不足道

扼要地说胡适在台，两事足道：一、为《自由中国》撑腰；二、表示反对蒋连任。殷海光在台，一事足道：在《自由中国》写文章。其他知识分子，就反极权而言，皆不足道。中国古话说“唯上智与下愚最难移”，意思是最聪明的与最笨的你最难改变他。知识分子在一般的印象中接近“上智”，但是这个岛的知识分子却无法这样接近，他们实际是知识上的“下愚”：他们除了跟着国民党一块儿呼吸外，“整体的学问”学得是鸦鸦乌的，然后就靠“本行的学问”那点讲义和心得，在学界里霸占码头，做终身职万年教授。像戴高乐看不起所有的法国第四共和的政客一样，我看不起所有的这个岛上的高等知识分子。殷海光是唯一例外，但也只限于他批评国民党的政论文章，和他有点装腔作势的浩然之气，其他也不足道。《雷震日记》有段耐人寻味的线索。一九五七年五月二十九日，《雷震日记》：“今日上午对捣毁美国使馆社论又重新讨论，殷海光说全文不可用，无重心，批评得体无完肤。我说我们要根据事实，客观公正。殷先生认为我是书生，将来只有我一个人。殷并说宣传要讲技术，今日我才了解他这个人之为人。我说你是实证逻辑学派，要根据事实立论。他说研究学问可以，搞政治则不可以。”根据这段秘密日记，可以看到殷海光的另一面。人格可以这样分成两截，真太可怕了。

我认识胡、殷两先生虽早，但是“后缘”却越晚越精彩，另当细说。

入伍记

一九五七年九月七日起，我开始受第八期预备军官训练，后来在野战部队中担任陆军排长，做到一九六一年二月六日退伍。这段军人生涯，是我人生中的重大转捩。

九月七日早上八点半，我搭公路局汽车南下，在台中的好友张世民、张光锦、姚嶂、李述古、韩昭先、张仁龙送行。张光锦还特别送我一支原子笔。我用那支原子笔做起点，在艰难之中，辛苦留下了一天都不缺的日记，一共一年半之久。这是我一生中最长最完整的一段日记。

我编在凤山陆军步兵学校第三总队第二大队第九中队第五号，在头发剃光、穿上军装以后，就面临了所有入伍训练的折腾与折磨。首先是整理内务，把棉被叠成豆腐块。有人为了清早起来，没办法把棉被快速折出棱角，宁愿不盖棉被，冻着睡；有人洗澡时不愿露小鸡，竟不脱内裤穿着洗，怪态百出。

同学中很多是国民党，可是无法辨别谁是谁不是。入伍不久量衣服，未几宣布有些人的衣服要重量，特报出学号，带队而出。我为人警觉，他们一走，我铁口断定这些人都是党员，后来证之果然。

队中第四号是台大中文系的孙玉华，他是队中国民党的大员，离我最近，负责暗中打我小报告，我以玩世之态对之。有一次写诗给他，内容是："见了二娘呼婶婶，见了悟空喊大爷，退役以后饿不死，衡阳街口擦皮鞋。"退伍时得知，他在小报告上，并没写我的坏话，也没写别的同学坏话。这种东北人孙玉华的忠厚，是南方人国民党所不及的。多年后，孙玉华从美国回来，约我吃饭，相见甚欢。他客串广告明星，专门演爷爷；其实不必演，他已老得一副爷爷相。广告中演走失了孙子小宝的焦急状，十分入戏。

孙玉华为我照裸照

入伍训练的活动不全是武的，也有文的，例如讲演比赛等等。讲演比赛，当然我讲得最好，但是内容思想有问题一箩筐，当然没上名。陈汉卿说同学们要给我第一名，可是指导员于建业却扬言要禁我的足。

郑清茂告诉我，队长刘勤跟他们党员说："李敖当然说得对呀，可是这是军队呀！"

虽在军队，我仍展示出我又守原则、又粗犷、又狡猾的一面，我曾声言："大丈夫要能软能硬、软中带硬、软硬兼施、能屈能伸、粗中有细，方能在军中混。而这种特质，正好就是鸡巴的特质。"为了加深这一特质，并为了展示入伍训练带给我的好身体，以及我对人袒裎相见的弥衡式坦白，洗澡时，我特别让孙玉华为我照了一张全身正面裸照。我还特别题诗一首，诗云：

风吹"卵教"摆又摇，四面八方有阴毛。
亚当生来就如此，上帝也是赤条条。

这张裸照和名诗，我后来都公布了，并且一再声明，照相那天是冬天，有北风吹来，物理学热是胀的冷是缩的，所以冷得符合物理却有违常理。你懂的。

陶冬冬为我画裸画

孙玉华为我照的军中裸照，林行止写文称赞"李大师真是文采风流"，我曾公布在《李敖回忆录》里。出书后，周玉蔻在"飞碟电台"访问我，事后打趣说："你的回忆录我看过了，很小。"我佯装生气，正色警告周玉蔻："你给我说清楚，是什么很小，是照片本身小呢？还是照片上哪一部分小？"周玉蔻大笑，赶忙说："是照片小！是照片小！"我曾对人声言：你可以诽谤李敖"大头"，这可算言论自由；但不可诽谤李敖"小头"，这乃是有眼无珠。我对"小头"的保卫战，是不遗余力的。大陆名画家陶冬冬画了李敖出水裸照，发表心得说："那部分要故意画得小一点，写实是不行的，一写实就太黄色了。"我听了弄不清冬冬是不是开我玩笑。当我看到二世纪黑大理石安提诺乌斯（Antinous）裸像画面，发现那部分有意塑小，比例上比大卫像还小，我懂了。哈哈。

不肯入国民党

国民党军中编制，在队长以外，设专查思想的指导员，也就是政工人员。指导员于建业是山东即墨人，脸黑即如墨，为人有趣而阴险，常在和我嘻嘻哈哈中较劲。有一次专题讨论会，大家要写有关“五大信念”的心得，他跑过来半真半假地对我说：“人家都说你不是好人！”过会儿又来看我写的东西，叫我一一讲给他听，他一一反对：“这些话，根本都不能说！”“你对社会专挑毛病，跟马克思（K. Marx）一样！”我做了一个戴帽子的手势说：“吓！帽子上来了！”他说：“你看，《马克思自传》就是你这个样儿！”我说：“我没看过，不知道是怎么个样儿。”他又改口说我心很仁慈，不像马克思那样。指导员那时三十七岁，是个不得志的老政工，疯疯癫癫的。他公然说：今日自由中国马克思之批评者为叶青，李敖之批评者是他于建业，其心态可见一斑。

在半年受训期间，国民党千方百计拉同学入党，最后，使出撒手锏，说不入党的会被分发到金门前线，而那时的金门是八二三炮战的极危险地带。在这种撒手锏的威胁利诱下，仅有的少数非党员同学，也大都入党了，可是我不为所动。指导员对我说：“李敖你不怕去金门？”我说：“我不怕。”他说：“你很优秀，我们国民党没拉到你，很可惜。”我说：“你们拉到一个贪生怕死、为了怕去金门而入党的李敖，才真可惜呢！”他说：“你不入党，你在台湾活下去，会永远不方便。”我说：“我准备死在金门，没什么不方便了。”他听了，摇头而去。好玩的是，最后我竟没有给分发到金门了，反倒是一些临时搭入党巴士的同学给分发到金门了。他们得知后，气得跑去质问指导员，指导员说：“前线需要忠贞的人，把李敖送到前线，他会影响民心士气，所以还是你们去好一点。”气得有人把党证都给撕了。我一生以我不是国民党为荣。我对为了不做国民党而付的一切代价，从不逃避。这个例子，就是最惊心动魄的，也是最有趣的。

政工是“蝎子”

一九六〇年三月三日,我从步校出发下部队。上车前指导员把一个牛皮纸袋交给带队同学,其中是我们的思想考核资料,要这位同学转往新单位。在路上,我们很技巧地偷拆了这口袋,在我的资料卡片上,赫然有十字评语:“思想游移,媚外思想甚重。”——指导员跟我周旋半年,最后以此十字为谥,政工人员之可怕,由此可见!

蒋介石刚退到台湾来,就在一九五〇年三月二十一日任命蒋经国做“国防部总政战部主任”,培养政工人员。政工干部学校专门训练坏人或鬼祟之人。政工是蝎子,有敌人,螫敌人;没敌人,螫同志;没同志,螫自己,当然死时也找人陪死。他们被训练成坏坯,即使反了自己的效忠对象,也不会变回正常人了。江南死前是三面间谍,就是显例。另一种坏坯是变节的共产党,变节的共产党是最坏的共产党。国民党搜罗了太多的这种货色,这种人“亟思有以自效,来医治潜意识里的恐惧并打破寂寞”(殷海光语),所以就在蓝红之间,无颜失色。“民运”人士被美帝和国民党、民进党豢养的,也属此类。

下部队时

下部队时,就看出人情关系来。同学中有背景的,就留在第二军团,或留在师部,或留在团部……可是没背景的如李敖者流,就下放到连部做排长。——大家同车南下,可是先下车者,就看出来头来了。

我下部队,在十七师四十九团,一到即被派往四二炮连做副排长。不久又自四二炮连调到团部连做搜索排排长,去“搜索集训队”报到。有个老兵叫曹梓华,永远是笑嘻嘻的。他告诉我一个故事:“我们有一次被共军俘虏,女干部热烈招待,劝我们留下来一起打国民党,我们不肯。她们就放我们回来，临走让我们大吃大喝，还送路费。最后说：‘你们回去后，国民党还是会把你们抓来当兵的。下次在战场上见到我们，在瞄准的时候，请瞄高一点。’”——共产党化敌为友，高明细腻有如此者！

汪敬煦点名

在四二炮连一周后，我被调到团部连做搜索排排长，即赴“搜索集训队”报到，下午上校师长汪敬煦来点名，称我“李排长”。他是何应钦的侄女婿，后来官拜上将，做了安全局局长，对我日后的反国民党行动，颇多打压，甚至鼓动陈启礼为首的“竹联帮”，点名“教训”我。碰巧陈启礼先奉情报局长汪希苓之命，先“教训”了江南（刘宜良），闯了大祸，江南代我而死，我阴错阳差逃过一劫。我与汪师长有如此后缘，当时来点名的他和被点名的我，都无法想象！我做搜索排排长五十三天，其间兼做地雷课教官，极受欢迎。

兵器排排长

四月二十九日消息传来，我又被分发到第四连做兵器排排长。五月二日我离开搜索排，老兵集资送我一个热水瓶，夹道欢送的场面甚动人，也真是大场面！有的战士叫着说：“你的故事还有好多没有讲哪！”到第四连后，连长自俞克勤以下，对我都另眼看待。俞连长好意，下令为我架一克难桌，桌面是王排长的箱子……把副座的灯架给我，又送我一水杯。副连长把内衣裤借我，连长也送我内衣裤。几十年后，我怎么也想不起来为什么李排长竟狼狈至此，穷得连内衣裤都缺货！

累得我满头大汗

第四排的老兵，最大者四十岁，最小的也大我七岁，都是士官。老兵都是蒋介石裹胁来台的，不准退伍。老兵以外是新兵，就地在台湾征来的，以农民为主。不论老兵新兵，都笨得要命。兵器排里有七五炮和六七炮，各由组长一名带班。五月七日我写道：今日起大忙，开始讲课，想不到这些人如此之 stupidness（蠢），累得我满身大汗，亲为之伏地示范，花了三个小时，才算懂了一个“米位”，组长甚至不知六八四十八，真要命。

两天走了九十二里

到了第四连后十三天，就开始了移驻大行军，从高雄县仁武乡走到台南县新化蔴拔林。从五月十六日到十七日，两天走了九十二里。我一辈子也没快速走过这么远的路，要不是做了预备军官，哪能有如此磨炼啊！走到第三天，看到有新兵边走边哭，因为几乎走得人无完脚，都生了泡。我只是皮鞋太不便，幸未生泡。我用尽了一切方法来支撑下去：唱歌、哼诗、拿出小册边走边读英文……老兵们还是有办法，新兵多不支。枪炮多为老兵所分荷，有的扛三枪，有的独负一炮，苦撑之下，终达新化。不好去抢开水，老兵送来给我，我另吃冰棒四支、喝汽水四瓶，其狼狈可想。卧地不欲起，行政官替我准备车，营长亦来问，我拒坐车，连长极赞我，谓营长举拇指称我，亦如昨日。小睡数分钟即出发，一口气由新化抵蔴拔林，歇都未歇一下，最后十三里一下子走完了。两日九十二里！“行百里者半九十”，行九十二里者半九十一里呢！

“军中乐园”的度量衡

第四连的周瑞芝排长，他的度量衡都以“军中乐园”为单位换算。加薪了，排长每月净得三百一十六点五元。周瑞芝说：“这一回又加了六炮！”六炮指打了六炮儿，就是加薪的钱正好可以够他到“军中乐园”玩六次。他的换算单位发人深省：军人生活简单，性交变成唯一的大事。至于我，我的军人时代全无性关系，全靠自我解决。

“军中乐园”四万字

三月七日我写下我第一次参观“军中乐园”的情况：参观“仁武特约茶室”，即所谓“军中乐园”者，排长所谓的“动物园”。外面弹子房，照片与号码，规则须知，喧哗，空气极劣，红灯，一半裸倚门，无表情，一与兵谈，一搂兵，室中花床单，化妆台，乳罩相见，大腿外露。四十分钟（因为营妓连番接客，每次四十分钟，所以无暇穿衣服，每次完毕，出来打水时，只穿乳罩与内裤）。术语：“空炸、瞬发、延期、双用”（军中称性交曰打炮：未触即射精者曰“空炸”；早泄者曰“瞬发”；可时久者曰“延期”）。这次参观后，我用心搜集资料，在二十六年后（一九八六年）发表《“军中乐园”的血与泪》。我是全世界唯一深入探讨“军中乐园”黑暗的先知，有四万多字的这篇长文为证。

厕所文学

民声在兹，民怨在兹。在哪里？在厕所墙上、门板上。“当兵如牛马，当官如流水”，当我看到这种句子，惊叹极了。有的还打笔仗呢。如：

官长都是王八蛋。

写这话到死都是不要脸，你没本领做官长就这样写。

阿花啊！我真想你呀！（阿花是军中福利社弹子房的女记分员。）

没出息。

洋洋大观，十分有趣。社会学家从来没注意，有些公民专门喜欢“题壁”，因为“题壁”本是“大字报”的远源。“题壁”与“大字报”中间的唯一煞风景的是“厕所文学”来搅臭，有伤清气。“厕所文学”所以形成，因为写作场地比较安全。“老大哥”（BIG BROTHER）不会在旁窥伺你，因为“老大哥”也要去大便。说不定“老大哥”也会在墙上、在门板上来上几句呢。

亲见贩卖人口

在《军中日记》中，我记下的民间疾苦颇多。五月二十九日有一则如下：一女孩（十六）双亲亡，有债，老太婆卖之，索佣四百，女卖二万，今早在变电所，围观人甚多。

美国有一则有关林肯（A. Lincoln）的动人故事，说林肯二十一岁到纽奥良，看到一个奴隶市场正在拍卖一个漂亮的黑白混血姑娘，林肯很悲痛，发誓反对奴隶制度。这个故事，显然彰显林肯是废奴主义者。故事是由林肯的朋友约翰·杭克斯（John Hanks）在三十五年后宣布的。不过，林肯一生根本就没越过圣路易，怎么能到纽奥良；既没到过纽奥良，又怎么到过奴隶市场看漂亮的黑白混血姑娘被拍卖呢？我一点也不林肯，在浊水溪南，我亲见了人口买卖！

未来的指南

军中的艰苦生涯更凝固了我的悍气与斗志。在九月九日早上，我写信给马戈、景新汉，特别指出未来的方向：

在这“水深波浪阔”的时代里，我们是多么渺小！多么无力！又多么短暂！如果我们能在环境允许的“极限”下，伺机蠕动一番，说说我们想说的、做做我们想做的，捣一下小乱、冒一下小险，使老顽固们高一高血压，大概这就是我们最大的“能耐”了！我们还能怎样呢？我们岂配做“杀头生意”么？

因此我说，在环境的“极限”下，我们少做一分懦夫，我们就该多充一分勇士；能表白一下真我，就少戴一次假面。如果我们能高飞，我们希望飞得像只多谋的九头鸟；如果我们与覆巢同下，我们希望不是一个太狼狈的坏蛋；如果我们在釜底，我们希望不做俎肉，而是一条活生生的游魂！

这种指向，都伏机在我军中受苦之时。我一生的定向走向，悉见于此。

见到真正台湾人

十一月二十三日，我参加过襄阳演习，是最大规模的演习。有机会接近屏东三地门的高山族。我在日记中写道：“午后突来电话，立即撤往振兴，在日光与尘土的昏黄里，静默地过了这一程。在振兴沟中洗脚，沼中大便，未及晚饭，忽有特殊情况，竟得驰赴三地门。路甚直，二又二分之一飞驰；群山在望，右面丛山下层成一形，甚直长，抵堤边后即入市区——所谓市区者，一条土街耳！见到很多高山族。一男人在买烟袋,我和他讲日本话,他笑了。他们多用日本语或部分高山土语交谈,很少会“台语”的。一店员说在这儿开店要会五种话,即国、日、台、客、高山。高山族女人多又穿裙又穿长黑裤(下开口),好包头,族民皆脏而窝囊,好喝酒、吸烟吃槟榔,男女皆如此。好友则相抱贴脸同饮一杯酒。女郎最惧伊兄,以前一破衣可易一鸡,彼多挑大担柴下山来,卖十元,烟酒槟榔一阵而后返,乐在其中。政府对彼有特殊待遇,念书者皆公费。”这天日记记录了我亲眼看到真正台湾人(高山族)不讲“台语”。原来闽南人的“台语”根本是假台湾话。

演讲得了最后一名

军中有“三民主义讲习班”,派我参加。听八股、考八股后,又被派去参加演讲比赛。怕我谈女人,指定讲关公。在十三四分钟的演说里,在副师长瞪眼睛里,在四五百军官大笑欢呼嗟叹声里,在十几次掌声打断的情况里,我以严肃的脸孔,以台大历史系的金牌子,以嘻笑讽刺的口吻,轻而易举地拆穿了关老爷那张偶像的脸,顺便拆穿了花木兰、包龙图、郑成功等人的真面目。下台后副师长赶忙上去,一再强调关公是民族英雄,忠肝义胆;阿兵哥们则人人以一种惊奇而忍俊不禁的鬼脸看我。一位预官说:“我们很久没听你讲演了,你又来了!”另一位说:“你的演说使‘三民主义讲习班’光芒万丈! 使预官班光芒万丈!”有的说:“你把关公根本否定了。在你嘴里,关公一个钱都不值了!”一位少校说:“李敖啊! 你真有一套,你的历史真的有一套!”有的叹我游戏人间;有的欲挽我长谈,与我为友。指导员说:“为了讨好听众,你的效果达到了;为了争取第一,你就失败了。我们内心佩服你,可是场合不同,所以你得了最后一名!”

孤立与不怕孤立

我当兵的时候,我那个副连长每次上厕所都要拉人陪他去,因为他没有人就不能拉屎撒尿。他完全是一个群居动物,根本没有了自己。而我,我完全是一个个人——最有力量的个人。我能够独来独往,也能够孤军作战。我不是群居动物,但我却一再展示个人的力量出来,绝非人海微澜、默默无闻。在现代战斗形态中,我是最后一位展现个人力量的,可说是"末代个人"。我死了以后,这个世界大概很难再出现这种伏尔泰(Voltaire)式的怪杰了。

Rose

在军中一半的时间,我心之所系,在 Rose 身上。她是外文系的漂亮女生,我单恋而已。我在军中,用英文写了一篇文章给她,她回信说:"你的文笔是美的,颇动人的!读了你这篇抒情散文,我甚佩服你的想象力及羡慕你的灵感。既然写作是你的癖好,替我写一篇散文如何?做何用?恕不奉告,让我提议一个你很感兴趣的题目——《红玫瑰》。我相信你定能写出令人废寝忘餐之杰作来。"我为她写了,她用"黎思"笔名,发表在《台大四十八年外文系同学通讯》里了。Rose 一直是我军人时代"性幻想"的主要对象,当我收到她信的时候,一连高兴了好几个月。Rose 冶艳而美丽,我有一张她的照片。我看到的 pin-ups(招贴画报),都是素不相识的美人,只有 Rose 是我认识的。

红玫瑰

那一年夏天到来的时候，玫园的花全开放了。

玫园的主人知道我对玫瑰有一种微妙的敏感，特地写信来，请我到他家里去看花。

三天后的一个黄昏，我坐在玫园主人的客厅里，从窗口向外望着，望着那一棵棵盛开的蔷薇，默然不语。直到主人提醒我手中的清茶快要凉了的时候，我才转过头来，向主人做了一个很苦涩的笑容。

主人站起身来，拍掉衣上的烟灰，走到窗前，一面得意地点着头，一面自言自语："三十七朵，十六棵。"

然后转向我，用一种调侃的声调说：

"其中有一棵仍是你的，还能把它认出来么？"

躺在沙发里，我迟缓地点点头，深吸了一口烟，又把它慢慢吐出去。迷茫的烟雾牵我走进迷茫的领域，那领域不是旧梦，而是旧梦笼罩起来的愁城。

就是长在墙角边的那棵玫瑰，如今又结了一朵花——仍是孤零零的一朵，殷红的染色反映出它绚烂的容颜。它没有牡丹那种富贵的俗气，也没有幽兰那种王者的天香，它只是默默地开着，开着，隐逸地显露着它的美丽与孤单。

我还记得初次在花圃里看到它的情景。那是一个浓雾弥漫的清晨，子夜的寒露刚为它洗过柔细的枝条，嫩叶上的水珠对它似乎是一种沉重的负担，娇小的蓓蕾紧紧蜷缩在一起，像是怯于开放，也怯于走向窈窕和成熟。

在奇卉争艳的花丛中，我选择了这棵还未长成的小生物，小心翼翼地把它捧回来，用一点水、一点肥料和一点摩门教徒的神秘祝福，种它在我窗前的草地里。五月的湿风吹上这南国的海岛，也吹开了这朵玫瑰的花瓣与生机。它畏缩地张开了它的身体，仿佛对陌生的人间做着不安的试探。

大概我认识她，也就在这个时候。

凭心说来，她实在是个可爱的小女人。她的拉丁文名字与玫瑰同一拼法，这并不是什么巧合；按照庄周梦蝶的玄理，谁敢说她不是玫瑰的化身？她给人的第一印象是一种罕有的轻盈与新鲜。从她晶莹闪烁的眼光中，和那狡猾恶意的笑容里，我看不到她的魂灵深处；也不想看到她的魂灵深处，她身体上有形的部分已经使我心满意足，使我不再酝酿更进一步的梦幻。

但是梦幻压迫我，它逼我飘到六合以外的幻境，在那里，走来了她的幽灵，于是我们生活在一起。我们同看日出、看月华、看眨眼的繁星、看苍茫的云海；我们同听鸟语、听虫鸣、听晚风的呼啸、听阿瑞尔（Ariel）的歌声，我们在生死线外如醉如醒；在万花丛里长眠不醒，大千世界里再也没有别人，只有她和我；在她我眼中再也没有别人，只有玫瑰花。当里程碑像荒冢一般地林立，死亡的驿站终于出现在我们的面前，远远的尘土扬起，跑来了“启示录”中的灰色马，带我们驰向那广漠的无何有之乡，宇宙从此消失了我们的足迹，消失了她的美丽，和她那如海一般的目光……

可是，梦幻毕竟是飞雾与轻烟，它把你从理想中带出来，又把你向现实里推进去。现实展示给我的是：需求与获得是一种数学上的反比，我并未要求她给我很多，但是她却给我更少。在短短的五月里，我和她之间本来没有什么接近，可是五月最后一天消逝的时候，我感到我们的相隔却更疏远了。恰似那水上的两片浮萍，聚会了，又漂开了，那可说是一个开始，也可说是一个结束。

红玫瑰盛开的时候，同时也播下了枯萎的信息。诗人从一朵花里看到一个天国，而我呢？却从一朵花里看到我梦境的昏暗与邅回。过早的凋零使我想起汤普森（Francis Thompson）的感慨，从旧札记里，我翻出早年改译的四行诗句：

最美的东西有着最快的结局，
它们即使凋谢，余香仍令人陶醉，

但是玫瑰的芬芳却是痛苦的，
对他来说，他却喜欢玫瑰。

不错，我最喜欢玫瑰，可是我却不愿再看到它，它引起我太多的联想，而这些联想对一个有着犬儒色彩的文人，却显然是多余的。

在玫园主人热心经营他的园地的开始，他收到我这棵早凋了的小花。我虽一再说这是我送给他的礼品，他却笑着坚持要把它当作一棵“寄生物”。费了半小时的光阴，我们合力把它种在玫园的墙角下。主人拍掉手上的泥巴，一边用手擦着汗，一边宣布他的预言：

“佛经上说‘有情来下种，因地果还生’，我们或许能在这棵小花身上看到几分哲理。明年，也许明年，它仍旧会开的……”

＊ ＊ ＊

烟雾已渐渐消失，我从往事的山路上转了回来，主人走到桌旁，替我接上一支烟，然后指着窗外说：

“看看你的寄生物罢！去年我就说它要开的，果然今年又开了。还是一朵，还是和你一样的孤单！”

望着窗前低垂的暮色，我站起身来，迟疑了很久，最后说：

“不错，开是开了，可是除了历史的意义，它还有什么别的意义呢？它已经不再是去年那一朵。去年那一朵红玫瑰谢得太早了！”

退伍之日

一九六一年二月六日退伍。有日记如下：二月五日……八时后参加排中欢宴，大吃小喝，敬酒送照片一类，排附即席亮出送我之钢笔。散席后我一一嘱别，德武、永亭等皆惜我之去，难过溢于言表。与他们谈至夜深，收拾东西，忠明强送我“川资”，我强拒之，一时后始睡。

二月六日，四时三刻凤鸣叫醒我，永亭、德武及陶、郑班长皆来送行。车站候车时，菊生又持早饭来，排附也来，江涛又来送我装饰兔子一对，王宇送王八一对（外包以红纸，上写：“不可泄漏天机，至家后再拆！小心放置，不可挤压，王宇赠"字样），陈仪贤送珊瑚领带夹一支。早上空气在卡车中享受——那是一种脱羁的自由的空气，在码头领到退伍证，一纸文书，令人无限感慨……

偷写出六十六万字的日记

一年半预官生涯中，头半年在凤山陆军步兵学校受训。由于我精力过人，从不午睡，所以我利用午睡时间偷偷写日记，再把日记包在塑胶袋中，放在胸前，跟我寸步不离。不论雨下或汗如雨下，拜塑胶之隔，日记本不受影响。就这样的有心记录，我留下了所有预备军官都做不到的奇迹——足足一年半完整不缺的预官日记。三十多年后，跟我同队受训的潘毓刚、杨尔琳、刘耀祖、施珂、陈瑞洲都分别为它写了序文。在这部六十六万字的日记里，看似鸡零狗碎，实系片羽吉光，许多军人时代的李敖生涯，也就跃然纸上了。

革他们命的军人

退伍以后，施珂写诗送我，其中一首是："小功一个又一个，还有一个也允诺；幸有李敖小子在，预备军官增颜色。"我想施珂真说对了，我的确为预备军官增了颜色。自有预备军官以来，我想从来没有像我这样认真地从这一年半的军人生涯中汲取经验、留下记录、在磨炼中加工、在困境中周旋，不消极、不退缩、不屈服、不鬼混、不"数馒头"，最后得其正果。国民党政府以预备军官制度牢笼人，可是我却能冲决网罗，趁势加强了我日后打击他们的本领与本钱！国民党号召做"革命军人"，最后冒出了李敖这种革他们命的军人，可真有趣极了。

我与手表

因为穷,我在二十岁前从没戴过手表。二十岁生日后第二天,爸爸死了,火葬前他的手表留下来,由我戴上,后来遗失了,从此又没有表。我做预备军官排长,没表极不方便,可是一直没钱买,只好老是向别人问时间。排长的时间在小兵手腕上。

十一月二十八日我写信给妈妈,请支援买个手表。我写道:因我已一年四五个月没有表,极感不便与误事,决心下月(十二月)买一只Titoni,是最低级的空中霸王表,不算好,但是还可用,约六百五至七百间。我想动用稿费、狐朋狗友的乐捐及你的一部分美援买它下来,你愿意美援多少?不援不好意思。最后,老太来援,表从人愿,终于买了个普通表,这时排长生涯已近尾声了。

从此我总算有了表。除了两次坐牢时被狱方"保管"外,一直戴到今天。现在手上戴的是用了十多年的浪琴表(LONGINES),不到一千美金,是全世界最薄的表。刘长乐送我一只名表,值三万美金,我没福气戴,珍藏起来了。此外,导演胡金铨送过我表,驻爱尔兰大使沙海林也送过我表。他可是"共匪"呀!

卖"国旗"的老兵

一九八四年十月七日是星期天,"中华民国"国庆在望,"国父纪念馆"已四处插上"国旗"。下午散步,看到一位头发花白的小老头,衣着朴素,手里抓着一大把塑胶"国旗",在路上兜售,边走边喊着:"中华民国万岁!""三民主义万岁!"这小老头,一看就是退役的老兵,但是精神状态,却显然有异。他令我想起法国文学家都德(A. Daudet)笔下"柏林之围"中那位朱屋大佐。朱屋大佐是拿破仑部下的退役老兵,在垂暮之年,整天幻想自己的胜利:“大……捷! 大……捷!”“七日之内,可抵柏林矣!”最后得知真相,被围的不是柏林而是巴黎,他无法适应了。他全身戎装,四肢颤动,绝望地死在面朝凯旋门的窗台上。比起朱屋大佐来,这位卖“国旗”的老兵显然老骥伏枥得多,他理该早就经历过国都被围的场面。当年在首都南京,他可能已躬逢其盛。但是“中华民国”的国都是经常被围的,一九三七年被日本人围、一九四九年被共产党围,只不知道他躬逢其盛的,是哪一围,也许两次全赶上了也不一定。但在亡国前夜,朱屋大佐却殉死在面朝凯旋门的窗台上;而卖“国旗”的老兵呢,却被国民党拉去了重庆、拉去了台北,他没有死,只好隔着台湾海峡,喊已死的“中华民国”万岁了。就这样的,一年过去了、三年五年过去了、三十年过去了、三十五年也过去了。卖“国旗”的老兵从战士变成了老战士、从老战士变成了“荣民”,蜷缩在大都市的一个小角落——那小角落也许是整年日晒的楼梯顶间、也许是永远不见阳光的地下室——靠着一点微薄的收入,卖卖奖券、捡捡有钱人丢下的残羹剩饭,勉度余生。“国家”对于他,已是一个遥远的抽象。他什么也看不见,只看见一面面青天白日旗在招展。旗子是那样鲜艳、那样熟悉、那样塑胶得物美价廉。批发一堆吧、零售一面吧,那是使大家都能想起什么也忘掉什么的日用品呢! 老兵终于憬悟到:他要在这几天,爱一番国了。“国”虽然没了,卖卖“国旗”也好啊!

《第73烈士》志缘

对文学作品的任何诠释都是多余的,以下不做诠释,只志因缘。

五十年前,我搜集到莫纪彭的墨迹,就注意到这位黄花冈上劫后余生的老先生,我就想写这本小说了。这本小说从酝酿到完工,正好半世纪。

李师科事件,引起我合并小说情节的构想。

由于凤凰卫视刘长乐主席的周到安排,我特别去了一趟广州,上了一次黄花冈。回来以后，我决心快速写完这本书。在写《大江大海骗了你》后七十天，二〇一一年三月三日，我把完稿交给了张坤山、张书铭父子。三月十一日，我打电话给多年不见的八十二岁的王宇，要了一张照片。

王宇是书中的主角之一，但情节被我戏剧化了。王宇只是我的模特儿。我笑着对自己说："模特儿多少要靠屁股的，但王宇却全靠了屁股。屁股刺青的故事是虚拟的，但这个故事太有趣了，可以丑化蒋介石的'忠烈祠'，所以我就恶作剧了。"

感谢王宇在全不知情的情况下，被我利用了他的屁股。军中生涯使我丰富了这本书的内容。我特别怀念俞克勤连长、祁德武上士，他们和王宇一样，浩劫余生，都在台北健在。

陈中雄（温绅）陪我去了一趟李师科的"忠烈祠"，简陋得可怜；赖岳忠陪我去了一趟圆山"忠烈祠"，我骗开宪兵，由岳忠偷拍到禁止摄影的画面，嘻笑而归。

五十年来，最惊悚的画面是我亲眼看到、亲手触到的温生才被砍头后的辫子和脚镣，感谢邵铭煌主任给我这个机会。七十二只是统计数字，一条剪下的辫子、一条生锈的脚镣，却是悲惨世界的写真。

我特别在版权页上印出"二〇一一年四月二十七日"出版。一百年前的"辛亥三月二十九"，正好是该年阳历四月二十七日，正确的日期乃是"一九一一年四月二十七日"。"三月二十九"是把阴历不加换算硬当成阳历来过。但积重难改，也就将错就错了。

这本书，扭转了百年错误、扭转了百年孤寂、扭转了他们和我们、扭转了我和你。

"四席小屋"

在快退伍时候，我不得不留意退伍后何去何从。我本想去母校台中一中谋一教职，但因人际关系不够，连中学老师都做不成。正在发愁之际，一九六〇年十二月十一日，我收到萧启庆的信，说姚从吾老师托他问我愿不愿意出任他助理的事，“他要我告诉您，正式的名义是‘国家讲座研究助理’，每月可支一千元。”

一九六一年二月六日早上，我结束军队生涯，自澎湖搭军舰回高雄，旋即抵台中。十五日北上，暂住温州街七十三号台大第一宿舍第四室，决心要找一间小屋，作为一个人能够清静的所在。这么多年来，我从没机会一个人有一间房，此番北上，一定要达成这一心愿。两天后，我租到新生南路三段六十巷一号的陋巷小屋，只四个榻榻米大，矮得双手不能向上举，我订名为“四席小屋”。隔壁住着李善培，我们合买了一台收音机，又弄来唱机，把木板隔间挖一个洞。置收音机与唱机于洞口，两人谁都可以使用它。“四席小屋”只是陋巷中的一间，陋巷左右门对门共有小屋十多间，活像“军中乐园”。进入巷口第一间是一个一百零一公斤的胖侨生租的，他房里有一台小电扇，我最羡慕，因为我买不起。住进“四席小屋”对我是大日子，这天是一九六一年二月十七日。小屋月租二百二十元，是李士振借给我的。第三天，我即有日记如下：“入夜在小屋中边整理边读写，伏大桌上，点一百支灯，听外面小雨声，想到多年奔波，今夜起聊得小休，兴奋得连撒三尿。”

“伤心最是近高楼”

“四席小屋”开门就是陋巷，出巷即是台大。台大那时正是春暖花开的季节，我走回来，大有物是人非之感。过去的老朋友、老情人都已高飞远扬。晚上从姚从吾老师的研究室走出来，整个文学院大楼一片漆黑，我想到我的身世和抱负，忍不住要叹一口气。有时候，陈宝琛那两句诗就从我嘴边冒出来，正是：“委蜕大难求净土，伤心最是近高楼！”那时助理薪水迟迟没能发下，我北上时候，妈妈送我三百元，三姐送我一张火车票，此外全靠借钱维生，窘迫不堪。那时施珂在成功中学教国文，他说国文老师们懒得改作文簿，愿以一本一元的代价，由外面承包；如愿意，他可搭线，我当然愿意。在日记里，我有这样一段：

珂送来作文本，张淑婉先生的一班，五十本，花了一口气就在一小时内改了二十本，赚了二十元。

作文题目是《我的理想》，一个小混球（初三甲邱廷光）写道："有些人的理想很大，但是不能去实行，也就和没有理想一样。我的理想并不大，就是能够把中国复兴起来……"我在上面批道："此理想也不小。"善培见而大笑。

有一天，只有一张吃一顿的饭票了，我拿在手里，送给李善培。我假装说我吃过了，害得自己饿了一顿。

逃难学

"四席小屋"在台北陋巷里，对面住着陶泓，比我大几岁，是逃难来的。一天，施珂大哥同陶泓聊天，施珂说："我过去逃难逃久了，全部家当一背就走。所以今天养成习惯：我的全部财产，只要一背就走那么多。"陶泓说："这有什么稀奇！我的全部财产，只要一提就走那么多。我比你的习惯还要好！"我在旁边听了，忍不住苦笑，真的，一提就走的速度，的确高于一背就走；一提就走的重量，的确低于一背就走。他们都是逃难专家，他们逃得心有余悸。他们不再有"恒产"了，因为他们没"恒心"了。他们的"恒产"只在一提一背之间，他们随时准备仓皇就道，因为他们午夜梦回，耳边经常有炮声一响！十九世纪英国打油诗人爱德华·李耳（Edward Lear）说两把旧椅、半截残烛，外加断柄老壶，是他"全部的身外之物"（all his worldly goods），比起施珂、陶泓来，逊色远矣。

“四席小屋”四个月

“四席小屋”时期，穷得发慌，只好赶写文章发表，靠稿费救急。于是，从一九六一年三月到四月，我写出《充员官》《独身者的独白》《爱情的刽子手》《中国小姐论》等文章，分别发表在《中华日报》《联合报》《人间世》杂志等，聊辟财源。那时刘凤翰在《幼狮学报》发表文章，稿费甚优，他说可以介绍我去投稿，我拒绝了，因为我讨厌蒋经国的“救国团”，当然也讨厌它的刊物。

我不但努力写作，也努力进修，忽然发神经，要把法文、德文同时学出个名堂。乃加入补习班，每周一三五学法文、二四六学德文。过了一阵子，有人问施珂：“李敖到底是法文好还是德文好？”施珂说：“那要看你是星期几问他。”最后，哪一种都不好，全都难乎为继了。

“四席小屋”虽好，但是每晚有老鼠在天花板上奔驰，未免美中不足；白天又因地处要津，每天客人不断，最多时候一天有十四个客人；附近环境又太吵，老太婆、少奶奶、小孩子一大堆。我虽在陋巷，但自己却先“不堪其扰”起来。熬了四个月，决定下乡。选来选去，在新店选到了一间小房，背山面水，每月两百元。于是我装满了一卡车的书，在六月十五日搬到新家。新家是新店狮头路十七号，我订名“碧潭山楼”。

“碧潭山楼”

所谓“碧潭山楼”，其实很简陋，不但通过陋巷，且要通过臭菜场与臭河沟。房子只是一间五个榻榻米大的小房，不过是钢骨水泥的，绝无鼠辈在头上奔驰，可谓一快。还有一个好处，就是有浴缸可和二房东陶苏保一家分用。我独自一人徜徉山水之间，或入夜泛舟碧潭，或看廉价电影一场，极得孤寂之乐。我在房门外挂的牌子是：

也许在划船、在看电影或在吃饭，反正没离开新店。

可见我新店山居岁月的一斑。一九六一年七月五日日记：

一个丰富的工作天，写出信四，卡片寄给胡（胡适），看《武士妖后》。钉架子。改了一百本作文。晚接客，景（景新汉）鼓（陈鼓应）吴大中（原注：九年未见了！）少杰（张少杰）四人，十一时始归我所有，六小时写五千字。

七月十一日写《生活小偈》：

夜凉似水，几净灯明，小室独处，抽烟品茗，一念不起，心定神凝，静中读书，浩（改"悠"字亦佳）然忘情。

胡适送我一千元

在给姚从吾老师做"国家长期发展科学委员会"助理的时候，因为该会成立不久，一切还没有完全上轨道，所订一些规章不尽理想。在助理人员发薪上要拖上一阵子，就是一例。我身受其害，忍不住了，决定不使姚从吾老师为难，直接"通天"了。——我在十月六日写信给老师的老师胡适，向他抗议。因为他是这个委员会的负责人。

胡适收信后，在七日就限时信寄到我新店山居，他写道：

李敖先生：

自从收到你七月四日的长信和那一大盒卡片之后，我总想写信请你来南港玩玩，看看我的一些稿件，从吾先生说："等他考过研究所再找他吧。"后来我见报上你考取了研究所的消息，那时我又忙起来了，至今还没有约你来玩。

过了双十节，你来玩玩，好不好？

现在送上一千元的支票一张，是给你"赎当"救急的。你千万不要推辞，正如同你送我许多不易得来的书，我从来不推辞一样。

你的信我已经转给科学会的执行秘书徐公起先生了。他说，他一定设法补救。祝你好。

胡适　五十年十月七日夜

这张支票可以在台北馆前街土地银行支取。

我收到胡适的信和一千元后，非常高兴，也很感动。胡适是我爸爸的老师，虽然他早已忘了我爸爸的名字。他对我的赏识，纯粹是基于我的治学成绩使他讶异。他有眼光看出我是最有潜力的台大学生，我很感谢他对我的特别照料，这一千元的确帮了我大忙。也许有人说风凉话，说胡适此举，意在收买人心。但是他老先生这样做，对人有益，对己无害(除了少了一千元外)，又何乐而不为？别的老先生，高高在上，会这样帮助一个年轻人吗？一比之下，就知道胡适的高人一等了。

胡适通风报信

为了救急，我只好动用胡适寄来的一千元。但我决定不把这一千元作为赠款，只作为贷款。我决定借用一阵子后，把钱还给他。

我在十月十日回信给胡适，表示我对他的感谢。信中细述了“李敖先生”的一些身世，其中包括我跟严侨的关系，和在严侨被捕后、死去后，我如何受到胡适自由主义的影响，因而在思想上得到新的境界。这封信写得很长，有五千字，写得很动人。我听说胡适收到信后，深受感动。他拿给几个人看，其中真巧，在十月二十八日叶明勋、华严夫妇去南港看他的时候，他把信又拿出来，因而从这对夫妇口中，得知了一个惊人的大消息——严侨并没有死！他还在世，不但在世，并且已经出狱了！

十一月一日的早上，姚从吾老师在研究室中，从皮包里拿出一封信，当面交给了我。信的全文是：

李敖先生：

有个好消息报告你。

严停云女士(《智慧的灯》的作者)和她丈夫叶明勋先生昨天来看我。他们说，严侨已恢复自由了，现在台北私立育英中学教书。他喝酒太多，身体颇受影响。

我盼望这个消息可以给你一点安慰。

胡适　五十年十月二十九日夜

胡适在信封上写“敬乞姚从吾先生便交李敖先生”字样。他不把这封信付邮，显然是怕被国民党邮政检查，对我不便。他真是细心的人，细心得不露痕迹，真是老到感人！

再见严侨

严侨没死，太好了！透过华严，我得到严侨的地址，当天下午我就决定去看看他。看他的感想，我有一封信给胡适，提到重见严侨，说：“七年隔世，他真老了。脸上的皱纹、头上的白发、口中的酒气，没有任何一点能证明那是四十二岁的壮年！”这都是实情。严侨那时住在新生北路的陋巷里，住的是一幢老旧日式平房。我走进玄关的时候，他喊我名字，跑过来，抱住我，流出了眼泪。一切都有了改变，除了他炯炯的眼神和手中的酒瓶外，真的一切都有了改变。他绝口不谈在火烧岛的事，他只摇头又摇头，痛苦地说：“不好受！不好受！你千万不能到那儿去！”那天正是一九六一年十一月一日，正是我在《文星》杂志发表《老年人和棒子》的同一天。我顺便带了一本去，他坐在破旧的藤椅上，仔细看了我的文章，核对了我的几段译文，夸奖我翻译得好。最后他放下了书，严肃地对我说：“我真的不要你这样写下去；这样写下去，你早晚要去那个地方！”

严侨回忆他被捕后，十分担心我也会出事。他判断我写给他的信一定同时被搜走了。那封信不满现实、攻击国民党，也许会带给我麻烦。严侨说他前后坐牢一共五年,他认为他是托严复之孙等原因之福,总算判得比别人轻。当时我也这样想。后来我入狱前后,听说承办严侨案子的是调查专员史与为。史与为承办过无数“匪谍案”,但他自己最后却被国民党当成匪谍,判过三次死刑,最后处死。临死前他跪在新店空军公墓后面的死刑场,向天哀鸣,说:“老先生(指蒋介石),我不能追随您回大陆了!”如果史与为是真共产党,他在严侨案子上必然会做手脚,为同志开脱,这倒可能是严侨被轻判的原因吧?

债主死了

一九五二年十月二日,胡适到台中来讲演,那时我在台中一中,头天在火车站递了一封信给他,第二天特别翘课去听,回来被训导主任谭卓民警告,我在周记里特别抗议,表示不服。念台大后,到胡适死前,我跟他偶有往还。在他送了我一千元后,我觉得受之有愧,决定一九六二年三月十二日以前还他。到了二月,钱一直没着落,我心里很急,不料二月二十四日他突然死了。债主死了,我真的“如释重负”。我想起《胡适留学日记》中“借一千还十万”的故事,我后来虽没还他十万,但对胡适思想的流传,从写《胡适研究》《胡适评传》《胡适与我》到编《胡适选集》《胡适语粹》《胡适文存外编》《胡适给赵元任的信》等等,倒是尽了“还十万”式的努力。

台大的“陈胜吴广起义”

一九六一年八月十八日我考上台大历史研究所。做研究生时候,发生了陈骥、吴章铨陈情事件。陈骥、吴章铨是高班的研究生,他们不识相,向校方提出陈情,替历史系提出兴革意见。台大校长钱思亮、文学院院长沈刚伯,一怒之下,把陈吴二位记过。二人大呼负负,我戏呼这是“台大的陈胜吴广起义”。我后来跟朋友说:“你们看到我怎样对付台湾大学了吗? ——我写文章公然攻击台湾大学,可是钱思亮、沈刚伯不敢动我一根毫毛! 他们就是不敢对我这特大号的研究生有任何惩处,他们是专拣软柿子捏的。他们就是不敢惹我! 陈骥、吴章铨的心血和方向是全浪费了、弄错了——他们想用陈情的方法去跟国民党打交道,这是枉费心机,是反要惹来一头雾水的笨事! 对不可救药的统治者,只有打打打,是不能陈情的;因请愿而灰头土脸、而吃耳光,是可耻的!”

这个研究所,最后我没有念完,就自动休学了。

王尚义

台大学生中,医学院的王尚义学牙医七年,但毕业之日,即是死亡之期,得肝癌。临死时候,我在他身旁,美国女传教士也在旁劝他重信耶稣,他点头同意。在他生前,我是一位跟他并不“投机”的朋友,我并不喜欢他。我觉得他不成熟,多其不应多之愁、善其不必善之感。他没有定见和深度,今天信耶稣,明天拜居士,后天又躺在床上,为失落的自我而哀鸣,死前又重信耶稣。我对他的总括印象是他太浮动,甚至太好虚荣。当然他的兴趣很广,人又聪明,多才多艺,自然可交到一大堆跟他同一气质但却远不如他的浑小子做朋友。在他死后,这票人没有一个成材的,这也证实了一代青年中,真正出现高明光大的伟大人物是多么不容易! 伟大人物是不世出的,而我恐怕是历久弥新的唯一一位。台大有史以来,从未能出现像李敖这样伟大的人物,就好像普林斯顿有史以来从未出现像费兹杰罗(F. Scott Fitzgerald)那样的伟大人物一样。台大、普大可以人才毕出,但论伟大,却只有一人而已。

一九八三年六月,木令耆在海外发表《王尚义与李敖——一个时代的两种表现》。文章中说,王尚义和李敖他们有“脱离了母系环境,少年被移植后的失落惆怅”的处境,是真的;说“正当他们开始有些对人生认识的知悟，正当他们想迎风而飘，随着祖国历史的潮流向前迈去，他们被父母带去到一个陌生的小岛，他们与祖国正动荡着的新时代隔绝了。”“既看不见天日，也无伸展之地”，是真的；“李敖的成功，是他有脱离悲剧的能力。他能转悲为喜，他成为一个喜剧人物，而不是小喜剧，是莎士比亚的大型喜剧人物。”“王尚义呢？他是希腊古典悲剧人物。”“这两人处在同一个时代，一个灭亡，一个出头。”也是真的。王尚义的悲剧，乃在他根本就是一个“软性人物”、一个弱者。但我永远不明白，这么善良、这么有才华的青年人，为什么不把自己打造成男子汉，而要变嗓成娘娘腔，最后肝癌上身、憔悴以死？为什么死的不是敌人，而是我们？为什么“软性”的不是敌人，而是我们？王尚义全错了，他在“一个时代”里，完全做错了表现。——在“一个时代”里，只该有一种表现，那就是战斗的表现、男子汉的表现、把敌人打得哇哇叫的表现。可惜王尚义不懂这些。王尚义虽然多愁善感，但笑起来，却也爽朗得很，毫无保留。不过我有一次看到他的笑中带苦。一天我们两人在杭州南路午饭，店中收音机播出新上市的歌曲《回想曲》，歌声中“唱一曲小桃红……使我想起从前”几句，回肠荡气，哀婉动听。王尚义若有所思，一再为之击节，没过几天，就传出他得了肝癌，不久就死了。

王尚勤最有幽默感

王尚勤是王尚义妹妹，但我认识她，跟王尚义无关。尚勤是台大农经系四年级的学生，我虽认识她哥哥、她妹妹，可是一直到一九六二年二月二十四日在去“中央研究院”的公车上，才碰巧认识了她。我约她来“碧潭山楼”一次。她是我新店山居九个半月中，唯一一位与我单独在一起的女人。尚勤年轻、美丽、爽朗，最有幽默感，跟她谈话，非常快乐。认识她的时候，我刚做研究生，同时在文星走红。我与梁实秋他们交往，她也参加，两人过了好一阵子逍遥生活。她毕业后，很想结婚，可是我告诉她，我将难逃牢狱之灾，她就去美国留学了。到美国不久，她有长途电话来，那时长途电话要到电信总局去接。她告诉我，她怀孕了。最后小孩在美国出生，就是后来大名鼎鼎的 Dr. Hedy Lee（李文博士）。李文回台住在外婆家，我认为再送回美国，会给新婚的尚勤添麻烦，就技巧地把李文“偷”回来了，弄得大家很不愉快。对尚勤，我终身歉疚。我坐牢时，尚勤还和许登源送了钱给我，我至今感念。但有一点我始终没说错，我真的坐牢了。

我进《文星》

一九五二年，萧孟能、朱婉坚夫妇在台北开了文星书店；五年后，一九五七年，这对夫妇又创办了《文星》。一九五八年，二十三岁的我写信给马宏祥，谈到知识分子从事文化事业的构想，我构想大家“真不妨做‘文化商人’”，以利“思想的传布”。我在信中举“台北文星书店及敦煌书店的主持人”为例，认为他们是优秀的“文化商人”。这封信所构想的“文化商人”，其实我们那些穷大学生是没能力做的，我们都没有有钱的老子可以资助。所以，最后我们所能做的，是提升别的“文化商人”，使他们少一点商业，多一点文化。这一构想，我在新店山居时付诸实行了。一九六一年冬天，我写了《老年人和棒子》一文，投到《文星》，从此《文星》风起云涌，也风云变色了。我进《文星》，首先以三篇文章定乾坤。在发表《老年人和棒子》以后，又发表《播种者胡适》、《给谈中西文化的人看看病》，只凭三篇文章，就带动了思想界、文化界的高潮。

水平问题

我从没承认文星符合李敖的水平。文星老板萧孟能的长处是能欣赏人才，麻烦是他的人事关系太好，因人情而来的稿件太多，所以清除起来，颇费口舌。萧孟能很容易被我说服，但是要一一说服，并把他的人事关系一一破坏，也太累太没必要。我常常提醒自己："《文星》只要稳住水平就好了，那是萧孟能的杂志，可怜可怜他吧！"于是，就在这种互相迁就下，《文星》一期期杂志办了出来，一本本书印了出来。严格地说，它不是李敖水平的产物，只是就原有水平，经李敖提升的产物而已。萧孟能的水平不高，但好名，勇于任事。

真真假假的罪名

文星在我的带头下，主张中国走现代化的道路，它的自由、民主、开明、进步、战斗等鲜明色彩，慢慢使官方串连出这些推论：文星是"匪谍头子"、文星走《自由中国》的路、文星是"生活书店"翻版、文星叛乱、文星"在海外通匪"、文星"为匪宣传，与共匪隔海唱和"、文星反对中国文化、文星煽动青年、文星影响民心士气、文星诬蔑先烈、元首、文星推翻法制、文星反对政府、文星反对国民党……就这样的，文星成为《自由中国》杂志以后，官方眼中钉的递补者。在封杀文星的手法里，最耐人寻味的，是官方竟利用一批出身共产党或"左派"的人儿，去罗织文星。没问题，硬挑出问题，叫作"罗"；罗出问题再予以串连成罪状，叫作"织"。就在这种罗织作业下，文星背了一身真真假假的罪名；被迫殡落，也就指日可待了。

背后原来是蒋经国

早在一九六四年，情治背景的国民党就加入批斗，其中最明显的一人，就是写《文化界中一枝毒草》、《文星与李敖》等书的侯立朝。一九八五年五月二十五日，林正杰的《前进》上透露，侯立朝告诉他们，"他曾是'蒋经国的打手'，说他当年亲奉蒋经国之命，对文星集团开火。"

我真“感谢”林正杰背离党外，大力批我，由于这种串连国民党情治人员批李敖的联合作业，我才在二十年后得知了这么奇妙的真相，并得到蒋经国亲自指挥消灭文星的人证！二十年后，侯立朝寄书给我、写信给我，他退休了、落单了，人也不复当年了。他一再寄书给我，也写上漂亮的毛笔字示好。并在他的著作目录中，不再列入《文化界中一枝毒草》，也不列入《文星与李敖》了。侯立朝是第一个嵌入“李敖”两字做书名的人，后来两岸出了五六十种嵌入“李敖”的书。中国人得此殊荣的有孙、蒋、毛、胡适、鲁迅，我是第六梯次。

替《文星》惹来杀身之祸

一九六六年十二月一日，我在《文星》发表《我们对“国法党限”的严正表示》一文，表面上，是抨击国民党中央党部第四组主任谢然之的作风；事实上，只是“为例”以概其余，隐指国民党总裁言行不一，未按宪法规定，把党部自司法界和军队中撤出。这篇文章构成了《文星》被消灭的最后条件，杀身之祸也就立竿见影了。杀身之祸是那年十二月间筹印《文星》第九十九期时发生的。第九十九期预定一九六六年一月一日出版，可是十二月十五日警务处转下警总(54)训唤字第八〇七六号代电查禁《文星》第九十八期；二十五日，又发生了情况，台北市警察局五分局(中山分局前身)的警员直扑中山北路一段六十七号清水商行印刷工厂，收扣了部分稿件。二十七日，由市长高玉树出面做狗腿，下达了停刊一年的命令。在澳洲的居浩然看了我这篇“杀身之作”后，写信来，责怪这篇文章好像在“清君侧”，其实仔细看去，并非如此。君之侧固然是无耻小人；君之本身，亦反证出“上梁不正下梁歪”的因果责任。蒋介石的左右在为他朗读这篇文章后，立刻气得下手令：“该书店应即迅速设法予以封闭。”可见伤到要害，蒋介石本人都感觉出来。当然，在那种“冰河期”中，写这类文章是无法畅所欲言的，只能欲说还休地点到为止。正因为这篇文章有这种缺点，所以在多年以后，它正好用来彰显出当年文禁文网是何等威风，而我们在那种威风下敢捋虎须的勇气，是今天“不知稼穑之难”的青年人所不能想象的。虽然国民党即时查禁了《文星》第九十八期，禁止这篇文章流传，但是海外报刊上，却颇多转载。后来我又写了一篇《我们对“言论立场”的严正表示》，寄到海外。这两篇文章在中国言论自由史上，都有它一定的地位，自不待言。

《文星》的定向之功

从第四十九期持续到九十八期，共有四年之久，我使《文星》走“思想挂帅”的路。我深信应该思想领道政治，不该政治领道思想。思想是一切的根源，思想是冷静的、细密的；政治是狂热的、粗糙的。“政治挂帅”是权力挂帅，照英国哲人的说法，权力使人腐化，绝对的权力使人绝对腐化。为了避免“政治挂帅”的腐化与绝对腐化，必须从根救起，在思想上为中国人定向，使中国人从根上脱胎换骨，不再在思想上糊涂混乱。我深信，只有在思想上得救，中国人才能摆脱“愚昧无知的盲动”(ignorance in action)，中国才能走上自由、民主、开明、进步的正路。

在我掌舵《文星》的四年里，我努力在这种大方向上，给中国人带路。禅宗和尚说：“菩提达摩东来，只要寻一个不受人惑的人。”使中国人练习独立思想，不受人惑，就是《文星》的真正旨趣所在。在《文星》以前，中国人办杂志经验，有八十年之久。但杂志大都附庸于政治和政治活动，变成了政治的工具，变成了政治活动的手段，结果杂志被“政治挂帅”，在这样的影响下，真理就常常给染了黑或漂了白，就难“还以颜色”了。

因此，八十年来，中国人办杂志，不受政治影响，而以“思想挂帅”带路的，《文星》就变成凤毛麟角的一种。《文星》为中国思想趋向求答案，在挖根上苦心焦思、在寻根上慎终追远、在归根上四海一家，定向方面的成绩,至今空前绝后,没有任何杂志能赶过它。

星沉

在国民党掐死《文星》的时候,我曾说:《文星》是一道主流,虽然这主流反对国民党,但反对之道,还有规格可寻,还可聚合各路细流,成为高明的导向;《文星》一旦没了,主流就会变成乱流,国民党早晚会更惨,还要赔上自己的命脉和别人的青春。国民党有一天会知道:当一切情势改变了的时候,他们将欲求有《文星》而不可得!甚至欲求有《自由中国》而不可得!他们那时候才会发现——迟来的发觉——《文星》、《自由中国》式地反对他们,是太客气了的!可惜笨得要命的国民党永远不会明白,他们总是不见棺材不流泪。马歇尔(George Marshall)说国民党会做好事但总做得太迟,他的看法,真是一针见血了!

《文星》永不复起

到了一九六五年十一月中,正好发生了国民党中四组(文工会前身)主任谢然之与《征信新闻报》(《中国时报》前身)余纪忠的冲突,我索性"趁火打劫",趁机以"清君侧"的讽刺,在十二月一日《文星》第九十八期发表《我们对"国法党限"的严正表示》,直指国民党党中央。国民党立刻动手了,十二月二十六日下午,我正在家里忙下一期的《文星》,萧孟能走进来,平静地说:"别忙了,休息休息吧。命令下来了,我们杂志被罚停刊了。"就这样的,《文星》进入了坟墓和历史。当时虽然是以查禁一年的行政命令行使的,但是快到一年后,萧孟能的老子萧同兹,忽收到国民党中央委员会第四组函件,明告"兹据有关方面会商结果,认为在目前情况下《文星》杂志不宜复刊"。于是,就在党的命令超过行政命令下,《文星》永不复起。这就好像先用行政命令把你打昏,然后再用党的命令把你杀死，形式上是缓和的、宽大的，骨子里却是激烈的、小气的。

老子挡在那儿

整个事件的演变中，我与国民党既无渊源也不愿有渊源，且不善自保，一路死硬派；萧孟能倒与国民党有渊源，这种渊源不是政治的，是血缘的。萧孟能的老子是国民党萧同兹。萧同兹一九三二年起任国民党中央社社长，做到一九五〇年，做了十八年，后改任“中央社管理委员会”主任委员，到一九六四年离职。随后受聘为“总统府”国策顾问及国民党中央评议委员。他在国民党中德高望重，人事关系极佳，文星能够拖那么久，萧同兹挡在那儿，极有关系。

在国民党眼中，你萧同兹儿子的事业，你是脱不了干系的。正因为如此，当国民党中常会上，自谢然之以下的小人们向蒋介石报告文星闹事应该严办的时候，蒋介石说：“把萧孟能、李敖先给党纪处分。”小人们再说：“但萧孟能、李敖不是党员。”蒋介石说：“萧孟能的父亲萧同兹是啊！要萧同兹负责！”——青天白日下的奥妙，原来在此！萧同兹对文星虽然无为不治，但他的老面子，却使消灭文星的作业为之碍手碍脚不已。萧孟能得幸有这样的好老子，使他先天得以自保，这是不消说的。最后李敖不能免于为文星坐牢而萧孟能能免，这自是主要原因。

书店难逃一死

《文星》杂志被封杀，文星书店由萧同兹抢救。蒋介石同意“父承子业”。拖到一九六七年，情况越来越不对劲了。这时候的萧同兹，发现他一年多的辛苦努力、一年多的卖老面子、一年多的委曲求全，似乎都无法挽救那既倒之狂澜了。他的老朋友黄少谷虽然仍是当朝红人，却秘密书面告诉萧同兹：

一、他和某（蒋经国）已经谈过数次，终不能 Convince（说服）他。

二、文星破坏心防。

三、杂志如复刊，则同兹和老先生（蒋介石）的关系便濒于破裂的边缘，而使岳公（张群）无法下台。

四、官司一定打不赢。

五、老先生说，老一辈的人，常易受儿女的蒙蔽，如布雷（陈布雷）。

六、对父亲（萧同兹），百分之百相信；对儿子（萧孟能），半信半疑；对李某（李敖），完全不相信。

蒋氏父子对李某"完全不相信"，他们目光如炬。虽然李某已离开，可是蒋氏父子认为阴魂不散。

于是，苟延残喘了两年的文星书店，还是难逃一死了。

《纽约时报》报丧

在文星宣告结束的广告与海报出现后，文星读者为了抢购、为了抗议，也为了惜别，天天挤满了书店，买个不停，场面之大与声势之壮，也足令自己欣慰、令他人胆寒。到了一九六八年三月三十一日晚上，是文星最后一天，正赶上星期日，整日书店挤得水泄不通，其中甚至有国民党大员如陈建中等，也混进来买书而去。十点后萧孟能亲去书店，在慰问中陪读者度过了最后的两小时，到子夜十二点，正式结束。这时书店门口便衣与计程车很多，一个特殊身份的"客人"，一直陪到最后，临出店门，还在橱窗前看了好一会儿才走。文星的结束，许多青年人为之惋惜、为之愤懑、为之泪下。一个杂志、一家书店，最后下场如此感人，也真可说是有史以来绝无仅有的了。三月十七日，《纽约时报》登出长篇报道，最后说：

《文星》杂志的主编人，生长在北京的年轻作家李敖，他的直书无讳的政治观点，使他成了当地标准下的一个野人。李先生写过二十本小册子和书，其中却有十六本被查禁在案。

除了李先生和少数几个人外，环绕文星的群众很少公然涉及政治。但是他们的朝气和探索精神，却足以触当道之忌，因为当道正把台湾圈成一个故步自封中国的最后禁猎区。

甚至舍政治和思想上的压制不谈，光看台湾社会，没疑问是保守的，年纪大的才吃得开，年轻人要熬到四五十岁，才盼能有机会当行，冀得一顾。

从一九六〇年雷震坐牢，到《时与潮》杂志结束，一连串的文祸都使持不同意见的知识分子常遭逮捕与迫害。文星书店的关门，重新揭开了知识分子的旧仇新恨，和那年复一年的创伤。

国民党的文宣头子

《文星》惹来杀身之祸时，拿刀的走狗头子是国民党中央委员会第四组（文化工作会前身）主任谢然之，共产党出身，倒过来后被重用，权倾一时。他住在天母豪宅，看中了下女，奸之成孕，被太太发觉，怒将孕妇赶出家门。后来太太一想，自己既然不能生，何不收个儿子？于是遍寻下女，找了两三个月才找到。不料下女拿乔，敲了两万元，才把儿子交出。谢然之后来荣升中央党部副秘书长，再外放为驻萨尔瓦多大使。这一外放，放出了麻烦——大使卸任后，他对蒋家王朝已无信心，乃抗命不归，见风转舵，投奔美国。蒋经国气得要命，但对小人之叛，毫无法子。一九八一年，许荣淑《深耕》杂志第八期刊出谢然之在美不归的事。谢然之居然老脸皮厚，写信来更正。说他只是“来美疗疾……大节所在，义无反顾……鄙人因病滞外，纯系健康问题”云云。《深耕》主编林世煜问我怎么处理，我说信可以刊出，但是注明除非谢然之肯回来，否则一切自谓忠贞，都无以证明。谢然之当然不敢回来，他的更正都是假的。同年十一月七日，《自立晚报》刊出省主席李登辉在省议会公开承认国民党中“有彭德、谢然之等败类”，我看了哈哈大笑。国民党搞出这些败类来防范我们的思想，但是真正出问题的，却是国民党自己。真是自作自受丢人现眼！

我偷流氓的漂亮老婆

一九六四年我在文星时，用餐或谈话，常到附近沅陵街一家咖啡厅。女主人是一位上海籍的年轻女人，为了解决娘家经济困难，嫁给了一个流氓丈夫，婚姻自然不如意。这位年轻女人长得清秀匀称，眼睛不大，但含情脉脉；嘴唇丰满，给人一种一看就想吻它的（kissable）冲动……我在咖啡厅中最欣赏的一幅画面是：远远地偷看她的小腿。她坐在那边，一腿盘在另一腿上，小腿呈现得更为诱人。终于一天傍晚，我约她到我家，她同意了。在计程车上，在旗袍开衩处，我看到露出丝袜上端的大腿，那是我最喜欢看也最喜欢摸的部分。中国人只发明丝衣，却没发明丝袜，真是千古遗恨。中国的养蚕术，在六世纪时被两个洋和尚学到，他们私盗蚕卵，运到欧洲，从此中国人独占市场的局面逐渐打破，丝衣丝裳之外，泽被女人大腿——洋鬼子巧夺天工，造出丝袜。十八世纪英国文学家约翰生（Samuel Johnson）歌颂丝袜，意味丝袜引人大动、情嗜随之（The silk stockings and white bosoms of actresses excite my amorous propensities.）。不料二十世纪末，流行的是二合一一件头的裤袜，固然不错，但严重失掉了用吊袜带的趣味。用吊袜带时代的女人，在内裤与丝袜之间的有一段大腿是裸露的。冬夜时分，与美女夜游，坐在车上，虽约翰复生，亦将欲仙欲死。

这可爱的上海籍年轻女人，虽不“瘦不露骨”，但肉得匀称，令我喜欢，可说是我雅好“瘦不露骨”女人的一个例外。她跟我“私通”，地点在安东街三三一号租的三楼。三楼在王尚勤赴美后，到我搬出，其间只上床了这一个女人，并且只此一次。走的时候，她留了一张照片给我，暗示从此永别。那是一九六四年春天的事，我二十九岁。我一生偷人老婆，却从不偷朋友的。这回偷到流氓头上，真是色胆包天了。

《传统下的独白》

一九六三年九月二十五日，对我是一个大日子，这天由文星出版了我的第一本书——《传统下的独白》。在市面上"肆虐"四年后，被国民党伪政府查禁了它，禁后各种盗版蜂起；前后二十一年，越禁越流传，自非国民党伪政府始料所及。这书刚出版时，在中国广播公司主持节目的中国小姐刘秀嫚，约我做了访问，那是我平生第一次进录音间。刘秀嫚长得甜甜的，身材瘦不露骨，洵属一流。在录音间时她的铅笔掉在地上了，我弯腰为她去捡，顺便亲近了她的小腿。接近虽是短暂的，印象却是永恒的。她的小腿修长而白皙，非常迷人。小腿如此，大腿更可想而知矣。这时报上盛传刘秀嫚、李敖恋爱的事，一九六四年十月三日《中华日报》上且有记者洪敬思的一篇《从绚丽归平淡——刘秀嫚弃虚荣》的报道，就"传说她跟李敖在闹恋爱"一点上，有段话说："七月初在选举第四届中国小姐会场，我问她这是不是真的，她微微地笑了笑，既不否认，也不承认。到底是不是真的，只有经将来发展来证明了。"到了第二年二月二十五日，《中华日报》登记者刘一成的专访，刘秀嫚这回否认了，理由是"李敖没有追求过她"，这是真的。——我生平追过不少漂亮女人，却也有意使一些漂亮女人漏过去。不要把漂亮女人都追完，这也是我的一道哲学。这哲学令人恍如梦寐，醒来该打自己一个耳光。

开始脱穷

我进文献会前，已投稿文星；到文献会后，与文星关系越来越近；离文献会后，索性全部文星了。跟文星合作，首先改变了我的"经济结构"。当文星老板萧孟能把第一批写书稿费一万元交到我手的时候，我真是开了洋荤。——我有生以来，从来手中没有握过这么大的数目；当然我看过一万块钱是什么模样，但那是在银行，钱是别人的，这回可是自己的，感觉完全不同。与文星合作，虽然最后成为"魔鬼终结者"，但不论自己怎么"声名狼藉"、怎么得、怎么失，在经济上，我却从此走向"有一点钱"的不归路，我终于逐渐摆脱了穷困的岁月。"一钱难倒英雄汉"的日子，对我终于远去。文星结束时，我有了一户三十二平的公寓房子，这是我生命中的大事。——从二十六岁时还向朋友李士振借钱二百二十元房租做房客，到三十岁时迁入自己价值十二万的"国泰信义公寓"做寓公，当然对我是大事。我心里至今感谢萧孟能，虽然这是我劳心劳力、冒险犯难所应得，但有此机缘，不能不说和他有关。——一笑以蔽之，恩怨情仇何足数，能数的，起自一万元最具体了。

蔡土蛋

这一"国泰信义公寓"，是四楼公寓的顶楼，总价十二万，六万元付现进门，余六万元分期付款。我这户东面两户是文星资料室、西面一户由陆啸钊买到，四户相通。在起造过程中，我发现房子盖得不老实，偷工减料，面积也不足。我单枪匹马，跑到国泰建设公司去理论。它的老板蔡万霖亲自出来，很傲慢地向我威胁说："李先生，你知道我们蔡家兄弟是什么出身的？"我说："你们是流氓出身的。"他听了我这种单刀直入的口气，吓了一跳。我接着说："蔡先生，你知道我李某人是什么出身的？告诉你，我也是流氓出身的。不过我会写字，你不会！要不要打官司、上报纸，你看着办吧！”蔡万霖不愧是聪明的土蛋，他识时务，立刻屈服了，赔钱谢罪了事。他之能发财，富而好“李”而不好讼，自是原因之一。这土蛋当年没有日后那么胖，日后纯粹已是脑满肠肥兼满脑肥肠的家伙了。这土蛋变成世界十大富翁之一后，深居简出，住在我的隔邻大楼“霖园大厦”，警卫森严。有一天我在京兆尹吃饭，“霖园大厦”豪门突开，我遥望对面蔡万霖家过年大张红幔，上写“金玉满堂”四字，觉得好笑。《老子》书中说：“金玉满堂，莫之能守；富贵而骄，自遗其咎。”当然蔡万霖是不懂这段古书的。

神父教授

我在大学时，洋和尚做教授的不少。外文系洋神父傅良圃（Frederic Joseph Foley S. J.）教授，人呼以 Father Foley，大秃头，为人风趣。有一次在台大草坪上聊天，他指着他生殖器做鬼脸，说“Useless”（没用了的）。盖神父理论上不能用于女人，只能用于小便也。方豪教我《宋史》，他也是神父。他告诉我，他学做神父，可管得严，教会不准他们念英文，他的英文是偷偷在厕所里学的。我说：“你们神父在厕所里学的东西可太多了。”

洋和尚方豪

我跟我的台大历史系老师方豪神父有过有趣的交往。方豪从十一岁就进修道院，他这一辈子，总受了不少天主教的窝囊气。他在台大，办天主教大专同学会，最后被耶稣会抢去，他气得要死。被逼离开了古亭教堂，他在沟子口又经营了一座。我去沟子口看他新居，发现颇为豪华，我说你可真有钱，他说：“你不知道教会里多残忍！神父不自己设法，老了病了也没人理，教会是不管我们的！所以一定得有点准备。”方豪有一股怨气。他匿名写过攻击枢机于斌的文章被查到，写悔过书了事。还匿名在《新闻天地》写《台湾挤挤挤挤》，骂到吴相湘，也骂到我。吴相湘大怒，质问《新闻天地》负责人、国民党文化特务卜少夫是谁写的？卜少夫招认是方豪，吴相湘跑去大骂方豪，然后告诉我，叫我也去骂他。我说：“方先生是我老师，让他骂骂算了。”吴相湘说：“这些洋和尚太可恶！”我说：“你吴老师信了洋和尚的天主教，不看洋和尚面，也看玛利亚面吧！”话虽如此，我总要争取方豪成正果。

煽动方神父

那时我在文星推动现代化，其中项目之一是扒粪运动——扒高等教育的粪。一九六三年十一月一日，我在《文星》第七十三期发表《高等教育的一面怪现状》首开先河，先攻击台大。一九六四年五月一日，转向辅大，第七十九期刊出孙智燊口述、孟祥柯（孟绝子）执笔的《从一巴掌看辅仁大学》，高潮迭起。刊出后，我同方豪吃饭，兜他写点辅大的文章，因为我相信他近水楼台，一定有内幕文件。方豪听了，义正辞严地正告我：“我是神父，我怎么可以这么做？”我说：“台湾好挤——啊！”我故意拉长了“挤”字的声音，方豪顿时面色大变。我煽动他起义，保证“不论出了什么事，我自己一个人挡，绝对与你无关”。方豪终于心动，不过要附加一个条件，就是文章底稿最后要还他。我笑了一下，同意了。文章果然来了，标题是《从三文件看辅仁大学文学院》，我把它加进我写的部分后，以“沈沉”的名字，发表在一九六四年九月一日《文星》第八十三期上。这篇文章一出，无异把一颗原子弹丢在天主教头上。好戏来了。

天主教会要收买我

大主教开斗争大会,由枢机主教田耕莘开紧急会议,追究教会内部文件怎么泄漏的,并追究作者是谁?与会人士不假思索,一致断定非方豪莫属,于是立刻把方豪找来,由田耕莘亲自审问。方豪死不肯招。田耕莘要他在圣母面前跪下发誓,方豪扑身便倒、脱誓而出,仍旧矢口否认。田耕莘大骂他发假誓,方豪被逼无法,心生一计,说请到文星去查,如能证明是我写的,我就甘服。田耕莘认为有理,就决定派人去查。但文星有李敖在,李敖是何等剽悍的人,岂是易与之辈?于是商量一阵,决定派徐熙光神父来"挂铜铃"。徐神父来拜访我,要我交人,不然就告。我说:"只要你们告告看,你们就会惊讶我知道教会的内幕,远超过你们的想象!你可以转告田耕莘,我保证在你们告我的第二天,就公布闹同性恋的神父名单!"徐神父一听脸色大变,赶忙说:"哪里的话,哪里的话,李先生对我们全误会了。田枢机派我来,绝不是通知要告文星的,哪里会这样伤和气……相反的,教会方面还准备送二十万元现金给文星资料室,不要收据。教会方面决意要清除神父的败类,所以无论如何要李先生帮忙。"我说:"二十万是大数目,可是你们看错了人。你请回去吧,告诉田耕莘,留着二十万,去买别人吧!"

"破门律"

方豪在田耕莘那边虎口余生后,落荒而走。惊魂甫定后,同我秘密聚了一餐,夸奖我真够朋友,说话算话。我笑着说:"你何必这样怕他们?让他们给你 excommunication(破门律)。算了,别做什么神父了,讨个老婆好过年吧!"方豪苦笑着说:"不行啦!我太老了!我若给逐出教会,就身败名裂,一切都要从头做起。我太老了!我没有时间和勇气去挣扎了!”我说:“无论如何,你总算做了一次奋斗的好人,而不是什么也不做的好人。”他说:“我再也不要做奋斗的好人了! 我还是做什么也不做的好人吧! 跟你一起奋斗,吓死人了!”我大笑。

我生平不怕同王八蛋合作

方豪的例子,证实了好人需要“善霸”逼他做好事。好人多是伪君子,如果云龙契合,伪君子也会做出好事。我这种态度,才真真是“与人为善”。非但伪君子如此,甚至真小人、真坏人也可以适时打造。我生平不怕同王八蛋合作,如果你厉害,使王八蛋无法施展他王八蛋那一面,他可能就变成一次好人、做出一次好事。《法门寺》中的刘瑾,就是一例。有些伪善的人,并非不可救药。如果碰巧来电,也可以偶成正果。这是我个人的“统战哲学”,一定被真正的统战人士所笑。其实搞“统战”要又坏又诚恳。

真的方豪有两个

方豪在这一事件以后,开始扶摇直上,一九六九年做政大文理学院院长、一九七四年当“中央研究院院士”、一九七五年当“名誉主教”加“蒙席”衔、一九七八年率团去香港参加圣文生慈善年会并在海外讲学……成为德高望重的好人;我则开始江河日下,被国民党斗倒斗臭,以叛乱罪判十年。那时方豪正在政大做文理学院院长,我从牢中写信去,请他代卖我的部分藏书,钱给我母亲。他同意了。不料书派人送过去,他又反悔。我大怒,写信大骂他,并威胁出狱后要公布“沈沉之事”。他怕了,写信来说书虽无法代卖,但鉴于我乃孝子,愿每月付我母亲三千元,直到我出狱为止,我同意了。他果然守信寄来,我心中感谢,可是嘴巴不能软,一软他又会耍赖了。如今方豪早已魂归天国,我怀念他，觉得真的方豪有两个，一个是世俗的、神职的、公开的；一个是超凡的、人性的、秘密的。做了他多年的学生，我自信我能探入他超凡、人性而秘密的一面——那连他自己都不敢承认的一面。我不愿让这一面的方豪死后埋没，我若不写，方豪就真死得渺小了。

神父家有“表妹”

美国宾州爱丁堡大学李绍昆教授写了一封信给我，并附寄他的《哲学·心理·教育》一书。书中有《悼方豪神父》一文，提到读了我的《方神父的惊人秘密》后，“感慨殊多”，乃“匆草此文，非但痛吊老友，亦所以为我们本家‘续貂’也”。李教授“续貂”文中透露，显然方豪虽为神父，但是家有“表妹”和“外甥”同居，不无蹊跷。其实，从天主教历史来看，这一蹊跷，又有何难解？英文中有 nephew 一字，梁实秋《远东英汉大辞典》解作“侄儿；外甥”，这是不够的。《韦氏字典》(*Webster's Third New International Dictionary*)对这字有另一解释是 an illegitimate son of an ecclesiastic，中文意思，正是“神职中人的私生子”。可见神父家有“表妹”与“外甥”，实在由来已久，且有英文专字彰其德。神父固多兼任表哥、舅舅耳，李教授何必大惊小怪哉！

徐熙光神父

方豪事件的另一余波是，徐熙光神父后来也跟我熟识了。他后来跟一家书店有财务纠纷，但对方有黑道势力，他盼我帮忙讨债。那时我正被警备总部二十四小时派人跟踪软禁，我想黑道最怕警总，我大可借力使力、以毒攻毒，就答应了。讨债之日，对方果然有流氓现身，俨然武士刀出鞘模样。我手一招，跟踪在我背后的警总人员宣凤林等立刻上前，亮出身份，大喝：“你们有话跟李先生好好说，我们是‘保护’李先生的。你们乱来,就抓去管训!”吓得流氓鼠窜而去,我忍不住哈哈大笑。与徐熙光音讯不通二十多年后,章孝慈请我去东吴,消息传出,台中静宜大学也闻风而至,以聘书相招,聘书署名“校长徐熙光”。我为之一笑,谢绝了他。后来陆啸钊告诉我:徐熙光实在是一个很好的人,虽然有点特殊趣味。

离开文献会

到了一九六三年三月,我自动在研究所休了学,这事给了陶希圣一个借口。他五月三日去日本,临行写了一封信给高荫祖,说文献会以用研究生为宜,李敖不告诉他就休学,他决定以留职发薪方式,请李敖暂时别来上班了。五月四日,我有日记如下:下午高荫祖执行秘书约我,出示陶希圣临走前给他的信。显然在胡秋原政治风暴的阴影下,陶已不得不做息事“去”人之计。高荫祖再度向我提出入党建议,并谓胡秋原、任卓宣他们反对你,并不是国民党反对你,国民党欢迎你合作。对高荫祖的建议,我拒绝,同时谢绝留职“发”薪的好意,谢绝“遣散费”,谢绝替我另外找事的主意……一年三个月零四天的混饭生涯,如今竟如此这般的告一结束,可叹可笑。此事给我两大刺激:一、一切不愉快是由于我太穷,来此会以前,穷得当裤子。吴相湘、姚从吾联名介绍,乃得此谋生之地。设想当时苟有第二条路好走(如中学教员之类),何至于有“误上贼船”之憾?虽然,十五个月来,自诩不染不妖,然究竟不快也。当时若身怀几千元,何至于为每月一千元上“船”?二、故为今之计,似非摆脱一切,设法有一点点起码的经济基础不可。我希望是五至十万元的存款,两袋不空,自然站得更直,自然更少不愉快。

陶希圣从日本回来后,送来从日本带回的领带一条、袜子一双,并留名片向我致意,并送我一笔钱。我收下领带、袜子,把钱退回了。

我的“阴险”

因为陶希圣城府最深，所以同他办事，也得“阴险”一点。文献会同仁以夏天太热，想呈文陶希圣买电扇。我说你们呈文买电扇，陶老板是不会同意的，你们要高抬价码，呈文买冷气机才成。他舍不得买冷气机，觉得抱歉，就会给你们买电扇代替了。——这个故事，显示了我的“阴险”，可以智胜陶希圣。

我政治犯坐牢第一年在警备总部保安处。临移监前，侦讯人员已发现案子办错了。他们虽冤枉我为“台独”分子，但对我的狡猾也颇多领教。传出的讯息是：“李敖这个人阴险极了。他把你卖掉，带你去数钱，你都不知道！”他们没想到我酌用唐朝大臣狄仁杰“反固实”的手法，使敌方无地自容又不能自拔。碰到了“阴险”的我，我终于使他们“吃不了兜着走”了。

于右任失眠

陶希圣长得小眼方脸，面似京戏中的曹操，讲话深沉多伏笔，是我所见过城府最深的人物。在他把我请走以前，他对我一直不错，有历史上的疑难杂症，就把我请到二楼他的办公室，盼我解决。有一次，文献会重金买到中国同盟会中部总会的原始文件，是当时秘密会议成立的签名册，上面有宋教仁等人的签名。陶希圣很高兴，拿去请于右任题字。于右任一看，签名册中没他的名字，很不开心，他说他记得明明参加了革命，怎么没有他？他不是“开国元勋”吗？怎么这样一个重要的会议，居然没有他的名字呢？陶希圣回来，找到我，请我仔细考证考证，到底是历史错了，还是于右任错了。我仔细考证后，结论如下：那一次，于右任没参加。为了使于右任没话说，我列举出每一项证据，证明他老先生真的没参加。我不知道最后陶希圣怎么回话的，我只知道于右任“为之不寐者数日”。我真抱歉，以我的学问，实在找不出他参加的历史。这种抱歉持续了几天，直到我被文献会扫地出门，我才停止了抱歉。

陶希圣公开攻击我

最有趣的，陶希圣在拉我加入国民党不成，老羞成怒，在文星越闹越凶的时候，终于对我反目相向，在国民党第一党报《中央日报》上写短论批我。他先写了一篇《保全台大的名誉》（一九六四年九月二日），指我“诬蔑台大的文章，叛师毁友，极尽其架空造谣刻薄恶毒之能事。我们认为台大对于这种玷辱校誉的事情，应该依法追诉，无所用其姑息”。四天以后（一九六四年九月六日），他又写了一篇“谤书”，指我写的《胡适评传》，“表面上是赞扬胡适之，而实际上从胡适之的上代，到他的本人，处处都是轻薄、鄙笑、讽刺，使读者不忍卒读。这样一部书，若是如此一册一册出版，而无人提出异议，可以说是士林之耻。我们今日愿以这篇短文，表示异议。”我对陶希圣站在党报立场攻击我，丝毫不感惊异，因为那是我不跟他们合作、不跟他们同流合污的必然发展。最好笑的是，他居然还谈什么是“士林之耻”，他真夫子自道了！

我拆穿陶希圣

多年以后，胡秋原回忆说陶希圣和他前嫌尽弃了，又是好朋友了。我得知后，为之一笑。我笑陶希圣空在李敖头上做了一场好梦，最后撇清李敖，自以为得计，殊不知他太小看了李敖。李敖是要举行最后审判的，他难逃李敖的最后笔伐与报复。陶希圣在开革李敖二十五年后——一九八八年死去，活了九十一岁。死后，他的儿子陶龙生在国民党党报透露:陶希圣去做汉奸,是蒋介石秘密派他去卧底的。换句话说,他去做汉奸,是暗中得到钦命的。这些说辞,都是欺人之谈。因为我们从密件中,发现满不是那么回事。例如陶希圣出走香港后,一九四〇年一月十五日,曾密函胡适,说:“希[圣]今后决心不再混政治舞台,但求速死耳”,“此后希(圣)将去之海外,为人所忘以死矣。”可见他的愧悔之情。如果他是钦命汉奸,则必欣然回中央讨赏领奖矣,又何必“但求远死”“去之海外”哉?何况,陶希圣在《八十自序》中明说“脱离战地,背叛国家”,“希圣一心感激委员长不杀之恩”;在《总统蒋公诔词》中又明说“不杀之恩,愧无以报”,可见他的惶恐之情。如果他是钦命汉奸,则必欣然邀功矣,又何该杀之有哉?

“五四”人物罗家伦

开国文献会全名“中华民国开国五十年文献编纂委员会”,形式上是罗家伦、陶希圣两人主持的。罗家伦是“五四”风云人物,跟我长谈了一次。印象最深的是他的长相,跟外传的无异。更糟的是他的声带,此公声带有异,发音沙沙作响。他大夸我的文章多 sharp,念出 sharp 这个字,因有 sh 的音,更是沙沙,非常好笑。其实他也可以 sharp 啊!可惜他整天做官、办党、写毛笔字,所以一点儿也没当年“五四”的影子了。我后来写《胡适评传》时,向他主持的国民党党史会借《竞业旬报》,他同意了,但要我不可透露来源,其畏首畏尾心态,有如是者!

论“五四”人物,罗家伦名列前面。因为“五四”已远,所以有人就开始无知胡说。连战在北京大学演讲,甚至把闻一多、梁实秋都当“五四”人物。今天在世的人,见过“五四”人物并谈过话的,大概只剩李敖了。

敬“鬼神”而远之

离开文献会后，另一国民党大员张其昀对人说：“人弃我取，我想请李敖到我这边来。”当有人转达这一好意后，我表示：“我已经后悔去陶希圣那边了，我再也不跟他们有任何干系了。”虽然此事息于未萌，我也从不认识张其昀，也没见过此人，倒觉得他不无知人之量。

情人“H”

情人“H”是苏州人，香港英文书院毕业，当时在 NACC(美国海军情报中心)做秘书，美丽无比。她是北洋军阀唐天喜的女儿唐静琴介绍我认识的，她叫唐静琴做干妈。那时她的未婚夫去美，她被官方限制，暂时不能出境，所以跟我在一起。我过三十岁生日时，她正在我身边，那时正是我的盛年、文星的盛世。后来我搬到信义路四段二一七巷国泰信义公寓，她也过来，后来出国了。出国前陆建业、崔小萍拉她拍琼瑶的《窗外》电影，做女主角，在台湾因纠纷未能放映。后来林青霞做女主角的《窗外》是第二次拍。

我在一九六四年五月一日改租水源路十九号之八“水源大楼”三楼，在“君子行”买东西时，认识了“H”。人或以为胡茵梦是李敖的女人中最漂亮的，非也，“H”才是最漂亮的。我初次见她是在台大校园，她坐三轮车跟未婚夫(?)路过，我看到她，心想怎么会有这样漂亮的女人！谁想到三四年后，这漂亮女人竟跟我上了床！

“H”因为演过电影《窗外》的女主角，亦属台湾名媛。有一次，在中央酒店吃饭，邻桌有涂咪咪，是中国小姐候选人，也是台湾名媛。涂咪咪为了表示媛媛相惜，特委同桌一客人过来，向“H”说：“涂咪咪问你好。”不料“H”却傲然回问一句：“谁是涂咪咪？”“H”后来去美国了。

抵美后,发现未婚夫不忠实,偷偷跟别人结婚了。“H”也厉害,她千方百计把未婚夫给抢了回来,结婚后又离婚了,再嫁给一位教授。“H”心地善良,事父母至孝。她爸爸是一九三〇年代中国全国运动会的风云人物,她母亲则是酒鬼,又糊涂,一直以为李敖是香港仔,还是“阿飞”呢。

姨太太“大哉问”

在文星尾期,我认识了“阿贞”,她是国民党党营企业中兴公司头目的姨太太,我和她有一夜风流。这不是“偷人老婆”而是“偷人姨太太”,“偷国民党大员的姨太太”。“阿贞”不愧细姨族,当我对国民党的宝眷揭竿而起、进入她身体时,她喃喃低呼:“怎么办?怎么办?”——“怎么办”是个“大哉问”的问题,平常我会注意,但在那样兴奋的时候,我只管“大势所趋”,谁还答复问题呀。

与女人的四种关系

我跟女人的关系,可分四大类:第一类是跟我有性关系的;第二类是没有性关系但有肌肤之亲的;第三类只是相识但却长入我梦的,所谓梦,主要是白日梦式意淫;第四类最邪门儿,是双方完全不相识的,这种“女人”主要是她们的照片,尤其是裸照。对这类照片和裸照,我从大学便开始搜集,主要来源是从外国旧画报上取得,不过那时格于环境,所收品质不佳。直到我退伍回来,住在“四席小屋”,一天逛衡阳路地摊,看到PLAYBOY杂志中间折页的大幅彩色裸照,我才开了新眼界,原来裸照可以印得这么精彩!不过,尽管裸照越收越多,我的审美标准却越来越苛,基本上,我偏爱清秀不俗的女人。女人好看,不但要脱衣,也要脱尘。PLAYBOY中的女人,脱衣没问题,问题出在脱尘上。美国人健美成风，但健美过度，人就变得粗壮。要命的是，几十年下来，已由健美成风变成健美成疯，他们眼中的女人越发粗壮，简直不能看了。总计我看这杂志三十多年，中看的裸女照片，不过几张而已，可见我标准之苛。几年来，我最中意的一张是一九六三年一月的那个女孩子，名叫 Judi Moterey，照片是白瓷砖砌的露天式浴池边，背景是古希腊白色塑像和绿色植物，这模特儿裸浴泡沫之中，尤呈含蓄之美。发型是梳起来的，脸蛋娇小而秀气。这期的 PLAYBOY 我共买了两本，一本送给"H"，她也喜欢这张裸照，给挂在墙上了。我珍藏的这一张，配上镜框挂在我家，一直"陪伴"我。几十年来，除了我两次坐牢前后六年多不见以外，跟她神交，长达几十年，可见孰者为真，孰者为幻；孰者为久，孰者为暂；孰者为具体，孰者为平面；已是没有道理的质疑。——一张可爱动人的照片，你可以跟她同处这么多年，"图"里寻她千百度，这还不真实吗？难道一定要真实的女人吗？这张照片照后三十三年，她的摄影师在 *The Playmate Books–Five Decades of Centerfolds* 书中回忆，说照她时"Judi was such a tiny little thing."可见这位小模特儿的特色。后来她嫁给一位歌手，不知所终。

小朋友们

在文星时还有许多中学生读者，我知道的有陈晓林最优秀，能文能译，可惜埋没在《联合报》。还有一位中学生读者，字写得歪七扭八，向我备致仰慕之忱，且由张菱舲转达此意。此人后来搞云门舞集，即林怀民，坐大后垄断舞蹈资源，与官方关系太好了。还有一位黄三（黄胜常），比我小十一岁，我在文星时候，他透过萧孟能夫人朱婉坚，与我结交。他的父亲是桂系要人黄雪邨，母亲是左宗棠曾孙女。这小朋友聪明过人，又多反骨，在成功中学，因与教官冲突，被开除。后来入世界新闻专科学校。一天上课时偷着帮我校书，被老师抓到，把书抢走；他向老师交涉，说可任凭处罚，但是书要还他。老师不肯，致起冲突，事闻于校长成舍我,成舍我裁决黄三应公开自打手心十下,以示悔过。黄三的亲友都劝他委曲求全,以免在台湾无书可读。他来找我,我说岂有此理,这哪里是办教育,这样羞辱青年学生,成什么话!乃写一信由黄三持交成舍我,大意是说:你成舍我当年为了在军阀统治下争取做人的自由,一何英勇;如今却如此迫害你的学生,岂不值得反省。黄三翌日赴校,他的父母以为他同意去打手心去了,叮咛千万照校长意思做,不期他却手持李敖之信,给了成舍我一次“教育”。成舍我看信后面露狞笑,说:“我们世新是个小庙,容不下你这大和尚,你还是走吧!”就这样的,黄三为了向不良教育抗争,又给开除了。后来他转赴美国了。黄三在台湾,是抗争国民党黑暗教育的“先烈”。他年纪那么小,就那么有志气、有牺牲的勇气,真令人佩服。多年以后,我在电视上揭发成舍我种种劣迹,原因之一,就是替黄三报仇。黄三在美国,从反叛归于佞佛,独树东山讲堂,变成人民公社式小团体。最后有病不肯就医,殉道而死。

余××之一

文星盛时,余××对我最巴结;文星被封,余××最先落井下石,萧孟能在日记中痛骂他。余××演讲时不敢说出文星被封真相,反倒说是财务问题关门,为蒋家护航。他谄媚蒋氏父子,无正义感,被我一路痛骂。他厚颜说:“我不回答,表示我的人生可以没有他;他不停止,表示他的人生不能没有我。”什么鬼逻辑啊!你骂一个人无耻,他不回答,就能证明他有耻吗?不回答只能证明他无耻属实,和人生谁没有谁毫不相干。孔子骂乱臣贼子,如果乱臣贼子学余××,说:“孔子骂我,我不吭气,证明了孔子没有我不能活,我没孔子可以活。”如果乱臣贼子这样辩解,孔子怎么办?我认为孔子会到动物园,对犀牛吟诗一首:“犀牛啊犀牛,皮厚鬼见愁,若论不要脸,你是第二流。”第一流已是余××专利,皮有灵犀一点通了。

一个女作家

文星时期认识了不少女作家,其中就有×××。《自由中国》全盛时代,×××跟前跟后地享尽盛名。《自由中国》垮了、胡适死了、雷震坐牢了。×××却怪起胡适来,说胡适鼓动雷震组党闯祸云云。现在,胡雷之间的密件,都由李敖和胡虚一(胡学古)公布了,文件俱在,胡适何曾鼓励过雷震?胡适生前,奉侍惟恐不谨;胡适死后,厚诬惟恐不严,此等行径,何其之伪!

我看三毛

我第一次政治犯出狱后,有一次,皇冠的平鑫涛请我吃饭,由皇冠的几位同仁作陪。我到了以后,平鑫涛说:"有一位作家很仰慕李先生,我也请她来了,就是三毛。"于是他把三毛介绍了给我。三毛很友善,但我对她印象欠佳。三毛说她"不是个喜欢把自己落在框子里去说话的人",我看却正好相反。我看她整天在兜她的框框,这个框框就是她那个一再重复的爱情故事。三毛整天以"悲泣的爱神"来来去去,我总觉得造型不对劲;她年纪越大,越不对劲。有一次我在远东百货公司看到她以十七岁的发型、七岁的娃娃装出现,我真忍不住笑。这种忍不住笑,只有看到沈剑虹戴假发时,才能比拟。我总觉得,三毛其实是琼瑶的一个变种。琼瑶的主题是花草月亮、淡淡的哀愁,三毛则是花草月亮、淡淡的哀愁以外,又加上一大把黄沙。而三毛的毛病,就出在这大把黄沙上。三毛的黄沙里有所谓"燃烧是我不灭的爱"。她跟我说:她去非洲沙漠,是要帮助那些黄沙中的黑人,他们需要她的帮助。她是基督徒,她佩服去非洲的史怀哲(A. Schweizer),所以,她也去非洲了。我说:"你说你帮助黄沙中的黑人,你为什么不帮助黑暗中的黄人?你自己的同胞,更需要你的帮助啊！舍近而求远、去亲而就疏,这可有点不对劲吧？并且,史怀哲不会又帮助黑人、又在加那利群岛留下别墅和'外汇存底'吧？你怎么解释你的财产呢?”三毛听了我的话,有点窘,她答复不出来。她当然答复不出来,为什么？因为三毛所谓帮助黄沙中的黑人,其实是一种“秀”,其性质与影歌星等慈善演唱并无不同,他们作“秀”的成分大于一切,你绝不能认真。比如说,你真的信三毛是基督徒吗？她在关庙下跪求签,这是哪一门子的基督徒呢？她迷信星相命运之学,这又是哪一门子的基督徒呢？……

蒋政权下的文坛十派

我对台湾的文人,一个都看不上眼。基本上,他们有两大特色:一无正文,二无反骨。进一步说,一无才气写出好文章,二无骨气反抗恶政权。早在五十年前(一九六五年七月一日)我就发表批评琼瑶的专文,指出文坛“像一间暗室。暗室四面,没有窗”。各路人马,大致可分十派:

一、新八股派——八股是专制王朝的把戏。新八股派是什么,不必说,大家就知道是什么。

二、新之乎者也派——掌故派、伪考据派、骈文派、自传派、寿序派、挽联派、对凌波“诗以张之”派等等都算。

三、旧的吗了呢派——请看《中央日报》副刊及其他。

四、新鸳鸯蝴蝶派——陈定山之流。

五、表妹派——别名“林妹妹派”。不分男女,一写小说或诗就呻吟起来。有病呻吟无病也呻吟,反正老是呻吟,呻吟定了。

六、新剑侠派——旧剑侠派是多年练功;新剑侠派是一群妇人、孺子、缺胳臂断腿的弱者,一朝在深山得秘笈一部,霍然成侠,虽多年练功之强者,也打他们不过。故新剑侠派是投机取巧派,比旧剑侠派更败坏人们意志。

七、新活见鬼派——仿“聊斋”派，整天谈鬼话狐，扯淡。

八、广播剧派——浪子出走，走了又回头；妈妈跟爸爸吵架，妈妈出走，爸爸哭了，妈妈又回来了之类。

九、古装派——西施又洗澡了；杨贵妃又脱裤子了。

十、新闺秀派——中学女学生在葛雷高里·毕克（Gregory Peck）照片以外，最喜欢看的一派。

以上十派，据我的笨见看来，足够囊括今天的文坛万象了。唯一漏网的恐怕只有一派——可叫作“北门派”，那是邮政总局门口的春宫派，势力遍及全省，因为这派只是“插插插”和“啊啊啊”的臭八股，所以不足深论。

上面这些对文坛的论定，也是对全部蒋政权下“能文之士”的总盖棺。我的犯众怒，早在五十年前就开始了。以上十派中，最可恶的是新八股派，全是“专制王朝的把戏”，拍当道马屁者也。

我在五十年前就公布了我的豪语：

十六年来，我生活在这个孤岛上，我保持我精神清爽的法子就是：“我李敖绝不接受这些，我是特立独行的好汉。在暗室里，我要自造光芒。”

所以，坦白说，我十六年来对台湾的文坛作品，每在经过观察与认识的阶段以后，就去它的蛋。——我绝不浪费我的精神在这些东西上面。有人问我说：“你不看它们，怎么能说它们不行？”我的答话是：“你吃一个坏了的蛋的时候，难道全吃下去，才知道它是坏蛋吗？”

这是我李敖的特立独行。

真三毛

三毛的问题不在于她自己伪善，而在于以假乱真。一九四九年我在上海，难民们在大江南北逃难，许多难童在逃难中丢掉了，流落在都市街头。当时漫画家张乐平以难童为主题，画了《三毛流浪记》，引起大众的重视。三十三年后，我在《千秋评论》封面刊出了一幅难童图片。图片中一个穿破烂黑衣的小女孩，背上背着弟弟，坐在马路边睡觉，两脚赤足，左手下垂，右手拿着一个破洋铁罐，画面凄楚感人。这张照片，是当时在上海的外国记者拍摄到的，收入美国出版的《一九四九年年刊》（*YEAR* 1949 *SECOND ANNUAL EDITION*）。不料出版后，警备总部管制出版的曹建中少将大表不满，他警告叶圣康说："这种照片都是李敖捏造的，用来丑化政府！你们替他发行，可得负责任！"叶圣康转告我后，我哈哈大笑，我说："这些无知的武人，根本不要理他。"当年的真三毛，是战乱中的孤儿，流亡到十里洋场、流浪在十字街头、靠着一个破洋铁罐——他们唯一的家当，在垃圾堆里捡吃的，或乞讨、或擦皮鞋、或推车子、或偷东西……不管是怎么辛苦、怎么奋斗、怎么讨生活，结局却大都是路毙街头。三毛的作者张乐平，在一九四七年年初的一个刮北风晚上，从外归来，路过一个弄堂口，看到三个难童，紧紧地围在一起，中间有一堆小火，他们靠着这点火，取暖求生。张乐平在他们附近站了许久，心里很难过，但却力不从心，没办法帮助他们。回家以后，躺在床上不能入睡，心想这三个难童，究竟能不能熬过这一夜呢？第三天清早，他又走过那弄堂，可是三个难童中，两个已经冻死了。张乐平说："我想到这样冻死的儿童何止千万，我作为一个漫画工作者，决心用我的画笔，向不合理的社会制度提出严厉的控诉。"自此以后，他从一九三五年就已定型的三毛画像，就改成了难童的面貌。他的三毛漫画，感动了千千万万的中国人，也包括了十三四岁的我。可是，谁能想到，台湾的三毛，竟摇身一变，到大陆找到行年八十岁的张乐平，拜起干爹来。张乐平老糊涂了，竟也认起亲来了，于是，真假三毛合流了。真三毛的那种悲悯、讽世与抗议的精神，湮没不彰；托名三毛的媚世作品，反倒泛滥于市，这就是我所说的，一切弄乱了。这些假货多可恶啊。

其他闺秀派

三毛不是文星时期的女作家，她是晚辈。在三毛走红时节，她和其他女作家们，倒有一个共同优点，就是“不出其位”。三毛的范围是自恋、海市蜃楼的荷西和撒哈拉；琼瑶的范围是恋老师、苍白又苍白；於梨华的范围是恋别人男人……她们不谈大道理、也不越位。但从×××开始，却谈起大道理来，结果厚诬先贤、令人恶心。降至龙应台，则女人大谈起思想来。傅斯年曾做讽世之言，讥笑女人不能搞历史，龙应台冒出来，傅校长必然杠上开花，讥笑女人不能搞思想了。龙应台一手文字，胜过×××百倍；但满脑浆糊，与×××相等。天可怜见，请放思想一马吧。附带要说的是：小龙应台一岁的胡茵梦，迟暮发疯，也酷谈思想。但有两点，我们不与计较：第一，她的文字晦涩、不知所云，大家看不懂；第二，她是美人儿，大家原谅她。另一个要点破的是，二〇一四年岁暮，美国方面证实了传闻属实：×××在美国的活动是 CIA 出的钱！这一身份曝光，我们恍然大悟了一切。

王崇五之言

在文星的读者中，有一位请我吃饭，他是我台大同学王裕珩的父亲王崇五。他曾在俄国留学，是共产党，后来被判死刑。他的舅舅丁鼎丞是国民党大员，就拉他合作，免了死刑，还做到济南市市长。到台湾后，担任国际关系中心副主任。他请我吃饭时，讲了一句很有意思的话。他说他给共产党办过《红旗》，他知道什么是好文章，并且知道怎么样办宣传。他这辈子看过的文章里，能有鲁迅的讽刺、胡适的清晰、陈独秀的冲力，唯独李敖一人耳！他说：“现在是团体对团体、组织对组织的时代；你只是一个人，在这岛上，谁又能比你做得更好？任何英雄豪杰,如果他只是一个人在这里,谁又能比你做得更多、更兴风作浪?”他又加强语气说:“李敖兄,不要以为你在这个岛上无能为力,不要以为你能做的有限。如果只是一个人的时候,没人比你做得更好。”王崇五的一席谈,使我明确感到我一生的方向,就是我此生大概永远要走向一个人的战斗路线了。但是,现代的战斗是群体对群体、集团对集团、组织对组织。当个人对群体时,个人便变得十分渺小,除非他也进入一个群体,变成寄居蟹,才能受到保护。如果纯粹是一个个人,那就毫无力量。这种现象,表现在企业主管和政府大员身上尤为明显。这种人在台上风光不可一世,但一旦他变成一个个人时,他就什么都不是了。这就是为什么他们在台上神气活现、一下台就泄气完蛋的道理。所以,他们看似很强,其实很弱,因为他们变成一个人时就不能存在。想想看:老蒋如果只剩下他一个人,他绝对不如李敖行。

左舜生之言

一九六六年九月四日,青年党领导人左舜生来台湾,和我见了一面,从清早五点五十分谈到七点半。谈话后第二天,他在《中央日报》上发表《记留台北三周的观感》,最后说:“近年台湾一部分的言论(包括短篇文字与专著),可能有若干也说得过分一些(或在文字上故意卖弄聪明,使人不快),不免与政府及社会若干人士以难堪的刺激,但我们必须知道:人民(尤其是青年)对政府及占有有力地位人士的责难,或对一般现状表示不满,往往不免过分,这在一个专制或民主国家,都是司空见惯的常事,用不着十分认真。尤其懂得在今天有同舟共济必要的朋友们,更不可运用刀笔的方式,非把少数人置之死地不可!大家必须了解,真正要阻遏言论自由或禁止某一类书籍发行,并不是一件容易办到的事……我觉得:关于这一方面,政府与社会有力人士的容忍精神,还有提高的必要……”左舜生这些话,显然是为我而发,并且,由于胡秋原写过一本《同舟共济》的书,左舜生文中呼之欲出,更为明显。

难怪后来胡秋原要大力攻击他。我对左舜生这一义助，至今不忘。在谈话中，左舜生告诉我一个故事：他访问延安时候，见到湖南老乡毛泽东。毛泽东激越地说："蒋介石总以为天无二日，民无二王，我不信邪，偏要打出两个太阳给他看！"悍气，于斯乃见！

到烈士之路

直到一九三七年抗战以后，国民党才与青年党交换了合作信函，不再杀他们。青年党说"愿与国民党共患难"，国民党却根本不提青年党，只是承认这批人而已。当时青年党的"中央同志多不悦"，曾琦说："今国难严重，国家主义者当以国事为先，不必拘此小节！"于是青年党就做起花瓶来。因为瓶功不小，甚至一度分到"农林部长"、"经济部长"干。"农林部长"就是左舜生，"经济部长"就是李璜。一九四九年后，青年党唯一的清流领袖左舜生，宁愿在香港开个小杂货店，也不要来台湾被豢养，但是做客一下则不妨为之。他到台湾，约我吃早饭，私下劝我别写东写西了，他说："你李敖走的是到烈士之路。"我听了，为之动容。多年以后，青年党的另一领袖李璜被买回台湾，要求蒋经国同意他办一张小报都不可得，委琐而死。李宁小姐访问他后，笑着对我说："李璜怕死了，谈话提到李敖名字时，都要小声低声说呢。"

陈诚之言

一九六四年五月二十二日，陈诚约我谈了两个多小时。他说："今天台湾三十岁以下的男士，只有你李先生和蒋孝文是名人。"我说："今台湾的年轻人很难出人头地，老一辈的高高在上，内阁年龄平均六十六岁。八十开外的于院长、莫院长实在都该表现表现风气，该下台了。"陈诚说："你说得全对，我也该下台了。这个问题不解决，一定是悲剧。”不过他最后说：“你李先生还不到三十岁，你前途远大。”我说：“我在部队里看到老兵的一段自我描写，内文是：‘我们像什么？我们像玻璃窗户上的苍蝇。——前途光明，可是没有出路。’我的前途，我看也是如此。你陈辞公二十六岁二月间还是中尉，可是九月就升少校了，四年后三十岁就当少将师长了。如今一个青年军官，想从中尉升到少将，别说四年，十四年也没机会啊！”陈诚听了，为之默然。我告辞上车时候，车开了，他还在招手。他给我一种不久人世的感觉，人之将死，其言也善，他仿佛要对一个年轻人说些心头话，他找到了我。整个的聊天中，最令我印象深刻的，是他说：“共产党的失败，并不就是国民党的胜利。”（期盼无用）我想，这是一种动人的觉悟。可是，已经时不他与了。谈话后九个月，陈诚死去。三十多年以后，陈诚的儿子陈履安选伪总统，到我家来看我，并前后来了七次，天南地北，无所不谈。有一次谈到他父亲死前种种，他说：“死前的病痛非常人所能忍，但我父亲一声不响地忍耐着，我真想象不到那种疼痛是怎么忍受过去的。”我说：“你父亲死得像个军人。他能忍耐病痛，正是军人本色啊。”陈履安后来信藏密入迷，我给他定位“一个莫名其妙的人”。他的老子还务实，他自己却走火入魔。他的工作室有漆黑的一尊西藏凶佛塑像，状极恐怖。

蒋梦麟之言

在文星时，国民党大员我还领教过蒋梦麟，他是爸爸在北京大学时的代校长，在台湾主持农复会。他为了写《西潮》以外自传的事，约我到农复会，谈了许久。他本想找我帮忙，可是他一直不谈报酬，也许他的意思是先帮了再议，可是我的经济情况不允许我做完了再拿钱，此事就不了了之了。蒋梦麟与徐贤乐的婚事，闹得满城风雨。陈诚跟我说：他告诉蒋梦麟，如果与徐贤乐结婚，他们夫妇将不再去蒋家。胡适劝阻结婚的信，也有副本给他。可是大家无论怎么劝，蒋梦麟都不听。后来结婚出了麻烦，蒋梦麟有信给他，信到他手上，他至今未拆。陈诚怕我写出来,特别说:“此事不能写啊!”我至今仍感好奇,他们这些人的一些动作,可真有戏啊。用不拆信的方法表达一些含蓄,多有趣啊。

叶公超之言

我住水晶大厦时,有个邻居就是叶公超。一九八三年十月九日傍晚,碰到叶公超的司机,因为我平日对老农老圃级的人士最有礼貌,他们最愿意同我聊天。司机说,叶公超死后,留下的遗嘱,他的朋友们全都不执行,人在人情在,人死什么都没有了。我说他们这些达官贵人的交情啊,看起来最热络,其实最虚情假意、最浅盘没根。所以,人活着,交情不过文酒之会;人一死,交情就是公祭上香了;任何深入一点、有意义一点的事,他们生前死后,都是做不出来的。叶公超的司机又说,叶公超曾对他感慨:后悔没听太太的话,竟去做官,结果做官做得得不偿失。我说二十年前,在美国新闻处副处长司马笑(John Alvin Bottorff)的家里,叶公超就向我说,他加入国民党,原希望他两脚踩到泥里,可以把国民党救出来,结果呢,他不但没把国民党救出来,反倒把自己陷进去,言下不胜悔恨。六年前他约我到他家,他的悔恨,又加上衰老了。知识分子想同国民党合作、想做官,下场一至于此!叶公超这些凤毛麟角的知识分子,一九四九年靠错了边,最后被蒋介石耍、被蒋介石羞辱,多懊恼啊、多悔恨啊。叶公超的英文演讲打字原稿一厚夹,在我手里。他做官时对雷案也发违心之言。当时只有胡适敢挺雷震。叶公超的故事,清楚说明了与国民党合作、想做官的知识分子,苟还残存一点性格,最后的下场是什么。

“汉贼不两立”

蒋介石日记中骂叶公超是秦桧、是张邦昌卖国贼,但蒋自己干的,不正是同一勾当吗？蒋口口声声“汉贼不两立”，结果是求在联合国“汉贼两立”而不可得，真相不正如此吗？美国档案后来公布了，原来蒋介石并没有“汉贼不两立”，他偷偷转告美国人，我们赞成在联合国“两个中国”、两立出“两个中国”。当时由美国驻联合国大使，就是老布什（George Bush）操盘，可是没有成功，蒋介石给赶出联合国了。可是这“汉贼不两立”的把戏还一直挂着，不但国民党的笨蛋们相信，民进党的笨蛋们也相信，林浊水还抱怨因为蒋介石坚守“汉贼不两立”原则，害得台湾被赶出联合国呢。不过，林浊水写文章称“贤者李敖”，笨蛋也说过不笨的话。我在“立法院”笑问他你可写过“贤者李敖”的话，他叹息道：“年幼无知呀！”

李焕之言

陈诚约我聊天后四个多月，蒋经国系大员李焕请我吃饭。时间在一九六四年十月三日中午，地点在台北新台北饭店。那时李焕是在朝的炙手可热的人物，李敖是在野的令人侧目的人物，蒋经国拉拢人才，自在意中。不过在蒋经国和李焕的大脑中，是不能理解知识分子中是有傲骨存在的，我的对国民党不合作主义，使聪明的李焕立刻觉察出来了，所以，他不再安排我和蒋经国见面。李焕请我吃饭的另一原因，是想了解一下我与“台独”的关系。在吃饭前十三天，正好发生了彭明敏案。特务人员怀疑宣言是我代笔的，所以李焕请吃饭时，就旁敲侧击地问我：“听说这份宣言文章写得极好，是经过你李先生指点或润饰过的？”我笑了起来，说：“若是我写的或经我润饰过的，一定更好！”李焕听了，哈哈一笑，就不再问下去了。那次饭局，大家谈了两个多小时。李焕谈他亲历的西北人民的苦况。李焕说他在西北行军，见到西北农民硬是全家穿一条裤子，裤子挂在门口，谁出门谁穿。听了以后，我真的不得不相信唐诗《石壕吏》“出入无完裙”的描述，并且感慨于千百年来，中国一穷至今。李焕又谈到西北人民与糖的关系。搞到钱来买糖，只能买到一小包。而此种小包,不是吃的,而是给病人来开胃的。又谈到西北人民对熊的迷信,尽管熊群有害农作物,西北人民仍迷信,视之为天神等物,跪求驻军不可杀它们。两小时饭局后,李焕送我出门,临别他紧紧握手,诚恳地说:“我会到府上去拜访你。”我姑妄听之。因为我清楚这是门面话。

李焕外一章

多年以后,李焕住我家附近。一九八六年一天晚上,我和小屯在附近一家小店买东西,在门口碰到李焕,他主动向我打招呼,伸手来握。二十二年不见,此公的记忆力实在惊人。他说他很久没看到我写文章了,其实那时我天天著书立说,只是国民党大员不读书耳!巧合的是,我和李焕、卢修一,三户人家都在同一警察管辖之内,李焕家浴室窗外正对着的,就是卢修一家的后窗。有一次,可爱的女人李庆安笑着告诉我:“卢修一可能偷看我爸爸洗澡。”过了几天,我碰到卢修一,笑问可有此事,不料他郑重其事否认,并指责李焕洗澡时窗不关好云云。我看他那样认真,为之大笑。后来我讲这一趣事给李庆华听,庆华说:“有一个笑话说:一对夫妻,太太很丑,一次搬了新家,新家浴室窗帘还没装好,太太不肯洗澡,怕别人偷看她。丈夫说:你长得那副样子,谁要偷看你!放心好了。”我问:“你这笑话是挖苦你爸爸?”庆华笑着否认,说:“我怎敢挖苦他?我只是说个笑话。”一九九八年蒋经国死了二十年,李焕出书大表追念,马屁尽出,我大为不满,在《李敖笑傲江湖》电视节目中一连骂了他好多天。朋友奇怪,说李庆安帮你儿子入学,你欠她情;李庆华又是你的好朋友,你骂起人家老子来,竟一点都不口软。我说这就是李敖嘛!别只看我骂李焕罢,我也为他洗过冤,当尤清捏造历史,说他在满洲国做过办报的汉奸时,我就公开指出这是造谣。我是讲求真相的人,即使对敌人,我们也不可造谣啊。

李焕后一章

由于二〇〇〇年我代表新党参选伪总统,我跟新党主席李庆华热络起来。李焕那时早已退休,但仍出没在东丰街。有次我在楼下小吃,碰到他同朋友,他还替我付了款。我笑问他为何请我客,请得这么寒酸,不能跟当年请我那次比了。他笑说他没钱了。据庆安说,她爸爸打个小麻将,赌本都是她每次放在饼干筒里供应的。李焕过得倒也自在。有一张照片很有趣:李庆华竞选,我和李焕同坐台上,两人都低着头,各自在扒干果的壳。后来李焕老病住院,我还去看过他,笑他"身体好好的,明明在装病"。他也一直笑口常开。他死在九十三岁。我不参加婚丧喜庆,没去吊丧。在蒋经国的专制下,李焕一直伴君如伴虎,"庸德之行,庸言之谨。"但他跟我倒不无前缘与后缘。由于我跟庆华的交情,他也被波及,使我看到国民党官僚的另一面。

不提李敖之名

自文星时代起,我虽"暴得大名",但耐人寻味的是,我的大名,在台湾却被多方面的封锁。封锁的方式众多,有的方式,且已到了有趣的程度,试以方式之一——"不提李敖之名"为例。"不提李敖之名",情况有三:第一类是"不愿提法"、第二类是"不敢提法"、第三类是"不肯提法"。第一类"不愿提法",像徐复观本来绝口不提李敖名字,后来打起官司,"口中不能不称李敖之名,笔下不能不写李敖二字,乃在法律尊严前所不能不忍受之精神虐待。"他好可怜哟!(他的作风,使我想起六朝之时,中国人家讳趋严,绝口不提自己爸爸的名字的事。徐复观当然不会把"李敖"二字当成父讳,但却巧合如此!)第二类"不敢提法",以俞大纲、方豪等最精彩。俞大纲写《戏剧纵横谈》,方豪写《方豪六十自定稿》,都请我校订,但出书之日,序中只提别人,不敢提李敖。俞大纲、方豪不敢提我名字的时候,只不过时当文星犯讳和被封而已,我已经被敬而远之如此矣;比照后来我被捕时,台大历史系出版《姚从吾先生哀思录》,把与姚从吾的六人合照上,五人标出姓名,只有一个变成了失姓失名的"等"而不敢提此人即李敖之事,可知一切都在"骨牌理论"中!第三类是"不肯提法",试看国泰出版的《二十一世纪彩色百科全书》中没李敖名字;中华出版《中华民国当代名人录》中没李敖名字;伪行政院文化建设委员会出版《中华民国作家作品目录》中没李敖名字……就可知道封锁李敖,实在是一件时髦的事呢!这部书九百页,可是没有李敖的名字,可见李敖虽写了一百多本书,但非作家属实。这部书是一九八四年六月出版的,发行人是伪行政院文化建设委员会主任委员陈奇禄。全书从正文到附录,共收入作家七百零三个。"中华民国"作家从头数,数到七百零三个,还数不到李敖,可见李敖之不入流矣!陈奇禄在该书序中说"先总统蒋公昭示我们"如何如何,此书原来是为"先总统蒋公"的"昭示"做脚注的。这样看来,文化官僚们把柏杨、胡茵梦等七百零三人都当成作家奉献,独开脱李敖而不与,实乃真知我者焉!至于一九九八年时,头脑不清的殷允芃、势利眼的高希均以《天下》杂志开列影响台湾的二百人,不肯提李敖,则是封锁李敖的最新版。更新的是陈国祥主持的中央社,他们的名人录中,又把李敖除名了。

窦丁的访问

在文星时,一九六三年,美国《纽约时报》的名记者窦丁(Tillman Durdin)、美国新闻处的副处长司马笑约了我,三个人在一家咖啡馆里谈话。在窦丁提出的问题里面,有一个很有味儿的题目。他问我:"为什么在台湾的这些大学教授们都显得活力不够?为什么他们不像韩国那些教授们那样生气勃勃、勇气十足?"我的答复是这样的:中国大学教授们不是没有像韩国那些教授们那样生气勃勃、勇气十足的情况，可惜那是四十多年前的事了，那是“五四”时代教授们的气象。现在不行了，现在他们老的老了、死的死了、堕落的堕落了。大陆的许多第一流的教授都被迫在“思想改造”下苦斗；而到台湾来的一些教授，大都是“二流货”和不入流的，他们在台湾岛上，十足表现出“没办法”和“无能”的丑态，这是不难想象的。他们只是把持住现状而已，根本谈不上什么进步与朝气了。

为什么我向窦丁表示到台湾来的一些教授，大都是“二流货”和不入流的呢？因为当年第一流的知识分子，根本不会跟国民党走，换句话说，根本轮不到给国民党来骗。当时有良知、有血性的知识分子，他们是不会跟国民党的。相对的，跟国民党来的，其流品也下矣！与窦丁谈话后二三十年下来，那些“流品也下矣”的知识分子，在台湾，形成了学阀；并且一蟹不如一蟹，不但第一流的知识分子杳不可得，甚至老一代学阀的一些格调，新一代也视而不见。新学阀跟老学阀不同的是，老学阀的缺点新学阀都学到了，老学阀的优点却一点都没学到。老学阀没吃过猪肉，还看过猪走路，可是新学阀连猪走路都没看到。人间规格与尺度的混乱，竟一至于此！其中最有代表性的是余××。论软弱、论错乱、论媚功、论才疏、论挟洋自重，余××都是拔尖人物，是第一样板。卢建荣、张友驿带头揭发他，良有以也。

蒋介石的“密码”

文星时期，我从“H”的干妈那边认识了杜致勇。杜致勇的父亲是黄埔一期的杜聿明将军。淮海战役前，蒋介石告诉杜聿明：这一会战是生死存亡之战，“你放下枪，我脱军装！”师生前途，在此一战。于是杜聿明临危受命，义无反顾。到了被困之日，他拒绝招降，也是感于老师“你放下枪，我脱军装！”这一番秘密告诫与叮咛，这是杜聿明儿子杜致勇亲口告诉我的。但是，蒋介石毕竟是奸雄，一方面，他明明想要杜聿明去死；他方面，却不能不做救援的姿态，以表示他珍惜部下与将才。因此，形式上派飞机去接杜聿明之举，也就一再演出。冯亦鲁《徐蚌会战见闻录》说，杜聿明“不忍于危难中抛弃其麾下的健儿们，独善其身地飞去，是故迟迟不肯登机”，其实另有隐情。隐情是蒋介石虽然派去了飞机，但是驾驶员并没带来蒋介石的手令；没有手令，杜聿明是不敢上飞机的。——原来他们师徒二人是有“密码”的。“密码”不符，一切形式上的关怀，都属无效、都是演给别人看的，不容你当真！

乱世杜家泪

一九六三年，杜聿明夫人曹秀清终于回到了大陆，和十五年不见的出狱丈夫重聚。一九八〇年十一月，杜聿明七十五岁，他当年为国民党打天下，失去了一个肾，如今另一个肾支持不住了。他住进医院里。在医院里拖了半年，一九八一年五月七日，终于死去，死前以不能重见在台湾的四个儿女为恨。他最后说，若生不能见，死后儿女能来奔丧，也是好的。可是，在他死后，这一最后希望，也被无情的国民党粉碎。——国民党不准他在台湾的儿女出境，什么生见最后一面、什么死后奔丧，都成泡影了！杜聿明在大陆，经过十多年的牢狱之灾、十多年的沉思默察、十多年的反省比较，他真的有了根本的觉悟。他真的从内心深处，忏悔了他青年时代跟蒋介石那一段日子，他真的“觉今是而昨非”，他终于转变了。他被当成人质的儿子杜致勇在台湾，干扰不断。找任何职业，都被“安全考虑”；甚至把房子出租，房客都要被管区警察半夜查户口。最后逼得杜致勇放弃土木工程专家的职业，学非所用，为保龄球钻指孔终老。我到保龄球馆找到他，听了他的口述，拿到原始资料，写了《乱世杜家泪》。

胡适批评李敖

一九六二年一月，胡适死前不久，对我有所评论，评论之言，都收在他的秘书胡颂平编的《胡适之先生晚年谈话录》和《胡适之先生年谱长编初稿》里。胡适说李敖“喜欢借题发挥”，说“作文章切莫要借题发挥”，他能够看出来我写文章的“喜欢借题发挥”，是他的高明处；但他把“喜欢借题发挥”看成一种大忌，却是他的大错特错。胡适在一九三〇年写“介绍我自己的思想”，辩护他为什么要考证《红楼梦》，曾说考证《红楼梦》只是“消极”的目的，他别有“积极”的目的，那就是借小说考证来“教人一个思想学问的方法”、教人不要“被人蒙着眼睛牵着鼻子走”。考证《红楼梦》是本题，是“消极”的；考证以外“借题发挥”的题外有题，才是“积极”的。胡适的毛病在他做这种双轨作业时，在本题上陷入走火入魔、积重难返，因此虽未舍本，却舍了更“积极”的本，最后“功夫”总在“雕花手艺”上，“缠小脚”而死，死前且不知道“借题发挥”的真义了。至于我自己，我绝对不会发生他这种错误。我在写作上，大体都能坚守经世致用的检定标准，我总是用大学问在大手笔上显功夫切入本题，紧接着就是画中有话，借题发挥。我的真正目的不在泼墨，而在使敌人全军尽墨。最后的转折，就在借题发挥，淋漓尽致而后已。苏东坡讲作文要行云流水，我行流最后，竟是怒潮飞瀑、一泻千里。惜此种深意，胡公不知也。

徐开尘约我写文章

一九九〇年十二月，胡适百年诞辰，《民生报》的徐开尘要我写一篇纪念短文，我写了《胡适百年孤寂》交给她：

《读书周刊》要我写一千字谈谈胡适的文字，以纪念胡适百岁诞辰。我想今天赶时髦谈胡适的人虽多,但是真正与他有渊源、有交往的,恐怕百不得一。我生在一九三五年,胡适大我四十四岁。跟小他四十四岁的青年朋友"忘年交",我是唯一的一个。自我以下,不但赶不上和他有渊源、有交往,甚至连见过他的人也不多了。——他毕竟是老去的"五四"人物了,距离我们太远了。

我初见胡适在一九五二年,那时我是台中一中的学生,跟他只匆匆说过几句话;七年后,一九五九年,他约我单独大聊了一阵,那时我是台大学生。后来又见过几次面,通了几次信。一九六一年我进台大研究所,他得知我穷得裤子进了当铺,特别及时寄来一千元,并写给我说:"……过了双十节,你来玩玩,好不好?现在送上一千元的支票一张,是给你'赎当'救急的。你千万不要推辞,正如同你送我许多不易得来的书,我从来不推辞一样……"从这点上,就看出胡适的细心处。他一方面雪中送炭,一方面又使你有理由消受这一"炭"。这种细心,在二十二天后的另一封来信里,再度表现出来。在这封信里,所写的内容,如被邮局检查到,会给我带来麻烦,因此他不邮寄,而在信封上写了"敬乞姚从吾先生便交李敖先生"字样,由姚从吾老师"偷偷"转给我。

我可能反下山门

我在《胡适百年孤寂》中写道:

胡适是我父亲在北京大学时的老师,并不是我的老师;但他跟我说,他完全不记得我父亲这个学生了,这是我父亲在北大成绩并不出色的缘故。胡适的学生姚从吾是我老师,姚从吾写信给人说,胡先生待李敖如罗尔纲。罗尔纲是胡适贴身的出色徒弟,在大陆。胡适特别亲题罗尔纲《师门五年记》一册寄我、又当面送我一册,我感到姚从吾老师所说,不为无因。在胡适眼中,我是出色的,可是没等我念完研究所,他就死了。他拉我做他徒弟的心愿,也就永远不会成为事实了。

不过,今我老去,我倒有点怀疑徒弟之说,只是一种胡适的愿望。我不就是姚从吾的徒弟吗?但最后的结局却是这徒弟很友好的反下山门。像我这样恃才傲物的人,能够安于做人徒弟吗?这样日新又新的人,能够跟个老师而不"谢本师"吗?

他百年孤寂,我千山独行

我在《胡适百年孤寂》收尾写:

> 胡适死后八年,我为《胡适给赵元任的信》编标题,在一封被我标作《收徒弟的哲学》一信里,重温他引清朝学者李恕谷的话:"交友以自大其身,求士以求此身之不朽。"我颇有感悟。胡适生前交朋友以"自大其身"是热闹的,但他死后,他的朋友却犹大者天下皆是也。幸亏有我这种"士"来不断从大方向以"不朽"之,或聊偿其所愿。梁实秋在《读〈胡适评传〉第一册》中说,胡适告诉他"台湾有一位年轻的朋友李敖先生,他所知道的有关胡适的事比胡适自己还清楚"。我相信这是真的。胡适"交友"是失败的,但"求士"却没看走眼,我的确是最清楚他的一个人。每看到别人的"胡说",我就哑然失笑。如今胡适百年孤寂,我千山独行,自念天下不可为之事,尚有待我去可为,权写杂感,以志里程如上。

胡适也是"匪谍"吗

在官方对我的秋后算账外,胡秋原他们也没闲着。他们利用他们取得的一封信,对我落井下石。一九六六年十一月七日,在台北"妇女之家"举行声讨李敖大会,"邀约了国青民三党人士和若干文化界的朋友三十人”(有陈启天、胡秋原等等。最令人不可思议的,当时我已离文星,文星实际老板萧孟能竟然选派胡汝森去参加呢!),开会斗倒李敖。徐高阮等当场油印了我在新店山居时给胡适的信,并把我一状告到警备总部。在声讨李敖大会后第九天,胡秋原在他的官方奖助的《中华杂志》上(第四卷第十一号,总四十号),发表《徐高阮先生公布的胡适先生收到的一件信》,于是我这封信,便从敌人手中公之于世。这信后来港台书刊颇多转载的,当然是《中华杂志》创办以来,最好销、最好看的一篇文章。我真的很感谢这些要把我送到警备总部的“文化人”,因为只有他们这样为我“捧场”,这封信才得以公之于世、不被查禁。要是我自己公布了,一定就被官方封杀。所以他们真“害之反足以成之”了!我被告到警备总部后,由保安处魏宜智组长主持,把我约谈多次,每次早出晚归,并没过夜。严侨却被再度捕去,关了三十天,调查他同我的关系。魏宜智组长精明能干,同我说话的时候,甚至可以整段背得出我信中的话。最后,在他研究清楚了这是徐高阮等私人的借刀杀人之计,研判若由官方出面整我,对官方不利,乃不了了之。

在整个公布李敖给胡适的信的戏路里,最有趣的一项,是国民党们对这封信的种种离奇解释。胡秋原《中华杂志》登徐高阮在声讨大会上的谈话,报道徐高阮说:“这封信是民国五十年十一月间胡先生交给他的。当胡先生交给他的时候,态度虽不严重,也不轻松。约四五日后胡先生即入医院,再出院不久就逝世了。他现在对社会公开这一封信,而负一切的责任。”徐高阮的结论索性直指李敖是“对敌人(共产党)投降的叛逆分子”了。《中华杂志》又登胡秋原的读后感则更干脆,根本点破李敖是“匪谍”了,并且还是向胡适施用“统战”的“匪谍”呢!我奇怪他们为什么不鞭胡适的尸,说胡适也是“匪谍”?因为胡适也涉嫌“知匪不报”啊!不但不报,照他托姚从吾转信给李敖的鬼蜮行为看,他不但“知匪不报”,还给“匪谍”师生牵线呢!

我被检举“知匪不报”

我感念胡适在我艰困时送了一千元给我。一九六一年十月十日,我写了一封长信重诉生平。这是一封动人的信,胡适看后,拿给一些人看。当他拿给叶明勋、华严看的时候,得知严侨之死,只是误传,他赶忙写信通知了我。不过,当他拿给徐高阮看的时候,却被这共产党的变节者、国民党卧底特务、“中央研究院”副研究员扣住不还。这时胡适突然死了,信落在徐高阮手中,变成了李敖“知匪不报”并且“预谋投匪”的铁证。最后,徐高阮联合了胡秋原,把这封信发表在胡秋原办的杂志上,并检送原信,告到警备总部。从法律观点看,本案李敖“知匪”之时年仅十多岁,其间已过十多年,时效自然早经消灭。警总承办此案的魏宜智上校当然清楚这些法律,但要整人,也不愁非法办法可循。魏宜智他们显然权衡得失,放了我一马。三十一年后,我在复兴南路上碰到退休的魏宜智,驻足小聊,往事如昨。经过三十一年的岁月,邪恶的徐高阮早已地狱单行,而发表这封信的胡秋原也换来横祸双至:不但以诽谤被我告,要赔我钱,并且我以假扣押方法,还在他“府上”贴了封条!我生平快意恩仇,这件源远流长的恩仇,真使我快意极了!

梁实秋不敢保我

我被检举“知匪不报”后,被请到保安处,审了一天,最后由特务陪同,放出找保。我走在马路上,心想这种政治性案子,谁敢保我?看样子只好找一位德高望重的有名气大人物保一保,方不致连累他。想来想去,以为人既放出找保,事情不大,梁先生或可援我以手,因此叨在相识,来到梁家,登门为请。不期梁先生在特务面前,婉为拒绝。梁先生说:“你还是找别人保吧!实在找不到别人,我再保你。”我顿时恍然大悟，识相而去；最后找到“立法委员”王兆民担保，才算没被收押。事后听说我离梁家后，梁先生很难过，特别电话给余光中。当年我与余光中在梁家做客多次，聚谈甚欢。如今“落魄”，竟望门投保而不可得。虽然不无遗憾，但我并不责怪梁先生。十多年后，梁先生因夫人韩菁清迷信风水，迁回东丰街四维路角楼，正好与我比楼而居。古人“天涯若比邻”，我却“比邻若天涯”，不敢连累他。他寄信，邮箱就在我家门口，常常看到他。但绝对不过去打招呼，免窘之道也。

胡适没写完的一封信

我在文星走红时候，一九六三年夏天，台大校长钱思亮约我长谈。谈到胡适，这位胡适的干女婿透露了一个秘密，他说：“胡先生死后，留下一些遗稿，其中有一封写给你的信，可惜没写完，所以你直到今天还看不到。信中有一段是胡先生否认你在《播种者胡适》文章中提到的六万美金的事，你说政府送他六万美金宣传费，胡先生退回了。你写出胡先生这种高风亮节，对胡先生是好的。可是胡先生否认对他好的这件事，更可看出他人格的伟大。”钱思亮这一透露，引起我的好奇。三十五年后，历史系同班同学陶英惠兼领胡适纪念馆，我跟他说：“过去胡适纪念馆一直被垄断，胡适留下的稿件我们都不能完整看到，钱思亮当年说胡适有一封给我的信的残稿，能不能找找看啊？”英惠答应了，他嘱咐大家找找看，回报说找不到。可是过了几天，英惠突然寄来一信，打开一看，赫然是那封信的影本！共四页，第四页写了一行，就停笔了。英惠告诉我，柯月足小姐在整理胡先生藏书的时候，忽然在书与书架间的空隙处找到尘封多年的几张纸，打开一看，原来就是这封信。信的第一页左上角有钱思亮的亲笔，上面写道：“这是一信（封）胡先（生）没有写完的信，请妥为保存，因为这是胡先生人格伟大和做事认真最好的一个证明。”既然上有钱思亮亲笔，可证放在那么隐秘所在，绝非胡适生前所为，那么这又是谁干的事呢？谁要蓄意区隔胡适与李敖的交情呢？尘封一下子就是三十五年！三十五年间，胡适墓草久宿，李敖也由少而老，人世沧桑不可思议。但最不可思议的，倒是这四张信纸，历经三十五年后，终于给我看到了。

“中央研究院”不准进门

语言学家、“中央研究院”院士李方桂来台，姚从吾请他吃饭，他说他佩服李敖，盼能约李敖一起吃。一九六三年五月八日，我在心园同他们吃了一顿饭，在座有毛子水、吴相湘等。姚从吾、吴相湘两位老师绝口不提我离文献会事，我也绝口不提。五月二十六日，余光中向我说：“梁实秋先生听说你失了业，想替你找事。”后来我才知道，梁实秋不让我知道，直接写信给“中央研究院”院长王世杰和历史语言研究所所长李济，大意说李敖如此人才，任其流落，太可惜，该请李敖去他们那边。王世杰收信后，约我一谈，并盼姚从吾陪我一起去。我遂在姚从吾满口称王世杰“老师”的恭谨下，见到了这位大官人。王世杰跟我天南地北，谈了不少胡适的事。最后说：“现在李先生和胡秋原打官司，不知道可不可以等官司告一段落后，再来‘中央研究院’？”我听了，很不高兴。我说：“胡秋原是‘中央研究院’近代史研究所的通讯研究员，这官司还是他主动告我的，为什么他能从里面朝外面打官司，就不影响他的职务；而我从外面向里面打官司，就要对职务有影响呢？”王世杰听了，扑克脸一张，无词以对。

我在文献会被请出门、“中央研究院”不准进门，接连的事件，使我深刻感到：原来一个人，坚守原则，不入国民党；坚守原则，跟国民党打官司；坚守原则，我手写我口、决心做党外，到头来会混得没有职业，混得已到手的职业会失去、没到手的职业会泡汤。但是，这又算得了什么呢？这些啊这些，在国民党的统治下，岂不都是求仁得仁的必然结果吗？

王升黑势力

文星被国民党封杀。在封杀作业中,由王升主持的“总政治部”,是媒孽最深的首席机构。当时文星的敌人国民党胡秋原等,表面上是自由学人,其实骨子里却跟王升这些大政工挂钩,同干这一票“文武合一”的“摘星”大业。王升本人是没有文化水平的,林正杰的《前进》杂志说他是正统军人出身,这是美化王升的说法。事实上,王升只有一九三一年在龙南致良小学毕业的学历。毕业后,去做裁缝学徒。正因为王升的水平低下,他用的人也不高明。他欣赏并重用的大将之一,是曹敏(曹慎之)。曹敏还不如王升念过小学,他根本没进过任何正式学校。他在一九二六年混迹北伐队伍中,办党。抗战胜利后,办党报。一九四九年,逃到香港做小生意。一九五一年来台湾,一九五二年到政工干部学校教书,见宠于王升,自此扶摇直上,俨然学术与政治之间人物矣!一九七九年三月,“总政治部”属下的黎明文化事业股份有限公司,出版了一本红皮烫金的《慎师七十文录》,是庆祝曹敏七十岁生日的一本专集,其中有一篇《胡秋原先生序》,我看了以后,才得知当年他们“文武合一”的一些挂钩内幕。在和文星官司“尚在进行之时”,曹敏已经“邀约”胡秋原、郑学稼、徐高阮共同合作为国民党秘密搞文宣,并借王升总政治部势力,迫害文星和殷海光。

成群大特务来吊丧

一开始我以为胡秋原只是老国民党,后来才知道他跟“总政治部”王升、曹敏等的关系是不简单的。从他的密友徐高阮身上,更可看出跟其他情治单位的暗盘。左派出身的徐高阮是攻击文星的第一裨将,他死之日,吊丧行列里居然出现了“总政治部”主任王升、“调查局”局长沈之岳、“情报局”局长叶翔之！他的背景，原来这般！徐高阮在职务上只不过是“中央研究院”历史语言研究所的一名副研究员，在这种冷衙门的清高之地，身死之后，居然冒出成群大特务为他吊丧，双方关系的不简单，由此可证！“中央研究院”的王世杰和李济，他们明明看到窝里有这么一个文化特务，却不敢吭气。王世杰见怪不怪；可怪的是李济，貌似学界中人，清高无比，事实上，却胆怯伪善。徐高阮能在“中央研究院”不研究领干薪年复一年，李济顶头上司竟默尔而息。

殷海光自述

一九六六年十二月二十日，殷海光留下一篇回忆——《我被迫离开台湾大学的经过》，其中说：“在论战中，胡秋原君知识上的短缺，思想上的混乱，被我的一群学生指破。尤其是他参加‘闽变’的往事，被李敖君指出。这一下使他的名流声威扫地。他痛心疾首之余，认为系我在背后策动，于是在《中华杂志》上参加徐君（指徐高阮）对我的围攻……标榜历史文化儒家道德的某君（指徐复观），则从旁助威……胡君见文字构陷的目标未达，一不做二不休，六月公然行文到台湾大学钱校长，谓殷某不学无术，不配做教授，应请改聘，或改任职员。”最后台大校长钱思亮屈服了，配合官方进度，在形式上，殷海光仍是台大教授，但不能去上课；十一个月后，就是一九六七年度开始以后，则必须离开台大。最后，殷海光的生病和死亡，结束了一切。而台大方面，尽管口口声声说殷遭迫害，但当我与胡秋原兴讼，找台大校长陈维昭作证时，他却龟缩不肯出庭。几年后，我在“立法院”当众臭骂“教育部长”和七个大学校长（包括陈维昭），算是出了一口鸟气。

矢内原忠雄不若也

殷海光在一九六七年七月,正式被赶出台大。在殷海光被赶出台大前三十年的一个冬天,日本东京帝国大学的教授矢内原忠雄,为了反对政府的政策,被迫辞职。在提出辞职的第二天,因为等待核准时间,所以还能走私一次演讲。他在树叶飘零的十二月二日,在法科第七教室,向知识分子做了风雨之声;但国民党比日本人更赶尽杀绝,连最后的一次演讲都不给了。

殷海光有两个

殷海光有两个:前半生做国民党文化打手的殷海光是一个;后半生反国民党、觉悟前非的殷海光是另一个。这一觉悟前非,是积极的,它表现在《自由中国》杂志的大量言论上,把国民党搅得七荤八素,不成党形。最后,《自由中国》因雷震被捕而无异封门,殷海光投闲置散,颇为索寞。国民党跟他算旧账,没完没了。在算旧账中,胡秋原等落井下石,配合官方,迫害殷海光,使殷海光连台大教职皆不能保了,最后怄气而死。

既做神仙,何必做妖怪

殷海光的身份只有一个,是思想家、政论式的思想家,不算学者。在他本行的逻辑与分析哲学上,他终生也没能成功地成为学者,有人以此为憾,殷海光自己也以此为憾,他们都错了。殷海光的伟大在于他做启蒙的思想家,不是在做专业的学者。用学者的尺度来量殷海光,根本是一种浅见。殷海光自己出身学院，看到他的老同学王浩等在学术上的地位，他难免见猎心喜或野心勃勃，其实这是一种误把自己大材小用的错觉，在这一点上，殷海光有屈从现实的虚荣。猪八戒骂孙猴子不做神仙而去做妖怪，思想家是神仙，学者是妖怪，高下之分，一判即明。殷海光坐这山而望那山高，他的学者梦，显然做错了。

青蛙咬绳

殷海光虽“为人应世笨拙不堪”，但仍处处不忘自己是高级知识分子，从他生活细节上，也可看到一斑。他从不坐公共汽车，他认为人的尊严会给挤掉；他喝高级咖啡，吃英国饼干，去贵族医院看病……这些都表示他也蛮布尔乔亚的。另一方面，他除了不太会用电话机、不会用自动电梯外，要替人做衣服的殷太太向人收两种工钱——有钱的人要多付，没钱的要少付……这些都表示他也蛮书呆的一面。以这样层次的知识分子，来了解人间万象与真相，当然要受到很多限制。殷海光虽然天姿英明，但在生活面上和人事面上，却很容易被投其所好、被小人利用。我举一个例子。《自由中国》停刊以后，殷海光对国民党的厌恶更深了，一个人只要同他骂国民党，他便轻易相信这个人。有一次，台肥六厂图书室请我讲演，我认为来者不善，拒绝了；他们改请殷海光，我劝他不要去，他被封锁已久，还是去过瘾了。讲完了，一个人走过来，向他大骂国民党，立刻谈得投机起来。后来登门拜访殷海光，殷海光还把《自由中国》编辑胡学古（虚一）介绍给这陌生人。不料不久胡学古就被捕了，原来那陌生人是卧底的！

殷海光就是这样容易被钓的人！农村小孩钓青蛙，只要用根线，往草里一放，青蛙就咬住不放，全身暴露而出。殷海光容易被小人利用，也正如此。雷震也犯同样的毛病。我同殷海光玩笑性地表示过：“你们的为人最容易被小人包围，你们搞政治，若当了政，恐怕小人当道的情形，更要严重呀！”殷海光交游以留美学生为主，他们利用殷海光以海隅增光，而此辈学人又全无才气，连文章都写不好。我手边保有殷海光为林毓生的改稿，殷一边改一边骂林毓生中文太差！

对他印象奇劣

我同殷海光的第一次谈话，就在并不投机的情形下做一结束。我对他印象奇劣，虽然我喜欢他那光芒四射的文章，可是对他这个人，我却十分倒胃，倒胃得甚至不想选他的课。我的《逻辑》选的是曾天从的课，曾天从其笨无比。我不知道殷海光对我第一印象是怎样的，大概也不会好，因为两人谈得极不投机。我在逼问他一个问题："骂国民党是对的，国民党真的该骂。我要请问的是：你过去为国民党主持过宣传，你是国民党员，你怎么解释这一点？"殷海光被我突如其来的问题弄愣了。他很不高兴，显然不愿面对这个问题。他很窘，好像怪我知道得未免太多，他拖了很久才说："我已经忘了我做过国民党了！我对这种历史的问题没有兴趣。"听了他的答复，我很难过。我觉得殷海光在这一答案上不够诚实。我说："我是学历史的人，我对这种问题有兴趣。"我想起王安石的一句诗："但言浑忘不言无。"也许殷海光采取了这种方法应付我，但对我没用。光从经历上，他就跑不掉，他是国民党党报《中央日报》的主笔啊，怎可能不是党员呢？

殷海光长得正好四个字："其貌不扬"。又瘦又小的身材，又蹭又蹬的跛脚，粗糙的双手、杂灰的头发、风霜的脸、一对对称不佳的小眼睛，从三角眼皮下不友善地瞪着你。他的头与四肢，联合得很生硬，他紧闭嘴唇，作顾盼自雄状。真是作状，因为他的造型，实在极少雄的条件，但他硬要诚于中形于外，结果好像他外在的瘦小，快被他内在的伟大绷裂了似的，看起来真叫我难受。"他为什么这么做作？这么紧张？罗素的信徒不该这样啊！"我心里这样想。"他完全不像思想家、不像哲学家、不像大学教授，他倒像是北门邮局门口卖春宫画的，当然卖春宫画的不会顾盼自雄。"

两点伟大面

殷海光两点伟大面：

第一，殷海光象征了知识分子的勇于觉悟和勇于战斗——殷海光早年投身在救国的急湍里，狂热，动辄“立正示敬”。他被国民党争取到，为国民党做文化打手，被共产党列为“十大文化战犯”之一。到台湾后，他的勇于觉悟，使他的良知之言，不见容于国民党《中央日报》。他告诉我，《中央日报》社内当时贴出大字报，要“打倒别字主笔殷海光”！于是，他愤而离开，加入《自由中国》，用他一支笔，把国民党杀得痛苦不堪。有一次《自由中国》社到阳明山远足，在水池对面，看到提拔他的陶希圣，双方一言不发。我问陶的表情是否又怜才又悔恨，他说就是那样子。他说国民党中一些了解他的，曾努力挽留他，但没成功。我说国民党历来只知道“引狼入室”的可怕，不知道“放虎归山”的可怕，所以他们老是善于制造他们打不倒的敌人。殷海光大笑。当年勇于觉悟复勇于战斗的知识分子，没人比殷海光做得更成功了。

第二，殷海光象征了知识分子的启蒙工作的悲剧性光芒——殷海光的一生必须以他成熟时期、健康时期、神智清明时期的长时期均衡表现为准则。而《自由中国》的十多年间，正是这一表现。殷海光在这十多年的表现里，在使人头脑清楚方面，做了中国有史以来没人做得到的大成绩。他以简明的分析、高明的远见、清明的文笔，为历来糊涂的中国人指点了迷津。在思想指向以外，他在政论方面的文章，出色得使敌人和朋友都为之失色。如今，《自由中国》和殷海光都成了历史名词，看到几十年来群众还是那么混蛋，我必须说，殷海光的启蒙工作的成果是悲剧性的，因为真正受到他影响而能继续发扬光大的工作，并没展开，《自由中国》所带来的那些开明与进步，好像又混蛋回去了。一九七六年冬天我第一次坐牢出狱，我最强的一个感觉就是：“混蛋比以前多了！”混蛋多，就反证了殷鉴已远；所以我说，殷海光的光芒是悲剧性的。

第二次会面

一九六一年十一月一日，我在《文星》发表《老年人和棒子》，轰动一时。殷海光在台大文学院碰到我，这时候我们已经两年多没见了，叫住我，说："你在《老年人和棒子》里，提到的江亢虎是谁啊？"他不知道江亢虎是谁，我并不奇怪，于是我告诉了他。他很高兴，约我到他家去谈谈。我随手交给他我给胡适的信的副本，约好第二天去看他。于是，五天以后，我又来到了殷家。殷海光这回大概真的发现了我的不简单，他显然承认了我的蛟龙地位。他说我给胡适的信深深感动了他，信中提到的严侨，是中国伟大知识分子的代表，中国有千千万万的严侨，都在斗争中牺牲了……说到这里，他突然哭了起来，使我大为感动。这一次谈话非常投机，他要到我碧潭山居来看我，我同意了。不久他到碧潭来，教我如何煮咖啡。我穷得买不起咖啡壶，只能提供烧开水的铝壶做工具，他抱怨壶有油质，煮咖啡不好喝。我很惊讶他在喝咖啡上如此考究。我们大谈了一下午，然后到吊桥旁边小店吃鱼。殷海光的怪毛病是：他刚见到一个人，经常是不讲话，态度也不友善，一定要"暖车"（warm up）以后，他才逸兴遄飞高谈阔论不止，这时候他也有说有笑，与常人无异。但是下次见面时，他又要重新从那种死样子开始。一些人不了解这怪毛病，常常在一开始就被他气走了。这次殷海光到我家，怪毛病倒颇为从简，大概他怕我以其人之术，还治其人之身，所以很快就了无拘束地聊起来了。

与殷海光论《自由中国》

那时候《自由中国》已经停刊一年多了，我向殷海光谈到两点：第一,雷震搞新党,以雷震对国民党的了解,国民党会动手抓人。一动手抓人,《自由中国》就完了。《自由中国》一完,就表示大家几年来所争取到的言论自由,会被国民党收回去,何年何月才能恢复到《自由中国》的尺度,就不知道了。所以新党运动对传播思想而言,是一种连累,就像“五四”运动连累了新文化运动一样。第二,《自由中国》所谈的,是知识分子的、上层的、纵贯在线的中国。在知识分子以外,在上层以外,在纵贯线以外,对乡土中国、对苦难老百姓的生活,谈得不够。说到这里,我举我亲自调查的军中乐园(营妓)为例:一个妓女每天被迫接客五十次,只分到一点点钱,这叫什么“人间天堂”?她们这样悲惨的生活,什么主义、什么人统治她们,都一样。如果能够改善她们的生活,即使做了亡国奴,我想她们也心甘情愿。我亲眼看到她们接客五十次后老鸨们放鞭炮庆祝的景象。她们的痛苦,你殷海光等高级知识分子可曾知道?

听了我的话,殷海光为之动容。他承认他们太不了解乡土中国,不了解苦难老百姓的生活。那时候,我的研究主题之一是“中国性史”,我拿出一些春宫画给殷海光看。他说他从没看过这种东西,为什么这些漂亮的女人肯照这些照片?他不明白。我说:“可能为了救她的母亲,可能为了救她的女儿,可能为了救她的丈夫。但绝不是为了爱国才照这些照片。国家对不起这些苦难的人,这些人是宁肯做亡国奴的——只要她们能脱离悲惨的命运!”

国民党的老底子

《自由中国》在杂志方面,船过水无痕,只留下蒋介石为德不卒的记录,留下雷震“十年辛苦不寻常”,“十载铁窗鬼打墙”的记录;一方面人亡恶政息、一方面杂志亡而烛灭。雷震垂老,莫名其妙以去,他的跟班傅正,堕入民进党做花瓶。《自由中国》的唯一风光,皆宠于殷海光一身。从政论角度,殷海光固一世之雄,但政论以外,他实为一愚而诈的书呆子。自由主义的真髓他跟不上,因为他的经验是国民党、共产党漩涡中打滚的。殷海光虽伟大,局面却小,因为他的国民党老底子太深了。

湖北人先放水

一九六二年,发生了一次中西文化论战。论战是由两篇文章引起的,一篇是胡适的《科学发展所需要的社会改革》,一篇是李敖的《给谈中西文化的人看看病》。胡秋原因为论战失败,攻击了居浩然和我。在伦敦的居浩然投书提到胡秋原当年参加"闽变"叛国的话;我写《胡秋原的真面目》,站在现代史研究的立场,对"闽变"也做了点研究。这下子胡秋原更生气了。他来了"三位一体"的控告——告萧孟能、居浩然、李敖诽谤。居浩然太太怕事,先行和解。居浩然从伦敦回来,认识了我,坦白告诉我他怕老婆,老婆说要和,就只好和了。我说:"别什么老婆不老婆吧!你们湖北人就是没有种!文天祥说时穷节乃见,你们湖北人是时穷节先见,一件合作,只要有点风吹草动,第一个浇凉水、扯后腿、背叛原则又出卖朋友的,一定就是你们湖北人。你们九头鸟总是teamwork中最先变节的,别怪老婆了吧!"居浩然听了,哈哈大笑。居浩然以外,萧孟能受了亲朋压力,也动摇过;不过,我的态度影响了他。我的态度是:要告由他去告,要和你们去和,我李敖是不怕告,也不要和的。

不谈和,不动摇

当年章太炎感叹"湖北人设计卖我",我感同身受。但既然惹上官司,我绝不谈和。我那时二十七岁,很年轻,也很坚定。我认为,我遭遇的,是"是非"问题,不是"人情"问题。在"是非"上,我没有错;在"人情”上，为了真理，我六亲尚且不认，何况非亲非故的胡秋原和非亲非故的萧孟能呢？和事佬们都是萧家的朋友，他们包围了我，力劝我和，说不要道歉，只要声明所说不实，表示遗憾即可。我说不行，我所说的都是实的，也无憾可遗，不行，不和就是不和！就这样的，官司就打下去了。打到一九六三年的秋天，法官张顺吉做了判决：李敖、萧孟能，罚钱；胡秋原，也罚钱。因为告人诽谤的胡秋原也诽谤了他告的人。地院判决后，双方都上诉，从此官司就拖了下来。从一九六三年起，一拖十一年，拖到一九七四年，其间所换法官的人数与出庭的次数，都数不清了。到了一九七四年，我早已因叛乱的案子，被关到警备总部军法处了。国民党的法院配合警总，居然等警总先关我、审我后，才开了庭。法官是高院刑九庭的汪家声、吴纯、高廷彬，他们把国民党胡秋原的大量诽谤之言，一律改判无罪，有罪的只剩我和萧孟能了。一九七四年五月四日，我在景美军法看守所的押房里，收到这一判决。我感到一种求仁得仁的满足。十二年来，我为真理而战、为信仰而战、为抵抗国民党的打击而战，在这漫长的战斗中，虽然有青春的离去、有战友的离去、有人世的巨变和浮生的苍凉，但我一直坚定，毫不动摇。

胡秋原赔了五分之一退休金给我

最耐人寻味的，我跟国民党准官方的斗争，十二年后并没告一段落，一如我跟国民党官方的斗争一直没停一样。三四十年后，胡秋原被我揪住，官司打个没完。一九九九年八月二十七日，《联合报》登出：“胡秋原判赔李敖百万确定”，历经三十七年的大小官司，我终于打败了他。累积起来的赔款，约是他退休金的五分之一。我痛快极了。我分了一半给我的律师郭鑫生，一半自己痛痛快快地花了。一般人以为花儿子的钱最痛快，非也，花仇家的钱，才更痛快呢。我的胜诉不但为我自己报了仇，也为殷海光雪了恨。

一九九九年十二月十日，我有日记如下：

老国民党大员胡秋原三十多年前与我结下梁子、打起官司。近年来我把他打败，把他逮住、按住，要法院判决他赔我款。他第一次赔过了，这次又被我得手。十二月二日，他缴出“玖拾贰万柒仟贰佰陆拾壹元整”（内含利息）的台湾银行新店分行国库支票给我，我才揭下他家被我查封的封条，他再晚给，我就拍卖他的老巢了。

人生快事不在花钱，而在花谁的钱。感谢我的敌人、九十一岁的胡秋原。

讼性大发

打官司变成我特有的癖好。被我告过的人，官职从“总统”到“五院院长”、官衔从台北市政府到台中、高雄市政府，全都无所遁形。国民党中常委、国民党民进党“立委”、国民党大特务、国民党市议员、国民党教授等等，无一不告。我如此惹起官非，事缘五十三年前我被国民党大员胡秋原告到国民党法院，从此便一路“过堂”“听审”“惊奇”“拍案”，高潮迭起，几无宁年。个人也由“被告”而“原告”、由“小民”而“刁民”、由“自卫”而“卫人”，由“卫人”而好管闲事、为弱者打抱不平。于是跟国民党司法黑暗的前卫人士起了冲突，不论是法官污吏，不论是禁子牢头，不论是司法长官、法务部长，一干人等，都在我“点名批判”之列。三十五年间，为真理、为正义、为自己、为别人，我打了太多太多的官司，与法官一干人等冲突几十场，出庭几百次，下笔几十万言，好讼之性，自少到老；是非之争，老而弥坚。坚挺之余，特在六十一岁大寿前夕、多场官司缠身之日，编出一本《你不知道的司法黑暗》，聊以为快意恩仇。这本书，共“点名批判”法官等司法人员四百五十人，像发榜一样，真是洋洋大观。我坚决相信：只有“点名批判”“公布姓名”的办法，才能使法官知所警惕、无所遁形，进而形成外压力，促成司法的改革。否则法官失职，人不知鬼不觉，判决下来，只知道是“地院判决”“高院判决”“最高判决”,人们只能归罪法院,而不能揪出法官,这样认庙不认和尚,绝非良策。须知法院是空的、法官是实的。只有紧迫盯人,才能找出病源所在。——坏事毕竟是人干出来的,不把人锁定,谴责房子又有个屁用!同样的手法,我也用“点名批判”“公布姓名”法对付台湾有头有脸的各界人物。我写《八十五位混人花名录》,把要以“中华民国”之名重返联合国的八十五个“立法委员”名字一榜及第,统统公布;我写《斥一百六十二位教授》,把支持并推荐民进党尤清当台北县县长的一百六十二个“中央研究院”与台湾大学教授名字一榜及第,统统公布……这种下笔气势,可谓古今所无。当了“立法委员”后,一口气告了全部“立法委员”二百二十四人,最为壮观。太快乐了!

“可是没人敢告他”

关于我好讼性格,有一段有趣的记录。一九八七年五月七日我有日记如下:“今天上午在地院十七庭开控司马文武等八人庭。司马文武说李敖写文章也有骂人的话,推事黄德贤说:‘那是另一回事,别人可以告他,与本案无关啊。’司马文武说:‘可是,没人敢告他。’”——为什么没人敢告我?因为告了会进一步惹得满头包。本来只被李敖骂一次的,因为兴讼,反倒挨更多次骂了。跟李敖纠缠,是得不偿失的。至于好讼是胜是败,我倒一直是以“成固欣然、败亦可喜”的心态打官司的。我反正站在正义的一边,法官苟有异数,同我一边,是谓“欣然”;法官同流合污,不同我一边,但他们的判决书可以被我遗臭万年,留为历史活证,这也不错,是谓“可喜”。打官司对我是“正义的娱乐”,既是“娱乐”,就要高高兴兴去面对,不能怄气啊!

讼性转向

不过，随着年华老去，感到时不我与，花在讼性大发上的时间太多未免不值得，令我不快。做“立法委员”后，我有机会在庙堂之上骂狗官了，除了告了全体“立委”二百二十四人外，官司就比较少了。我的名言是：“打官司，胜任而不愉快；扯女人，愉快而不胜任；只有在‘立法院’骂狗官，才又胜任又愉快。”理由在此。不过，近五年来我还是由杨宗儒律师代打了一件大官司，打败了八十五岁的敌人许倬云，为了他在大陆出版什么《许倬云回忆录》一再诽谤我，被我逮住。最后他写了道歉信，还赔了七百八十万巨款。胡秋原赔的是二百万级的；许倬云赔的是八百万级的。我更爽了。

居浩然才气无双

在文星时代，结识了不少人，其中最有趣的首推居浩然。我早在台大时，马宏祥就对我说：“居浩然的《十论》大可一看。我原以为这个淡江英专校长是个普通党国元老的纨绔子弟，其实不然。此公为文，极有创见，并且文笔清新可读。”经过这一介绍，我把《十论》读了一遍，深觉马宏祥的判断不错，从此对居浩然另眼相看。居浩然死后多年，我为他写过几篇文章，揭发国民党大员张建邦逼妈妈居瀛玖（居浩然姐姐）上吊、逼舅舅居浩然离职等内幕。居太太在澳洲看到，写信给我说：“甚为欣慰，感谢万分！你替浩然一次次地申冤，他在九泉之下一定感激你这位朋友。”她同时有信给王小痴，说李敖先生“替浩然出了一口气，非常感谢！”最有意义的是：在《十论》绝版多年以后，我把这书出了新版，为居浩然跟我的因缘，用一本书做了周而复始的句点。

居浩然去澳洲前，说他做东惜别；出人意料的，地点竟在北投一家旅馆中。在座有吴申叔、何作歆、李子弋、萧孟能、周群、张继高（吴心柳）等。饭后忽然窜进两个女人，进门即脱，其中之一戴起假阳具，对一女作势，随着两女易位，作势者人亦作势之，忽前忽后，令人眼花缭乱。我做个鬼脸，对张继高说："瞻之在前，忽焉在后。"继高大笑。这一场突如其来的表演令人倒胃之至，自是居大少爷临别恶作剧也。

甜蜜的居蜜

居浩然远托异国，我送他全家登机，看到他小女儿居蜜，瘦小迷人。她是台大图书馆系的高才生，我们通过信，后来断了。一断四十多年。她主持美国国会图书馆亚洲部，成绩优异。她带给我一些中国古地图复印件，在福华饭店与我重逢。她的婚姻是"伍迪·艾伦式的"，结局令人不快。她改嫁邹鲁的儿子，以居正孙女嫁邹鲁儿子，不久先生也过世了。她深感革命历史已被窃取，对中部同盟会和她祖父居正不公道，故安排我去美国国会图书馆演讲。

居蜜是甜蜜的女人，我一生两度见她，中间落差四十多年。太不可思议了。

吴申叔的两代情仇

文星时代朋友中，吴申叔是令人哀念的一位。吴申叔的父亲是大名鼎鼎的"党国元老"吴忠信。吴忠信早年的风光，显然在蒋介石之上。早在民国元年就做上首都警察总监，革命历史悠久，更先声夺人。肇和军舰起义，据邵元冲《肇和战役实纪》，司令长官是陈英士，参谋长是吴忠信，位在蒋介石之上，这就隐含了祸延自己和子孙的某种"原罪"。吴申叔是学艺术的，拍了一部名《海浦春潮》的影片，主题是肯定"国民党德政"，可是不晓得怎么回事，伪"国防部总政治部"就是不让过关，弄得他一身都是债。走投无路时，他只有去拜托“经国哥哥”，可是仍没下文；他无奈，感到吴、蒋两家关系已经非比从前了，蒋经国也许不喜欢这一老称呼了，于是他自行知趣，改用晚一辈的身份，重提陈情，可是仍没下文；他又想到，过去吴、蒋两家关系非比寻常，吴忠信手中，有不少蒋介石写的信件，也许这些信件物归原主，会邀得一点垂怜（事实上，过去周佛海的太太，就曾受点化而交出这类手中的信件过，以换取周佛海一命）。于是他便把所有的信件都交出了。可是，还是没下文。吴申叔对我说：“李敖兄，最令我不服气的一点是：没有我们吴家替他们打天下，哪有蒋家的天下！如今他们有了天下，却连场电影都不准我们拍，这算什么公道！”可见蒋家父子的凉薄，非局内人不知也！

吴申叔的最后晚餐

我第一次见吴申叔，是一九六四年一月十四日，他请我在台北“喜临门”吃饭；最后一次见吴申叔，是一九六六年四月九日，他约我在他家吃饭。这次饭局中有熊式一、林文奎（熊式一学生）、洪锦丽（林文奎学生）、丁墨南、李湘芬、张继高、萧孟能。熊式一等对我颇称赞，但我因熊式一用英文写过《蒋介石传》，马屁十足，所以不喜欢他。京戏名角李湘芬说：“我小时候在老师梅兰芳家看到年轻时候的胡适，现在看到你，觉得你真像那时候的他！”林文奎将军是孙立人将军的参谋长，孙案发生，他饱受惊吓，精神状态逐渐有异，这时已是满口怪力乱神。申叔拜他为师，病中生幻，益发不可收拾。不久以后，申叔就闭户不见朋友，以至于死，前后不过一年多时间。这次最后的晚餐，好像是申叔有意设下的惜别宴。席中申叔和王莫愁做主人，周到亲切，一如往常。谁也没想到，这样一位热情有才华的朋友，就这样悲愤而死了！那天饭局时，林文奎一再说喜欢看我的文章，并拿出他的照片集给我看，我忽然看到 Bonnie 的家庭照片。Bonnie 是我在台大最后喜欢的同班同学，毕业前夕我才发现她很迷人，可是太迟了。她是林文奎的干女儿。这段往事有个怪收尾，林文奎的儿子做了阿扁的“国防部副部长”，竟神经兮兮，写文主张跟共产党打巷战。这是什么战略啊，打到巷战了，还“国防”个屁呀！

骗才无碍吴心柳

文星时代朋友中，张继高最健谈。文化论战时，他从香港写信给我，指出胡秋原文章不行，“一泻千里，尽见浑水。”他回台后不但相见，且做了邻居，常常深更半夜，从《中国时报》下班后到我家神聊。后来文星垮了，他趋向国民党高层，早无往还了。多年后我出狱，在路上碰到，他假意要请吃饭，我含糊过去，自此不复相见。萧孟能诬告我时，蒋芸在香港急电张继高，挽他出面调停，但他滑头闪躲，以致坐看萧孟能一误再误。后来他跟国民党高层日近，我看不惯，乃揭发他冒充燕京大学新闻系毕业生的丑闻。我揭发后，他噤若寒蝉，直到死去。死后他的瑞芝夫人被他的瑞沥情妇欺负，求援于我，我请龙云翔律师有以协助。张继高讲风度、讲谈吐，实为一高级骗子，但他只能骗严家淦、王惕吾、王效兰这些文化程度不高的人，碰到李敖，假玉碎矣。宋主席辞省长职务时，将连战一军，就住在张继高家里。有一次宋楚瑜来我家聊天，我说你被张继高骗了。宋楚瑜口不言人过，窘笑而已。骆明道跟我说：“张继高连五线谱都不懂，竟做了乐评家。”我笑说：“玛丽安·安德森(Marian Anderson)不懂五线谱，还不是歌唱家？我也和玛丽安·安德森一样啊。”骆明道补上一句：“在不懂五线谱一点上，你老兄的确和玛丽安·安德森一样。”张继高成名后，一定后悔他微时冒充了燕京大学毕业，成名后无以自拔。骗子的悲剧是他无法从良，因为他开罪了李敖。李敖是个最喜欢报复的举证能手。王企祥说得好：“得罪了李敖就等于得罪了犹太人。”但我和犹太人不同的是我报复属实，但正义在焉。

雪中送炭云乎哉?

一九八四年年底,我回信给陈平景,有一段论及雪中送炭的故事,颇有奇趣:

> 看了你信中回味我们交往的往事,自觉我这个人,其实也并不是怎么难交的人,虽然有人可能有此难交的误会。作为朋友的李敖,优点不胜枚举,缺点可以枚举。优点中最大的一个是我喜欢雪中送炭(虽然也涉嫌把人推到雪中再送炭予之的恶行。我常常教人毁家纾难、教人冒险犯难,此非推人到雪中而何?),并且不介意别人送不送炭给我,对女人尤其如此。女人要送,雪中送肉可也,送什么炭!胡茵梦和我结婚时对我说:她要在国民党再抓我时,公开撕毁她的党证以为抗议(雪中送炭)。此种"民国豪放女"作风,自可姑妄听之。不料曾几何时,"民国豪放女"一变雪中送炭者扮相,改演"大义灭亲"者矣!由此可见,一个人说要送炭给你时,不可轻信,要真正送了才算。王晓波去年对洪金立说:"在他(李敖)第一次入狱时,我没能为他公开仗义执书,也没能去看他和写信给他,这是我应感到惭愧的。"并保证"如果李敖再度因言论而受政治迫害,你们《纵横》还继续办,还能给我讲话的机会,届时我一定为李敖公开讲话"。看了过去王晓波所作所为,我还敢消受他的雪中送炭吗?同理可证,"民国豪放女"的雪中送炭固不可信,"殷门豪放男""世新豪放男""夏潮豪放男"的雪中送炭,也同样不可信也!

雪中送炭是一种侠义性格,是我的一大特色。因为"烧冷灶"是不符时代潮流的。但是,雪中送炭毕竟是太农业社会的道德了。我雪中送炭,太落伍了。王晓波是殷门叛徒,投奔了迫害殷海光的人,谁还敢相信他的雪中送炭呢?虽然他是爱国者。

殷海光这个人

国民党自从在大陆失败逃到台湾后,他们检讨失败的原因,可分两派:一派认为专制得不够,今后要多专制才行;一派认为自由民主得不够,今后要抛弃老套,要做深刻的、进步的反省才行。做这种反省的人数极少,但最成功的就是殷海光。殷海光这一成功,表现在《自由中国》杂志上,精彩无比。最后,国民党决定动手了,弄出了雷震案,《自由中国》也就停刊了。殷海光在《自由中国》时代,风光八面,如日中天;《自由中国》被迫停刊后,他顿失地盘、渐形索寞。一九六〇年以后,到一九六九年死去,这九年间,由于我的帮助,他虽在迫害频仍、衰病侵寻之中,却得以在出书上、生活上、医疗上和精神上,获得不少支持。我不但支持,还为他找外援。费正清(John King Fairbank)到台湾时候,约我陪他去看殷海光,后来在南港请殷海光同我请饭。因为殷海光曾向我表示希望美国有学术机构帮助他,我侧面问费正清可否设法。费正清说,他已对殷海光有帮助。这事我颇不快,我向黄三抱怨说:"老殷的为人我实在要骂他,他拿了费正清的研究费,却对我们不吭气,害得我们还拼命替他设法,这算什么!"我虽然大力支持殷海光,但对他的为人,却总是以看一个不通人情的高级书呆的眼光来给他定位。他并非全无心机与权术,但这种心机与权术,总是湖北人式的,格局甚小,所以我始终不怎么喜欢他这个人。他有点装腔作势,也有点阴阳怪气,虽然他的政论写得光芒万丈。

殷海光认为我有道理

殷海光有一封给何友晖的信,中有一段自道他和我的为人:"李敖从前托人告诉我,说我'为人应世笨拙不堪'。我想他的话是有相当道理的。第一,他为人应世比我灵巧得太多;第二,他跟人接触,最根本的着眼点就是自卫,因此他总先假定人是坏的。”我说殷海光“笨拙不堪”,因为他不是没有心机与权术,而这些心机与权术,禁不住高人的一眼看穿。我就是那种高人。虽然我称殷海光做“老师”,但他清楚知道我没选过他的课;“老师”对他是尊称,是名不副实的。因此他对我,也是一种师友之情,算得上是“尊而不亲”。我的一些小朋友,像陈平景、像黄三,倒比我跟他面见得多。他跟陈平景后来为了钱有不愉快。一天早上,他特别到我家,要我用我对陈平景的影响力,收回由他口述由陈平景笔录的自传。我点怪他不该为了点小钱否定陈平景,但我还是把陈平景说了一顿,要他交出自传。后来经我劝说,两人又言归于好。我虽然与殷海光交往不密,但每有重要情况发生,他总找到我,也特别尊重我的判断。胡虚一被捕以后,殷海光家门口被治安机关站了哨,他问我怎么办?我说要若无其事,但是学生们该少来,免得连累他们,使他们以后有记录在身,万劫不复。他认为很对,就在门上贴了不见学生的条子。

“当场收押”

一九六七年的春天,我在“美而廉”碰到殷海光,感到他的气色很差。本来对他的健康,我没有注意,因为这是殷太太的事。殷太太那么贤惠,照料殷海光的健康,当然不在话下。但这次见面,使我感到有点不对劲,我把陈平景找来,侧面问他,他说殷海光有胃病。我问医生怎么说?他说没找医生。我把他骂了一顿,我说有病怎么不找医生?他说殷海光不肯,殷太太也不肯。殷海光还说除非去贵族医院,他不要在公立医院应诊。我又把他骂了一顿,怪他没有好好照顾殷先生。他说他们夫妻都不肯,他也没办法,“除非你敖哥逼他们。”我说就这么办,我去逼他们。四月十四日深夜,我写了一封信给殷海光,埋怨:“没想到你竟对你的身体这样不科学!”我告诉他我已替他约好贵族医院的门诊，一定得去。“你治胃病的一切费用，由我承担。”就这样的，在一九六七年四月二十日，我把殷海光推到台湾最有名的胃科大夫李承泌面前。李大夫对我说：“我佩服殷先生，也佩服你李先生。李先生郑重托我，我自然尽力。”他为殷海光做了彻底的检查，检查期间有说有笑。然后对我使了一个眼色，就走出去了。我跟殷海光聊了一阵，借故出来。李大夫拉我到一边，满脸严肃地说：“百分之百的胃癌！百分之百的胃癌！怎么拖到现在才来看医生？”我回他：“能拖多久？”他说：“这次若不来看病，几个月里就没救了。”我问：“现在有救吗？”他说得开刀才知道，现在就立刻办住院手续。于是，殷海光立刻被“当场收押”，我把他安排进病房，把同来的孟绝子、陈平景都支使出去，房里只剩他和我。我先说了些轻松的，然后轻描淡写地说：“斯人也，不可有斯疾也！你这位忧郁哲学家啊，竟得了胃癌。罗素要听说你得了这种不哲学的病，他会笑死了。现在决定开刀抢救，你应该准备在开刀以后，好好把你要说的，都说出来，我相信那是一部有价值的书。你有生命危险，来日无多，我本来不该告诉你，但我一想，你看了这么多书，若连生死都看不破，那书也白看了。所以我决定告诉你，使你有所准备，免得做错了安排，浪费了时间。”殷海光听了我的话，很镇定，也很从容。他感谢我以强者对强者的态度对待他，他说一切就照我说的办。我走出病房，叫陈平景去陪他。陈平景后来说：殷海光一见到他，就哭了。殷海光在强者李敖面前不得不示强，但李敖一走，他就垮了。

这就是殷师母所坦承的：“李敖救了殷老师一命。”

殷海光因李敖而多活了两年半，最后还是走了。

殷师母二十年后登门

一九八九年八月二十四日下午，我家来了不速之客，来的是殷海光的太太夏君璐女士。殷师母与我二十年不见，如今重晤，大家都很高兴。二十年前，殷海光来过我家多次，可是殷师母并没来过。这次殷师母自美返台，是应自立报系举办所谓“纪念殷海光先生逝世二十周年学术研讨会”而来的。抵台前，陈宏正到我家跟我说：“殷先生的朋友学生每人出一千元，联合请殷太太吃饭，盼你参加。”我说：“我才不要同这些人吃饭！他们有几个配称殷海光的朋友？又有几个配称殷海光的学生？今天国民党尸居余气了，局面没有危险了，他们这些懦夫，才敢钻出来打殷海光的旗号了，试问当年殷海光挺身与国民党相抗的时候，这些人又在哪儿？当年我挺身声援殷海光，冒险为殷海光印书，出钱为殷海光治病的时候，这些人又在哪儿？至于殷师母，她与殷海光共患难那么多年，是我尊敬的女性，但是她把殷海光硬推进教会，并且不能辨别谁是真正在殷海光生前死后有爱于殷海光的人，未免令人遗憾。她上次回台湾，为什么不来见见我这位真正的义人。——她整天在教会里找义人，其实真正的义人是不进教会的。”殷师母毕竟是有服善之勇的女性，她居然带着洋酒为礼，登门来看李敖了。二十多年前殷海光生病，他的朋友、学生袖手旁观，唯有我肯在自己负债的艰苦下援之以手，送他住院看病。出院后，殷师母特别亲手做蛋糕送我。这次殷师母送酒而来，我特别回忆二十多年前她亲手做蛋糕的往事。她说：“李先生，你的为人，上帝最知道。你并不孤单，上帝是和你在一起的。”我听了，哈哈大笑。

我笑语黄三

二十年前，为了殷师母趁病打劫，“神化”殷海光，并阻挠遗著的出版，我曾对她不谅，写信劝过她、写文章批评过她。二十年下来，她想通了，殷海光遗著被她开禁了。虽然闻道太迟，总比胡适那种至死不悟的混太太好，我还是要夸奖她。

由于我是当年冰河期、黑暗期挺身声援殷海光，冒险为他印书，出钱为他看病的人，殷师母此番来看我，自有不忘故人的情义。一个星期后，另一位被遗忘的殷海光的小朋友黄三（黄胜常）来电话，我笑着告诉他:“殷师母终于想起我对殷海光做的好事了,她说:‘李先生,你的为人,上帝最知道。你并不孤单,上帝是和你在一起的。’三三你看,二十年后,她终于把殷海光从上帝手里放出来啦!可是又把我给拖进上帝手里啦!”黄三听了,哈哈大笑。

殷海光生前尊罗素而反迷信。说他信了上帝,是对殷海光的最大羞辱,我是绝对要谴责的!

事说从头

一九七〇年九月十五日,我写信给殷师母,说:“海光先生去世周年,明天你们在教堂的仪式,我仍比照去年——不参加了。我这种不参加,我不赞成的方式的态度,想早蒙您的谅解。”“关于海光先生后事,去年九月十四我曾有千字长信给您。其中关于遗著方面……当时也许您考虑得太周到,所以蹉跎经年,反无成绩,我的建议与自告奋勇,也就白费。”“去年九月十五号晚上,您向我说:‘李敖你是斗士,可是殷老师不是了,他已属于上帝。’如今一年过去了,感情的因素应该平静些了,殷师母,我向您说,您错了。海光先生仍然是斗士,只可惜能够陪他一起斗的人太少了,能够认识他这一斗士性格的人也太少了……”二十年过去了,殷师母想通了,知道我提议出版殷海光遗著是正确的,她同意《殷海光全集》由桂冠出版公司的赖阿胜出版了。我更高兴“已属于上帝”的殷海光,又属于我们了。可惜二十年的时间断层,已使殷海光有点脱节了。年轻人会在“谁是胡适”以后问“谁是殷海光”了。

我们在大学时候,有文章可看(看的是《自由中国》杂志);有师表可寻(偶像教授是殷海光)。现在的大学生眼前的是什么?连掠影与浮光都没有,只有一片萤幕与降幡了。

上帝有两个

上帝有两个。一定有另一个上帝,在提醒着另一个夏君璐:在众人熙熙的人群中,一定有一个独来独往的义人,在独行其义。殷师母在登门送酒后二十二年,签名送给我一册《殷海光·夏君璐书信录》,上题"敖之留念　师母殷夏君璐于台北故居　二〇一一年五月二十二日",另由"殷文丽"签名附后。三年后殷师母走了。在《殷海光全集》出版后走了、在殷海光被伪善们攀附中走了、在陈平景他们被遗忘中走了。至于李敖,当然在"敬而远之"之列。只是李敖一直凶悍,没人敢招他惹他。李敖特立独行,也不在乎这些勾当。只是殷师母还胆怯地记得他,偷偷地送了这本书,而非《基督教问答》小册子,做了永生的记号,仿佛在说:我们基督徒永不忘记义人,只是按下不表,心照不宣而已。

殷海光死在九月十六日下午,王晓波通知我,我立刻赶去,碰到齐世英。齐世英对我说:"殷先生生前说李敖是最够义气的人。我知道,殷先生能拖到今天才死,都是你义气的结果。"我听了,没有说话。公道死在活人心中,公道活在死人心里。死人没法说出公道了,公道归公道的人自己说了。

笑成一团,方足言骂

殷海光二十年的忌日,殷太太在这天《中国时报》上,透露了一段秘闻。她说:"一九七一年九月里的有一天,我去看才出狱不久的雷震,他一见面就对我大声地说:'殷太太,你看,殷海光爱生气,就被国民党气死了!'""雷震的话,让我想起海光生前的'骂'。他喜欢骂人,尤其常常骂蒋介石。他被'迫'离开台大后,每天吃晚饭时间,常对着我跟 Abby 骂蒋介石,又骂又气、又气又骂,然后饭也吃不下了——不久,他得了胃癌。殷海光真的给满腔的愤怒‘气病’了、‘气死’了。”

殷海光这种搞法,不是骂人之道,而是找死之道。他曾告诉我,他佩服的熊十力老先生最恨蒋介石。熊十力骂蒋介石,一边骂一边拿上有蒋介石照片的报纸,团成一团,在自己下面擦,然后哈哈大笑,以化怒气。殷海光显然忘了老革命党熊十力的身教,结果一个高龄、一个短命,殷海光竟先被骂者而死。被骂者蒋介石活了八十九,骂人者殷海光活了四十九,你输了。也许殷海光察觉出骂人时应该伴之以团报纸,但在饭桌前难以仿行。纵仿行成功,则得胃癌者将是女眷,因为她们“饭也吃不下了”。结论是:殷海光舍己为人、自我牺牲,还是自己得了胃癌。

书呆子趣闻

殷海光爱书成癖,有一次他看一本 Aristotle(亚里士多德)的著作,他女儿殷文丽过来,他就教文丽念 Aristotle 这个字,没想到文丽正在换牙,没有门牙,念到 totle,口水应声而出,喷到书上,殷海光大叫:“哎哟!哎哟!”急忙掏手帕擦口水。多好笑呀! 还有,此公一辈子只打过四次电话(至多四次)。有一次他太太教他如何打,把他带到公用电话旁,替他把号码拨好,对方说话,才递给他。殷海光紧握话筒,满头大汗,打完了,要昏倒的样子。他太太赶忙抓住他,发现两手冰冷、两眼发直,好一阵子才恢复正常。再谈他的鲜事。有一天,他和政大的另一书呆夏道平教授,忽然要开洋荤,跑进观光饭店喝咖啡。咖啡厅在十二楼,他们就进入电梯,可是很久很久还不到,空气闷得难过。殷海光说:“这么久了,即使一百二十层也该到了。”于是紧张起来。还是夏道平聪明,他看电梯墙上有许多阿拉伯数字,就乱按了一个,门突然开了,原来还在一楼!

“殷鉴”不远

殷师母是应自立报系举办所谓“纪念殷海光先生逝世二十周年学术研讨会”而自美返台的。我笑着向她说:“这年头儿真变了! 雷震死后十年,忽然冒出了许多雷震的知己,跑出来做雷震秀;殷老师死后二十年,忽然钻出了许多殷海光的朋友和学生,跑出来做殷海光秀。殷海光死后的朋友和学生,比他生前多,你说怪不怪?”殷师母听了,为之苦笑。

我并不反对纪念殷海光,但我反对利用他来纪念他。殷海光死后周年之日,我曾有信给殷师母,提到头一年我写给她的密件。我说:“在那封信中我又忧虑海光先生死后恐被利用,结果都不出我所料。海光先生死后,‘党化’者有之(如去年九月十七号国民党的 *The China News* 说“He wrote editorials for the Central Daily News for a while in Nanking.”但却只字不提他在《自由中国》的壮烈举动!),‘国化’者有之(如把他描写成固有文化的回头浪子!),‘神化’者亦有之(如把他收归上帝名下,做信教者的死证),其他歪曲他、国化他的,更属不少。”二十年过去了,由于国民党的强弩之末,由于殷师母的一元复始,殷海光已不再被禁锢,已从封闭中解放出来。但是,各种利用他的秀局,却方兴未艾。连吴丰山、张忠栋、杨国枢、胡佛、李鸿禧、何怀硕、郑钦仁等跟殷海光毫不相干的人都敢抛头露面了,士林怪态,可真“殷鉴”不远呢。

证实了人间没有公道

自立报系大做殷海光秀,由它的头子吴丰山接见殷海光夫人,即时表示:“任何国家或社会的先行者,在争取言论自由上总要忍受一些痛苦、一些煎熬。现前,来自海内外数十位杰出的学者,一齐纪念殷海光先生的贡献,证实了人间自有公道。”

其实,所谓“海内外数十位杰出的学者”,他们在殷海光受难之际、苦难之际、危难之际,不但没援之以手,甚至是殷海光的敌人的同路人,这些人今天以知己嘴脸,重现江湖,可见江湖之中,人心难测。

另一方面,当年真正对殷海光援之以手的人,二十年来一直为殷海光“吾道一以贯之”的人,却被伪君子们视而不见并且大加排斥。伪君子们抹杀他们,正因为他们不是别的,而是“国家或社会的先行者”。如今先行者们如彼、伪君子们如此,正好证实了人间没有公道。

吴丰山式惭愧

自立报系大做殷海光秀,在所谓“纪念殷海光先生二十周年学术研讨会”上,吴丰山致开幕词,指出:“作为自由报业的一分子,本报系无可卸责地要追溯二十年前台湾各报纸,在殷海光受难期间噤若寒蝉的这个事实,并且因此感到惭愧。”“正因为如此,我们确实感到报业界无可卸责,应该郑重地还给殷海光先生一个清清白白的历史公道,并且期勉报系本身不再犯错。”吴丰山的自责态度是可取的,但期勉“不再犯错”了半天,却又犯了错。

第一,吴丰山不必代别人惭愧了,自己惭愧就够了。以《自立晚报》而论,就高压下争取言论自由的程度比例而言,李子弋等前辈所做的努力,今天的晚辈吴丰山都赶不上。吴丰山实在该因代人惭愧而惭愧。第二,今天被吴丰山请来参与所谓还给殷海光历史公道的人,他们自己就是不敢伸张公道的懦夫,这由他们多年来目无真正替殷海光主持公道的义人,就可证明。吴丰山物以类聚,真是错上加错了。吴丰山曾因诽谤案到我家登门道歉,他有一张臭脸,不会笑。那天他笑了,可是笑比哭还难看呢。

水肥系

殷海光生前对黄三说:“我不要死,我要睁着眼睛看他们如何收场。”可是他不善养生如此,又如何活得过敌人呢? 一九六七年五月十二日,我在殷海光的病床边跟他聊天,我把中国文化学院(中国文化大学前身)的巧立名目说给殷海光听,在旁边的一个学生谈到中国文化学院的哲学系,我在这位哲学教授面前,开玩笑说:“你看,中国文化学院也有哲学系,这个学院,除了‘水肥系’以外,简直什么系都有!”殷海光冷冷地说:“他们的哲学系,就是‘水肥系’!”看到殷海光躺在那儿,我心里想:学哲学的人要看得开才是,怎能得了胃癌这种病? 胃癌的原因虽多,但老是心情不好是原因之一。哲学家怎可以老是心情不好? 哲学家得了胃癌,就好像神父得了梅毒,斯人也,不可有斯疾也! 不过,哲学家倒可以得梅毒,叔本华(A. Schopenhauer)是也。但殷海光当然不会,他的胃癌,就是“梅毒”!

殷门弟子

殷海光的成就,在他《自由中国》十年的细腻的启蒙工作,多与政论有关。其他文字,成就平平。殷本非学术中人,亦非高度思想家。他立身倒有一股浩然独立之气,但是太不自然浑成,而是硬撑出来的。虽然如此,他仍是岛上唯一的。他的得意门生,刘景升之子耳。殷早岁为国民党文化鹰犬,后得脱身自赎,勇于对过去所写,全不认账,亦勇之黠者。他的殷门弟子,皆不成材,纵以学阀结队,仍属败絮。

在我快毕业时候,殷海光及门弟子林毓生(在历史系比我高一班)在凤山预官七期的刊物上,用科学方法,分析了当道的伟大,他不但马屁拍得十分肉麻,还即时加入了国民党。马戈(宏祥)找到这篇文章,和我一起告诉殷海光。殷海光大为痛苦，他大概做梦也没想到，他传授的科学方法，竟被林毓生这样运用了。

殷门弟子外一章

殷海光的方法学书呆群里，还有一个学生，就是做到台大哲学系教授的刘福增。为了日本人侵略中国，我和他有一次笔仗。刘福增拾日本人怪说，竟说日本兵没有“侵略”中国，只是“进出”中国。他认为“侵略”是有价值判断的字眼，学术上不能用。我气了，写文章臭骂他和他的方法学。我质问他：这就是你的方法学吗？天下可有这种武断的、抹杀事实的方法学吗？赞成以“进出”来代替“不带价值判断的字眼”，但“侵略”难道不是描述事实吗？照你这样“冷静而严格”，日本就没有“侵略”，只有在中国领土上“进出”了；日本军人就没有“强奸”，只有在中国妇女身上“进出”了。这种咬文嚼字，又证明了什么？难道历史事实可以用“没有价值判断的字眼”抹杀吗？我告诉他：在方法学上，历史事实只问真假，不问浓淡；如果蓄意把历史事实“淡化”，显然就是不尊重客观事实。不尊重客观事实，在描述上动手脚，就是篡改历史的一种。

是事实问题，不是辩论问题

尤瑞斯（Leon Uris）在《女王第七法庭》（*QB VII*）里，记那集中营被纳粹医生强割卵巢的劫后余生女人说：她无法确实指认哪个医生割了她的卵巢，但她知道，她的卵巢不见了。日本侵略的问题、南京大屠杀的问题，就是同类的问题。这种问题，是事实问题，不是辩论问题。事实是什么，你再舌粲莲花说没有也没有用，绝不因刘福增和他的日本人“科学方法”后就不再存在、就“没有什么好深究的”。在南京被日本人砍杀、奸杀的千千万万中国骷髅,他们在落日光中、在雨花台下、在“以德报怨”声里、在“没有什么好追究的”学术论文内,他们会不会死得瞑目,我不知道;我知道的是:我李敖绝不瞑目。我一息尚存,我一定要争出个是非、争出真理与真相,我绝不坐视,我一定要挺身出来讲话。我痛斥书呆子,书呆子不通人情也不通物情,他们只知在“本行的学问”上过瘾,结果谈了半生理论,却变成既不“讲理”又不能被“说服”的怪物,整天犯的毛病,竟一一都是逻辑的、方法学的。刘福增说“李敖有反逻辑反方法学的情绪”,他错了;我没有反逻辑与反方法学,我反的是书呆子的逻辑和书呆子的方法学。逻辑和方法学在书呆子的“进出”下,已经被他们亵渎得不成样子,已经变成支持他们宣扬伪学、帮助日本人的工具,变成他们“耍嘴皮子”,“咬文嚼字”的障眼法。读书读到这种地步,也真太可悲了;知识分子败坏到这副德性,也真太可耻了!

刘福增是我老同学,在台大教《集合论》等学科,跟我还有点私交。但我绝不因为是有点私交的老同学,就在真理上和正义上含糊而过。我的剽悍是有名的。我不要好人缘。我对台湾的书呆子统统不饶,“宰杀”刘福增只是一例。为了真理与正义,我得罪的人可太多太多了。

刘福增的公道

台大教授刘福增是我老同学,我们因打笔仗疏远,已不来往。他是殷海光弟子中,残存在台大哲学系里唯一的一位。八月二十八日,他在《首都早报》写《冲出自由的警戒区——纪念殷海光先生逝世二十周年》,指出殷海光“以最严峻的言论批评国民党极权的特务统治”,这种“深入‘自由的警戒区’去冲锋陷阵”,“今天在台湾(包括常在台湾和国外之间来往的)所有号称自由派学者的殷海光的学生或学生辈的人,都差多了”。不过刘福增补了一句:“李敖也许算是例外。”我很欣赏我的老同学敢讲这种公道话,虽然他不公道地用了“也许”两个字。

刘福增又批评自立报系举办殷海光研讨会的褊狭。他说:“有两个殷先生的学生也应被邀请与会,不论他们愿不愿来或能不能来。他们就是李敖和陈鼓应。”

打电玩的劳思光

一个插曲颇为有趣。殷海光在世时,有一次笔仗,是同劳思光打的。劳思光最后批评殷海光,说他曲学而不阿世。殷海光很气,跟我痛骂劳思光,说此人头脑欠清。多年以后,劳思光自香港移台。台北市东丰街原有一家电玩店,我路过时,在窗外常见里面有一矮小枯瘦的穿西装打领结的小老头在玩。其矮小枯瘦,与殷海光有几分神似,原来就是劳思光。有时高信疆也和他一起。我笑问信疆:“你怎么这么无聊、这么‘与民同乐’,怎么带劳思光去你们身份不该去的地方、玩起你们身份不该有的娱乐?”信疆笑着说:“谁带他来了?——是他带我来的呀!”听了信疆之言,我们相互大笑。后来东丰街电玩店关门了,久矣不见“劳”苦功“高”了。一九九一年十二月二十七日晚饭后,与小屯在东丰街,一人走过,忽闻大声叹息一声,小屯注意一看,说:“那不是劳思光吗?”果然是他。我说:“这个书呆子,又出没东丰街了。哲学学到徘徊于电玩之中、叹息于马路之上,哲学可真无计可施了。”虽然此光非彼光,但我每次碰到劳思光,就想到殷海光,光怪陆离,此之谓也。劳思光是一书呆,他的《中国哲学史》崇儒色彩明确,有甚于冯友兰;为人怯懦,去殷海光远矣!他在香港时,曾写文章骂我,大意是笔仗时人人都会斥责对方,只有李敖一面斥责对方,一面大捧自己。劳思光观察很逗,深知我也。

何凡的得意

在文星时代,有一次我同何凡等聚餐,何凡洋洋得意地说他在《联合报》写《玻璃垫上》。“一连写了十多年,还不出事,可见段数之高。你李敖整天惹警备总部,是何道理?”我说:“何凡啊!你还好意思说吗?你独占专栏地盘,有别人享受不到的好机会,有这么大的宣传媒体,你整天写的,上限不过大官的白眼,下限不过公车的黑屁,然后就是谁跳多高,谁跑多快,白菜萝卜多少钱一斤……你十多年来,没把言论自由的尺度写宽一点点,没给警备总部这些大老爷们施以一点点教育和教训,你不觉得你失职吗?你还好意思这么得意吗?”

余××之二

文星时因我有地盘,自然成为被巴结的对象。我对国民党文人统统看不起,其中最有代表性的是国民党党工之子余××。后来文星被官方封门,余××最不该的,是他明知文星被勒令停业,在香港谈话却说文星结束是经济上的原因、是经济上的经营不善!他对国民党政府的血手封店,不敢置一词,反倒如此曲为之讳,真是太没脊梁了。为了报复他的可恶,近二十年后,我受萧孟能太太朱婉坚之托,到法院告他一书两卖,违反著作权。在法院,余××狡赖说所谓的文星书店只以出版一次为限。事实上,若只以出版一次为限,即付三千元,当年余××尚无此身价!

“表天真”亦风流也

在文星时，秘书陶运猷写了一幅中堂送我，中有一句说我“敢违世俗表天真”。他这句诗写得很传神，我的为人，的确如此。“表天真”并不是装小孩、显幼稚，而是真正基于真知和真诚的率性表述。这种表述，容或夸大，但非扯谎，也非虚伪。态度嘛，不够好，且有“流气”，但极有效，因为别人怕我，所以大家反倒少麻烦。我相信“表天真”也是风流行径的一种。陶渊明“我醉欲眠卿且去”，就是“表天真”的一种。

不相称的下等罪名

《自由中国》杂志以后，文星成为眼中钉的递补者。封杀文星既成为定案，手法自然也不厌其精，是“公私合营”式的——在“公”的手法动手前后，多次以“私”的手法上下其手。萧孟能和我，不断遭到离奇的讼案，从皤然一公到公然一婆，形形色色的检察官式原告，此起彼落，我们也就共同或分别拥有离奇的罪名——就像艾德诺或马丁·路德·金(Martin Luther King，Jr.)拥有的跟他们品格绝不相称的下等罪名一样。萧孟能以售文星书店峨眉街门市入狱，罪名是售价与公告地价不同。妙在台湾房屋买卖，都按公告地价行使，千万件可行，唯独萧孟能不行，以下等罪名入狱。我也以诈赌案被人诬告，幸亏大明星蒋光超也被卷入。国民党认为整李敖必然整到蒋光超，所以不了了之。我在国民党衙门要陆啸钊出面保我，啸钊到了，在保证书上签名前，对承办人员说：你们写“李敖诈赌等案”要我保他出来，我不明白为什么有个“等”字，是什么道理？请删掉“等”字，我再签字。啸钊看出承办人员别做手脚，他真精明。

大陆对文星的了解很少

一九六八年五月十三日,已投奔国民党的施启扬打电话告诉我,说看到四月二十三日的香港《大公报》,有张其义写的专栏文字,标题是《台湾的“文星集团”事件》,可看出中共方面如何看文星被封,请我注意。他们竟不了解文星,还以为文星是美国支持的。

国民党,真是报应啊

文星书店结束后十六年,一九八四年六月五日,我有信给萧太太朱婉坚,我说:

> 回想十九年前,在国民党掐死《文星》杂志的时候,我曾说:“文星是一道主流,虽然这主流反对国民党,但反对之道,还有规格可寻,还可聚合各路细流,成为高明的导向;文星一旦没了,主流就会变成乱流,国民党早晚会更惨,还要赔上台湾的命脉和别人的青春。国民党有一天会知道:当一切情势改变了的时候,他们将欲求有《文星》而不可得!甚至欲求有《自由中国》而不可得!他们那时候才会发现——迟来的发觉——《文星》《自由中国》式的反对他们,是太客气了的!可惜笨蛋得要命的国民党永远不会明白,他们总是不见棺材不流泪。马歇尔说国民党会做好事但总做得太迟,他的看法,真是一针见血了!

我写这段话正值党外杂志乱流四起、国民党中央焦头烂额的当口,我佩服我李敖是最准确的预言家,还算吹牛吗?

敌人给我的成绩单

论断李敖在文星兴风作浪之功，不管《纽约时报》或《经济学人》所登，都从正面着眼，实不足为李敖光宠，我该引一段负面观点的论断，以概其余。一九六六年三月二十一日的《征信新闻报》(《中国时报》前身)上，登出国民党徐复观的长篇大论，其中"发展之程度，早已经威胁到整个社会与民族之安全"项下，有这样的话：

> 兹将其年来诽谤行为，根据初步不完全之统计，做成附表二。计其对个人指名之诽谤，自孔子以至胡适、钱穆，凡五十七人。其对团体之诽谤，自台湾大学文学院、"中央研究院"、孔孟学会、"立法院"、"内政部"、各大学中文系、全台研究中国文化者、全体较李敖年长之学人、全政府官吏、全国民党员，以至整个中华民族。谓孔子之像为"恐怖"，将孔子思想与西门庆、魏忠贤，等列齐观。对研究孔子思想之人，除加以毒词秽语外，并谓"早应打耳刮子"。对祭孔子之礼童，诋之为"小鬼"。对主祭之台北市长，指为被杀作祭品之"牺牲"。称胡适为"大懵懂"，"把文史学风带到这种迂腐不堪的境地"，"脱不开乾嘉余孽的把戏"。指钱穆为"大脑在休息，小脑正在反射"，"近乎卜巫之间的人儿"。指台湾大学为"分赃"、"腐化"、"遮羞完毕"、"拼命捞钱"、"与家里'欧八桑'先奸后娶者有之，奸而不娶者有之"。骂年老一辈之学人都是"吃闲饭黑心饭""使他们的子孙因他们感到羞耻"；"我们不得不狠狠地打它几个耳刮子"。骂"内政部"是"愚昧"、"落伍"。骂"立法委员"是"妄人"、"可耻"。指全政府官员及全国民党员是"这种人的耳刮子早就该被打"；"没人格的知识分子"。骂各大学中文系是"脓疮"，是"义和团"，"准义和团"，"非狠狠开刀一次不可"。骂法律是"荒唐的法律，任何文明国家所没有的法律"。骂文化是"哪一点比那用叉子吃人肉的老哥高明"。骂我们民族是连"最野蛮的民族"都

不如之民族，并向友邦挑拨“把洋鬼子绑起来，这是中华民族的美梦之一”。在附表二中所列资料，尚极不完全，而此处仅随意从附表二中摘举一二。由此可知李敖不仅对一切用尽毒词秽语，且欲见之于“开刀”“打耳刮子”之行动；不仅诬尽中国一切文化，且欲挑拨台湾与世界友邦之感情，使台湾受到世界各国之轻视与敌视。共党未到，而李敖所发动之斗争清算之阴影，已笼罩于全台湾。国步方艰，而由李敖所出卖之民族立场，及向友邦之挑拨行为，已否定年来全朝野所做之国际合作之努力。

看了徐复观陈列的我的“罪状”，我真该“感谢”他，“感谢”他真是我的知己。我这些短于自知的大成绩和自己不好意思说的大成绩，竟这样简单扼要地肯定于“亲爱的徐”之口，足证我这短短四年的努力，是石破天惊的了！

《李敖告别文坛十书》

国民党对我的书大撒禁网。从我在文星最早出版的《传统下的独白》，到最后自行出版的《闽变研究与文星讼案》等书，全被查禁。这时我三十一岁，眼看前路荆棘，似无靠笔杆维生的活路，乃宣布出版《李敖告别文坛十书》，得款做本钱，改行去卖牛肉面。一九六六年十一月九日，情况来了。发生在台北雅江街三十五号装订厂，跟我共患难的陈平景有记录如下：

……五点五十分左右，二分局派行政局员娄（山东人，济东蓬莱，后查出名娄振岳）率彪形大汉四人（后始知兵中一人姓那，又一人姓单。然不露面者，不知几人，居民围观状至热闹），着便衣，找敖之，告以上级命查禁《乌鸦又叫了》及《孙悟空和我》二书。时左已将《孙悟空和我》约千五百本包好装在板车上，正拟运出。

敖与娄均态度平静，敖之谈笑风生，颇见功力也。然厂主林某因事出仓促，且无经验，顿时面如土色，喃喃喊苦。

六时半二分局长（福建人，后查出名郑文杰）来，人矮、着西装，状颇文雅。详讯印书情况，及奉命查禁之情形（只说上级，未说内容）。又市警局派黄某（福建人，认识柏杨，管书刊查禁的）来，红色警车来三次，拉走已上车之《孙悟空和我》及已装订未装订已叠未叠里封外封等，又拉走《乌鸦又叫了》全部未装订、里外封及海报。嗣因警车太慢，分局长下令雇一板车来。时张、左均离开，敖及平景与之周旋焉。

敖嘱平景外出一次……

八时郑命三警员继续搜查工厂，请敖之到警局谈。敖说："我的朋友陈先生还要上课，他可否先回去？"郑不准，共到二分局。

九时吃了四菜二汤。市警局副局长来，只一露面。郑局长介绍："这是李先生。"与在吃饭之敖之打招呼。

旋由娄讯敖之，至十二时十分。郑在分局长室与市警局副局长闭门而谈。工厂林厂主十一时偕三警员来，手抱剩余之书及纸等，在分局长室密谈。林太太抱小孩来，敖之说你丈夫不出来，我绝不走，请放心。（林十二时离开分局）

政工嘴脸

到了第二天，装订厂四面警卫重重，对面且有便衣二人监视，当是警备总部政工人员。声言不准带走任何东西。林厂主恳求我们离开，我们觉察到所禁之书，绝不止于昨天那两本。傍晚幕后人曝光，警总政治部李中校等二人出面，邀我一谈。李中校即李国瑾，此人握手时如瘫痪病人，手软如棉，一点力量都不用，十足政工嘴脸，先使人了自指掌。他通知我，《李敖告别文坛十书》中，《乌鸦又叫了》《两性问题及其他》《李敖写的信》《也有情书》《孙悟空和我》《不要叫罢》等六本书全被查禁；《妈离不了你》《传统下的再白》《大学后期日记甲集》《大学后期日记乙集》在涂掉蝴蝶页及封底后，可以发行。我问他如何涂掉，他说用大橡皮印蘸黑颜料盖上去就可以了。后来我如法去盖，他又改口不同意，因为盖得不够理想仍有字透出，读者还是可以看到上面的字。而所谓上面的字，不过“李敖著作十九种”的书名而已！最后他同意的条件是撕掉蝴蝶页和封底，才准放行。我当时因读者来预约，无法应命，十本书能给读者四本也好，只好同意。这次《李敖告别文坛十书》，出得如此狼狈，我对读者实难交代。直到十三年后我复出，我才对向我“归队”的读者表示，我愿此生赠送我自己出版的所有的书，以为补偿。但读者很体谅我的处境，他们当年花了三百元预约，绝不好意思没止境地收我自己出的书，所以送了一阵，也没人计较了。

一九六六那年

一九六六那年，我三十一岁。在出书上，可谓流年不利。这一年，我写的《孙逸仙和中国西化医学》《传统下的独白》《历史与人像》《为中国思想趋向求答案》《教育与脸谱》《上下古今谈》《文化论战丹火录》《闽变研究与文星讼案》等书全被查禁。十一月五日出版《李敖告别文坛十书》，在装订厂被治安人员抢走。《乌鸦又叫了》《两性问题及其他》《李敖写的信》《也有情书》《孙悟空和我》《不要叫罢》等书全被查禁。不但在出书上遭遇浩劫，在人身上，也被警备总部一再“约谈”，虽均于当日放回，也不堪其扰。至于我的“帮凶”，也无一幸免。帮我打杂的弟弟竟被征召去当兵（当兵并不稀奇，稀奇的是国民党竟从台中、台北两个地方发两道召集令去找他当兵，以急着断我帮手）；帮我总管的陈平景跟我一起被抓到警察局；帮我印书、装书的厂商竟被警告、罚站……帮我奔走的助手张白帆家里竟被非法搜查。（一天清早，多位治安人员站在他家门外，他开门后，带头的人表明身份，并很客气地说：“你的家里能不能让我们以朋友身份看一看。”张白帆说：“这不是搜索吗？请问有没有搜索票？”那带头的人说：“拿搜索票多麻烦啊，我们只是以朋友身份看看你家而已。如果你坚持要那张纸,你相信不相信以我们的身份,我们可以领一本搜索票来送给你,你相不相信?”张白帆恍然大悟,就请他们翻箱倒柜了。这故事太传神了。)

我家有电话了

有个老“国大代表”叫汤炎光,想出风头,要办杂志。当时以我之名,根本申请不下来杂志执照,但汤炎光可以。于是达成协议,汤炎光申请到《文风》杂志,但只有挂名发行人的权利,其他编务、内容一概不得过问。于是我和屠申虹就包办了第一期,很寒酸,只有一张纸,分出四版,但一张纸照样闯祸。办出来后,一方面“中央研究院”登大幅广告斥责、抗议;一方面汤炎光被“调查局局长”沈之岳请去吃饭,劝他千万不可和李某人合作,否则后患无穷。汤炎光一听吓坏了,立打退堂鼓,不办了。我和屠申虹不便相强,相强也没用。不过这杂志夭折,却给我一个方便,我阴错阳差变成了电话阶级。因为当时电话很贵,用杂志社申请可半价优待。杂志垮了,电话长留,从此我家有了电话。由此一例,可以想象萧孟能待我之“厚”!跟他文星共事这么多年,编辑部也在我家,可是他却吝于在编辑部装个电话!电话以外,冰箱也如此。我离开文献会,到安东街租房时候,他为我买了一个冰箱,却不是电冷的,而是每天由人送冰块来放进去的冰箱!我不愿细数这些小事,但人言籍籍,说萧孟能如何如何有恩德于我,这些吝啬的小故事,也许能博识者一笑。

阴错阳差成了汽车阶级

我虽被官方秋前秋后算账,但我气派不衰。最有趣的一件鲜事,是我阴错阳差变成了汽车阶级。原来我被文星请出去,为自谋生计方便,打算学好友简志信(简瑞甫)买辆机车。不料买机车分期付款要两个房保,买汽车开支票只要一个房保。因为萧孟能不肯为我作保,我只有信义公寓妈妈名下一个房保,其他别无房保可寻,故买了三百六十 CC(指汽车排量 0.3L——编者注)的凯莉小汽车。我就是这样阴错阳差之下,成为汽车阶级的。那时候台北市面汽车尚少,我这辆身价连计程车都不如的小车,开起来却拉风得很,到处可停,与凯迪拉克无异也。印象最深的两次,一次是我跟女朋友"小 Y"到淡水红毛城,另一次是去阳明山一家日式旅馆洗温泉,都开的这辆汽车。"小 Y"是苏州人,政治大学中文系毕业,是女作家,所以她和我之间的情书颇多。"小 Y"美丽、细腻而多情致,是最可爱的女人。洗温泉那次,她软语哀求,曲尽江南美女的婉转,令人终生难忘。

擦鞋者言

当年有一次擦皮鞋,擦鞋的林先生目我良久,说:"你不是李敖吗?"我说是。他说:"你同胡茵梦结婚,是不是中了奸计?"我笑着说:"我这么坏的人,还会中计吗?"他说:"这可不一定。一山比一山高。"又有一次,也被擦鞋的认出。他说:"李先生,奉劝你一句:你少说一点吧!——台湾的警察比老百姓还多,你不可不当心啊!"我想到古人的"买柑者言",他们的冷眼、冷言与冷语,比起"擦鞋者言",都"圣之时者"了。至于我自己,几十年来我都不穿要擦的皮鞋了,我穿英国 Clark 皮鞋,平民而去。

愧对江青

后来我的汽车换了,换成了和裕隆计程车一样的车,不过是全白的,仍旧极为拉风。那时刘家昌自费拍电影,想找一个假的制片人为他撑腰。制片人要阔，我因为是汽车阶级，被他看中，遂以购买我收藏的《古今图书集成》为交换条件，要我开着车替“演”制片人，我同意了。自此跟演艺界扯了好长一阵子。他们好赌，我的赌技亦属一流，因此常常打梭哈。刘家昌此人嗜赌而艺不精，一意赢人而自己屡输。有一天有次牌局，我告诉他：“今晚有一个凯子参加。”他闻之大喜，入夜闻声而至。一赌之下，发现高手如云，他输得丢盔弃甲。这时他偷偷问我：“敖之，你不是说有个凯子吗？”我说：“是啊！凯子不是别人，就是你小子呀！”——古时阿波罗发神谕会有一大国战败灭亡，但没说出是哪一大国，求神谕者欣喜而去，不知原来亡者乃自己之国也。

又有一次刘家昌全部输光，一点儿赌本都没有了。他低声下气向刘维斌借赌本，刘维斌说：“除非你叫我爸爸，我不借。”刘家昌说：“大丈夫，怎么可以叫人爸爸？不过，叫人‘把拔’可以。”刘维斌问：“什么是‘把拔’？”刘家昌说：“‘把拔’什么意思都没有，只是发音像爸爸。这样叫了，你以为我叫了你爸爸，我却只认为叫了你‘把拔’，所以叫了等于没叫，可是赌本却借到了。”后来，刘家昌怀疑李翰祥给他戴了绿帽子，气冲冲跑到片场，当众打了李翰祥。事件发生后，我和影剧圈内深知李翰祥的导演们、朋友们，都坚信戴绿帽子是绝不可能的事。这件事，全是刘家昌疑神疑鬼的闹剧。因此我告诉刘家昌以李翰祥不可能偷你老婆的种种证据，我说了半天，刘家昌若有所悟于先、若有所失于后，最后大声说：“但是，但是，敖之，我不是王八，这怎么成？我已经招待记者，当众宣布我是王八了！”我听了大笑，说：“难道非做王八不可吗？难道非做王八不乐吗？难道要做错了王八，还要为了面子错到底吗？难道非说你老婆偷人，你才觉得理直气壮吗？家昌啊！何必自寻烦恼啊！”

有一次大家在刘维斌家赌钱，赌到天亮时，来了电话，刘家昌说：“一定是我老婆来查勤了，千万别承认！”刘维斌拿起电话，果然是刘家昌夫人江青打来的。刘维斌立刻把赌台上的生龙活虎气概收敛得一干二净，反倒装出被电话吵醒的模样，语调迟钝，慢慢而断续地说：

"不……不在啊……没有啊……我昨晚拍片,今早四点才上床啊……"我们大家屏息静坐,不敢出声。事后哄笑不已,深叹刘维斌演技精绝。二十年后江青来台,到我家拜访我,我甚感惭愧。我觉得她与刘家昌婚姻的失败,当年我们这些酒肉朋友不无责任。虽然我多年后,已变成律己极严的连清茶咖啡都戒掉了的清教徒,但是自悔少作之情,犹未能免也。

在舞厅

当年我也去过几次舞厅。胡秋原说舞女"形而上者不能聊,形而下者不能搞",妙句也!有一次与居浩然上舞厅,忽闻广播说:"居浩然先生电话。"居浩然正拥形而上而下之,置若罔闻。我提醒他有电话,居浩然正色说:"这里没有居浩然!我姓张。——在风月场所,我都姓张。"我恍然大悟,难怪居太太查勤,永远找不到我们的居校长!(淡江大学前身是淡江英专,居浩然做校长,我重考大学前,也考取过。所以辈分上他是我的"校长"。)还有一次余传韬从海外归来,透过徐钟佩,与我结识,两人一见如故,聊得开心。一起去王又会开的仙乐斯舞厅,王又曾在旁作陪。余传韬问我:"我在台湾做什么最好?"我说:"你组织新党最好,因为你跟他们有生殖器关系(余传韬的父亲是青年党大员余家菊,丈人是国民党大员陈诚)。你组织新党,他们不会抓你。你组织新党,顶多被打屁股而已,怕什么?"可是余传韬就是不敢。后来,他由"教育部"次长而中央大学校长,一直善保其臀,不敢造次。校长不负此臀,此臀负校长,想起"腹负将军"的典故,不禁失笑。(《通鉴长编》记:"党太尉进食饱,扪腹叹曰:'我不负汝。'左右曰:'将军不负此腹,此腹负将军。'")当年我还去过几次酒家。一次是和徐讶,一次和叶明勋、毛树清,出来后还一起跳舞。后来我坐牢,最后一年被"洗脑",在土城仁爱教育实验所被所谓学者专家们"上课",一天毛树清来了,佯作不认识,酒肉朋友,当如是也!

彭明敏

从三十一岁到三十五岁四年间,也就是一九六六到一九七〇前后四年间,我把它归纳为“星沉”时期。在这段日子里,《文星》杂志、文星书店相继沉下去了,我自己——这颗拟人化的文星——也沉下去了。不过,到了一九七〇年,“星沉”的情况更恶化了,那就是我开始被国民党政府软禁,前后长达十四个月之久,直到我被捕为止。局面所以恶化到这一地步,原因除了我过去有多彩多姿的反政府“黑底”外,与彭明敏的关系,构成了黑上加黑,以致沉上加沉,最后终于沉到牢里去了。

彭明敏在《文星》发表《泛非思想的感情因素》,我在《编辑室报告》中,特别点出“读了这篇文章,使我们可从这段思潮的激荡中,得到触类旁通的领悟”。在这微妙领悟后十个月,“彭案”发生了;十三个月后,他历劫归来,门前冷落、特务环伺,备感人情冷暖。亲友都不敢同他往还,他的朋友只剩下“极少数极少数例外”,我是例外之一,并且不愧是例外中的例外。因为我也备受迫害,与他处境堪似,于是相濡以沫。那时蒋介石下密谕,将我和陆啸钊赶出文星。我去做生意,需要在银行开甲种户,领取支票。曾请萧孟能帮忙,萧孟能推托不肯。彭明敏知道了,慨然相助,写信给陆啸钊,叫他陪我到彰化银行永乐分行去开户。原来彭明敏请他哥哥彭明辉为我暗中介绍,才得过关。那时我困于生计,卖书为活,彭明敏也为我写信向洋人兜售。总之,从他出狱,到他偷渡离台,四年之内,我和他在黄昏、在子夜、在灵犀相通之际、在杯酒谈薮之间,共度过数不清的悲欢岁月。

灵犀杯酒之间

彭明敏的生活品位极为高雅,有一次把亲植的非洲紫罗兰送给我,又送我的女朋友小蕾一条他自养的小狗,命名嘟嘟。一九七〇年一月十五日,嘟嘟不幸中毒而死,我正事忙,托魏廷朝去看彭明敏,带去一些啤酒和杂志,顺便问问还有没有嘟嘟血亲可以代讨。不料廷朝回报,说只有彭师母在家。十一天后,魏廷朝匆至,说外电传来,彭明敏已抵瑞典矣!彭明敏偷渡后,我立刻被软禁经年,以至下狱。军法判决的罪状,是"明知彭明敏有叛乱前科,其叛乱之念未泯,仍秘密与之交往",并助其偷渡。在我与彭明敏四年间的患难之交里,由于我不是他的学生,他"在灵犀相通之际、在杯酒谈薮之间",透露了不少心事给我,而为其他人或他的学生所不知。例如我对他以向蒋介石"悔过"换取出狱的行为,曾表示不解。他最后道出了真相,他说:"本来我是不肯悔什么过,准备坐牢的。可是一想到女人我就只好投降了。"还有一次他向我说,他羡慕 *My Secret Life* 一书的作者,因为该作者一生搞过四千个女人。像这些话都由他在灵犀杯酒之间透露给我,可见两人交往之近。

彭明敏忆从头

这段交往,彭明敏后来写《彭明敏回忆录〈自由的滋味〉李敖定本序》有相对的回忆:

> 我坐牢十三个月而被押回家看管之后,状况并不好转。"亲友"们恐慌未息,不但不敢接触,有的还要"落井下石"。狭路相遇,有的装得看不见,有的干脆落荒而逃(猜想其回家后,必求神拜佛保庇其不会因遇见我而被牵连)。
>
> 最难能可贵的,仍然有些例外的朋友。
>
> 李敖就是这种极少数极少数例外朋友之一。
>
> 李敖与《台湾自救运动宣言》无关。可是,谢聪敏、魏廷朝和我被捕后,警总人员觉得该《宣言》文章写得太好(这应归功于谢聪敏和魏廷朝),不可能出于台湾人之手。他们猜来猜去竟然想到李敖,一口咬定是李敖代笔的。审问期间,他们对此一再追问不

舍,使得我哭笑不得。李敖也因此更成为特务人员怀疑和注意的对象。这是李敖与《台湾自救运动宣言》唯一的“牵连”。

我认识李敖早于《台湾自救运动宣言》案的发生,也曾到过他家。在那里印象最深的,除了藏书丰富之外,就是他亲手把全家清理得干干净净,一尘不染,包括浴室厕所。他没有中国传统“文人”的肮脏陋习。

我案发后,李敖不但不畏怯,反而倍加亲切,我知道他不赞同“台湾独立”,也不支持“台人自决”。他所以反对国民党,不是出于狭窄的政治利益,而是发自历史和文化的深厚哲学,也是出于对民主自由的信念和人权人道的大精神。他的思索是广泛、深刻、清晰、严密而有良知的。

我被看管期间,李敖约我每月密会一次。每次他都要请我到高级餐馆,享受丰餐,大概是要鼓舞我士气,补给我营养。他又怕我监禁生活太干枯无聊,每次都会带来当时受禁的《花花公子》杂志最新一期,借给我看(他言明那是“借”的,不是“送”的,所以每本都须于下次会面时归还他,我乃照办不误)。有一晚上,“调查局”局长沈之岳请我们两人吃饭,事前事后,我俩都觉得极好玩,嘻嘻笑笑,好像两个调皮顽童似的。

一九六九年起,我开始准备脱出台湾,须与海外各方联络。所有通信都须请人带出海外投邮,来信也不能邮寄,只能从海外由人带进台湾。为此,需要一些可靠朋友,由他们再转托其可靠友人,带出带进。李敖便是这少数可靠朋友之一。他会为我转出一些重要信件,但他恐不知道我频频与海外联络,目的是什么。没有想到这竟成为他入狱的重大罪名之一,我衷心歉疚,难以表达。

我脱出台湾准备就绪,深知成功则生,失败则死。一九六九年末,我看见他时,知道这是我们最后一次晤面,但不敢告诉他我的计划(这与我未透露给家人一般,是要让他们免陷于“知情不报”的重罪)。我还是照例约定下次密会的时地,虽然心里清楚,不论生或死,我会爽约,他不会再看到我的。临走时,我心里黯然向他道谢、道别、道歉了。我受难期间,他对我那份厚情和义侠,永铭于心,至今仍时时回念感谢。

我到达瑞典以后,有一段时期仍与他保持联络。但所谈大都是轻松私事,不涉及国家大事。

我在狱中,曾写了一篇《全体主义的迷惘》,出狱时偷偷带出,将原稿寄给李敖,请他评论。他立刻写了两篇意见,我非常珍重。我于一九七〇年初脱出台湾时,不带行李,身上能带出的,极其有限,而李敖那两篇评论则是我冒险带出的极少极少东西之一,至今仍保存在美国。

我脱出台湾后,李敖即受严密监视。他家曾被偷置录音器。他发现之后,将其拍照,也把特务人员监视他家的情形拍照下来,连同偷听器零件,全部寄来给我。这些相片和零件,与我一起辗转流浪多处多时,还在美国。

被"跟监"

彭明敏这些回忆,有一些可以补充的。先是国民党政府一得知彭明敏偷渡到瑞典,立刻把我软禁,不分日夜,由专车一辆、专人若干,对我紧迫盯人起来。这一紧迫盯人,先由警察单位派人,后来警总单位接力,前后"跟监"(跟踪监视)。在我被软禁的这十四个月里,所谓专车一辆,一开始是"华宾"字号的计程车,后来是"兴业"字号的计程车,最后是"永炯"字号的计程车,事实上,都是警总保安处的工作车化装的。当时保安处处长是吴彰炯少将,计程车字号是"永炯",显然有"永远是吴彰炯"之意。在专车一辆之外,一般是三人一组,每天三组,每组八小时,对我二十四小时全天候紧迫盯人。那时我住的是四楼公寓的顶层,他们在楼下对面农家平房里租了两间,车就停在门口,和我的自用车(与计程车同一品级的车)遥遥相对。每次我出门的时候,他们就跟踪,李敖步亦步、李敖趋亦趋。过去彭明敏被跟踪的时候,曾向我埋怨说被跟多么讨厌,我劝他说你何必介意呢?只把他们当作“狗”来跟你就算了。彭明敏说李敖你没被跟,你不知道这滋味;等你被跟,你就知道不是那么简单了。后来我被跟了,我倒觉得蛮好玩。和我同时被跟的,有谢聪敏与魏廷朝,他们两位经常跟这些“狗”冲突。

撞到我的车

在长达十四个月的软禁过程里,最早跟踪我的,是台北市警察局大安分局派出的警察。一开始是两人一组,我本来就是性喜在家的人,被跟踪后,尤其懒得出门。跟踪我的警察在我家门口,缺少运动,亦复无聊。他们打发无聊的方法,是聊天、逗小孩、看过路行人,和抬头对我的四楼东张西望。他们的名字,我当然不能全知,为了辨别,我就给他们一个个暗起外号。有一组外号叫“胖子”与“小子”的,好像最坐立不安,耐心最差。我在四楼,隔着百叶窗,用望远镜偷看他们的一举一动,煞是有趣。一九七〇年四月七日晚上八点四十五分,楼下有撞车声,不久有人敲门,我开门一看,原来是“胖子”。按照他们的规定,跟监人是不准同被跟监人打交道的,但是“胖子”满脸难为情的,终于向我开口了,他说:“李先生,真抱歉!真抱歉!真抱歉!来打扰您,您知道我是干什么的。我们在下面,刚才一个去大便,一个去小便,正好没人在,小店的小孩子顽皮,趁机跑到我们汽车里,发动马达学开车,一下子就冲到您停在下边的车后面,撞坏了您的车。请把车钥匙给我们,我们保证为您修好、保证修好,务必请李先生原谅!”我笑着说:“没关系、没关系,等我下去看看。”我下楼后,看到我的车屁股侧面被撞伤。那时我的车也旧旧的,我心想:“这回被撞,索性大修特修大美容特美容一次吧!”我对“胖子”说:“没关系、没关系,明天再说吧。明天你请管区警察来同我谈就是了。”那时的管区警察叫罗翼飞,湖南人,人不错,跟我较熟。第二天,他果然来了。他说“胖子”拜托他来道歉,并表示“胖子”要把我的车开走,修好后还我。我问他到底车是怎么被撞的?他说根本不是一个大便一个小便去了,而是“小子”不会开车,在楼下无聊,要“胖子”教他开。不料“小子”一开就一挡猛轰油门、高速起步,车就冲出来,冲到李大爷的车上了。我说:“‘胖子’闯了祸,竟还想瞒天过海,他妈的太可恶!我要收拾收拾他们。这个车,我要自己修,我才不要他们去修呢。他们修,还不是找到附近老百姓的修车厂,吃老百姓,修了也不会好好给钱,这怎么行!我要自己修。修多少钱,由他们照实赔我。”管区警察见我坚持,只好请我开估价单给他,就告辞了。

可怕的估价单

我的估价单很恐怖。开出去后,管区警察又来了,他说他们研究结果,李先生的车只不过屁股侧面碰坏了一点而已,怎么李先生要整个全修起来?甚至连前面的保险杠也要换新的,全部车身都要改喷,他们说李先生在吃豆腐。我说我李先生没吃豆腐,是吃刺猬。你们警察整天吃老百姓,今天就要被老百姓吃回来。你回去告诉大安分局局长,叫他识相点,乖乖把钱送来;不然我就写信给他的上司,信中写法是:“你们派人来跟踪我,我没办法,要你们撤回,是强你们所难。但是你们派来跟我的人,屎尿太多了一点,一个去大便,一个去小便,我的车,就被撞了。我现在求你们撤回跟踪我的人,固属奢求,但求你们精挑细选一下,派些屎尿少一点的干员来,你们应给予方便,如此则感谢无量矣!”管区警员听了又大笑又苦笑,说回去想办法。

五月一日,他又来了。说大安分局局长屈服,由他命令警察们凑钱,凑足了你李先生开的价码,现在钱带来了。可是局长说,有一个条件,必须请李先生帮忙,就是我们绝不承认警察撞了你李先生的车。我们抓到个计程车司机,他愿意承认车是他撞的,我们警察只是调解,由这司机赔你李先生钱,并且《和解书》日期要倒填二十三天,倒填在撞车那天当时。不知李先生能不能网开一面,这样和解。说着把早已写好的《和解书》和现金八千一百八十元双手奉上。我笑着说这事容易,就大家作假好了！于是，我就在对方早已签好了的《和解书》上，签了字。跟我和解的对方叫“张颂德”，直到四十五年后的今天，我还不知道跟我和解的人是谁、是什么模样？我俩生平各有此轻功，能在腾云驾雾之中，就自相撞而言和，真不能不佩服大安分局局长的导演之妙了！

“那家伙阴险无比”

车修好后，“胖子”跟我弟弟说：“简直比以前的还好！”我弟弟说：“托你的福。”“胖子”透露：此次赔款，派出所摊派三千，余额由警察分摊。倒霉的“胖子”，不久终于给调走了。后来警总派人接替警察，把跟踪职务全部接过去。有一天，警总跟踪我的“老郑”（郑士达）向我透露：“‘胖子’临移交时候说：可要当心那李某人，那家伙阴险无比。撞车那天，他下楼，笑嘻嘻的，满口说没关系没关系，可是没了半天关系，却把我们警察咬住不放，直到赔了他大把银子才松口。你们别以为李某人吃了我们警察，把钱拿去修车了，其实我们查出他的车保的是全险。保险公司不敢追查谁撞了他的车，只好认赔了事，所以修车全部是保险公司孝敬的。李某人拿了我们的钱，全部给他小女朋友去买花衣服了。李某人是全世界最厉害的家伙，你们可要小心才好！”我听了，哈哈大笑。我说：“这就叫‘警民一家’啊！”

周才蔚来电拜年

有一条一九九二年二月五日的日记，可以看到当年的一斑：

周才蔚来电拜年，问我好不好。我笑谓我们这个年纪，大头半黑半白了、小头半软半硬了，今天不比昨天坏，就很好了。他妈的，还要怎么好！他大笑。说只有跟老哥们儿你李敖笑，才是真的笑；每天生意场上的笑，都是假笑。他又笑谓，讨个小的以后，小头不硬也不行了。我大笑。

才蔚最近参加了小龙女儿的婚礼。小龙告诉他,李敖不参加婚丧喜庆,但寄来了一万元。他说小龙够朋友、讲义气,和你李敖一样。只有一点不同,就是小龙比你爱国。我说他只爱"中华民国",我爱的国比他大。

才蔚回忆起当年我被警总软禁,他约我过年时去小滕家众赌那一次。大家在里面赌,李敖想起跟踪他的三个人在外面等。外面很冷,李敖乃叫他们进来,在大门入口处,找人凑上一角,也另开一桌赌起来。才蔚说有治安人员在大门口把风,那是全世界最安全的一次赌博,而李敖心肠之好,由此可见。——此事我十多年来全忘了,经才蔚提起,我才想起。

才蔚说你李敖只在书房里用功,不知道外面许多实际的事。例如蒋孝武有次去基隆,竟电刑警队,给他找三个姑娘。这种事,你李敖就不知道。

接雷震出狱

在被软禁的时代,我的报复,不止于"捉迷藏",还有更狠的。一九七〇年九月三日雷震坐牢十年期满出狱,我得知国民党新闻局调虎离山,届时请外国记者们去中部旅游,暗中放出雷震。我乃约来《纽约时报》兼《时代·生活杂志》的特派员沙荡(Donald H. Shapiro)和美联社的特派员白伦(Leonard Pratt),一大早跑到新店安坑监狱。在我个人被国特"护驾"中,接雷震出狱,使国民党伪政府无法封锁这一消息。后来雷震在日记和回忆里也盛道此事。

奥森柏格

我被跟监快一年时,美国哥伦比亚大学奥森柏格(Michel Oksenberg)教授请我在中泰宾馆吃饭,看到我被国特"护驾"而来,极为反感。他跟我密谈甚久。后来他与卡特(J. Carter)搭上线。卡特当总统时,对中国的政策全部信任他,遂有提早承认中共之举。——老K使我受明害,我使老K受暗伤。山人自有道理,山人自有山人的反老K方式。你在台湾困扰我,我在海外困扰你。大家走着瞧吧!一些人不明白我的方式,他们以为我是"思想巨人,行动侏儒",殊不知我其实是个黑天鹅,优游在水面上,表面悠闲,下面却划个不停呢!我被捕后,警备总部的办案人员就说李敖阴险、说李敖足智多谋:"他把你卖掉,带你去数钱,你都不知道呢!"——真的李敖,正如是也。

美丽迷人的茱蒂

我在"立法院"时,谢聪敏来看我,送我一篇长文手稿《从日本送来的两包羊羹》,请我代印。文中回忆当年咬李敖入狱的细节。有一段他和美国传教士唐培礼牧师(Milo Thornberry)夫人茱蒂(Judith Thornberry)的对话,地点在马偕医院对面的水果店:

> "李敖、魏廷朝和我都将成为国民党的祭品,随时都可能入狱。美国鼓吹民主、自由、人权、尊严等价值观,雷震结合地方民主运动和中国自由主义者胡适之组织反对党,应该是美国价值的样板。可是美国并没有援助雷震,也没有实践'无声的外交',睁眼看着一个正在燃烧的民主运动被扑灭。我们受到逮捕、受到逼害、受到刑求,美国都是袖手旁观。"我说着,感伤地微笑着,目光没有离开水果店来往的客人。

“李敖真是勇敢!”茱蒂赞叹地说。

“他是替天行道。”我笑着说。

茱蒂抬起眼睛,好像她已经知道我要说的话会触动她的心。那是十二月的一个下午,李敖托我约好茱蒂。几个被跟监的人都在李敖信义路的公寓会合。特务在李敖的书架上装置了录音机。有一个早上,李敖前往医院身体检查,无人在家。过了几天,他发现跟监的便衣军官在军车上收听收音机。于是李敖翻看许多可能装置窃听器的书架隐秘的地方,终于发现一个香烟盒子一般的“窃听器”。“窃听器”是台湾制造的,电池却是美国制的。我们围着“窃听器”大骂国民党。可是“窃听器”将如何处理?李敖托我约好茱蒂带走。茱蒂已经怀孕,等待生产,她必须每个星期前往台安医院检查身体。我们约好在茱蒂身体检查时,由李敖把“窃听器”送往台安医院。李敖带着“窃听器”下楼,卷起裤管,越过黑水沟,童心未泯,在收割后的稻田上的黄色菜花丛中捉青蛙和蜻蜓。便衣军官不愿意下田,没有跟上。他走到稻田另一端,跳上路过的计程车,准时把“窃听器”转送给等待检查的茱蒂。李敖又匆匆离开医院,返回稻田,摸索靠边上岸。

“李敖聪明又勇敢。”茱蒂深为李敖的坚韧折服,又补充说。

茱蒂是我接触的最美丽迷人的美国女人。彭明敏介绍她做我的“讲美国英文”的老师。多年后得知她和唐培礼离婚了,下落不明。当年他们小夫妇那么热心而勇敢地帮助我们,得罪了国民党,最后双双被驱逐出境。

马丁·埃纳

在我被国民党“跟监”的日子里,“国际特赦协会”的秘书长马丁·埃纳(Martin Ennals)到了台湾。魏廷朝、谢聪敏到我家,约我一起去看马丁。我说我李敖架子很大,对洋鬼子尤其大;马丁如果真来帮助我们，就请他到我家来看我吧，我不会去看他的。听了我的话，两人都认为有理，就转告马丁。马丁倒有服善之勇，他同意到我家来，登门拜访，"行客拜坐客"。于是，就约定一天晚上来。当时我虽处境自顾不暇，却很想托马丁为在牢中的柏杨想点办法。为了加深马丁的印象，我请小蕾给柏杨太太艾玫打公用电话(我家的怕窃听)，问她愿不愿意跟马丁见见面。电话中艾玫说她愿意来，可是到时候，她爽约了。为什么爽约，我至今还不清楚。

马丁到台湾，国民党对他又恨又怕，于是派三个人跟踪他。那时跟踪我的是三个人，跟踪魏廷朝、谢聪敏的各两个人。马丁他们上楼后，大家自四楼窗前朝下望，只见下面各路跟踪人马大集合，有趣之至！我指给他们说："你们看，我家对门变成警察局了！"大家俯视一笑，深感国民党治安良好，真名不虚传。就在这次"行客拜坐客"里，我把一些被"跟监"的照片和泰源监狱名单，交给了马丁。我没交代他怎么处理，他也没说怎么处理。一切都好像心照不宣似的。这名单中有不少我的朋友或今天我们熟知的人。像刘贞松、蔡金河、林书扬、陈水泉、雷正彬、袁锦涛、罗贤义、席长安、柯旗化、施明正、庄宽裕、陈左弧、施明德、孙以苍、胡学古(胡虚一)、吴耀宗、梅济民等等。在他们暗无天日的黑狱生涯里，做梦也没想到：他们一个个的大名，已经经由李敖之手，转给国民党眼中的"国际奸人"了。不但他们没想到，即使国民党也没想到。国民党做梦也没想到：在他们全天候"跟监"李敖的大作业下，李敖居然还能不动声色地来"害"他们，他们真不知道李某人的厉害了！

政治犯名单曝光

这份泰源监狱名单是一折写在打横格十行纸上的简单册页，因为是偷运出来的，所以折痕很多，并且有点破旧。它是孟绝子(孟祥柯)交给我的。孟绝子绝口不问我怎么用，我也绝口不说如何处理。正因为有这种心照不宣，所以在大家先后被捕后，我如孟绝子所说：“把‘外泄机密资料’的责任完全揽到你（李敖）自己身上，以减轻我（孟绝子）的罪状。”所以这一案子，幸得在李敖身上“及身而绝”。孟绝子关了一阵，放出去了；交名单给他的蔡懋棠（在史丹佛中心教台语，已故）也很快就放了。

在我一九七一年三月十九日被捕前几天，一天坐在马桶上看《新闻天地》，看到有国民党文化特务卜少夫《新闻天地》的一篇《斥台奸》，其中一段引文提到“台独”分子“公布了一批在台被羁的政治犯名单”的事。当时我对“政治犯名单”一语甚感兴趣，但做梦也没想到这一名单，原来就是我提供的那一份。等到我被捕后，在被讯问时，国民党拿出一本《台湾“独立联盟”机关志》——《台湾青年》第一二〇期，赫然看到“台湾泰源监狱‘政治犯’名单”的大标题，我才恍然大悟！原来“国际特赦协会”跟“台独”刊物有关系！

被捕

一九七一年三月十九日晚上，跟踪我的林组长（林业振）上楼来敲门，低声对我说：“处（保安处）里要请李先生现在去一趟，派黑轿车来，就在楼下。”他因为跟踪久了，对我不无交情，补了一句：“情况很麻烦，你要有心理准备。”我点了头，请他门外等我。我走进卧室，把早有准备的一包十万现金给了小蕾，并还给她一包照片——她二十岁时我用“拍立得”相机为她照的裸照。嘱咐她现金备用、照片不能给第三者看到，所以改由她保管。嘱咐过后，就相拥而别。从此，我结束了软禁的岁月，走上漫长坐牢的日子。

《纽约时报》论李敖被捕

我在一九七一年三月十九日晚上被捕,结束了十四个月的软禁。多少年来,国民党处心积虑给我李敖戴帽子,可是就是难以戴上红帽子。原因无他,我来台湾时,只有十四岁,说我是共产党,殊嫌不伦;后来虽有了红卫兵,且我的年龄虽与红卫兵相当,但究竟人在台湾,如此罪名,仍嫌荒谬。国民党这回很宽大,他们抓我,的确免了红帽子,但给我"台独"的帽子。我这根本反"台独"的人,居然戴着"台独"之帽入狱,真荒谬绝伦,我宁愿"匪谍"呢!

我被捕后五十六天,一九七一年五月十三日,《纽约时报》登出我的照片报道如下:

台湾特务机构上个月逮捕了一位著名的年轻作家。他的日记日前已送达其美国友人的手中。

这位作家——李敖——知道自己迟早要被抓,在去年就把一些手稿,包括他的日记送出国外。这位现年三十七岁的作家,以讽刺文章闻名于世。他修理个人、团体以及种种普遍的社会现象。

他的日记写得轻松幽默,描述那些监视他的特务形状。他们在他被捕之前,全天候盯了他整整一年。日记里也谈到有关的情治单位,以及他一些朋友被约谈而后逮捕的事。目前这本日记只在私下流传,但也经过编译,随时可以出版。

李敖朋友不愿意马上公开他的日记,因为怕害了他。但是如果李敖短期内不能获释,他们就会出版。

截至目前,官方还没有公布李敖的"罪名"。

官方的特务不但到处盯着他,还在他家装了窃听器。去年十二月,李敖向一位来访的美国人表示,他在家里搜出过一具窃听器,并且寄给联合国人权委员会了。

这位美国人和李敖一道吃午饭,他说有两个人跟着,一直站在餐厅外面。

两次提到的美国人，就是奥森柏格教授。

另一些李敖的朋友表示，他之所以受到监视，是因为政府怕他逃出国去。他们指出，在彭明敏教授偷渡之后，对李敖的监视立即全面加强起来。

彭明敏教授目前在密歇根大学讲座。一九六四年，他和两个学生魏廷朝、谢聪敏，因为企图散发《台湾人民自救宣言》，被军事法庭以叛乱罪名判刑。

这三位"台湾人"数年后才被蒋介石的"大陆政权"释放。

去年二月，魏廷朝和谢聪敏——两人都是李敖的朋友——再度被捕。当时就传说李敖和孟祥柯两位外省作家，恐怕也难逃一劫了。

但是，加州的一名中国留学生表示，虽然李敖有很多朋友涉及"台独"运动，但是他本人却不可能。"外省人不可能进入这个（'台独'）组织，"他说，"就像白人不可能加入黑豹党一样。"

此间学术界和中国学生之间盛传，李敖和其他知识分子都是目前政治高气压下的牺牲者。这是因为美国和中共之间紧张关系逐渐和缓，使得国民党感到前途无亮，而大起恐慌的缘故。

由于支持国民党在联合国席位的力量日渐衰微，导致国民党对任何它视为"动摇国本"的言论，都十分敏感。他们一向宣称自己是统治全中国的合法政府。

李敖被捕已引起美国研究中国问题的学者和中国留学生相当的关切。有些人已打算写信给国务院和国民党官员。

其中，已表达其关切的，有哥伦比亚大学的奥森柏格教授（Michel C. Oksenberg）和史丹佛大学的曼克教授（Mark Mancall）。奥森博格教授说，他希望国民党政府不要过度反应，以镇压合法反对者而导致可能的内部不安。（郑南榕译）

这一报道，就是对国民党伪政府的最狠报复了。

在保安处押房

我被请上黑轿车后，立即直驶台北市博爱路“警备总部”保安处，被安置在讯问室的最后一间——第五房，开始办打指模等收押手续。旋即进来两名特务，一高一矮，连夜疲劳审问，向我提出种种问题。由矮的主问，高的在旁记录，记录用的是本活页簿，上面有字，是要问的各种问题。当时谢聪敏、魏廷朝已被捕去二十四天，我因误信两人（尤其是魏廷朝）平时给我的英雄形象，竟以为他们什么也没供出，因此就我所知，一路掩护，什么答案都不吐实，并且不断扯谎以为掩饰。由于我生怕我的口供不利于谢聪敏和魏廷朝两人，结果一开始就给特务们“李敖不合作”的坏印象，自此约四个小时一轮班，总是两人一组，夜以继日，问个不停。所谓夜以继日，其实是想象中的说法，因为疲劳审问下来，我根本难以分清是日还是夜。讯问室第五房是间内有洗手间的小套房，除一窄床一小圆桌一小茶几和四把藤椅外，别无他物。天花板是一块块有密集小孔的甘蔗板，板面白色，小孔看起来黑色，内装录音线路，角落有闭路监视镜头伸出，一举一动，全程监视。房正中央屋顶悬有五盏六十支光的灯泡，不分日夜，永远开着，房的四墙和地面都钉上深褐色的塑胶布，布后是泡绵，摸上去走上去都软软的，连床也是如此，也被塑胶布包住，床固定在墙上，床下并且是实心的。整个房间却没有窗户，换句话说，全靠灯光和空调气孔维持人的视觉和呼吸。全房只有一扇门，门上方有一手掌大小玻璃，透过玻璃，门外的警卫可以窥视室内动静。我在这第五房住了近一年，门口的警卫二十四小时从没中断过。换句话说，除了在洗脸、大小便时有个死角外，一举一动，全在闭路电视和警卫一人的监视中。正因为第五房的装修如此奇异，所以当我被夜以继日、日以继夜的疲劳审问中，完全无法辨别是日是夜，只能从早餐的情况感觉出又一天开始了。

他们咬我你们信

经过夜以继日、日以继夜的侦讯,我终于悟出原来诬我成为“台独”大员是符合特务们和“台独”分子们的双方利益的!最后我对特务们说:我的整个感想是“台独”分子希望把这案子做大,咬住李敖,硬替他们捧场,对外宣传说:大家快看,“台独”运动不但有外省人参加,并且还是顶呱呱的外省人李敖加入我们的行列!另一方面,你们国民党情治人员也希望把这案子做大,案子有李敖参加,自然就顿时变成大案,扣住李敖,硬替你们捧场,可以对上面报告破了巨案、可以多领奖金。这样双方你推我拉,我还有话可说?

政治犯名单

一个被追问的问题是:“为什么要把害政府的文件交给‘国际奸人’马丁?”我说:“因为我要争取人权,只好托‘国际奸人’送到联合国人权委员会等机构,来揭发你们国民党统治下的黑暗。”特务们追问:“马丁是不是‘台独’分子?”我笑说:“马丁是英国人、英国名人,怎么会是‘台独’分子?”特务们听了,面露狞笑,突然间,朝我面前丢出一本书,原来就是我被捕前不久坐在马桶上看《新闻天地》提到的那本大名鼎鼎的《台湾“独立联盟”机关志》——《台湾青年》第一二〇期,赫然看到“台湾泰源监狱‘政治犯’名单”的大标题,我才恍然大悟:原来马丁“此马来头大”,此马原来跟“台独”分子勾结的!

最精彩的是,在名单最后,还来了一张照片,标题说:“蒋家对于反对他的所谓‘政治犯’,就是在释放后也经常派遣特务跟踪,此张照片是其镜头之一(本联盟在岛内的秘密盟员摄)”。——照片内容,明明是我从我家四楼窗口偷照的“跟监”现场,我变成了他们“台独联盟”

“在岛内的秘密盟员”！如此不由分说，公然以“黄袍加身”、硬施厚爱，这些台湾“盟友”的作风与用意，也就真可知矣！但是，给我硬施厚爱的台湾“盟友”是谁？难道是表面上《台湾青年》版权页上的“发行人王育德”“总编辑吴进义”，乃至“编辑委员罗福全、孙明海、王仰止”这些“小尾”吗？或是出资大老板最后投降国民党回来的辜宽敏那种“中尾”吗？当然不是，我与他们素昧平生，真正的硬施厚爱者，不是别人，正是“大尾”彭明敏自己！多年以后，谢聪敏也私下笑嘻嘻地告诉我：“不是彭先生干的，还是谁啊？”这是什么作风、什么意思呢？如果李敖是岛内“台独联盟”秘密盟员，你这样一写，岂不无异向国民党泄底、告密吗？如果李敖不是秘密盟员，你这样一写，岂不蓄意诬陷李敖是“台独盟员”吗？不论从正反哪个角度看，这照片登出来、这行字写上去，就是典型的诬陷朋友、典型的出卖同志。为政治牺牲朋友，在朋友因他受难时还落井下石如此，这是哪一国的做人品质呢？

牢中咬我和海外咬我

可以确信的是：谢聪敏和魏廷朝都在牢里咬了我。但更严重的是，“台独英雄们”在海外同时陷害了我。也就是说，谢聪敏和魏廷朝咬我，其实只是前置动作。真正陷我入狱的，是海外的“台独”分子。谢聪敏在《我们台湾人》回忆：

> 李敖把泰源监狱的政治犯名单送给国际特赦协会秘书长恩耐尔斯（Martin Ennals），恩耐尔斯送给金美龄，《台湾青年》刊出政治犯名单，金美龄也承认是她送给《台湾青年》的，这就是李敖坐牢的原因。

“台独英雄们”陷害的不止李敖，还包括谢聪敏。

“台独英雄”们原来是假货

谢聪敏回忆：

日本“台独联盟”送来台湾两包羊羹，其中一包含有爆炸药物。台湾“警备总部”获得情报，是从海关跟监。日本人将一包送给陈逸松律师，“警总”遂逮捕陈逸松。这一包没有炸药。日本人又将另一包送给“国大代表”颜艮昌。于是逮捕和颜代表交往的我和我的朋友，包括李敖在内。日本人泄漏机密。是由谁泄漏出去？

“调查局”的官员怀疑，这件工作是“调查局”推动的，功劳为什么落在警总？那时日本的辜宽敏正和驻日大使彭孟缉秘密会面，彭孟缉把功劳送给“警总”——他的老部下。我追问“台独联盟”主席黄昭堂，是谁泄密？他在《建国舵手黄昭堂》书中留下答案。黄昭堂说，“台独联盟”“一手制造政治犯，一手救援政治犯”（见《建国舵手黄昭堂》二六四页），的确如此。辜宽敏在委员长任内设立岛内工作委员会，致力炸药研发工作。他为宣传运动，主动将炸药金属片向日本朋友展示（见二〇四页）。许世楷、宗像等认为不该告诉日本人（见二〇八页）。黄昭堂已经指出谁是泄密者，辜宽敏以此功劳取信于蒋经国。日本的工作是“调查局”推动的。《中国时报》报道，出身共产党的曾永贤的口述历史说，沈之岳局长主持“调查局”十三年，他是双面谍，擅长两面讨好，一方面做共产党的工作，他方面又任国民党情报人员。“调查局”资助辜宽敏建立他的事业，让他进行“台湾独立运动”。以情报机关为背景推动革命，我们可称呼“辜独”。李敖、魏廷朝和我又被制造为“政治犯”。李敖在电视上指责辜宽敏出卖，金美龄答以工作需要。《水浒传》告诉我们，黑白结合才能发挥威力，国民党的手也伸进了民进党。“辜独”是沈之岳的一个创举，也是“台独联盟”的一种战术……

多荒谬啊！在台湾招摇的辜宽敏、金美龄、黄昭堂等“台独英雄”们，原来都是假货！辜宽敏当年因为投降国民党而被彭明敏开除，可是今天呢？不投降的彭明敏却风从了国民党的走狗李登辉，风从了辜宽敏的招摇，彭明敏怎么了？

谢聪敏的结论

去年十月二十四日，谢聪敏在《望春风》中写到《李敖和大陆人》，聪敏提到：

> “台湾民主运动”最难面对的是李敖是大陆人的现实。
>
> 我投入政治犯的救援工作，先研究特务机关的起源和发展。李敖提供给我特务机关和政治犯救援资料。国际特赦组织秘书长恩耐尔斯受彭明敏教授委托带来家书，我带他访问李敖。李敖送给他一份“泰源监狱政治犯名单”。“名单”被转送给日本“台独联盟”的金美龄，金美龄转交给《台湾青年》发表。同时台北车站又出现“欢迎李敖参加‘台独’，欢迎大陆人参加‘台独’”的传单。我们遂成为蒋家泄恨的对象。特务机关精心设计了“台南美国新闻处爆炸案”和“台北美国银行爆炸案”。日本“台独联盟”委员长辜宽敏手创“台湾工作小组”从事爆炸工作，研究炸药。辜宽敏又投降“调查局”和驻日大使彭孟缉。日本继任委员长许世楷派遣日本学生送来两包羊羹，一包送给陈逸松，一包送给国大代表颜艮昌。陈逸松被捕，颜艮昌逃亡。颜艮昌常与我在日本酒馆小酌。特务遂逮捕我们泄恨。
>
> 今年(二〇一三)一年初，施明德和夫人向“监察院”控告“国家档案局”拒绝施明德阅读自己档案。我提出《咨询意见书》，举出：
>
> 据“调查局”调查员杨清海报告，辜宽敏早就经过“调查局”海外工作组副组长邹纾予疏导回台投降。邹纾予多辜宽敏两岁。辜宽敏自被策反以后，就和升任台北处长的邹纾予厮混——“猫鼠

同笼”——当李敖在电视上质问金美龄，辜宽敏出卖李敖、魏廷朝和我，金美龄回答：工作上有需要！是什么工作让革命团体需要和“调查局”合作？美国黑社会有一句话说，不能和警察做朋友，因为警察在必要时会出卖你。但是台湾从《水浒传》学到黑白结合才能发挥更大效果。“调查局”和辜宽敏合作是“以台制台”，以辜宽敏来压制“台独”。辜宽敏结合“调查局”就是“辜独”。调查局“以‘辜独’治‘台独’”，擅长辩论的李敖也说不出话来。

“政治界就是罪恶界。”金美龄对辜宽敏结合“调查局”出卖李敖、魏廷朝和我赞叹不已。她乜承认李敖送给国际特赦组织的“泰源监狱政治犯名单”由她转交《台湾青年》社。日本“台独联盟”和“调查局”黑白结合制造“白色恐怖”就是工作成绩。送两包羊羹来台的日本学生阿部悠辅首先被逮捕，留下自白书，佐藤荣作来台访问才释放。我要求公布阿部悠辅的自白书，这是秘密外交的文件，“档案局”没有资料。在两件爆炸案中，詹重雄被捕而被“灌汽油”，病中胸腔开刀，发现肝脏腐烂，是化学中毒，无力回生。李敖和刘辰旦各捐二十五万元给遗族。我的两肩在“凤凰展翅”的刑求中脱臼，卫生署给我残障证明。“台独联盟”在出版的历史刊物中删去两爆炸案，不敢刊出大陆人李敖的受难，只夸大“大捞”辜宽敏投降的“政绩”。

如今，民进党把辜宽敏为首的投降派当成宝贝，在岛上一再招摇，民众还不知他们肯定的原来是假货、是赝品、是出卖人陷害人的卑鄙小人。对比起来，多好笑啊。谢聪敏也不否认当年的彭明敏是陷害我们的共犯。谢聪敏想到自己的遭遇就愤愤不平；但想到李敖的遭遇，更愤愤不平了。至于我，我无所谓。我关心的只是我对国民党的对干、只关心国民党什么时候完蛋。至于“台独”分子，他们不会有好下场。新一代的投机分子已把他们花瓶化，他们风光一下，最后被取代、一无所得。只有谢聪敏还元气淋漓，维护真相，但只是噩梦一场。在彭明敏和“台独”分子面前，我想他一定越来越向李敖顶礼了。

梁实秋的提醒

梁实秋有一次跟我聊天，谈到一条腿的潘光旦。梁实秋说："李敖啊，你注意身体残废却有成就的人，这种人毅力过人，当然也心病过人。"用这标准来看独臂的彭明敏，的确也得其神似。彭明敏的心病表现在双面人性格上面，尤其明显。他在《彭明敏回忆录〈自由的滋味〉李敖定本序》中，一边说李敖以"台独""怪名被捕，天下岂有比之更荒唐事"，"李敖则长期受难，我心痛如割、急如焚，也曾求助于一些国际人权团体，但还是救不了他"。这些话，就明显看出他的双面人性格了。因为，在《台湾青年》向国民党提供证据，不仁不义，诬陷李敖是"台独"的"秘密盟员"、引国民党去抓李敖的不是别人，正是他彭明敏啊！这种双面人性格，不只见于一九八九年四月四日他写的这篇序。据陈平景提供的一九七一年五月十三日彭明敏给他的信，彭明敏为李敖被捕，未尝不为之悲痛。他告诉陈平景，《纽约时报》今天登出李敖照片并专文报道此事，我们竭力救他（Of course, all of us are distressed to hear about Li Ao's arrest and want to do whatever possible for him. In today's New York Times there is an article about and photo of him.）。看来这当然是很动人、很真情的。但谁也想不到，奔走呼号想救"彭明敏之友"出狱的人，也正是把"彭明敏之友"设计入狱的同一人。这真太离谱了！

两个半

我从一九七一年三月十九日晚上被收押起，大概经过三四天或四五天的疲劳审问，始终浑身疲累却满口谎话，不得要领。特务们侦讯的方式只是翻来覆去听你说说说，偶尔在旁做记录。四小时换一班，接班的两人翻看记录后，即立刻进入情况。轮番上阵，一一追问我过去多年所做“害”国民党的事，尤其是“跟监”我的十四个月中，我竟神通广大，在被“跟监”中做的许多“害”他们的事，例如援救柏杨事件、泰源监狱名单事件、接雷震出狱事件、窃听器偷运事件，乃至八竿子打不着的美国商业银行爆炸事件等等，不一而足。在所有问题中，最令我困扰的是一再问什么是“两个半”？我说“两个半”是中国民间传说有两个半军事家：一个是杨杰、一个是蒋介石、半个是白崇禧。他们说你李敖胡扯，我们问的不是这个。我说既然不是这个，请你们给我一个边，教我怎么答，否则无从答起。最后终于告诉我魏廷朝说“两个半”是他是一个“台独”、谢聪敏是一个“台独”、你李敖是半个“台独”。在台湾肯干的“台独”，只有你们“两个半”。事实上，魏廷朝从来没跟我提过什么“两个半”，我又从何答起？最后侦讯人员告诉我，他们得到的情报是以彭明敏为首的叛乱活动“台湾本部”有五个委员，我是其中之一。我听了大惑不解。因为关于这“台湾本部”，事实上，我一无所知，乃是被逮捕以后才得知的。听了这一天方夜谭，我说半个正好是“两个半”的五分之一，“两个半”自是指五委员而言，这样看来，“两个半”岂不正是五委员的秘密代号吗？——我在忧患中仍不失幽默，这段讽刺，我记忆犹新。

魏廷朝咬了我

我一直相信魏廷朝不会咬我，事实上他咬了，并且乱咬。他诪张为幻，自作聪明用“两个半”陷我于“一口莫辩”，也害到谢聪敏。

二〇〇八年谢聪敏回忆：

> 警总的侦讯后来由美国新闻处爆炸案转向“台独联盟”台湾本部案，特务逼问我“台独联盟”台湾本部的委员名单。特务也逼问魏廷朝，魏廷朝最后说：“台湾有‘两个半台独’。”特务又转问我“两个半”是谁，我说没听过这类说法，答不出来，因此被特务毒打。后来特务才跟我说魏廷朝说“两个”是指我跟魏廷朝，“半个”

是指李敖。"两个半台独"这句话是魏廷朝自己编的，出狱后我跟魏廷朝埋怨说："我听不懂你说的'两个半台独'，害我被特务刑求。"他说因为国际特赦组织秘书长恩耐尔斯来台湾时，党外领导人郭雨新和高玉树都不愿出面接待，觉得台湾无人有勇气支持"台独"，所以才说台湾只剩"两个半台独"。

这种"两个半"鬼话害得谢聪敏配合编出"五委员"：

当时我听不懂也不承认"两个半台独"，"调查局"及"警察局"特务为此再度残酷刑求，以注射药物等方式向我逼供。在疲劳讯问后的头昏目眩、神志模糊下，我写下《"'台独联盟'台湾本部案"自白书》。应特务要求无中生有罗织的五位委员分别是：林二、李敖、唐培礼太太、当时已改嫁倪文亚的郭婉容与李政一。

五委员之一

多年以后，我看到谢聪敏在海外的回忆，谈到"台湾本部"的事。谢聪敏说："我被捕以后首先受到八天八夜的疲劳讯问，在昏昏沉沉中听到特务要求我编造'台独联盟''台湾本部'的组织。特务指出'台湾本部'要有五个委员。'你先把两个木的编进去。'特务说。我不知道谁是两个木的，我把林水泉先生编进去。他们不让我编进林水泉，他们说林水泉坐在牢里，不可能参加'台湾本部'的会议，他们要的是两个字的。于是我把当时的国民党想尽办法邀请回台的林二先生排进去。我说林二就是彭教授派遣来台的。'我们要的是李敖，不是林二。'特务等得不耐烦，明白地说。'李敖是大陆人，怎么会参加"台湾本部"？'我问。'海外的"台独联盟"主张容纳大陆人，李敖担任"台湾本部"委员，那是理所当然。''我从来没有听过"台湾本部"的名称，当然也没有向他谈过。即使有"台湾本部"的名称，他也未必接受委员的职务，自古才大难为用，谁敢惹他？你们要虚构罪名也要让人民信服啊！''无论如何我们已经决定抓他。’于是他们开始用刑，编造‘台湾本部’的委员名单，替‘台独联盟’网罗大陆人。”——在特务们的“网罗”下和谢聪敏的诬攀下，我李敖就变成了“台湾本部”五人小组的大员。可是直到今天，我除了谢聪敏、魏廷朝二位外，还不知道另外两位大员的名字！

我在“警备总部”荣膺“五委员”后，国特们最后发现，我这“台独”大员，根本不会说台湾话，甚至“听莫”（听不懂）台湾话，如今成了“台独先烈”，未免滑稽。我跟他们开玩笑说：“没关系、没关系，英国国王乔治第一（George I）根本不会说英文呢，他是从欧洲大陆过去的。不会英文都能做英国‘皇帝’，我李敖不会说台湾话却做上‘台独’大员，又算什么啊！”

“奈何以玩笑出之？”

我被捕后，一直关在台北博爱路“警备总部”保安处的第五房，关了近一年。第五房不见天日，全靠每天二十四小时的灯光与通风维持。在这房中，我曾被疲劳审问和刑求。刑求中的一个重要关键，是要我承认我是“台湾本部”五委员之一、是“台独”五巨头之一。事实上，我对这难题毫无所知，所以无从承认起。纠缠了十几天，我感到既然“台独”分子和官方情报咬定我是“台独”五巨头之一，我不遥为配合，恐怕不得了结。于是心生一计，说我对谢聪敏开过加入的玩笑。我心里想：这样既可有加入之事，又可因玩笑减轻。听了我自承开玩笑加入的说辞，联合小组的“调查局代表”刘昭祥科长，还用文言文反问我一句：“奈何以玩笑出之？”我笑笑而已。

刑求

为了坐实我是五委员之一，特务们硬要从我口中落实这一事实，因而把我刑求。刑求内容从拶指到夹竹竿,不一而足。后来得知:我是受刑受得最客气的一位,同案除谢聪敏、魏廷朝以外,自李政一以下,刘辰旦、郭荣文、吴忠信、詹重雄他们都受到各种酷刑,包括灌汽油、坐老虎凳、背宝剑、三上吊、摇电话等等在内。这样子长年逼供的迫害,最后取得的自白,其真实性,也就可想而知了!

我被刑求的项目中,有一项拶指。国特们把三支原子笔夹在我左手四根手指中间,再强行用我的右手紧握四根手指,并对我说:"李先生,这不是我们折磨你,是你自己的右手在使你的左手痛苦,所以不能恨我们。"我笑笑,说:"我不恨你们,也不恨我的右手。"他们急着问:"那么你恨谁?"我平静地说:"我恨原子笔。"

"千万请先抓我"

后来冤狱定案了,刘科长来跟我小聊,我说:我实在不是什么"五委员"之一,可是先抓进来的人口供先入为主,我后来居下,就会吃亏。俗话说"贼咬一口烂三分",因为办案人员照例"从贼"的逻辑,认为做贼的,不咬别人却单单咬你,可见你一定有问题、你一定也不是好东西。纵查无实据,然事出有因,你也要一并移送。希望你们下次抓人时,务必先抓我,因为先被抓的可以占便宜,别人必须配合他的口供,他却可撒豆成兵。——千万别优待我,千万请先抓我!

"文化基度山"

我出狱后多年,一天武忠森律师和刘科长来看我。刘科长已退休了,讲话恢复了人性,他说:"你的案子我们后来查出是冤枉你了,于是我们专案小组签报上级,建议政治解决、放你出来;可是上级很反常,竟不采纳我们专案小组的建议。直到今天还弄不清为什么上级不放你。”刘科长的话，应属可信，因为在刘科长之前，我在西门町碰到警总的魏宜智组长，他也透露过专案小组的建议。他也奇怪上级为什么不肯放李敖出来。我想，这该是蒋经国他们最错的决策之一，他们终于为我达成了深恨他们的充足理由。我自出狱又复出后，一路追杀蒋家，从蒋介石到蒋经国到蒋孝文、武、勇，乃至一干走狗等，一连四十年犹未停止，可见我有仇报仇的凶悍。——要关老子吗？让侬认得阿拉。我在保安处第五房的时候，国特们朝我大吼大叫，说：“你在我们眼中，是玻璃缸里的金鱼，我们把你看得一清二楚！”其实，他们在吹牛。他们从来没把我看得一清二楚。我的阴险和报复能力，绝非蒋氏父子及其走狗们所能看得清楚。我最后能够口诛笔伐，干他们四十年，真是痛快淋漓之至。“文化基度山”，世上只李敖一人而已。

被导演的犯罪

我这次坐牢，同案一共八人，八人中我只认识谢聪敏和魏廷朝，其他五位李政一、刘辰旦、吴忠信、郭荣文、詹重雄乃是在坐牢后认识的。他们牵扯到所谓“台南美国新闻处”“台北美国商业银行爆炸案”，其实也是冤狱。判决书下来的时候，写得洋洋洒洒，有人名、有时间、有地点、有炸药、有细节，一切应有尽有，谁还会怀疑案子根本不是这五大元凶干的呢？可是，事实上，谁也想不到：这样言之凿凿的判决书，竟根本是一篇凭空编导出来的神话！据李政一跟我说，他在被捕不久，吴彰炯少将他们煞有介事的，找来台南美国新闻处和台北美国商业银行的人来指认。因为事先传说有个黄衣人在现场，吴彰炯少将他们就找来一件旧黄上衣，硬要李政一穿上展示；并且，为了有更佳效果，一天清早，他们还被带到台北美国商业银行去“现场表演”！因为他们根本没干过爆炸案，所以事先由一“导演”一一指点细节，以应现场录影之需！这种整人整得无微不至，不是演戏，又是什么呢？

活咬与死咬

我的坐牢,罪状是“台独”,纯属冤狱。不过,“台独”分子诬攀我是他们同志,倒有一点可取——他们真识货!《水浒传》阮小五、阮小七“手拍着脖项”说:“这腔热血只要卖与识货的!”上海流氓杜月笙说:“人家利用我,是看得起我。”这些话其实蛮有哲学味。承蒙“台独”分子抬爱,我也如阮小七所谓的“水里水里去,火里火里去”,最后“牢里牢里去”。谢聪敏后来写回忆,说当时他是被迫咬李敖。固然冤狱之成,不无情治人员作案的事实,但以我当时在牢中的身受亲历,却觉得他还是写得有所保留了。事实上,他如果不是有意配合情治人员咬我,我就不会受那么多的罪。咬人有两种咬法,一种是活咬,一种是死咬。前者可使人脱身脱困;后者却使人百口莫辩。例如谢聪敏说李敖是在某日跟他谈吴国桢后,一边用吸尘器吸地,一边表示同意做“台湾本部”五委员之一的。事实上,确有谈吴国桢并吸地的事实,但在这种事实后面来番移花接木,就使我无从“印证”起了。谢聪敏咬人,咬得这么逼真、这么细腻,纯属“死咬”无疑。

我的牙齿

我第一次做政治犯的时候,军医冯胖子是不看病的,由“台独”人犯陈中统做大全科医师代看,冯胖子在旁边看武侠。牙医是警总医务室的工友,因为见多识广,也就每周跑来自告奋勇一次。不过此公只会拔牙,不会补牙,我的一些牙齿都为警总所不齿,故都未能保住。一一拔掉后,我对警总也就无法咬牙切齿了。

就让你们付点代价吧

我在一九七一年三月十九日到一九七二年二月二十八日这段时期,一直关在台北市博爱路警备总部保安处;一九七二年二月二十八日到一九七五年十二月二十二日这一段时期,一直关在景美秀朗桥下军法看守所;一九七五年十二月二十二日到一九七六年十一月十九日这段时期,一直关在土城"仁爱教育实验所"("仁爱庄")。"仁爱教育实验所"原名"生产教育实验所",地点设在台北县土城乡仁爱路二十三号,是为政治犯洗脑的大本营,名之为感训。其实"仁爱"而能"实验",其"教育"可知矣。在"感训"的岁月里,谢聪敏、魏廷朝、李政一和我被关在同一间房里,一同忍受一波又一波的洗脑、抵抗一波又一波的洗脑。洗脑是完全失败的,他是他,我是我,我们谁都没有改变。如果有所改变,那是变得更顽强。出狱以后,我守死不去,在台湾依然故我,只是多写了一百多本书掉头给官方洗脑,以为回敬。告诉他们:你们关错了人,我不是"台独"分子,你们却把我当成"台独"分子来关。好吧,就让你们付点代价吧!

谢聪敏带出一封信

谢聪敏在牢中神通广大,他居然托日本鬼子小林正成带出一封信,一九七二年四月二十五日登在《纽约时报》上。其中提到在国民党"疯狂的刑求"下,"我只好采取较缓和的态度,答应他们接受某些反蒋活动的控诉,包括爆炸美国商业银行的伪诉。并承认李敖先生,台湾非常杰出的学者并是最受欢迎的作家,是'台湾独立运动'的委员(事实上我根本不晓得有关委员之事)。"这封信披露后,国民党大为难堪,遂把谢聪敏钉上脚镣,一个人关在又阴又潮的小黑房里;放风时,只许他一个人散步，不准任何人接近他。他的健康遭受了很大的伤害。我在牢房里，攀上铁窗，遥望他吃力地戴着脚镣，用一根撕破内裤编结起来的细绳，吊住铁链，双手提着，彳亍而行。他的腰是弯的，背是驼的，整个监狱的气压是低的。十分钟过后，班长吆喝一声："回去！"他就改向小黑房走去。那是一幕动人的背影，我永难忘记。

令人怀念的小蕾

就这样的，我在暗无天日的保安处讯问室第五房住了近一年后，被移送到景美秀朗桥下军法看守所，那天是一九七二年的"二二八"之日。在第五房近一年，是我一生中最阴暗的日子。在这房中，我历经了国民党特务们的凌辱刑求，历经了好朋友的陷害出卖，历经了亲弟弟的趁火打劫，历经了小情人的黯然离去，历经了终年不见阳光的孤单岁月……虽然在多少个子夜、多少个晦暝、多少个"昏黑日午"，我噙泪为自己打气，鼓舞自己不要崩溃，但当十个月后，当小蕾终于写信来，说她不再等我了，我捧信戚然，毕竟为之泪下。我识小蕾在一九六七年九月二十六日，那时她十八岁，正从高雄女中毕业北来念铭传商专。她和同学提着行李等计程车，正巧我开车经过，看到她，我立刻喜欢上她。此后我经常送她上学、接她下课，近于形影不离地过了三年七个月的快乐日子。有一次李翰祥坐我车里一起等她下课，远远地她和同学走来，李翰祥一眼就断定哪个女孩子是小蕾，并身兼"星采"，邀她演缇萦、演琼瑶的电影，但她拒绝了。小蕾身高一七〇，长发清纯、可爱无比，除了忧郁不足外，十足是琼瑶《窗外》里的小女生。在文星星沉的日子里，她一直在我身边，伴我度过被国民党大力封杀的岁月；在山边、在小溪、在花园、在电影院、在保龄球馆、在特务跟踪的日月潭……我们一起徜徉大化，过了无数欢娱的时光。小蕾是最善良的少女，她从没跟我发生争吵；她永远依偎在我身边，任我提议做我想做的任何事，从要摸着她大腿看电影，到泡在浴缸里下跳棋，到她二十岁生日时由我拍裸照……她都让我满足，她是我有生以来最怀念的女人。我一生与女人离合，都是情随情迁，但与小蕾的分手，却是情随事迁，是我政治性入狱导致的生分、导致的生离死别，所以留下的只有怀念与美感，无复其他。小蕾的离去，相对于我被刑求逼供，是我遭遇的另一困境。两个困境都发生在我陷身牢狱的第一年，那时我三十五岁。

改押景美军法看守所

小蕾来信后十八天，我终于离开保安处第五房，改押景美军法看守所。我被关在第二房，当晚进住另一囚犯，自言是犯了军法的警备总部上尉袁耀权，名为同住，实为监视。第二房不到两平大，扣掉四分之一的马桶和水槽，更形狭小，“散步”五步就得回身。两人一起“散步”，每次都要侧身而过，其局促可知。过了几个月，袁耀权判了无期徒刑，调走了，我独住第二房，再转到十一房。十一房大了一倍多，可是最多时要住上六名囚犯。最后同房的黄毅辛出狱了，胡炎汉、崔积泽移监了，李国龙管训了，黄中国枪毙了，其他川流的囚犯也都走了，只剩我一个人住。不久便调到第八房，跟第三房一样小，但光线好一点。我在景美军法看守所共住了四年八个月，可是一个人在第八房住了二年半之久。在第八房我是特权阶级：一、我有一个黄毅辛走后留下的热水瓶；二、我有一块大木板——破门板架起的“书桌”。不过“书桌”架起后，全房只剩二分之一的“散步”空间了。我一个人整天吃喝拉撒睡，全部活动，统统在此。不过不以人为本位，小房间内也不乏“生物”，白蚁也、蟑螂也、壁虎也、蜘蛛也、蜈蚣也……都户限为穿、来去自如。至于狗彘不若的人，就自叹弗及。八号房的户限与来去，主要靠墙与地交接点上的一个小洞，长方形，约有 30×15 厘米大。每天三顿饭，就从小洞推进来；喝的水，装在五公升的塑胶桶里，也从小洞拖进来；购买日用品、借针线、借剪指甲刀、寄信、倒垃圾……统统经过小洞；甚至外面寄棉被来，检查后，也卷成一长卷，从小洞一段段塞进。小房虽有门，却是极难一开的。门虽设而常关，高高的窗户倒可开启，可是透过窗上的铁栏看到的窗外，一片灰墙与肃杀。纵在晴天的时候，也令人有阴霾之感。

从二号房到十一号房

一九七二年二月二十八日，我从保安处五号房移到景美军法处二号房。二号房狭小、阴暗、残破，令人心慌不安，有崩溃感。我关进来的时候是午前，到了傍晚，更形严重。幸亏门开了，关进个贪污犯袁耀权做伴，稍减压力。这二号房是我一生住过的最令自己心慌不安的地方。我从二月底住到七月，慢慢习惯了。在袁耀权调走后，我就一人独居。到了七月里修房子，我才搬到对面的十一房。十一房大上一倍，人丁又旺，有生气多了。

二〇〇三年我写了一个剧本——《红色 11》，以十一房为背景，写出了凄楚的政治犯故事。写这剧本，除了靠我三四十年来的苦心焦思和耳闻身历外，在几个个案上，我参考了或改写了几段他人的文字，变成对话体。我特别点出他们是李世杰、劫余、李政一、林树枝、林颂和、谢聪敏、魏廷朝、胡虚一、黄纪男、许曹德、曹昭苏、秦汉光、谷正文、黄怡、顾正秋，特此声明，以示不敢掠血掠泪。十一房在秀朗桥下，照死去的难友李世杰的描写："秀朗桥是一条横跨台北县永和市和台北市景美区的大桥，桥下新店溪溪水汩汩地流着。在景美这一端，桥尽处，是两个杀气森森的黑衙门和黑监狱——'国防部'军法局和台湾警备总司令部军法处，以及它们的两个看守所。"我写的十一房，就属于警总军法处看守所。《红色 11》是我最惊心动魄的文学作品，剧情奇宕，我非常喜欢这本著作。

《红色 11》后记

伪善的美国帝国主义者,他们以人权为天下倡,却在世界各地扶植法西斯政权做它走狗,放任这些儿皇帝摧残人权,制造“白色恐怖”案件。而美国却视而不见,从来没把什么“人权牌”,打到这些走狗身上。原来所谓的“人权牌”,是专门用来对付不肯做狗的独立国家的。

儿皇帝蒋介石的法西斯政权,就是狗中之尤者。他仗势欺人,摧残人权,从大陆直到台湾。在中国台湾,他因为岛上称孤,力量非寡,在摧残人权方面,更能好整以暇,日新月异,以致制造的“白色恐怖”案件,更是血肉模糊。直接身受其害者,官方只承认两万九千四百零七件,事实数字却高出其上远矣。

话说回来,即便只是两万九千四百零七件又怎样?照斯大林(J. Stalin)说法,一个人死是悲剧,一百万人死是个统计数字。两万九千四百零七件,不过是个统计数字而已,谁还感觉到一家哭还是一路哭?

俄国没得到诺贝尔文学奖的大文学家托尔斯泰(L. Tolstoy),在小说《安娜·卡列尼娜》中说:所有幸福的家庭都是一样的,不幸的家庭各有各的不幸。正点的法子应该是,由你说出一个不幸的故事。如果你没有,跟我走吧,我会帮你“制造”一个、十个或一百个。

为什么说“制造”?因为只有用文学笔法,才能把浩瀚的人间血泪凝聚起来、抽离出来、合并出来,写出人间的地狱。

有良知的人、躬与其役的人、身受其害的人,他们都无能为力了,或心灰、或意懒、或胆怯、或无能、或失忆、或迷惘、或格于势、或拙于笔,他们都掌握不住这些人间地狱了。因此我站出来,花了八十天的时间,站着写完了这个剧本。别再说人生如戏了,人生只该是正义之战;穷本溯源,正义之士不能不唯儿皇帝是问、唯美国是问。

黄中国冤死

在十一房最惊心动魄的经历是死囚黄中国。黄中国是山东莱阳的农民，粗识文字，在抗战胜利前夕，他只身跑到青岛，去做海军；但他不知道那是“伪海军”（日本统治下傀儡政府的海军），所以不久胜利，就变成了“汉奸”。我笑他：“要做汉奸早做啊！为什么日本人要完蛋了才去做汉奸呢？”他苦笑说：“谁晓得呀！我们是乡下种田的，只晓得去青岛入海军，谁晓得是谁的海军呀！”黄中国因为做了海军、上了贼船，在一九四九年，就因不准退役，跟到台湾来。后来退了伍，辛苦成家，在吴兴街开了一家小米店，又因赌博纠纷，被他莱阳同乡打主意，想挖点钱。大概黄中国有点小气，不肯破财消灾，就被诬告成“共匪”。我细心帮他写上诉状，可是没用。一九七二年十一月一日清早五点钟，十一房的房门突然被打开，七八个禁子牢头冲进来抓住他，用布条缠住他的嘴巴，把他架出房门。黄中国的声音，在布条缠嘴的时候，立刻就由哀号转变成另一种嘶裂。我一生中，从没听到人类能够发出那种声音。我坐在那里，披上小棉袄，目击全部快速动作的完成与离去，神色夷然。远远地，又一两声黄中国的惨叫，在冬夜中，声音凄厉可闻。他显然是被拖到安坑刑场去了。

需谍孔殷，备位牺牲

黄中国被拖去枪毙，李国龙问我：“难道军法官不知道黄中国根本不是匪谍？”我说：“怎么不知道？当然知道！只是国民党要表现捉拿匪谍的成绩，不枪毙一些人，就会被上面打官腔。在这种邀功缴卷的要求下，每年就只好弄出些假匪谍来充数。上面要缴匪谍，谁管那么多！”于是，需谍孔殷下，黄中国就备位牺牲了。十二年后，一九八三年六月九日，我花了十个小时，写了一篇长文，细述黄中国的哀史，作为国民党统治下千万血泪的一页。黄中国是中国农民，他在乱世里，莫名其妙地卷入政治漩涡，阴错阳差地客死异乡刑场。他无识无知，但其遇也哀。黄中国的悲剧是他纯属小人物，人微望轻，以致被当成“匪谍”给“缴”掉了。

一堆水果

先前黄中国家人送来一堆水果，李国龙说黄中国小气，不肯分给大家吃，我笑说谁吃这些水果，还不知道呢！黄中国被拖出去枪毙后，这些水果，胡炎汉、崔积泽是忌讳的，我和李国龙分吃了；真是“一饮一啄，莫非前定”，本来该在黄中国肚里的，却装进我们肚里了。我不信命，当然也不信一堆水果有命，只是这堆水果的下场太传奇了。

“欧卡曾”

在十一房还见过一个十九岁的小偷，长得奇黑，我用台湾话给他起外号叫“欧卡曾”（白话是“黑屁股”，文言是“黑臀”。古人真有人叫“黑臀”）。“欧卡曾”，浙江奉化人，眷区出身，因我对他不错，他说很感谢我。他出狱后，一定找个脱衣舞女，用摩托车载来，在我窗下大跳一次，在警卫赶到前，再用不熄火的摩托车载运逃走。他说：“龙头啊！不要太用功了！那时候该休息一下，看看脱衣舞，看看死脱瑞普（strip的日语发音），看看也好！”他一边说，一边扭动，学脱衣舞的模样，丑态可掬，使我笑得腰都弯了！我坐牢多年，但是从来没有那样大笑过。

牢里的冬天很冷，我把爸爸在东北穿的一件皮袍子带进来，聊以御寒。这件皮袍，被贼眼溜溜的“欧卡曾”看中了。他用手摸着上面的毛，一边摸着一边喃喃自语：“毛真好！毛真好！毛真好！”“欧卡曾”连说“毛真好!”后第二天,他就被叫出去了。监狱官调查他有政治问题。因为若没政治问题,怎么会说“毛真好!”呢?那时毛泽东还在世,说“毛真好!”是什么意思呢?“欧卡曾”费了九牛二虎的气力来解释,最后才算过了关。原来每间牢房高高在上的天花板上,都有一个扩音机。扩音机是个“大嘴巴”,也是个“大耳朵”。有情况时候它播出监狱方面的命令、号音与音乐,你不听不行,所以是“大嘴巴”;没情况时候它不声不响,但却是个窃听器,由中央系统逐房抽查,隔墙有耳,所以是个“大耳朵”。因为大耳朵只能听不能看、只能录音不能录影,所以窃听时候就难免断章取义,于是“毛真好!”的误会,就发生了。

成大共产党

在军法看守所,来了一批以成功大学学生为主的“成大共党案”的小鬼。那些小鬼们从来没见过真共产党,坐在牢里,到处想找共产党前辈来师法。我说别天真了吧,牢里哪里还有什么真共产党!国民党整天抓到的,其实都是假共产党!他们不信,硬说李荆荪是,一房一房传话过去,向李荆荪致敬。后来发现李荆荪果然是假的,于是大呼负负,又一房一房传话过去:“致敬取消了!”弄得傻头傻脑的李荆荪糊里糊涂,搞不清忽来致敬忽又取消是怎么回事(后来只剩柏杨在《柏杨版资治通鉴》中捧李荆荪了。柏杨说他对李莉荪“由衷起敬”。多好玩,只有赝品才永远捧假货!)。

“成大共产党”在“调查局”被刑求,有人大骂:“你们这样对我们共产党,将来共产党从大陆来了,要剥你们皮啊!”“调查局”干员说:“剥就剥,可是没来以前,老子们先剥了你的皮!”

“成大共产党”领袖是蔡俊军,是一位率真勇敢的年轻人,后来与我成为好友,出狱后还打电话并来我家感谢我对他的照顾。有一次我送他一套睡衣,他那时被判死刑,穿着睡衣,戴着脚镣对我说:“枪毙的时候,我就穿它去。”又指着胸前说:“子弹就从这儿打出来。”态度从容之至。后来死里逃生，改判无期，十五年后出狱。我的同案李政一曾和蔡俊军同房，他告诉我："同房难友任何人的食品，蔡俊军都会抓来就吃，连招呼都不先打一下。人问他为什么，他说：'我们是共产党，你的就是我的！'"足见其谬。

"成大共产党"另一领袖吴荣元，也被判死刑，也是一位率真勇敢的年轻人。他被判死刑后，戴着脚镣，等待枪毙，找来佛经看，以为解脱；后来改判无期，他把佛经一丢，说："既然没死，还是看李敖的书吧！"荣元是唯一一个"死不悔改"的英雄人物。他出狱后，依然故我，组织了劳动党，继续玩真的。这些人中，我看只有吴荣元和廖天欣是冒险犯难过的。

在八号房独居

在八号房独居。有一次换房，因人太多，派进一个桃园大园的流氓同我暂住。此公叫许性德，我在看书，他大唱日本歌。我说你太吵了，做一点工吧。他说没工可做。我看到马桶内外有多年累积的脏斑，我说你就洗马桶吧。他说好，洗了一阵，脏斑洗不下来，他说只有用刀刮才成，你有刀吗？我就把私做的一把代用刀——用垫鞋底的铁片磨成的——交给他。他很高兴，就慢慢刮起来了。刮了一下午，只刮了一点点，我笑他做得太慢，他说："我是故意慢的，有工要留着慢慢做，做完了怎么办？"许性德的话，一语道破了只坐牢不做工的苦处。做工除了容易打发时间外，工厂活动范围大，人也多，可以胡扯，搞香烟等违禁品也方便，所以人人争先恐后。从人犯的观点看，李敖关在独居房中，这是典型的虐待，绝非优待。只是李敖不在乎就是了，并以独居为乐。

鼠辈

我年轻时候，在宿舍、在营房，一路坐卧，从来没有自己的空间。二十六岁以后，我有幸租到一间小房，我叫它“四席小屋”，因为它只有四个榻榻米大，并且并非全为我有。因为天花板上，就有老鼠奔驰。它们不与英雄共比高，它们本来就最高。鼠辈一直在我头顶上。后来我坐牢了，自己被关在一间又一间小房里，连四个榻榻米大也没有了，不过我还是自得一室独处之乐。牢中也有鼠辈。明朝王阳明坐牢时，“夜深黠鼠忽登床”；我不如王阳明，没床可睡，只睡潮湿的地板。牢里是没有天花板了，所以鼠辈也降级了。

《忘了我是谁》

在八号房时，仍不准看报，外面消息只靠口耳相传。有一天，一个外役搞到几“块”破报纸，他说他喜欢搜集歌词，以备他年作谱消遣。如我能写几首歌词同他交换，这几“块”报纸便是李先生的了。我同意了，就立刻写了几首，其中一首就是《忘了我是谁》：

不看你的眼，
不看你的眉。
看了心里都是你，
忘了我是谁。

不看你的眼，
不看你的眉。
看的时候心里跳，
看过以后眼泪垂。

不看你的眼，
不看你的眉。
不看你也爱上你，
忘了我是谁。

这歌词我发表在一九七九年九月十八日《中国时报》，新格公司作为“金韵奖”第一名推出，由许翰君作曲、王海玲演唱，引起轰动。事实上，我认为作曲和演唱都比歌词好。这首歌词，“忘了我是谁”五个字，后来变成台湾报刊常用语，经常用在标题上。传说这歌是我为胡茵梦作的，绝对错误！因为在牢中写它时，全无特定对象，眼前只是一面白墙耳！

“我只好另外找一位”

我在军法监狱，年复一年不准看报，所得消息，但凭新进牢的口耳相传。最新世界大事所得不多，最新流行歌曲倒听了不少，因为大家无聊，以唱歌自遣者比比皆是。有一次一群小流氓个个会唱刘家昌的《往事只能回味》，歌词是：“时光一逝永不回，往事只能回味；忆童年时竹马青梅，两小无猜，日夜相随；春风又吹红了花蕊，你也已经添了新岁；你就要变心，像时光难倒回，我只有在梦里相依偎。”当时我没见到歌词，把内容听得模模糊糊，最后一句“我只有在梦里相依偎”，我听成“我只好另外找一位”。出狱以后，偶然机会看到歌词，才恍然失笑。但却觉得，我的误听后的新词，其实比刘家昌的原词还高明呢！情人走了，你另外找一位，岂不比梦里留恋更积极吗？

四十岁生日一个人过

同案八人中，刘辰旦住第六房，与我牢房最近，慢慢熟起来。一九七五年四月二十五日，我在小房里独自看书，特别是小蕾请她父母送来祝我四十岁生日的《生活杂志画册》（*The Best of Life*）。忽然班长送进一个生日蛋糕，原来是刘辰旦请他姐姐特地为我买了送来的。刘辰旦的体贴细心、照顾朋友，由此可见。他的姐姐在弟弟受难期间，本来打算用退休金买间小房子的，结果钱都花在救弟弟上面了，房子吹了。她真是一位伟大的姐姐。刘辰旦他们虽然与我同案，但是罪状却你东我西。他们罪状是所谓“爆炸案”，其实这是冤枉的。在年复一年的囚居里，我慢慢得知：所谓爆炸案，根本就不是他们干的，而是吴彰炯少将主持下的一场冤狱。我在牢里认识不少人，但与刘辰旦独亲。我出狱后二十年，还由他陪我去拜访他那伟大的姐姐，向她致敬，并且不忘她在我四十岁生日时送我的蛋糕。

我在法庭一言不发

我初判十年大狱，不肯上诉，准备坐它十年。但检察官上了诉，案子就拖了下来，拖到一九七五年最后一次军法审判。我一言不发，但却留了一张书面意见，可以显示我采取“缄默权”的根源，全文如下：

审判长先生：

我只要花一分钟就可以把话说完，我的话共分五点：

第一点：关于本案内容部分——我没有话可说，我用法律里面的缄默权。我想我也不必说明我为什么不说话，一千九百四十六年以前，耶稣在被审判的时候，也不说话。

第二点：关于判决的部分——过去我不上诉，以后也不上诉。

虽然我是无辜的，虽然我没有罪，但我仍愿引用印度独立的伟大领袖甘地在法庭上的两句话："我不愿浪费法庭的时间，我承认有罪。"

第三点：关于我的态度部分——我现在声明，我自被捕后，因被刑求而来的一切我写的和我签字的东西，全部无效。也许我信心不够，无法抵抗现代科学方法的刑求，但我知道五百四十四年以前，最有信心的圣女贞德(Jeanne D'Arc)在被捕以后，也犯过跟我同样的无可奈何的错误。

第四点：关于所谓爆炸案部分——虽然跟我无关，但我愿为李政一、刘辰旦、吴忠信、郭荣文、詹重雄五个小朋友做他们"人品的证人"，这就是说，我相信他们不是做这种事的人，他们的诬服，是被刑求的结果。我请求审判长先生给他们做无罪的判决(附带声明一点，在进这军法大门以前，我跟他们并不认识，所以我的请求，可以说是客观的，值得审判长先生参考的)。

第五点：关于我个人的刑期部分——我不要求做减刑的判决，也不对加重不满。美国民间领袖尤金·戴布兹(Eugene Debs)(就是坐在牢里还有一百万人投票选他做总统的尤金·戴布兹)一九一八年在法庭上的三段话，就是我的话：

只要有下层阶级，我就同流；

只要有犯罪成分，我就同俦；

只要狱底有游魂，我就不自由。

只要我在这岛上，不论我在牢里也好，在牢外也罢；不论我是"名不副实"的"大作家"也好，或是"名实相副"的"大坐牢家"也罢，我都不会有自由的感觉。因此关于我个人这部分，我不请求减轻。

“有一张坏嘴巴”

正因为我看透这一真相，所以，在警备总部军法审判的时候，我是以耶稣姿态出现的，我说了“耶稣受审时，他也没说话”后，就对军法官不屑置一词，也不请律师代我置一词。我愿意坐牢，其他不必废话。判决书中说李敖“犯罪事证已甚明确，虽被告于本庭缄默，依刑事诉讼法第二百零五条之规定，得不待其陈述，径行判决”，所以有这样的文字，就肇因于此。最可笑的是在审判时，魏廷朝看我一言不发，居然对军法官说：“李敖不讲话，我可不可以替他讲？”我这做耶稣的听了，简直忍不住笑。——这胖子正如李政一所说，“有一张坏嘴巴”。他和谢聪敏不够朋友，硬把我咬成“台独”分子，意犹未尽，还想在军法审判时饶舌呢！

魏廷朝在台大法律系时，我并不认识他。到他当兵时，才由马宏祥介绍认识。这胖子为人拙朴，他大姐告诉我，说他看外国电影看不懂，因为他只能分清外国人男女，却分不清个别的长相。所以在他看来，所有外国男人长得都是一样的，所有外国女人也长得都是一样的，这样一来，电影中闹了半天，只有一男一女而已，又有什么好看。魏廷朝一直给我英雄的形象，事实上，有的英雄一到牢里，就不无出入了。我对“台独英雄”的“英雄”程度所知不足，致遭牢狱之灾，吃尽苦头，不能全怪别人。

初判十年

军法审判，给了我三类罪名：

第一类是“与彭来往带信罪”——说我明知彭明敏特赦出狱后叛国之念未泯，仍秘密与之交往，并且介绍了某外籍人士为彭明敏带出一封信到海外,未加检举。

第二类是"家藏文件入伙罪"——说我接受谢聪敏交阅的叛乱宣言及月刊多件,并同意加入以彭明敏为首的叛乱活动,做了"台湾本部"的委员。

第三类是"监狱名单外泄罪"——说我把泰源监狱叛乱犯名单交某外籍人士带赴国外,作为攻讦政府之运用。

警备总部就凭上面这三类罪名,判了我十年大狱。判决日是一九七二年三月十日,审判长是聂开国、审判官是张玉芳、王云涛。收到判决书后,我拒绝上诉,准备坐它十年牢。但是军事检察官韩延年说判得太轻了,声请覆判。拖了三年半,一九七五年八月十二日才下来,因为赶上蒋介石死了大减刑,所以刑期就短了。"主文"是:

李敖预备以非法之方法颠覆政府,处有期徒刑八年六月,褫夺公权六年,减处有期徒刑五年八月,褫夺公权四年。

虽然罪状仍不出上面所分的三类,但在行文之间,却动了手脚,略有增删。警备总部仍凭上面这三类罪名,判了我八年六个月大狱。判决是一九七五年九月二十五日,审判长是王宗,审判官是徐文开、傅国光。

覆判丢了大官

但是,耐人寻味的是,在覆判中,这一参与"台湾本部"的重大案件,居然暗中消逝了,最后,反而用了无所附丽的一些浮词,罗织定罪,这是完全站不住的!这一判决后二十一年,我在路上碰到当年整我的保安处处长吴彰炯。他早已退休,改在仁爱路远东百货公司五楼富贵楼当总经理,他约我到他办公室小坐。我问他:"你现在还相信我是'台独'分子吗?"他笑着说:"你是啊!当时我们的情报你是"台湾本部'五委员之一啊!你不但是'台独'分子,并且是大官哩!"我说:"我最后的判决书上，已经完全没有了‘台湾本部’这一事实了，五委员之说，覆判时根本被推翻了。我有幸做了这么大的官，也给暗中解职了。你知道吗?”他听了，大为惊讶，说：“这怎么可能？我们当年是根据你是‘台独’大员才抓你的啊！”我笑着说：“怎么办？你赶快给我补开证明罢，现在‘台独’走红了，我可以凭你的证明去做大官呢！”——整个所谓“台湾本部”之说，都是吴彰炯这些又混又坏又可恶的特务们信以为真又诪张为幻出来的。谑画的是，李敖是“台独”大员也好，不是也罢，都无碍于军法大审下的大狱伺候。反正要你坐牢，欲加之罪，何患无辞？欲下之狱，何愁无罪？所谓李敖是“台独”大员的荒谬剧，洵可如是观。

洗脑

在判决定谳后，所余刑期只有一年多了。一九七五年十二月二十二日清早，我突然被通知收拾行李，要移送“仁爱教育实验所”(“仁爱庄”)。就这样的，我从景美移到土城，开始被国民党“仁爱”了。为了优待也为了隔离，我被放到“仁爱教育实验所”中的花园洋房里，开了专班。专班“同学”四人，即李敖、谢聪敏、魏廷朝、李政一，从外请来所谓学者名流给我“上课”，他们是陶涤亚、毛树清、项乃光、周道济、王洸、屠炳春、施敏雄、林钟雄、任卓宣、柴松林、魏萼、乔宝泰、邬昆如等等，每周来“上课”一次。我看不起他们，对他们冷眼相向，一言不发。在两旁“陪太子读书”的少将副主任、上校教导长等怕冷场，希望我讨论讨论，我一概不理。我心里想：这些人是些什么嘛！例如毛树清，是当年同我一起在舞厅跳舞的舞友；例如施敏雄，是当年我台中一中老同学施启扬的小弟。他们虽然装作不认识，可是他们怎配来跟我讲课？至于任卓宣，根本是我笔仗时的手下败将，更不足道了。国民党轿车请这些人来“太岁头上动土”，不是胡闹吗？我出狱后五年，在台中一中校友会席上，碰到林钟雄，我笑骂他你好胆大，居然敢来替国民党向老大哥

"洗脑"！林钟雄连忙打躬作揖，他说他被请去，根本不知道给老大哥上课，只以为是给普通政治犯上课，只是想赚点外快。后来上课时，才知道赫然坐对面的，竟是老大哥！所以原约定上四小时的课，后两小时他再也不敢来了。他说他见了我，又胆怯又惭愧。

五年没看报

我第一次做政治犯时候，其间有近五年的时间，甚至《中央日报》都不准看，所以根本不发生被切割的问题。雷震同我说，他坐牢可以看报，但是切割得很厉害。他抗议，监狱负责人说："有问题的新闻你没权利看。"雷震说："就算你们说得对，可是你们一切割，背面那一块没问题的也给切掉了，那一块我有权利看啊！"监狱方面没办法，就改用墨来涂，不再切割了。但所谓切割，只是掩耳盗铃而已，重要的新闻，还是不久就可以"补"上。雷震举例说："李宗仁投共的新闻给切割了，可是过几天看到白崇禧责备李宗仁的新闻，就可以推断出那天被切割的新闻原来是什么了。"台北看守所最早也用涂墨法，但嫌动笔太麻烦，就动刀了。干脆把报纸切割后，才给人犯。

最后一年可以看《中央日报》了，我把五年的合订本全买来，一本一本看。一天看到小蕾结婚的广告，而丈夫竟是我的朋友，我心情低落好几天。我出狱后，小蕾到我家亲手为我做了一顿饭。饭后在床上，不做解释，她哭了。前年在一家泰国餐厅，她和许多人聚餐，临走时到我餐桌边致意，我拍她肩、又拍她背。小屯奇怪我为什么跟这女人这么亲热，我说："她就是小蕾啊。"

"息先生"

我在十一房坐牢时，对面是第三房，是小房间，有一位囚犯独居。

囚犯大陆籍，平头，黑黑的，面目瘦弱。他的最大特色就是不说话，也不看书、写字，也不出来放风，也不提出任何抗议和要求。对外界的一切，一概不理。他每天没有一点声音地活着，像个鬼似的，令我们十分好奇。我们对他的任何关切，如送食物、用品等给他，他也一概不理。有一次寒流来了，狱方加发毯子，监狱官孙红全（这个人不错）沿房开门，问寒问暖，问到这位第三房的怪人，也全无反应。我比照“息夫人”的故事，把这怪人取名为“息先生”。他这种一句话也不说、一点声音也没有的囚犯，为我生平仅见。我想他一定是受了人生最大的刺激，因而看破红尘，宁愿自闭的。这样子与“鬼”为邻好一阵后，我们往往忘了第三房还有一个人在。听说他早就服刑期满，只因为只身在台，找不到保人，因而不能出狱。他后来被送到绿岛“候保队”了。这样子的囚犯，某年某月某一天要魂断孤岛，也是自在意中的。

我是唯一无保释放的

“息先生”的例子，使我特别留意到囚犯的交保问题。留意之下，发现政治犯所说“从没见过一位难友是无保放人的”之言，确是实情。不过，在我入狱之前，我却听说有过无保放人的例子，那是魏廷朝对我的一段自述。魏廷朝第一次坐牢出狱时，是没有交保的。这一自述，给我很深的印象，所以记得清清楚楚。魏廷朝这次跟我坐牢时，因为早我二十四天被抓，所以早我二十四天出狱。他出狱后，“仁爱教育实验所”负责人告诉我：现在你李敖要出去了，依法要有人作保才能出狱，你随便找两个朋友保你吧！我一听，就立刻拒绝了。后来他们纠缠不止，我这时记起魏廷朝无保放人的自述，我说，保什么啊？魏廷朝就无保释放过，为什么老找我麻烦？不料他们说，谁说魏廷朝没交保了？我们拿证据给你看！随后他们果然拿出证据给我看，原来魏廷朝是交了保的！看了证据后，我心里一阵沮丧，在我眼中的台湾英雄，原来如此！不过，既然事已穿帮，我还是“执迷不悟”。我说，不必管魏廷朝如何了，反正我自己去英雄就是，我就是不肯交保。所方看我态度强硬，就暗示我没保就不会放人；我说我就是没保，你们不放我可也。他们纠缠说，总可以找一个朋友。我说我朋友全跑了，只剩下一个“朋友”，就是你们“仁爱教育实验所”的教导长汪梦湘上校，此公笔名东方望，给《文星》写过稿。汪梦湘跑来，说他有职在身，不便保我。我说你老婆没有职务啊，就由你老婆保吧，他还是不敢。后来所方人员偷偷同我母亲商量，提议改由我母亲保我。我得知后大怒，我说保人就可能是每周一次向警察告密被保人一周行踪的人，如我母亲保我，母亲就有每周做线民一次之嫌，这成什么世界！他们无法，就暗示我没保人就有被继续“感化”的可能；我说没保人而继续坐牢的人，我知道不少，可是我就是没保，你们不放我可也。到了一九七六年十一月十九日，我终于胜利，破例无保释放。我出狱那天，他们交给我“国防部绿岛感训监狱开释证明书”一纸，上面有例行印好的“行状及悛悔情事”专栏，中有例行的“思想已改正”字样。我既未去绿岛，也未悛悔，收到这张证明书，又好气又好笑。后来凭此证明书，领到身份证，又重新开始我的“没有青春只有‘斗’”的生涯。这时我四十一岁了。

“悔悟应属他人”

最有趣又最恶心的是：我的开释证明书上有例行印好的“行状及悛悔情事”专栏，中有例行的“思想已改正”字样，看了又好气又好笑。明明政治犯无过可悔，却硬要说他悔了过，这种强制悔过症，在我以前，就施之于中国共产党的建党元勋——陈独秀身上过。一九三七年八月二十五日陈独秀出狱后，立即给《申报》编辑部写信，表示：“鄙人辛苦狱中，于今五载。兹读政府明命，谓我‘爱国情殷，深自悔悟’。爱国诚未敢自夸，悔悟则不知所措。”“我本无罪，悔悟失其对象；罗织冤狱，悔悟应属他人。”陈独秀这一书面声明，《申报》不敢把它登出来。四十年后，国民党“进步”了，至少不再发消息说李敖“爱国情殷，深自悔悟”了。

探监者与送钱者

在我坐牢期间，丁颖（载臣）、周渝、孟绝子、赵承厚、华肖忠等人敢来探监，我至今铭记。尚勤在海外会同许登源送了我一万台币，我出狱多年后，送了一栋房子给尚勤，并请许登源大吃特吃一次。丁颖、周渝、陆啸钊、陈彦增都有钱来，我都不忘记。陶英惠代刘绍唐写信来，我也感谢他们。我一生感人之恩、怀人之德、不没人之功，垂老写自传，自当表而出之。

“蒙难”也被蒋家“专利”了

形式上在国关中心十三个月后，吴俊才终于同意我自动辞职了。这时我四十三岁。再过一年，一九七九年六月，我四十四岁，终于东山再起，复出了。复出后最风光的四件事是出书、上报、结婚和离婚。出书是由远景出版公司沈登恩推动。上报是由《中国时报》高信疆邀写专栏，当然立刻引起国民党官方的不快，后来压力迭至，报社主人余纪忠不堪其扰，虽未逐客，我这客人，却不得不自逐。最后主客双方，只好分手。在大大小小的官方压力中，一个有趣的压力是：我在文章中，自称自己坐牢那段岁月是“蒙难”，也构成大逆不道了。这一罪状，官方是由蒋孝武提出的，令人颇堪玩味。当时长住美国的江南听说了，写了一篇《“蒙难”也不能随意用吗?》在海外发表，为我声援。可见当时文网之密，已经到了什么程度，连蒋孝武都可干涉言论了。后来蒋孝武派人杀江南，若说祸起于“蒙难”之辨，于理亦非不可通也。

不再有第二步了

科学家孙观汉明说目标是“拯救柏杨是拯救人权的初步和实际试验”;柏杨也说孙观汉营救不是营救柏杨,而是营救人道和法律尊严。后来柏杨出狱了,孙观汉也回归台湾了,两人却配合李登辉、陈水扁扮演人权戏。今昔对照之下,是不是这种“拯救人权的初步”,已因柏杨出狱而不再有第二步了?是不是这种“实际试验”,已因柏杨一人而停止试验了?如果一切伟大的高贵的目标,都只是为一人而努力、为一人而及身而绝,我们对正人君子们的道义的推广性和适用性,也就未免高估了。孙观汉对柏杨的例子,是一个典型的高等知识分子表现抗争的例子。原来他们的“反政治迫害”,只有在国民党迫害到他们自己或他们亲朋好友身上,才会吭气、才会发生,是被动的、是狭窄的。孙观汉在柏杨出狱后,不再为任何人的被迫害展开抗争,就正是这一高等知识分子自私性格的表现!

我的先见之明

当年柏杨被捕时,他的朋友肯救他的极为寥寥。我冒了大险,秘密写信给海外的孙观汉,共同救他。我请孙观汉营救柏杨,但“不要沉默抗议,也不要写信求情,沉默和求情对这个政权是无效的,也是软弱的”。可是,孙观汉却显然在完全南辕北辙地努力着。他一再写信给当政者,“求求你释放柏杨先生”,结果证明无效。五年以后,一九七三年六月,孙观汉在香港发表《李敖谈柏杨的冤狱》,公开了我给他的密件和他的回信,他公开表示了他营救方向的错误。他写道:“现在回头看来,李敖先生有两点先见之明。第一,他说求情是无效的,我却仍去求情,结果被事实证明无用。第二,他主张把压制自由的事件公开发表，我却怕风怕势地因循了好久，才了解公开发表的需要。”

魏胖

魏廷朝第一次坐牢时，我写了信，送了钱，被国特追问，我开玩笑说：“别问啦！你们在台湾作恶，我送台湾人点礼，是替你们收买台湾人人心啊！”当时蒋经国曾送钱一千元，交魏廷朝上司中研院近史所所长郭廷以转致，郭廷以也送了五百元。他们送的钱加在一起，也赶不上李敖送的多。——国民党收买人心之手面可知也！固一介匹夫不若也！送款信由郭廷以亲写，后来魏廷朝送了给我，我转送给“台独”分子林世煜、胡慧玲小两口了，以见外省人花钱术之一斑。

魏廷朝又坐牢时，我也卷进去了。出狱后，见面时我也送过他钱。他死后，我送了一万美金给他太太小孩。

“李敖是最可靠的朋友”

最后一年，谢聪敏、魏廷朝、李政一和我，四人同居一房被“洗脑”。我宣布大家来生再见，拒绝讲话，但偷偷只和最够朋友的李政一来往。那时洗澡时总要一贯作业，脱下衣服，同时洗了。有次看到魏廷朝洗澡，把准备换穿的衣服，糊里糊涂重洗了一遍；把刚脱下来的衣服，又穿了回去。他那时又胖又黑，吃力地洗衣服，使我想起狗熊进玉米园的故事。（狗熊进玉米园，折一根玉米挟在腋窝下，左摘右丢，弄了一夜，出园时腋下还是只剩那一根！）魏廷朝出狱后，偶尔来看我，但两人友情，似乎无复当年了。有一件事，仍可看出魏廷朝对我的卫护。在康宁祥、李筱峰诬谤李敖案发生时，魏廷朝写信拆穿他们，有这样一段：

> 李敖的个性和笔锋太尖锐，而且耐磨耐斗，所以朋友固然不少，敌人只怕更多。他不断地攻击，又不断地被攻击，是不难想

象的。

攻击李敖，应该攻其所短，岂能攻其所长？说他专门打小报告，陷害朋友，可以说适得其反；既不合事实，尤其不是魏廷朝口中所言。李敖是最可靠的朋友（也是最难缠的敌人），在困难的环境中，经常接济难友。有许多受过他的恩惠的人，在十几年后始终对他怀念不已，这恐怕是他自己当初所料想不到的。他对看不顺眼的人和事，反应过度强烈，往往马上使小性子用刺骨的言辞、伤人的冷漠、明显的动作，当面让人难堪；但他不会放暗箭。

由于魏廷朝的人证文证，终于拆穿了李筱峰的造谣，最后被我告诽谤成立，我赢了官司。

谢聪敏（一）

一生中，跟我一路的患难之交的“恶友”，是谢聪敏。在一中，爸爸是他导师。一连那么多年，他跟我同被跟踪、同被软禁、同被刑求、同被下狱、同被送诊、同被感训，全部经历，是冷峭而非热潮。因为我们一路被国民党“关门追贼”式迫害，一路凄凉。谢聪敏是早期的“台独”先知先觉，第一次入狱，有彭明敏同案，使他风光不少；第二次入狱，有李敖同案，也使他风光不少。谢聪敏跟我在台中一中、在台大两度同学，他把我咬进“台独案”，就政治手段言，是高杆：就朋友之道言，是卑鄙。我个人对朋友之道，是很古典的。我无法接受这种为政治而牺牲朋友的卑鄙，所以出狱后十多年，一直跟谢聪敏形同绝交状态，没有任何来往。到了一九八五年，美国“全美台湾同乡会”邀请李敖访美，却有化名“壮脚人”的，在《台湾公论报》表示反对。因为“壮脚人”不是个人而是团体，是“台独联盟”欲借李敖引起争端，煽动台湾同乡反对全美会主席，因此引起洪哲胜和谢聪敏的反驳。洪哲胜写《从李敖事件看台湾人的统战观》，发表在《美丽岛》第二四三期（一九八五年六月十五日）；谢聪敏写《君子和而不同》，发表在《美丽岛》第二四五期（一九八五年六月二十九日)。谢聪敏文中有这样沉痛的话:"一个革命组织在夸耀它的伟大成就之际,也应该回顾那些被牺牲的人怎样在黑暗中忍受他们的痛苦。李敖就是为"台独联盟"走进政治监狱的。现在'全美台湾同乡会'邀请李敖来美访问,反对的声音竟然来自《公论报》未曾亮出姓名的'壮脚人'。""特务逮捕李敖,也有相当的根据。一九七〇年,李敖为彭明敏教授出走事被特务跟踪,他拍下跟踪便衣人员的照片,附着泰源监狱政治犯名单送给国际特赦协会秘书长马丁·恩耐尔斯。"台独联盟"获得国际特赦协会发表的照片和名单,刊登在《台湾青年》杂志。在这次照片和名单刊出之前,《台湾青年》也刊登彭明敏教授被"调查局"便衣人员监视的照片。特务遂断定这些都是李敖的杰作,怀疑李敖和"台独联盟"一定暗中联络。一九七一年旧历过年,有人在北上火车经过台北延平北路平交道时散发大批传单。传单上说:'欢迎外省人参加"台独",欢迎李敖参加"台独"。'这就是特务对我刑求逼供,罗织'台湾本部',编造李敖参加'台独联盟'的根据。""就李敖和台湾人的关系来说,我认为台湾人欠他的比他欠台湾人的更多。"

谢聪敏在我和他形同绝交的状态下,还写公道之言,大声疾呼台湾人欠李敖的比李敖欠台湾人的更多,光此一事,就可看到他的政治气度,远非今天对李敖忘恩负义的台湾人可比。后来谢聪敏返台,伴食民进党新贵间,混到个不分区的"立法委员",任满自行参选,备尝台湾人忘恩负义之苦,连流氓都为抢选票而打伤他和他妹妹。我到医院探望他们,他还笑嘻嘻的。

谢聪敏(二)

我成为"台独"分子,谢聪敏是一个施展连环套的角色。他和魏廷朝先把我咬进牢里,使官方上当;然后在声势已壮之后、在海内外皆知李敖加入"台独"活动之后,再设法替李敖翻案,用李敖在文化界的声名,反衬出国民党在如何以冤狱迫害自由作家。这样一来,李敖可被黄鱼两吃，而国民党的害贤之名却又加倍。谢聪敏在牢中替李敖翻案，不是容易的事，因为管制森严。但是一次阴错阳差，使他有了机会。一个日本人小林正成一度住他押房隔壁，在小林被驱逐出境前夜，他抛了一封信由小林带出来，辗转登在《纽约时报》。信披露后，自然使官方灰头土脸。谢聪敏纵在牢中，还能有这种机智英勇的作为，令人赞叹。出狱多年后，他到我家来叙旧。我问他："到底小林怎么带信出去的，难道不检查吗?"谢聪敏说："怎么不检查？还由所长罗永黎带人把小林脱光检查过呢。当时我以为信会被搜出来，可是一直没动静。后来我到日本，见到小林，问他，原来小林先把信藏在马桶与墙的夹缝里，脱光检查完毕后，临走前，他要求小个便，就趁小便之时，把信从夹缝中带了出来。"

信登在《纽约时报》后，官方追查，谢聪敏瞒过由小林带信的真相，反咬了一个班长陈留恨，说信是陈留恨带出的。陈留恨因此被捕，被拷打不已，直到最后查出不是班长而是小林，才真相大白。由于陈留恨对待囚犯极坏，谢聪敏这一乱咬，却也咬得人心大快。谢聪敏被罚戴脚镣好几个月，最后取下脚镣时，班长们对他恭贺，他笑嘻嘻地说："小意思、小意思。"

二〇〇八年，谢聪敏在《台湾自救宣言——谢聪敏先生访谈录》中说：

> 刚出狱时当然完全没人敢轻易近身，也没有人敢跟我联络，除了李敖之外。
>
> 现在很多人要求我跟李敖绝交，包括那些排斥我和陷害我的人，却没想到在我陷入患难的时候，李敖是怎么支持我的。读书人最要紧的就是书，写文章的时候，虽然我也会去中央图书馆找书参考，但是主要都是使用李敖丰富的藏书。他常常主动拿书给我看，有什么事情他也都会参与。李敖当时不但勇敢接纳我们，将藏书借给我们阅读，还对我们非常友善，这样的人真的是"少数中的少数"，让我们不得不感慨地质问："勇敢的台湾人到底在哪里?"

谢聪敏对我说:“彭先生要我不要同李敖来往了,我当然不肯,结果与彭先生也远了。”谢聪敏比这些“台独英雄们”都有情有义多了。虽然他长了一对狼眼。

《乌鸦评论》的神秘投稿人

一九八八年十二月十七日,彭明敏秘密写信给我——那是他与我隔世十八年后第一次给我写信,要借我办的《乌鸦评论》园地,教训他的学生蔡同荣。我同意了,我也随后发表了蔡同荣答辩的文字,以示公平。接着彭明敏又来稿,我也登了。来稿一看就是他的笔迹,虽托名别的学生所为,实系夫子亲笔。这一事件恢复了彭明敏和我的直接联系。

“永年友谊”言犹在耳

一九八九年四月四日,他写《彭明敏回忆录〈自由的滋味〉李敖定本序》,最后说:

> 李敖是华人史上罕有的奇才。唯因如此,当权者视之如背刺,非把他连根拔掉不休。又因为是奇才,有时难免惹起争议。听说我一些好友也曾与他有争执。但我历世已久,深知人性世事之复杂,双方立场都能了解,双方友谊都不受影响。
>
> 这份李敖定本是际此乱世,两个书生,在波澜万丈、历尽苦楚的生涯中,永年友谊的一个里程碑,也是不渝情感的一个结晶。不知人生有什么比之更美丽、更有意义的事?

彭明敏泄“台独”分子的底

一九九一年四月二十九日，他写信给我，抖出“台独”分子在美国的真正内幕。他写道：

> 在美国搅“台湾政治”者（在美国或其他外国怎能搅“台湾政治”，荒唐之至），煞有介事，其实都是拼命从事你所说的“意淫”而已（而且都是不能达到 orgasms）。有的在美搅得声名狼藉，混不下去，便逃回台湾，自称“侨领”或“教授”（在台者不知所谓教授实是在美学界无人看得起的市立野鸡专科学校厮混误人子弟者），在台自立山头，自任“民主运动健将”，继续以似是而非的浅薄言论敛财骗人。在美国搅“中国”或“台湾”政治者，基本上都是 con men，利用或 abuse 侨民“爱乡心”之切，自我膨胀，诈财骗人而已。令人感慨者，古今东西，地球上似乎充满着无数 suckers（包括所谓知识分子），那些 con men。骗之不尽，吃了一批以后，马上又有一批自投罗网。海外这些 con men 之奇形怪状丑相变态，很想为文分析之。

可见私底下，在“知心之间，无所不谈，毫无忌惮”的情况下，真的彭明敏是深知“台独”分子的卑鄙的。

十九年后的澄清

在彭明敏没返台以前，我看到电视画面，看到他特别点出李敖的冤狱事件，认为国民党政府应向李敖道歉。——这是彭明敏向国民党政府提供证据、诬陷李敖后十九年，第一次公开在电视机前宣示李敖非“台独”分子。我除了以迟来的感激回应彭明敏迟来的平反外，内心深处，却想起《马太福音》第二十七章第二十四节彼拉多的动作。彼拉多“就拿水在众人面前洗手，说，流这义人的血，罪不在我，你们承当吧”。——彭明敏只手遮天成功了，他把黑手脏手全抹在国民党手上。国民党固然活该，但我实在忍不住偷笑。从彭明敏纽约记者会看，宣示“四十年来，为台湾民主努力付出代价的许多人士如李敖”等，未曾“平反、复权”，他就不回来，对李敖示好，溢于言表。事实上，他迟迟其行是在等对他有利的机会。最后，代表民进党出面选“总统”局面成形，他就回来了。

马萨利克的照片

直到彭明敏回来一年后，我抵不住陆啸钊的坚邀，才答应三人一起吃一次饭。那天主人陆啸钊和彭明敏先到陶陶园等我，我与彭明敏，在他回来后一年才见面，就是二十四年后才首次见面。我很礼貌地带了一件小礼物送他，是一个小镜框，中有马萨利克（T. Masaryk）的一张照片。彭明敏很谦虚，说：“你李先生太博学了，你考倒我了，这位是谁啊？”我说：“他是捷克的国父马萨利克。他是名教授，当年带着学生领导独立运动，流亡海外。一九一八年他成功了，并且当了总统，一九三七年八十七岁时死去。他为捷克打下独立的基础，可是他无法解决与强邻的关系，最后捷克被强邻所灭。他的故事告诉人们，第一流的知识分子搞独立是一回事，可是，纵使成功了，若与强邻问题解决不了，也是空忙一场……”彭明敏若有所思地收下我的小礼物。饭后，他用他的胜利牌轿车送我回家。车中也没谈什么，好像二十四年前的知己之情都生疏了。后来他在凯悦大饭店席开一桌，请我全家，也请了陆啸钊，以及陈彦增、郭文华等人。事后我没有回请他们，我想起二十四年前我和彭明敏两人日夜相处的往事，对今天这种“恭而有礼”式的宴饮，实在觉得不自在。

谢长廷之问

与彭明敏反目两年后，谢长廷约我上《长廷问青天》电视节目，在化妆室聊天时，好奇地问我："彭先生在书中删去李敖的名字，这事到底是不是彭先生干的？"我说："不是又怎样？即使是别人干的，事后他纵容别人这样做，又有多次机会去更正、去澄清，他都高姿态不去做，他还怪谁啊？"谢长廷听了，点头一叹。

错不在我

两次饭局后，我和彭明敏又恢复了不相往来的状态。谢聪敏偶尔与我联络，我多次请他侧面影响影响彭明敏。谢聪敏说："李敖啊，老彭已经被海外那些新贵们包围啦，连我都讲不进去，也不敢讲话啦！"我笑说："就是皇帝，也是打到天下后，才清除功臣、不纳忠言呀！怎么还没打到天下，只回台湾得意几天就忘形起来了，连老朋友都冷淡了？这样笨，还搞什么政治？"谢聪敏说："老彭就是那样，我又有什么办法？"我写这本自传的时候，已经事隔二十多年了，谢聪敏告诉我两点：一、他和彭先生已疏远了。二、他认为彭先生已后悔不该那样对李敖，"因为李敖一点错都没有"。

一厢情愿

一九九四年八月二十三日，我看到彭明敏发表的《写在〈台湾自救宣言〉三十周年前夕》，又在头一天收到谢聪敏电传来的感言和电话，又看到报上他们的照片和庆祝活动，我忍不住在八月二十七日写了一封信。我严肃责备他们一厢情愿：

> 什么是一厢情愿？凡是提不出具体办法的号召，都属之。彭老师大作指摘“当局”不肯“以台湾名义重新申请加入联合国”，试问一旦彭老师成了“当局”，你能如愿以偿加入吗？加入联合国，绝无可能，这是起码常识，彭老师太清楚了、太清楚了。别人可以一厢情愿打如意算盘以意淫联合国（其模式与国民党意淫大陆、“反攻大陆”完全如出一辙），但是，彭老师怎可如此？这种“危险而无理智”，泛滥成灾，遂有“总统直选”等见诸彭老师大作。总统直选会带来独裁与混乱，这也是政治学常识。别人争权夺利可以这样儿戏，前台大政治系主任怎可如此？

我久历人间冷暖

最后我说：

> 你们是我共患难的朋友，素知我为人，我可以容忍朋友的无情，但不容忍朋友的大错误——大是大非上的错误。因此，虽然我与彭老师渐行渐远、与廷朝形同隔世，我仍忍不住要写这封信向你们进言。天下能被彭老师虚心受言的人，恐怕也不多了，我敢说我是最后的一位。印度诗人说感谢光明，但别忘了在黑暗中执灯的朋友。——我久历人间冷暖，我从黑暗中来，也将回归黑暗而去。我不奢求别人的感谢，但不希望与我同行过的老朋友在光明中目为之眩。该说的话，总归还是不免一说。先“自救”方足以言“台湾自救”，你们三位先知，三十年后难道全无“自救”之处吗？我真的不信啊！

信发出后，彭明敏、魏廷朝全无回音，理都不理；谢聪敏来电话，大意说老彭说政治是要夺权的，你李敖谈那么多是非干嘛！我说知识分子不谈是非只搞权力，是你们最大的堕落，我真为大家悲哀。这封信写了我最后的劝告——三十年后最后的劝告，我知道彭明敏是执迷不悟了。

三位收件人

谈起我这封信的三位收件人，我认为谢聪敏最识大体。他在牢里诬攀李敖是“台独”，为人卑鄙，但出狱后，在“台独”分子恩将仇报、在海外发行攻击李敖杂志之际，曾挺身而出，写文点破：“就李敖和台湾人的关系来说，我认为台湾人欠他的比他欠台湾人的更多。”这是谢聪敏的公道处。他在诚惶诚恐中，仍不忘仗义执言。至于魏廷朝，他和我私交极深，我不在家的时候，他可以替我看家，可见我对他的信任。以他跟我的深交，在牢里诬攀我是“台独”，我想他内疚最深。他出狱后只和叶菊兰、谢聪敏来看过我一次，从此形同隔世，三年五载，才见上一面，吃一顿饭，不过有重要的事，他还是认为非李敖莫办。我的回忆录出版后，他还来找我写一封信给台大法学院院长许介鳞检举台大弊案，并说这是许介鳞的意思。我奇怪，问他为什么这样处理，他说许介鳞认为由李敖出面检举，收信人可挟李敖自重，才好下手清除弊案。我为之失笑，我说你用我口气写来，我签名好了。他欣然照办。至于彭明敏，就复杂得多，他从回台湾后，在应付李敖上面，可谓盘盘皆错，并且一误再误。更不幸的，是他又节外生枝，引发出一个爆破点，终使我与他决裂。

九字祸源

爆破点是这样的：远流出版公司老板王荣文送了他出版的《彭明敏看台湾》等书给我，其中收有原载于《中国时报》（一九九二年十月十四日）的一篇《卜大中专访——为毕生理想再尽心力》一文，是专访彭明敏的。该书中第三十五页一段话，使我一震。因为一九九二年十月十四日的《中国时报》原文，并不如此。原文在“我赞佩的人当中有提携我的外省籍师长，如胡适先生、萨孟武先生、傅斯年先生等等，也有外省籍好友”和“这说明我绝不是一个狭隘的省籍主义者”之间，明明有九个字，被彭明敏暗中删掉了，这九个字是：“包括反对‘台独’的李敖。”我火了。彭明敏删掉这九个字，他不认我了。一九九五年六月间，谢聪敏感觉到我将揭发往事，亟思挽救，乃一而再、再而三地电话约我，要我务必参加七月五日他订下的一个饭局。饭局是彭明敏、魏廷朝、他和我等人的聚会，可是，我却一而再、再而三地拒绝了。我说：“我不想吃最后的晚餐啦！”我心里觉得：耶稣直到吃“最后的晚餐”时，才被出卖他的人伤了心，但台湾人却比犹太人更巧于此道：彭明敏和魏廷朝、谢聪敏早在最后的晚餐前，就把李敖送上“台独”十字架了。最妙的是，在被钉上十字架后，他们却又网开一面，说此人并非耶稣。所以，直到今天，我还弄不清我的身份是耶稣而死，还是耶稣身边的两名强盗之一而死。我太温情主义了。

失之交臂

彭明敏一九八九年四月二十一日秘密写信给我，大骂他的学生蔡同荣说：“蔡此人实际乱来，应予适当教训。”当然，他口中的“教训”不是情报局局长对江南式的，只是口诛笔伐而已。当谢聪敏感到事情不妙，李敖要把隐忍了三十多年的事写出来“适当教训”的时候，遂有七月五日彭明敏要同我吃饭之举。可是，一切都太迟了，我拒绝了筷子，拿起了笔杆。想当年美国南北战争时，南方总司令李将军（Gen. Robert Lee）手下有位大将杰克森（Stonewall Jackson），受了重伤，失去左臂。当他受伤时，李将军曾写信给他，说道：“你的情况比我还好些，你失掉了你的左臂，我却丢掉了我的右臂。”（You are better off than I am，for white you have lost left，I have lost my right arm.）杰克森收到这封信六天以后，便死了。彭明敏当年失去了左臂。他偷渡消息传来，我顿起李将军之情。遗憾的是，二十四年后，我终于自愿有“断臂”之举。这是李将军浮生多变了呢，还是杰克森老而不死了呢？多么难答的答案啊！答案难答，可是将军令下，我决定不再“留一手”。

肯定他，你就否定了你自己

彭明敏回台湾后，可以说没做过一件对的事。尤其捧李登辉，更莫名其妙。当年老 K 提拔你，你不要做狗，你不干，你跑了。结果李登辉做了狗。如今你从海外回来，居然肯定起李登辉来。别忘了肯定他，你就否定了你自己、否定了你自己当年不做狗的一番苦心，这说得过去吗？我常常用严格的标准去检定人，不但看他赞成什么，也要看他反对什么、点名出他反对什么、列举出他反对什么。如果为德不卒，自己捧起狗来，何必当年自己不早做狗呢？

被歪曲了的一段历史

我在《李敖电子报》里，写过一篇小文章，《与谢聪敏通话结论》。说电话中我跟他说，当年你和彭明敏、魏廷朝的《台湾人民自救运动宣言》我仔细读过、统计过，全文并没有鲜明的“台独”或“台湾独立”字样，你们的主调明明是自由民主运动、反蒋运动，今天被解释成“台独”主调，是与历史不符的。聪敏说：“你说得对，那是自由民主运动、反蒋运动。”我在文章中提到，宣言全部“目标”与“原则”中的四十五条细目中，只有“建设新的国家”与“重新加入联合国”两条，算是有点“台独”的边儿而已。把过去的一切都“台独定位”“台独归位”，我就是不信，特别拆穿如上。我并且申明：“好友谢聪敏跟我同此认识。”

多年后，谢聪敏在《台湾人民自救运动宣言案》中也承认：“没有半句‘台湾独立’字样，下笔前我都已仔细构思布局。多年后李敖仔细核对过说：文章从头到尾都没有写一句‘独立’，都是在讲‘自由’‘民主’。”如今有人故意把这一宣言等同于“台独”，不知当年并未如此时髦也。

“原来你是温情主义者！”

也许有人奇怪，以快意恩仇为人生观的李敖，为何却能忠厚隐忍彭明敏这么多年对他的不仁不义。原因有二：第一，我痛恨国民党，彭明敏有志气不加入国民党，我认为这是很难得的。格于小岛局面，台湾人本来像样的、成材的就不多，我一直珍惜这样的台湾人朋友，我希望他变成台湾的胡适，做最有志气、最有学问、最有高度教养的伟大知识分子。第二，大家只看到我穷凶极恶的一面，却忘了我豁达大度的一面。政治上，我被“台独”分子诬陷，我不介意。另一方面我又极重感情，老同学刘显叔的太太陈烈看到我写《你不知道的彭明敏》在《商业周刊》前几期的连载，笑着点破：“我现在才知道你李敖的弱点了，原来你是温情主义者！”——我的温情，使我对患难之交有了隐忍。对彭明敏就是最鲜明的一例。去年四月十二日，我在复兴南路一家西餐厅坐下来，小屯对我说：那边不是彭明敏吗？回头望去，果然是他。四十三年前，两人同吃西餐不久，他亡命天涯、我终入黑狱。本来我们是患难之交，但因我反对“台独”，他公然对我忘恩负义，我乃写书还击。政治真是友谊杀手。杀归杀，四十三年前的往事依然鲜活。他九十开外了，友谊梦碎、政治梦醒，值得吗？

路遇宿敌吴处长

我出狱以后十多年，路遇当年抓我的蒋家鹰犬、警备总司令部保安处处长吴彰炯中将。那时他已退役,在富贵楼餐厅担纲。他约我到他办公室,做了他单方面“相逢一笑泯恩仇”式的长谈。我最后打趣他,我说:“你们军人有‘五大信念’,所谓主义、领袖、国家、责任、荣誉。现在呢,你们革了几十年的命,民族主义等被‘敌人’实行了,领袖死了,所谓‘国家’变成千分之三了,责任扯不清了,荣誉也不好意思说了,全没了。处长啊,你也老了,你输了。”不料他眨眨眼睛,神秘地告诉我:“李先生,我没输,我移民到美国了。我子女都是博士,个个在美成家立业。李先生,我没输!”吴处长的话,对我真是醍醐灌顶:真的哟!这些鹰犬没有输,输的是他们的“五大信念”,但谁信这些信念呢?五大、六大、一百大,管他妈的几大!

毒药与泻药

吴处长吴彰炯那时在富贵楼餐厅做总经理。一天,萧启庆、王国璎夫妇请我在富贵楼吃饭。吴彰炯过来拍我肩膀说:“李敖兄,你为什么一直不来我们饭店吃饭?”我说:“我怕你下毒药毒我。”他听了笑着捏我一把,说我胡说。我说:“说下毒药也许重了一点,不过放泻药倒是可能的。”大家都笑了。——这就是人生,这就是人生际遇,这就是蒋氏父子留下的血色黄昏。在黄昏中,你的主要敌人都已死去,但他们留下的走狗都只只貌似从良,仿佛跟你一起珍惜夕阳无限之好。人世玄黄乍变,竟离奇如此!

互相扠腰述奇

吴处长八十岁变成了渐冻人,靠健保公费,躺在台北秀传医院的病床上,全身除了眼珠外,哪儿都不能动,但旁有护士二十四小时照顾,又有外劳为他负责清洁整齐,头发都理得如见大宾。真是卧床如见大宾。

有一天，我李敖出现了，他一定想不到我来探望他。他眼珠转向我，看到的，却是一个双手扠腰神气活现对着他的李敖。为什么我要双手扠腰呢？因为当年他到押房来看我，就是双手扠腰的，也神气活现。我李敖今天来了，以其人之腰还其人之身。我永远是阴魂不散的幽灵，我来了。

吴老师出面

一九七五年九月二十二日判决确定后，我写了一封秘密的信给吴俊才老师。吴俊才在台大教我《近代印度史》，那时是国民党文工会主任，是“当权派”。我的信提出一个饵，诱他们放我“出国”，我再徐图后计，跟国民党算总账。君子报仇，出国不晚。信奏了效，一九七六年七月二十三日，我正在“仁爱庄”被洗脑，所方忽然通知我，说保安处派车来，接我去台北一趟。上车后直驶基隆路警备总部招待所客厅，未几吴俊才出现，他说他收到我的信很感动，为“国家”为学生他都愿出面处理。后来吴俊才再和我见一次面，他说被银行占去的水晶大厦房子部分，他帮忙解决；出“国”部分，等我出狱后再说；案中案的司法冤狱部分，查明确是冤狱，乃透过协调，以“不执行”解决。吴俊才相对要求我任政治大学国际关系研究中心副研究员，以表示大家不再敌对，并且解决我的生活问题。我以叛乱案的褫夺公权六年也可就此不了了之，可证明所谓国民党法治，不过乃尔。乃同意。

女职员送聘书

一九七六年十一月十九日，我第一次政治犯出狱了。这时再过五个月，我就四十二岁了。由于吴俊才安排我去政治大学国际关系研究中心做副研究员，该中心主任蔡维屏先约见了我。此公是个官僚，像个

YMCA(基督教青年会)总干事,言语无味。不久聘书由女职员送来,我说:“副研究员相当于大学副教授,过去按老规矩,聘书都是大学校长亲自送上门的,怎么派女职员送来了?这是哪门子礼遇?”女职员说:“蔡主任最礼遇李先生了,别人的聘书,都是工友送去的。”我听了,恍然大悟。时代已经变得太多了。

弃干薪而去

我是一九七六年十一月十九日服刑五年八个月期满、无保出狱的。出狱后第十一天(十二月一日),就有了生平第一个正式职业。那天国关中心主任蔡维屏约我见面,说目前研究大楼的研究室已满,把我安排到总务大楼,用总务主任办公厅对面的房间做研究室。我心知他们要“隔离”我,笑而受之。国关中心图书馆“匪情资料”甚多,我去借书。我一到,安全室江主任就到,并向女职员们调查我所借何书。我心里有数,一本书也不借。我去国关中心,根本的心态就是应付吴俊才的。到了第二年,吴俊才去萨尔瓦多做大使了,我趁机坚辞国关中心职务,主任蔡维屏不肯放人。我感觉是:“那次短暂的‘副研究员’,就好像一个人上街买菜,突然被抓去当兵,他一有机会,必然要开小差,还回去买菜一样。”最后,“在中心我待了十三个月,但是全部上班的时间,不到十三个小时。不但拒绝研究,也拒绝讨论、拒绝听演讲会、拒绝签到、拒绝请领书报,最后拒绝领薪水。”我决心走人。蔡维屏做不了主,坚不准辞。后来吴俊才自萨尔瓦多返台,亲到我家,同意我辞职,但邀我去《中央日报》任主笔,再准备接任总主笔。我笑着说:“我不会给国民党做打手的,谢谢老师啦!”一九七八年八月二十日,我终于收到蔡维屏签发的“国际关系研究中心工作人员离职证明书”,“离职原因”栏填的是“辞职”,“离职日期”栏填的是“六十七年三月一日”。但证明书签发日期却是“六十七年八月十八日”,可见这一辞职,是经过好几个月的折腾才成功的。合理的推测是:官方想以“弼马温”之职羁縻我,并显示双方关系没恶化,但是这种“优遇”,对李敖是无效的,李敖还是千方百计地跑了。离开国关中心显示了我的两点风格:第一,我不爱钱,薪水是副教授待遇,纯领干薪,每年也不少钱,如老老实实,可领二三十年,为数可观;第二,我爱惜羽毛和自由,主动求去。

国关中心职务告一段落后,有人打趣,问我怎么你在国民党眼中,只是个相当副教授级的副研究员?我笑着说,已经很大啦!毛泽东在国民党眼中,不过一图书馆管理员耳;周恩来在国民党眼中,不过一副部长耳。国民党不“狗眼看人低”而把敌人看得这么高,已经很大啦!

辜振甫赔我钱

我的经济基础是我坐牢前留下的两户房子,但坐牢时,都被我弟弟不由分说,伙同溺爱他的母亲,私下予以抵押,抵押了又不缴利息,以致鱼烂河决,难以收拾。最后吴俊才请保安处出面,保安处转由干员林家祺个人出面见证,“逼迫”华侨银行以三百三十万买下水晶大厦房子。我代我弟弟还给该行一百万欠债后,所余又还了另一户房子的三十多万欠债,最后手上不过百万元。靠着这点钱,我计划东山再起。再起的第一场大戏是我查出辜振甫动“中国合成橡胶股份有限公司”股东的手脚,影响我的投资权益,我摆出兴讼姿态。辜振甫挽小姨子华严出面,前来谈判。于是,华严带了她的许多新作,到我家来。十多年不见,相见甚欢。华严是风华绝代的女人,我非常喜欢她。首先谈到严侨的去世,华严和我都不胜伤感。然后“政经分离”,谈起辜振甫。华严说:“辜先生自感对李先生很抱歉,我姐姐辜太太本来也想一起来拜访李先生,我说我跟李敖最熟,还是我自己来好了。这次纠纷,的确公司方面不对,现在愿意以一倍的价钱,由我出面,买回股票。我是你‘师姑’,请给我面子。”我说:“我老师被捕的时候,严师母带了三个小孩到台北投靠亲戚,可是到处吃闭门羹,谁给她面子?其中辜振甫最可恶,我今天要跟他算二三十年的旧账,绝不轻饶他。”经华严好说歹说,最后以八倍价钱，买回股票，作为“答覆、谢罪并赔偿”，才算出了我累积二三十年的一口恶气。

后来华严再来我家，完成了退股手续。我在十一月十九日，请来了已经十多年不见的严师母，当面送了十万元即期支票给她。我告诉严师母：“这个钱你可以拿。这就是三十年前对你闭门不见那人的钱，今天我总算给你出这口恶气。”严师母哭了，她收下了钱，收下了温情与旧情，也收下了人间绝无仅有的李敖式的正义。后来她特别亲手做了西点请我，表达她对我的感谢。

严侨死了

从严师母的口中，和严方、严正的口中，我得知了严侨死前的一些情况。严侨死前六年，已经遁入皈依宗教的境界，绝口不谈人间的许多事。他皈依的是密宗，家里佛像、法器一大堆，整天耽迷在这里。他的师父是一位屈老师，叫屈映光。我听了一笑。严师母问我笑什么，我说你们不知道屈映光是谁，我可知道他是谁。他是民国初年的大军阀啊，是放下屠刀的大军阀啊！他们听了，顿时一惊。屈映光垂老学佛后，变成了有道之士，严侨很信服他。为了怕他老眼昏花，看不清文字，特别写斗大的粗笔字，向屈映光上书不绝。我参观了严侨的遗物，看到了这些佛像、法器，和这些走火入魔的上书等文件，心里为之浩叹不已。严侨说他“不断寻觅二十余载”始得成解脱，其实他错了。他其实没有真解脱，因为他“寻觅二十余载”，最后取代自己的，只不过是更旧的玄学而已。恰像那外国许多远离共产党信仰的理想主义者一样，他们最后皈依的不是独立自主，而是圣母与上帝。——他们永远不是自己的主宰，风霜与苦难打倒了他们，他们不能不抱佛脚！

可怜的是，严侨最后的佛脚，也是假的。严侨的父亲严琥，一九六二年九月二十二日死在大陆。他在死前十五年（一九四七年九月十二日），写信给严侨的弟弟严僖，就说道：

真实的佛教，颇有高明之处……不过中国的佛徒，十有八九皆十分庸闇，因“广大”之名而引了许多邪神野鬼，此最为可惜。《金刚经》云：佛无有定法可说，无定法者无偶像之成见也。又曰：“无所住而生其心”，无所住，则不为一切法所拘囚，自然日进不已矣。然而无成见、无所住，非无头无脑、无主意之谓，佛之头脑在何处？在智慧，故曰金刚般若波罗蜜，言智慧如金刚，能摧坏一切愚闇烦恼，令人到彼岸也。故为佛徒而不求智慧，只讲礼拜、烧香、祷告是佛教之大罪人，非佛徒也。虽信得性命不顾，亦非佛徒也。只是邪教而已。

佛教不拜偶像，《金刚经》说：“若以色见我，以音声求我，是人行邪道，不能见如来。”你做佛教徒，为何行邪道。可惜了！

可怜的严侨，他在生命的晚年皈依佛门，竟也皈依错了。他千辛万苦去做佛教徒，可惜却误信了邪教！当然，严侨绝不以为他走错了路；相反的，他认为他在子夜里、在孤单里，已经成功地摸索到了彼岸。智慧如金刚，多年的折磨，使严侨的金刚已坏，可惜他已老惫、已懵然无知。在五十五岁那年（一九七四年七月三十一日），他终因心肺衰竭死去。

严门四代

普瑞斯博格（Emeric Pressburger）写《看那灰色马》（*Behold A Pale Horse*，电影译名《十面埋伏擒蛟龙》），写那潦倒天涯的共产党，最后贾其余勇，奔回故国。这共产党一生战斗，虽然潦倒，但是至死神明不衰。看了严侨的一生，我始终以他未能生归故国、一展抱负为憾。严侨饱更忧患，晚年油尽灯枯，看破红尘，以至神明灰灭，守邪教以终老。一位这样的不世之才，就这样的被牺牲了！

我总觉得严氏一门，正是中国现代史上最好的家传资料。第一代严复，身逢帝制不绝，志在引进新潮，赍志以没了；第二代严琥，身逢新旧交替，志在富国强兵，家破人亡了；第三代严侨，身逢国内战争，志在建国大业，自己报废了；第四代严正，身逢国民党在台湾通吃，志在经济挂帅，埋头做白领阶层了。严氏家传的横剖，岂不正是中国现代史的缩影？严侨生不逢时、死不逢地，音容醉貌，长在我心。他一生与中国现代史的横剖关系，绝非他一己之私，因此我在五十之年（一九八五年四月十七日），写下《我最难忘的一位老师》纪念他。这篇文章三年后由大陆《中华英烈》杂志转载。

“辜振甫万岁！”

辜振甫的二百万台币对我有了大改变，除送了二十分之一给严师母，又以二十分之一给了我弟弟外，我以余款买了东丰街一家小店面。后来赶上房地产大涨，使我有了翻一番的本钱，再加上“文字之业”的收入，使我从此立于经济上的不败之地。——人间“致富”，可以阴错阳差、时来运转到这一复杂又交错的程度，想来不胜离奇。十多年前，我摄护腺癌，由名医张树人操刀，全身麻醉。事后麻醉师笑着对我说：“李先生，你知道你麻醉醒来第一句话是什么吗？”我问：“是什么？”麻醉师说：“你说的第一句不是话，而是轻喊了一声：‘辜振甫万岁！’”我听了笑开怀。我告诉麻醉师：“这家和信医院是辜振甫开的，在人屋檐下，怎可不低头呀！”

风流余韵

我刚出狱那年，还买不起六十二平的敦化南路金兰大厦，我看中旁边新盖的三十七平的金记环球大厦，跑去签约，认识了李明瑾。她那时大学刚毕业，明亮可爱、身材又好，令我心动，可惜当时有很好的男朋友。四年半后，在忠孝东路碰到她，相约在一家西餐厅“叙旧”，我第二天写信给她：

> 昨晚在烛光下，听你四次说到你很快乐，我却不觉得。我觉得你是一个虚度青春的，老是想考一百分的问题儿童。你不停止这种“灯之歌”式的人生观，你的下场，一定很悲惨。悲惨得怎么把痣点掉都没用！不过不论怎么悲惨，你将永远冶艳动人，正如你昨晚一样。

后来李明瑾主持电视节目，从俗以去，我一直为她可惜。金记环球大厦因为在车位上处理失当，我去信抗议，他们央求我的旧识黎昌意出面解决，最后以二十万买了我收藏的一点字画，双方解约了事。后来建筑界在车位上特别明订权利归属，市井盛传此乃“李敖条款”云。

由于对小蕾的美好回忆，使我对铭传女生特有好感。出狱后我在铭传附近看她们下课，忽然一个女学生迎面而来，可爱、靓丽、清秀中有一股冷艳，令人一见动情并且一生难忘。她叫贺台英，我每月送一本我写的书给她，可是她一直拒绝我。直到我与胡茵梦离婚后，她才同我在圆山饭店有一次烛光约会，我们又在酒吧间谈天。那是她和我第一次相聚也是最后一次。后来她出国了，婚后病死。

北一女的“育新”是我出狱后跟我有一次郊游的小女生，她清纯美丽，我一吻而别。后来她也出国了。

沈登恩与高信疆

从我出狱到隐居，已近两年半了，“蛰龙三冬卧，老鹤万里心”。“三冬”将尽，“万里”方来，在这成熟的复出时刻，一个最有眼光的出版家三顾大楼找到了我，他就是远景出版社的沈登恩。沈登恩判断：李敖基本上是一位伟大的文人，虽然历经“告别文坛”、坐牢、隐居等过程，但总有一天会回来。当这一天到来的时候，远景一定要占住先机。因此他一再向我试探，一顾两顾我都不顾，直到他三顾前来，我才决心见他。见他之日我拿出他中学时写给我的仰慕信给他看，他大为震撼：——“李先生的记忆与细密竟如此惊人！”格于政治考虑，当时沈登恩提出构想，只是重版我那两本当年未被查禁的书——《胡适研究》和《胡适评传》。我告诉他：“李敖十四年被封锁，如今重返江湖，只出版两本出过的书，未免太寒酸了，总该出一本台湾没发表过的。我在受难期间，在香港出版过一本《借古不讽今》，如加以增补，改名《独白下的传统》出版也不错。”沈登恩是在出版界反应一流的人，他立刻赞成，于是我们便秘密筹划出版。沈登恩找来苏宗显为我秘密拍照，再由黄金钟设计封面，梁正居封面摄影，并请我在扉页来段题词，我写道：

> 五十年来和五百年内，
> 中国人写白话文的前三名是李敖，李敖，李敖，
> 嘴巴上骂我吹牛的人，
> 心里都为我供了牌位。
>
> ——李敖

沈登恩最欣赏我写的广告文字。广告文字必须浓缩而奔放，我在这方面得心应手，可谓千古独步。

沈登恩不但是一流的出版家，并且是一流的李敖推销家。他在出书前夜，找到《中国时报》副刊版的主编高信疆，秘密透露他为李敖出书，明日上市。高信疆的大哥信郑是我老友，这小弟弟对我慕名久矣。他见识过人、反应极快，立刻请沈登恩延后一天发书，俾便他有机会说动“余老板”（余纪忠）。最后，在“余老板”的默许下，在出书之日，也就是上报之时，《中国时报》不但副刊版大幅刊出我的《快看〈独白下的传统〉》，并且由周天瑞派出王健壮和金惟纯两位采访我，在一九七九年六月六日社会版刊出《李敖变了吗？看他怎么说！》。这是台湾报纸第一次图文并茂地大胆写出李敖，从此文坛奔走相告：李敖复出了！而我出狱后两年七个月的隐居，自此告一段落。

胡茵梦出现

在《独白下的传统》使“台北纸贵”的热潮中，一位美人，当年在大学时代，曾把文星出版的《传统下的独白》插在牛仔裤后，招摇而过辅大校园的，这回也赶去买了一册。这位美人，就是电影明星胡茵梦。《独白下的传统》出版后，各界震惊，佳评如潮。其中以同月十七日《工商日报》上胡茵梦写的《特立独行的李敖》一文最引人注目。胡茵梦写道：“看完全书，放心地松了一口气，李敖仍旧是李敖，虽然笔调和缓了一些，文字仍然犀利、仍然大快人心、仍然顽童性格，最重要的，这位步入中年的顽童还保有一颗赤子之心……”胡茵梦的文章发表后，我并不知道。后来《中国时报》的陈晓林告诉我，我才看到，并且得知：胡茵梦为了这篇文章，遭到国民党中央文化工作会的警告。文工会行文给国民党党营机构中央电影公司，警告该公司所属演员胡茵梦不得写文章捧异己分子李敖云云，我听了这件事，不禁对她另眼相看。

胡茵梦被警告，她不但不予理会，反倒传出她想结识李敖的消息，可是那时我不轻易见人，她一直没有机会。直到九月十五日，萧孟能约我到花园新城他家做客。我到了不久，门外车声忽至，原来胡茵梦和她星妈高速光临。后来得知：是萧孟能暗中通知胡茵梦“李敖来了”，于是机不可失，遂有此一相会。后来台湾与海外报章风传李敖、胡茵梦由相识而相恋、由相恋而同居、由同居而结婚，花边新闻此起彼落，热闹经年，虚虚实实，极尽好事之能事。我也自“社会版”人物一变而成“影剧版”要角，想来十分有趣。尤以一九七九年十一月十一日《时报周刊》上以胡茵梦为封面，手执老 K 红心桥牌一张，牌上小照片是胡茵梦从背后搂着李敖，最为传神，是陈文彬照的。又有林清玄专访。《时报周刊》负责人简志信（简瑞甫）打趣说：“把你李敖当封面人物，会有麻烦，但当封面人物手中的一张桥牌，这责任我负得起。”

从结婚到离婚

一九八〇年五月六日，我和胡茵梦结婚了。三个月零二十二天（八月二十八日），我就招待记者，宣布与胡茵梦离婚了。离婚之前，胡茵梦已回娘家一住多日。我八月二十八日看报，看到她竟参加国民党幕后策动的斗臭李敖集会，并口出伪证，不知她自己是什么身份。我感于全世界无此婚姻行规或婚姻伦理、也无此做人或做人太太的离谱行为，我放下报纸，通知叶圣康等朋友们，告诉他们我决定招待记者，宣布离婚。当天下午我在大陆大楼举行记者招待会。

随后我请孟绝子带着我签好的离婚文件，直送胡茵梦家，记者们也就蜂拥胡家。不久胡茵梦打电话来，说她很难过，无论如何要我亲自去一趟，我答应了。在路上，我停下我的凯迪拉克轿车，在花店里买了一大把红玫瑰，就去敲门。胡茵梦素服而出，与我相拥，并一再泪下。我说："茵茵啊，你说你将是'唐宝云第二'，因为丈夫不同意离婚。今天我保证你不是'唐宝云第二'，——你是'胡茵梦第一'！"胡茵梦认为离婚文件要重写两张，用一般离婚套语，我虽嫌俗气，也同意了。于是由她亲笔写《离婚协议书》，第一张写毕，我看用的是"中华民国"年号，我说："我是不奉'中华民国'正朔的，这张你留着，另写一张写公元的罢，我要那一张。"挤满客厅的记者们闻之哄堂。胡茵梦事后公然赞美我的书面声明写得文笔优美雄浑，她大概没发现我的整个过程都是"大男人主义"的气魄。正因为是"大男人主义"，所以出口、下笔、送花、签字，都是豁然大度，包容"大女人主义"的"新女性"的离谱行为。后来人多赞美说李敖真会离婚，可谓"人民的眼睛是雪亮的"。

空中小姐

离婚后不久，有一次，我跟一位刚考取空中小姐的可爱女孩子在床上，随便聊天，她说了一段话是：“李敖，你有许多优点，其中之一是你跟胡茵梦离婚前后，她说了你那么多的坏话，可是你却不说她一句坏话。那时我还不认识你，可是我跟姨妈们谈起来，大家都欣赏极了。”我听了，笑道：“梁启超有两句诗是：‘十年以后当思我，举国若狂欲语谁？’我离婚前后，在国民党报纸带领下、在政治阴谋下，蓄意利用胡茵梦来中伤我、斗臭我，台湾举岛若狂，海外也一样，都使我不容分说。我跟胡茵梦的一些事，也就全部由她包办了。但是，我的为人，也许正是‘十年以后当思我’，也许十年以后，事实会证明我多么能有忍谤的本领。那时候，也许我会写出我与胡茵梦的一些真相，那时候你再欣赏吧！”

“君君”

这位空中小姐叫“君君”，淡江大学英文系高才生，身高一六八，五十公斤，长得细白秀气，她没报到前在教育部高教司上班，我去看她，她穿着绣花鞋，更看出她的脚多么秀气，立刻使我回想起我脱光她时那裸露的脚，秀气以外，更细白动人。我们躺在一起，谈得好开心。她有一半苏州女人的血统，女人味十足。她让我享尽快乐。当 over 以后，她以透露一个小秘密的方式，叫我永远记得她。——她偷偷告诉我，她有一颗非常小的小痣在某个地方，并让我去试着寻找。我去找，找到了，还特别亲了它。那种快乐，一如卡萨诺瓦（Casanova）回忆中，他跟小情人捉迷藏那一段，但更精彩。因为过去的情圣只是在小情人双乳中间寻找他遗失的，而现代的情圣却能在小情人更隐私的地方寻找她拥有的。我这小情人可爱中有不可捉摸的神秘。我们谈到爱伦坡(Edgar Allan Poe)的神秘,我说我要把摩尔(Harry T. Moore)那篇《诗人与精神分析学家》(*The Poet and the Psycho-analysts*)送给她看,可是,文章还没送出去,她却神秘地远行了。

“问白云”

一九八〇年二月二日,我和胡茵梦在财神大酒店顶楼晚餐,侍者通报说他们经理想过来谈谈。随即经理出现,不是别人,就是大名鼎鼎的杨维汉(白云)。白云当年是红遍全中国的大明星,红到全国照相馆橱窗多以陈列他的照片为招徕的程度;红到同时被二十八家报纸连载事迹的程度。如今垂垂老去,也过气了,意态颇为索寞。事后胡茵梦写了一篇精致的《问白云》,讨论他们演艺人员的“过桥”与归宿。胡茵梦虽说“问白云”,又何尝不是问自己,因为白云已老惫,不堪闻问了。两年后,六十三岁的他,终在日月潭自杀身死。演艺人员的一生浮沉,在他身上,真对比得太强烈了。我识白云在文星时代,他听说我家老太是他影迷,特地跑到台中,去看“李敖先生的母亲”。当年他的影迷何止千万,如今要对一个影迷如此珍惜,光此一件小事,就可以喻大了。

我的快速反应

我和胡茵梦在一起时候,亦有妙事堪闻。结婚第三天深夜三点钟,有个自称中视林导播的,打电话找胡茵梦。我说:“现在是夜里三点啊!”他回答说:“没错,我知道是夜里三点,你叫不叫胡茵梦来听?她不来听,明天我就公布胡茵梦跟我的床上照片。”我说:“林导播,胡茵梦在跟我结婚前,就开过一张名单给我,名单里面没有你,可见你是冒充的。如果你有照片,那你公布好了。”——这就是李敖的作风,我可以快速反应,不让你怄到我的气。想在我面前逞口舌之利,差得远哪。

婚变

和胡茵梦的婚变,内幕也涉及政治性。胡茵梦和我结婚前,本是国民党,她写《特立独行的李敖》发表,早就被国民党透过中影向她警告。她和我同居到结婚,压力始终不断,国民党逐步封杀她在演艺事业上的发展,使她非常沮丧。她最后抵抗不了这种压力,而屈服、而向官方表态,表演"大义灭夫",这是很可理解的。胡茵梦出身一个不幸的家庭,又因她的美,被社会惯坏。她的反叛性,是没有深厚知识基础的。她的举动,太多"表演""假戏"与"作秀"性质。最后,当这种举动渗入政治性的时候,我觉得这一婚姻就该立刻告一结束。孟绝子有一段话说得好:"在李敖的天地中,胡茵梦找不到真善美。李敖的天地中不是没有真善美,但那是董狐、司马迁、文天祥那一类血泪染成的真善美,是'慷慨过燕市,从容做楚囚'式的真善美,是悲壮而深沉的真善美,而不是胡茵梦心目中的真善美。"但是,胡茵梦是不知轻重的,她被人利用,用不真实的方法伤害李敖、伤害李敖,最后伤害到她自己。胡茵梦努力求真求善,是她的大长处,但她用作伪的方法求真、用作恶的方法求善,结果闹得亲者痛仇者快,最后连美学都没有了!

婚变伏机,原来在此

我至今不谅解胡茵梦,为的是她在我和萧孟能官司中做伪证,又写书又上电视,伪证到老。我始终不解胡茵梦为何如此邪恶。后来我想起了:葛大卫约我请林青霞拍电影,没请胡茵梦,这才是真正的祸源、真正的伏机啊! 婚变真因,原来在此!

二〇一一年七月二十三日,我应《亚洲周刊》邱立本之邀在香港书展发表演说,讲题是《中国知识分子的走向》。我说:二十八年前,一九八三年,我在香港发表文章,提醒说:应该充分利用英国人深植的基础,给中国做一个大试验,以“港人治港”的民主实绩,开花结果给全中国人看。文章发表后十四年,香港拜拜英国了。香港的民主实绩,离伦敦太远、离台北太近了,这种畸形的发展,非常不幸。我来指出迷津所在,香港听好!

七月二十五日下午,我从香港回来了。我不喜欢红尘,除了两次演讲、N次记者访问、与凤凰卫视刘长乐三次饭局外,我都藏在旅馆里,独自吃了两次腊味饭。整个香港书展的大场面,由我和林青霞包了:林青霞场子来了一千五百人,我的场子来了二千一百七十人(外面挤不进来的不算)。林青霞真是星光四射!

她送了一盆花给我,放在讲台上。

演讲后,我去看她,她跟我拥抱。从我离婚后她来我家,已经三十多年不见了。

路遇胡茵梦

二〇〇〇年一月二十一日日记:二点五十分,在东丰街大安路口,碰到迎面走来的戴墨镜的美人,她同时看到我,原来是Terry。她过来,两人相拥,Terry泪下,说:“我写完了那本书后,觉得不该写。”我拍着她的背,长拥而别。我与Terry十多年不见了。

如今已是二〇一五年了,又十五年未见到她了。六十二岁的一代美人,已老去了。人都会老去,但红颜老去啊,却是双重的。

离奇的官司

一九八〇年,一件不幸的事发生了,就是文星老友萧孟能告我的所谓“侵占背信案”。这案子根本原因在萧孟能抛弃了发妻朱婉坚——跟他同甘共苦四十年的发妻朱婉坚。我仗义执言，因而触怒了萧孟能的朋友王剑芬、触怒了萧孟能。上了公堂后，我发现我被告的罪状，是非常离奇的。萧孟能说他去南美前，授权我代他办事，我没给他办好，但是，授权办的事，大都是萧孟能自己解决不了的陈年老账，有的长达十八年以上。自己十八年都解决不了的难题，丢给朋友解决，一共给了三个月零十四天，就要解决，不然就招待记者斗臭朋友、跑到法院告朋友，天下哪有这种道理？又哪有这种道德？萧孟能授权项目共有二十四项，这只是大项，二十四项下包括的人、事、单位等一共六十九件。萧孟能给我三个月零十四天，就是一百多天之内办这六十九件事，平均一天半要办一件；就是说，不到两天，要给他办完一件。我自己要谋生，又不靠萧孟能养、不受酬，怎可这样逼人，要人在这样短的时间办这么多的事？

萧负李

平心说来，若萧孟能本人未被挑唆，他尚不会对李敖无情无义到诬告的程度，可惜他为女人所浼，以致铸此大错。在他声言要告我之际，我对他说：“孟能你告我，官方一定趁机介入整我，我会垮下来，可是我李敖垮了会爬起来；你告我，你也会垮，你垮了就爬不起来了。”果然不出所料，在我出狱后的锲而不舍里，萧孟能备感压力。在地方法院童有德法官判决“萧孟能意图他人受刑事处分，向该管公务员诬告，累犯，处有期徒刑六月”以后，萧孟能上诉。一九八七年一月十四日高等法院开庭，法官廖茂荣一再劝谕和解，李敖为尊重法官的好意，乃于退庭后委由龙云翔律师去函萧孟能，开具条件；三月十八日再开庭时，法官表示条件合理，萧孟能本人也当庭表示愿以“自承怀疑之错误，并向老友李敖表示道歉”文字登报和解。不期书记官完成笔录后，萧孟能的律师又要加添意见，和解乃告破裂。和解虽告破裂，萧孟能这一当庭表示的心态，却足征诬告李敖属实，否则又何必认错道歉呢？

萧孟能入狱后，陆啸钊去看他。隔着铁栏，陆啸钊劝他“向敖之道歉”。萧孟能沉吟良久，表示说“我愿意”，可是“问问剑芬罢”。这时王剑芬在旁怒目而视。陆啸钊回来告诉我：“孟能为了这种女人，失掉了最后挽回与李敖友情的机会，我真为他可惜！”

萧孟能老死在上海，听说他不无悔意，绝口不说李敖坏话。他可能回想到多少年来做了多少对我不起的事，至少包括：一、文星时一直要我身边的助理打我小报告；二、胡秋原等开会斗我，他居然派人参加；三、破坏我的婚姻；四、偷追我分手的女友蒋芸；五、我入狱后骗我以折扣价售我水晶大厦房屋，真相是一毛钱都没优待……我不愿多写了。

“为我兄美化人生”

萧孟能自己解决不了的陈年老账，我试举一例。萧孟能与《西洋全史》的作者冯作民有债务关系，冯作民欠萧孟能一笔呆账。这笔呆账，长达十八年之久，但萧孟能并不催还，反在离台三个月零十四天之中，硬要李敖讨到。讨不到，就告李敖背信，证人竟是冯作民！这岂不是故意整人？萧孟能与冯作民两人什么关系？我一直好奇。终于找到了答案，是一九七四年五月十八日冯作民写给萧孟能的一封亲笔密件，透露他另设密室为萧孟能配好钥匙，由他“初选”由萧孟能“决选”美女，“来寒斋幽会”，“助我兄美化人生”！原来他们哥俩是这种关系哟！

胡星妈名言

胡星妈有一句名言，说得极为传神。她说：“国民党太宽大了，怎能把李敖给放出来了？”其实，国民党不是太宽大了，而是太糊涂，竟把我关在监狱里而没关在精神病院里。我觉得国民党不会把李敖关进精神病院;另一方面,如果关进去了,我相信国民党不会放他出来。I don't think KMT could put LEE AO in a mental hospital. On the other hand, if he was already in,I don't believe KMT'd let him out. 请原谅我要用英文翻译我自己的话,因为英文中 in 和 out 对比明显。只有用英文,才能配得上胡星妈的漂亮中文。

我送高信疆一座坟

沈登恩有一天跟我说,他跟萧孟能的律师李永然很熟。李永然偷偷告诉他:从法律上看,萧孟能根本打不赢官司;但从政治上看,由于国民党王升的刘少康办公室介入,李敖就只好冤狱了。我痛恨萧孟能为了女人,引王升政治势力介入整我。萧孟能诬告我的案子使我丢了老脸、丢了老友、丢了老婆,但最后我反败为胜,不但恢复了名誉,并且打败了他们,还乘胜跟国民党算了老账。老李飞刀,追杀至今未已,李敖的可怕,连李敖自己都有同感呢! 我的可怕,不止于对活人,对死人也一样。当年蒋介石在庐山谈话时,说"如果战端一开,那就地无分南北,人无分老幼",都要迎战。如今我却以为善报仇者,要再加上"敌无分生死",才能更尽此义。例如我对蒋氏父子,便是如此。对死者鞭尸、对生者追击,这才是报仇者的全面公理,放眼天下,唯李敖有焉。王升这些御用小人最后还信了基督教。与他同一教会的柯元馨拉我信教,说信教可以上天堂。我说只要王升他们也能上天堂,我宁愿下地狱。柯元馨没有全失败,她拉她丈夫高信疆信了教。信疆死后,我花了六十万送他一座坟,在阳明山基督教坟场。我总觉得信疆死前信教信得勉强,和殷海光一样。

官方封杀李敖

在我大踏步向前复出的过程里，国民党官方也大踏步笼罩下阴影。这一阴影，显然在封杀李敖的卷土重来。当我在《中国时报》推出“李敖特写”专栏后，国民党以军方和情治方面为主轴的人马，从王升到白万祥，都一再向余纪忠表达了“愤怒”，立场“风派”的余纪忠挡不住。一九七九年十二月六日，我终于写信给高信疆，结束了我在《中国时报》的专栏。国民党官方不但封杀我，也连带封杀胡茵梦。胡茵梦的星路出现了挫折，国民党的中央电影公司带头封杀她。胡茵梦是电影明星，明星岂能长期承受被封杀、被冷落之感，于是日久愁生，隐成我们分手的伏机。这时候官方意想不到地捡到一个封杀李敖的机会，就是萧孟能诬告李敖案。这件案子，根本原因在萧孟能抛弃了四十年同甘共苦的发妻朱婉坚，我仗义执言，因而触怒了萧孟能。我认为，萧孟能要离婚，可以；但朱婉坚已年近六旬，生计堪虞，萧孟能至少该把夫妻一起赚的钱分朱婉坚一半；不该把十五户房地和房租、汽车、电话、押金、家具、用品、债权等等都过在相好名下；不该不但不分给朱婉坚，反倒用朱婉坚名义欠债欠税，最后致使她不能出境谋生。我是与他们夫妇一起在文星共事多年的见证人，我亲眼看到朱婉坚如何既婉且坚地帮萧孟能赚了这些财产，如今这样子被扫地出门，我不能沉默，我要打抱不平。为了这一打抱不平，我付出了昂贵的代价。萧孟能居然受情人挑唆，翻脸无情无义，利用我帮他料理水晶大厦一件事做切入点，诬告我侵占。这时王升带队的“刘少康办公室”介入司法。林晃、黄剑青、顾锦才三法官，竟希旨承风，用荒谬的理由入我于罪。例如在法庭上，我拿出萧孟能亲笔写的“字画、书籍、古董及家具等……均系本人移转与李先生以抵偿对其所欠之债务者，应该属李敖先生所有”的字据，以证明萧孟能在诬告。但是三法官却说“应有借据证明其有债权”，否则纵使有萧孟能亲笔字据，也不算数。但萧孟能既然最后以字画等抵债，原来的借据,自然就已返还债务人萧孟能了。三法官责怪李敖提不出借据,试问李敖若提得出,岂不变成一债两还了?难道要李敖同意字画抵债,又要扣留借据吗?天下可有这样的证据法则吗?可是三法官不管,硬判李敖侵占。这不是笑话吗?

四点结局

王升"刘少康办公室"不介入,萧孟能绝无胜诉之理,连萧孟能的律师李永然都承认,在法律层面上,他们打不赢这官司。王升这种政工头目的可恶,由此可见!我出狱后,锲而不舍,追究出萧孟能诬告我的内情。那时政治因素已结案,法官们乃依法判决。诬告我的萧孟能失掉政治靠山,一入狱再入狱,最后三入狱前夜,他仓皇逃往海外。

在萧孟能被我反击,使他入狱两次后,我第三次告他,最后最高法院果然判决萧孟能要第三次坐牢了。他告李敖一次,最后反弹之下,自己竟奉陪得过了头。在我反击过程中,一九八五年四月二日,有日记如下:"二时后出地检处庭。庭前胡茵梦先向我高声问好,庭后又来聊天。她说:'李敖你老了。'我说:'和你一样老了。'她说:'你看我头发剪短了。'我说:'你不是预言要做尼姑吗?还会更短呢!'萧孟能在旁边,我拍他肩膀说:'孟能这一阵我告你,你先被判了一个月零二十天;现在又被判了四个月,一共五个月零二十天。——你还欠我十天,等我第三次要你坐了牢,十天还我,就扯平了。你死了,我们朋友一场,我会买个金棺材送你。'孟能听了,哭笑不得。"——这条好玩的日记,可以看出胡茵梦的风华、萧孟能的风度和李敖的风趣。

萧孟能诬告我的案子,造成了以下四点结局:一、李敖坐了一次牢,但萧孟能坐了两次,又变成通缉犯,又在最高法院六件民事判决中全部败诉。——他想要李敖的钱,可是一块钱都没要到。二、李敖帮助萧孟能太太朱婉坚拍卖了萧孟能和他情人的家,并为朱婉坚争回天母静庐的房子。三、李敖宣布和胡茵梦离婚。四、国民党官方做手脚使李敖入狱，以为封杀此獠，殊不知被此獠大肆报复，一连报复三十多年，至今未息。

刘会云

在帮助萧孟能解决水晶大厦纠纷时，我认识了他女婿周其新的女秘书——刘会云。会云娇小可爱，台大外文系毕业，是我一生中最得力的无怨无悔的女朋友。我们一直同居，直到胡茵梦出现。与胡茵梦离婚后，一九八四年十二月五日，我有信给会云，有几段最能道出我的心境：

> 二十日机场见你含泪而去，在归途上，我想的却是《北非谍影》(*Casablanca*)……《北非谍影》毕竟是电影，所以最后出现了奇迹。至于台北，是一个没有奇迹的地方，所以 so far so "bad"，——我仍跟"德国人"在一起。"德国人"当天下午就到市面查扣《千秋》三十八，这期显然拆穿了"德国人"建党九十年的谎话，而被他们痛恨。这几天他们整天庆祝建党九十年，报纸、电视上一片马屁，我真觉得我是这一片马屁中唯一一个真人，我敢于并能够独立苍茫、独自一人挺身与"德国人"斗。我在这里，也准备凶多吉少，死在这里。宋朝梅尧臣写《东溪》诗，说："情虽不厌住不得，薄暮归来车马疲。"我在这里，却"情虽已厌住下去，薄暮下笔不知疲"。我在这里，至少表示了三点意义：
>
> 第一，我树立了一个大丈夫、男子汉的伟大榜样。
>
> 第二，我拆穿了国民党，并使国民党在言论上对我全无还手之力。
>
> 第三，我为人类与中国前途，提供睿智的导向。
>
> 我完全不知道我能这样做多少、做多久，但我随时准备被暗杀、被下狱，丝毫不以为意。"视死如归，临凶若吉"（虽然凶多吉少，但是临凶若吉，吉也不少），此心之光明、达观、从容，可谓"汉

唐以来所未有”。唯一“若有憾焉”的倒是自己的努力,最后“没世而名不称焉”。我九月六日对罗小如说:

在这种局面下,我们做的一切努力,都会因国民党在世上无立足之地而连累得也无立足之地,——台湾变小了,你也跟着变小了。我们牢也没少坐、刑也没少受、罪也没少遭,可是声名成绩却不如苏联的人权斗士,也不如韩国的,也不如菲律宾的,这都是因为同国民党“与子偕小”的缘故。但是,“与子偕小”还是走运的呢,搞不好还要“与子偕亡”呢!

古代的受难者,他们虽然“流泪撒种”,但是可以“欢呼收割”:现代的受难者,最大的痛苦是撒种固须流泪,收割也须流泪,因为你所得的往往是镜花水月。虽然如此,志士仁人却绝不怀忧丧志,仍旧以朝行道夕可死的精神,走一步算一步、打一局算一局。

我在给会云信中,特别提到:

十七年前,我翻译劳伦斯(D. H. Lawrence)的文字,我真的喜欢这一段:

苦难当前,我们正置身废墟之中。在废墟中,我们开始盖一些小建筑,寄一些小希望。这当然是一件困难的工作,但已没有更好的路通向未来了。我们要迂回前进,要爬过层层障碍,不管天翻也好,地覆也罢,我们还是要活。(The cataclysm has happened, we are among the ruins, we start to blild up new little habitats, to have new little hopes. It is rather hard work: there is no smooth road into the future, but we go round, or scramble over the obstacles. We've got to live, no matter how many skies have fallen.)

在国民党的“废墟”中,我年复一年,不断地要盖“小建筑”,寄“小希望”,造次必于是、颠沛必于是、坐牢必于是、出狱必于是,我已学会收割时绝不流泪,因为我未尝不知道镜花水月总成空,但空又何妨,我们是男子汉啊!

虽然这里与我的关系,到头来不过如此,但我在万里长空、且做（希腊）左巴舞的时候，总也想到人间毕竟该有“行者”与“死者”的布局，羊角哀与左伯桃、公孙杵臼与程婴……以至《北非谍影》中的乱世男女，无一不是“古仁人之心”所该留意的。“古仁人之心”的特色是“不以物喜，不以己悲”，但并不忘了带给别人“物喜”，成全别人的安全和快乐。我小时候看隋唐故事，看到隋唐好汉一身力托城门门洞的千斤闸，让人逃出，自己却被压死，我至今难忘。人间毕竟该有它的“去留肝胆两昆仑”的复杂意义，不但有这种复杂意义，并且在表达这种意义时，所用方式是“我自横刀向天笑”式的，是一种既勇者又达者的从容（甚至不妨伴同一点喜剧性的玩笑）。到了这一段数，才是人生的“极高明”的境界。

这是我一生中最能表白心迹与处境的信，我写给了会云。会云跟我度过我一生中最长的隐居时期，知我最深、护我最力。有一段时间我一连五个半月不下楼，都是会云照顾我。她真是了不起的女人。

“汝清”十六天

在入狱前十六天，认识“汝清”。“汝清”是我不认识的一个留学生的新婚夫人，这是我生平第二次和有夫之妇私通（第一次是和一个我不认识的流氓的太太）。在这一两年里，在我床上，虽然不乏女人，“汝清”却是一个最能跟我腻在一起的惹人怜爱的小情妇。我跟她同居十六天，每次我都把我的性幻想传给她，她都相与俛仰、淋漓尽致。我入狱后，她写了大量的情书给我，后来飘然而去。一九八二年一月二十三日，我在狱中写《然后就去远行》一诗，就是写这十六天的：

花开可要欣赏，
然后就去远行。
唯有不等花谢，
才能记得花红。

有酒可要满饮，
然后就去远行。
唯有不等大醉，
才能觉得微醒。
有情可要恋爱，
然后就去远行。
唯有恋得短暂，
才能爱得永恒。

执照之谜

我二十四岁拿到台大毕业文凭后，一连二十二年都长捐箱底，一直没有用它，因为我没有正式职业，文凭对我毫无用处。不过，到了一九八一年我四十六岁时候，它派上了用场，因为我想办一本杂志，申请杂志执照要用大学毕业证书，我就申请了一张《千秋评论杂志》执照（局版台志字第二七七五号），还是“新闻局长”宋楚瑜出面发给我的。可是，这个执照很微妙地害到了我，执照发下来（一九八一年四月二十三日）才五十五天（一九八一年六月十七日），我在地方法院已判无罪的官司（萧孟能自诉李敖所谓侵占案），突然受政治影响，一夕之间，竟被台湾高等法院的法官林晃、黄剑青、顾锦才三人枉法裁判为有罪（六十九年度上诉字第二四九八号）！这一判决，微妙反映了外界“选举快到，快判李敖”的公论为什么口耳相传，也反映了争取自由的长路上我所付出的苦心、代价与牺牲。妙的还不只这种巧于配合的枉法裁判，还有更妙的。在枉法判决后二十三天（一九八一年七月十日），我突然收到台北市政府“七〇府新一字第三一〇三一号”市长李登辉的来函，说：“一、准台湾高等法院七十年六月二十九日剑刑勇字第二六号函略以：李敖因侵占罪经判处有期徒刑六月确定。二、依出版法……登出其登记。”收到来函后，我又大惑不解，又恍然大悟。大惑不解的是：李登辉如果希旨承风,想封杀李敖的《千秋评论杂志》,尽管依例通知可也,何必抬出"台湾高等法院"来呢?恍然大悟的是:按照"刑事诉讼法"第二百二十七条,只是裁判书正本"送达于当时人、代理人、辩护人及其他受裁判之人"而已,又何必去函给台北市政府呢?"台湾高等法院"居然写信给台北市政府,这不是怪事吗?难道法院承办审理业务之不足,还要兼办钳制言论的通风报信吗?这种行文,岂不是太明显的联合作业封杀李敖吗?更微妙的是:这一杂志执照是"新闻局局长"宋楚瑜核发的,而李登辉给我的信中,却明列"副本收受者:行政院新闻局"字样,于是真相大白了,原来联合钳制你李敖啊。

探监的朋友见不到我

在牢中术语,第一次坐牢叫坐牢;第二次坐牢却叫"二进宫"。我在"二进宫"六个月里,除了见了"汝清"、武慰先这些漂亮的小女生外,朋友们我都没见。唐德刚、张坤山、陈晓林、李昂、许以祺等等都枉来土城看守所,我都拒见了他们。许以祺有一篇《"钟声无恙我将归"——李敖二度出狱有感》,提到"到了土城监狱,李敖不肯出来会客,狱警说'他在黑暗里寻找光明'。后来想想,何必去看他呢?真要是见了他又能说些什么?"

吃得开的囚徒

我第二次做政治犯,被关在土城看守所。

在以人犯为单位上,我虽不过是三千三百分之一,但看守所受命关李敖,却不敢草率从事。我报到那天上午,"法务部长"李元簇到看守所,看守所为我特别清洁房间,抹掉以前人犯留下的字迹,把铁床锁紧等等,不一而足。这在看守所有史以来是没有过的。清洁后,副所长汪本流特别看过，表示满意。他又严格嘱咐，安全第一。安全包括不使李敖搞鬼，也不许别人搞到李敖的鬼。副所长严格嘱咐孝一舍主管，绝对不能有流氓对李敖动拳头事件，李敖名气太大，闹出事来大家都要完蛋。孝一舍主管拍胸脯保证，又叫流氓们拍胸脯。流氓们说我们佩服李敖，绝不会出事。我报到当天晚上，就有香烟偷送进来（他们还以为我抽烟，其实我早戒了）。第二天第三天，已经一派“天时地利人和”气象，流氓虽被嘱咐不要同李敖多说话，可是我还是知道了一些秘密与冤情。孝一舍主管惊讶说：“你这样吃得开、这样拉风，我真没想到。美丽岛那批人住在这里的时候，可没你吃得开。你真有一套！”

“胡茵梦的丈夫！”

我第二次做政治犯，第二天就参加了放风，走到放风场，有趣的现象出现了：各路角头流氓向我打招呼，并奔走相告说：“看呀！胡茵梦的丈夫！”——我纵横文海二十年，在文化界声名盖世，可是要盖流氓界，却只能以名女人前夫显。名女人的确比我这名男人有名多多呢。我改写宋人的词对自己说，这叫“散步出黑牢，满楼黑袖招”！其实，说我在文化界声名盖世，也是自己吹牛。在中兴大学念中文系的小屯，要查作家名录，她翻看“中华民国行政院文化建设委员会”出版的《中华民国作家作品目录》，发现在九百页的目录中，胡茵梦占了一页，可是李敖连一行字都没有。可见在国民党官方钦定的名单中，胡茵梦是作家，而李敖连作家都轮不到。李敖之为无名小辈，可想而知矣！事实上，我虽对外吹牛，自己还是蛮谦虚的，每次“忘了我是谁”而有自大狂的时候，我就想到两个故事：有一次我在“金蛋糕”吃东西，突然一名女侍拿了一个纸板走过来，要我签名；我很高兴，心里想：“想不到这里还有人认识我。”但女侍说：“我们老板讲过，每个客人都要签名。”还有一次，我弟弟肠胃出了毛病，就介绍他到“新高原药房”找一位李大夫。新高原的李大夫有两位，一位是妇产科的，一位是肠胃科的。我认识的李大夫是肠胃科的李承泌大夫。可是我弟弟找错了,找到那位妇产科李大夫,告诉他:“我是李敖的弟弟。”那位李大夫忙点头道:“李敖吗?我认识她,她下个月就要生了。”

感谢两位囚犯

在看守所期间,我最感谢两位囚犯。一位是于长江,他本是台中一中的学弟,因退票坐牢,被派到伙房做饭。他经常为我烧个菜,老远自伙房端来,送给我,让我“吃小灶”。另一位是石柏苍,他原是台北地方法院书记官,因冤案坐牢,牢里人手不足,白天调他去办公,晚上回押房,住我隔壁。我一入狱,他就在窗口自我介绍,说是我读者。我怀疑此公身份,因而问他如何证明你是。他说他可以背一首我的诗为证,我说你背背看。他就像小学生一样哇哇背起来,我顿时验明正身无误。自从认识了他,就无异认识了一个“贼”——他白天上办公厅,晚上就偷运资料给我。我就根据资料,秘密写成四万五千字的《监狱学土城?——第二次政治犯坐牢记:“天下没有白坐的黑牢”》长文,再由他冒险分批寄出,交给他太太保管。一九八二年二月十日我出狱当天下午,就招待记者,公布此文。由于我一再发表有关司法黑暗、监狱黑暗文字,并陆续为许多冤狱抱不平,引起“行政院”院会、中外舆论、电视、“立法院”以及被迫害者的重视。在国民党“立委”温士源疾呼阻止李敖英雄形象流传后一周,新竹少年监狱即发生空前大暴动事件,另加上台北监狱越狱等事件,“法务部长”李元簇乃黯然下台。“法务部”监所司副司长王济中公开说,这都是关了李敖惹出来的祸。

“可是李敖先生不想见他啊!”

不过,由于李敖惹出祸,有一个人倒跟着得了福,他就是“法务部次长”施启扬。李元簇下台，他升官做部长。我坐牢时，有一天放风，禁子牢头匆忙跑来说：“施次长在办公厅等你，想见你，请李先生去一趟。”我夷然答道：“可是李先生不想见他啊。”我又补了一句，“告诉他，想见李先生吗？李先生说请你到押房去见他！”施启扬和一般大员一样，都是不敢来押房的。所谓考察狱政，都只是在大走道上走马看花而已。我拒见施启扬，弄得牢心大快，大家争传李某人真是架子大，大官来看他，“可是李敖先生不想见他啊！”

坐牢哲学

一九八一年十一月九日，我曾译《新约》《哥林多后书》第六章第八至十节给“汝清”：

似乎是骗子，却是诚实的：as deceivers, and yet true;

似乎不为人知，却大大有名的；as unknown, and yet well known;

似乎要死了，却还活着的；as dying, and behold, we live;

似乎在受刑，却不致送命的：as chastened, and not killed;

似乎忧愁，却常常快乐的：as sorrowful, yet always rejoicing;

似乎很穷，却叫别人阔的：as poor, yet making many rich;

似乎一无所有，却样样都不少的：as having nothing, and yet possessing all things.

这段译文，最能代表我的坐牢哲学。“汝清”离去后，我另有《隔世》一诗，最能代表我的坐牢聚散哲学：

隔世的没有朋友，
别做那隔世的人，
隔世别人就忽略你，
像忽略一片孤云。

离开你了——柔情媚眼，
离开你了——蜜意红唇，
什么都离开了你，
只留下一丝梦痕。

当子夜梦痕已残，
当午夜梦痕难寻，
你翻过隔世的黑暗，
又做了一片孤云。

坐牢的五种好处

我前后两次坐牢，所坐皆为“非其罪也”的冤狱，但达观博识之下，发现坐牢的坏处有五百种，但是也有五种好处：

第一，你没有时间了。你对时间的感觉，完全变了。表给没收了，时间单位对自己已经拉长，已经不再那么精确。过去有表，一分钟是一分钟，五分钟是五分钟；一坐牢，一切都变成大约了，无须再争取一分钟，赶几分钟，提前几分钟，或再过几分钟就迟到了、来不及了。换句话说，永远不要再赶什么时间或限定什么时间了，你永远来得及做任何事——除了后悔莫及，如果你后悔的话。

第二，你没有空间了。你对空间的感觉，也完全变了。空间的单位已经缩小，已经不再那么动不动就多少平、多少里，或什么几千公尺了。你开始真正认识，什么是墙。墙在你眼前、在你左边、在你右边、在你背后。四面墙围住一块小地方给你，那简直不叫空间，而像是一个计算空间的最小单位。你坐在地上，双手抱住膝，用屁股做中心，脚尖着力，转个三百六十度，你会感到，你仿佛坐在立体几何里。立体几何谈遍了空间，但它自己，只是一本小立体。

第三,你没有敌人了。你的敌人把你关起来,就是把你和他们分割,大家一了百了。所以,一切都一了百了,你不再见到他们那一张张讨厌的丑脸,不再听到他们一声声同样的噪音,你的眼前不再有他们查问,背后不再有他们跟踪,你开始落得清静。

第四,你没有朋友了。朋友胆大的已经同你一起坐牢,胆小的心中庆幸你总算进去了。他们的心情,就好像守在病房外面探望一个得传染病要死又不死的朋友,病人死了,对双方都是解脱。你刚坐牢的时候,他们有的会来看你一次,也只是一次,以后,他们不再好奇了。一个人到动物园看过斑马以后,可以十年无须再看斑马。所以那次来看你,不是来探望,而是来了清心愿,或来永别。但是,无论怎么说,他们在胆小的朋友中,是伤人心最少的。

第五,你没有女人了。坐牢时候,你的形而上和形而下是一起坐的,除了犯的是风化罪,十九都是形而上惹祸,形而下遭殃。在午夜梦回,形而下向你抬头抗议或向你揭竿而起的时候,你当然对它抱歉。不过反过来说,从形而下惹来的种种女人的苦恼,也因坐牢而一笔勾销。为什么?男女关系本来是铁链关系,难分难解;可是一坐牢,就从铁链关系变为铁栏关系,就易分易解了,因为女人是你坐牢时离开你最迅速的动物。女人不离开,你只是男性;女人离开了,你才是男人。坐牢可使你变成纯男人,从一物两用变成一物一职,倒蛮适合精简原则,倒也不错。

牢中的女人

牢里没有女人,但我第一次坐牢时带进一本《花花公子》(*PLAYBOY*)杂志,内有双胞胎裸照大夹页,陪伴我牢中前段和后段的岁月。最后,陪我一同万劫归来。现在,双胞胎裸照仍挂在我书房的浴室里,旁边多了一面平行的大镜子,一眼看去,变成了四胞胎。但大镜子的投影有点斜度,双胞胎都变得更瘦了,也更动人。镜里看花、水中看月,都比实际更好看，镜花水月，其理在此。

我与 PLAYBOY 的一点后缘

PLAYBOY 杂志开风气之先，但它的选美标准，却每况愈下，越选越肥越肌肉，无复当年了。不过，PLAYBOY 杂志与我有一点后缘，不但它的中文版一再访问我，并在英文一九九〇年年刊（*PLAYBOY Enterprises, Inc. 1990 Annual Report*）里刊出我的照片。那次刊出，是从十五种外语版中每年一百八十位名人中选出三位，李敖即在三位之中。在我照片下，美女大腿如林，亦趣事也。

好花要雾里看

《林语堂当代汉英词典》页五一四，把“雾里看花”翻成 have blurred vision，没翻出中文原文的味道。原文是实景、是模糊，但不是抽象，林语堂把具象译成抽象，漏掉了关键字那个“雾”字，一切都走样了。白居易“花非花，雾非雾”，有雾罩在其中，方有此一奇景。日本人把雾峰叫成“阿罩雾”，从日本偷去的汉文直接看，可得雾趣。看值得一看的，光线、角度等都重要。好花要雾里看，美女要镜里看。我第一次见莫文蔚，做“神秘来宾”为她戴钻石项链。随后她招待记者，坐在大靠背椅上，露出漂亮的小腿，身材极为动人。她送过一大张签名裸照给我。我发现把裸照转四十五度角吊起来，再用长镜顺裸而下更为诱人。这一发现，使我更相信好花要雾里看，美女要镜里看。

马桶学

我住的台北看守所孝一舍共四十七间，舍房按八德分类，又各三层，所以我只是“四维八德”乘三后的四十七分之一，渺小可知。我因精力过人，只睡五到六个小时，从不午睡，所以生活方式与一般人犯大不同。我大约清早三点前就起来了，六点五十分起床号的时候，我已经工作三四个小时了。起床号后全舍开始噪音，有这么密集的心情苦闷的邻居，其音安能不噪？这种噪音，直到午饭以后，才能稍好。等午睡过后，又噪音开始，直到九点入睡号为止。

住的方面最有学问的是马桶。每个马桶上面，都没有马桶盖，大便要直接坐上去。冬天时候，一坐上去，就像在屁股上套个大冰圈，我名之曰“套冰圈”。大便完了，起身时要小心，因为皮肤已与马桶有黏接现象，要慢慢站起，才不会痛。大便时候，整个屁股十足有“全盘西化”之感：大便以后，发现屁股上多了一个圈，好像桂冠诗人的桂冠一般，我名之曰“桂冠屁股”。

老唱片与老歌曲

监狱在通道上挂了四个扩音器，在收封后，也来点音乐，最可怕。我算来算去，好像只有两张唱片，所以反复总是那几首歌，有《高山青》《绿岛小夜曲》《夜来香》《月满西楼》《玫瑰玫瑰我爱你》，和我不记得歌名的几首，如“掀起你的盖头来”、如“太阳下山明朝还是一样的来”、如“先生买一朵花呀”、如“情人情人我怎么能够忘记你”、如“东山飘雨西山晴”等。唱片也是老爷的，《绿岛小夜曲》每播必在“水面上摇呀摇”个没完，直到管唱机的过来一推，才有“姑娘飘呀飘”出现。一九八一年十一月二十二日，有记者团来参观，看守所为粉饰，乱买了一阵唱片，从早就大播特播，其中《魂断蓝桥》，真会煞风景也。第三天清早，又特予回放，魂又续断一阵。我出狱前一周，又改播《何日君再来》，我当然不信看守所所长朱光军在作弄我，因为他没有这种幽默感，大概只是巧合吧？

如果平时这种播音算是娱乐的话，“国定”假日的就绝对不是。“国定”假日最可怕，一早就来了全套爱国歌曲，一路战斗与“梅花”不绝，要足足闹一上午才停。除了骂刘家昌王八蛋，已别无他法。狱中人犯对所有假日都讨厌，因为假日一来，接见受阻、放风停止，对人犯全无好处。放风就是出来运动。《监狱行刑法》第五十条明定“每日运动半小时至一小时”，但在事实上，却至多二十分钟，并且阴雨天气也给取消。放风时候，一部分人可以打篮球，这种篮球，有二特色：一、没有鞋，都是赤脚跑来跑去；二、死刑犯挂着脚镣，照旧跑来跑去无误。这两幅画面，令我难忘。

我以耶稣为常业

监狱个把月会来一名牧师，来传福音一小时。人犯们因为可趁机在通道地上坐一下，所以也就蜂拥而出，大唱“我主耶稣”一阵而归。牧师来的时候，他们约我参加，我不去；问我为什么，我说：“我就是耶稣！”我第一次做政治犯时候，军法官审问，我一言不发，法官问我为什么不说话，我说：“耶稣受审时，他也没说话。”由此可见，我以做耶稣为常业，积卷三尺，非一日之耶稣也！到台北看守所第二次做政治犯，我更有耶稣感。耶稣跟强盗钉在一起，我则和强盗关在一起，这岂不更“感同身受”吗？牧师传教以外，宗教活动就全凭个人自我修持了。一般说来，死刑犯信佛的比较多，尤以急来抱佛脚的多。不过，也有毁佛的例子。一个人犯，盼望无罪，大信其佛，不料判决下来，竟是五年。此公大怒，乃将佛像一丢，“干你娘”起来了。另有一种牧师，信得也颇虔诚，满口上帝，实在讨厌；不过他们倒也颇能自得其乐，此宗教鸦片之功也。宗教对人犯的自欺,不无帮助;有时候,它有助于人犯情绪的稳定,虽然这种稳定,不如一根被查禁的香烟。

多年以后,我做耶稣不过瘾了,改做上帝了。我在《阳痿美国》中,就化身“上帝李”了。

死囚在楼上

我有一首《鼓里与鼓上》的诗,写住我楼上的死魂灵,最能代表我的坐牢互动哲学。“狱中独居,楼上关了独居的死囚,戴着脚镣,彳亍踉跄,清晰可闻”:

我在鼓里,
他在鼓上。
他的头昏,
我的脑涨。
声由上出,
祸从天降,
他若是我,
也是一样。

我在鼓里,
他在鼓上。
他走一回,
我走十趟。
他向下瞧,
我朝上望。
我若是他,
也是一样。

这种精细的感受、精炼的表达，我不相信别的诗人能达得到。我常自喜我是诗人，可是笨蛋们都不相信。

查肛门

人犯在法庭收押时或过堂回来，要脱光检查，管理员要查头顶、查嘴巴、查胸前、查背后、查脚心、查衣服、查拖鞋，也查肛门，以防肛门中夹带现金或烟毒。方式是人犯背对管理员，向前弯腰，以两手掰开屁股，露出肛门给管理员看。平均一个管理员一个星期看过的肛门，比一位直肠科名医一年看的还要多。有一次，我开中心诊所的杜圣楷大夫的玩笑，我说："杜大夫，你学什么不好，为什么要学直肠科，整天看人家屁股？"杜大夫开玩笑说："人的屁股最好看，你不知道的！尤其是黑人的屁股，最好看。"我想，喜欢看屁股的人，实在可以来做台北看守所的管理员——可看的屁股可太多了！杜大夫真没眼福啊！

我选"立委"的第一目的

极少人知道我选"立委"的第一目的。第一目的是"对付美国"。国民党政府的一贯特征是"内斗内行，外斗外行"。外斗之首，在斗外国帝国主义，可是蒋介石搞的却是"媚美主义"，结果且是"一路媚美却又被美一夜不寐"，因为美国老是出卖他、欺负他，还欺负他儿子，半夜三更叫醒他儿子说：我们断交了。蒋氏父子的媚美贱骨头行为影响到李登辉、连战、马英九等留美人士，也影响到国民党分身政党民进党人士，所以，尽管表面上政权轮替，但在"媚美主义"上，却相沿不替。两朝政权最大的不同是越媚越贵、越媚越没保障，最后连战下订单的那笔军购案到了陈水扁手里，一跳变成六千一百零八亿，却又拿不出涨价理由。我到"立法院"，本来就要教训"媚美主义"的，正好碰上六千一百零八亿,我自然迎头痛击。我选“立委”的第二目的在凸显所谓“中华民国”的假民主与假国会。

台湾的假民主

蒋介石的最大罪孽,不止那一大段空前的血腥统治,更在绝后的对民主的结扎工夫,因此岛上的民主,一路给掐死了;留下的,是种种假民主的怪象。最后演变到今天的,不是真民主的主流,而是假民主的乱流。一般浅人分不清,以为台湾有了民主,并且可以向大陆炫耀,其实全不是这么回事。一九四九以来,蒋介石有二十六年的机会搞民主,他不搞;他死后,蒋经国有十三年的机会搞民主,他不搞;他死后,又有二十年的机会搞民主,但国民党、民进党却给搞得中台二分、拳头四向、金权纵贯、血肉横飞。天天政治挂帅,人无宁日;日日宦海生波,举世称奇。我们多少年来一路追求真民主的人,看到这种古之所无、今之罕有的假民主,能不痛心吗?我们眼巴巴等死了老蒋、等死了小蒋,等走了李登辉、等爆了陈水扁,我们等得寒心了。蒋介石父子在台湾四十年中,由于自私、狭小与僵化,他们造就出两派头脑不清的混人:一派是蓝色的;一派是绿色的,表面有蓝绿之分,其实混同一气,在思想型模(Pattern)上系出同门。这就是今天的乱局。乱局又不止于颜色上的相持不下,且在于引发新的贻害:一、使这个岛在世界出局,还一再闹出世界级的笑话;二、使这个岛上的青年人,一潭死水。青年人本该是抗争、改革、进步的动力,但是,岛上的青年人浅薄、麻木而软弱,他们任凭宰割、窝囊没用、未老先衰。几十年下来,就蒋家王朝而言,是及身而绝;就蒋家走狗而言,留下几条幸运家犬;就国民党而书,是空忙一场;就“台独”而书,是假忙一场。蒋家王朝到台湾后,它的问题不在及身而绝;而在及身而不绝。它延续出两股接班人:一股是绿色的;一股是蓝色的。这绿蓝两股,为了争政权,固然小异其无趣,但在大方向上,却是蒋介石的传人,传出了一个像民进党的国民党和一个像国民党的民进党。但像来像去，更像蒋介石自己的反射。不是吗？

台湾的假国会

既然民主是假民主，“立法院”这种假国会，有可能弄假成真吗？不会。假国会呈现出来的：

一、这是国民党闭门造车造出来的不伦不类机构，再加上蒋介石调教出来的坏的外省人和坏的台湾人，共同加工翻造出来的怪胎。

二、这怪胎成长的所谓民主是假民主。

三、彰显假民主的现象很多，最大的特色是，少数党民进党竟可用暴力阻止多数党国民党等投票，而国民党等竟因之就范，真是世界级的奇闻。国民党是一个令你哭笑不得的党，它的最大本领，是能培养出比它更坏的反对党。

四、最令人哭笑不得的是，国民党每逢选举，它给你选它的理由竟是：你要不选我，它比我更坏。

五、这是个贤不肖杂处所在，绝大多数是不肖，偶有贤在，也就是说，偶有好人存在。但好人扶同为恶，形成好人做坏事局面，好也好得十分可怜。

六、从世界级（包括中国级）的标准看，他们全部昧于大势、不识大体。眼里只有台湾，但下手干的，又害死了台湾。

七、部分成员跟美国的关系暧昧，不仅在美国国籍案上劈腿，甚至涉嫌CIA，所以打着军购爱台湾旗号，使台湾变成为美国利益服务的“凯子岛”，假国会变成了输美大国会。

八、最后，台湾根本不是真国家，自然不会有真国会。

“君子不得已而为之”

当年青年党的元老左舜生跟我说:“政治者,俗人之事,君子不得已而为之,小人夤缘以为利。”说这话的人不失为君子,他流亡香港,宁肯开个小杂货店维生,不肯住在台湾做蒋介石尾巴,虽然他的党,已沦为尾巴。看到左舜生,你会好笑,原来君子玩政治,就是那副模样。我一生是君子,一生也没政治,只是69之年,自我颠倒,当上了所谓“中华民国”的所谓“国会”议员——“立法委员”。在大节骨眼上,我定位得清清楚楚,并且声明在先:我把所谓“中华民国”,定位成亡国;把这个政府,定位成伪政府。我不是所谓“国会”议员,而是“议员”。一如我在二〇〇〇年参选所谓“中华民国总统”,我即时宣告,所选乃是“中国台湾地区领导人”而已。

文群的重演

孙大千,人称“奶油小生”,为人聪明而富口才,人也善良。我对他说:一九四九年国民党来台湾,“立委”最老的叫文群,是民国初年的国会议员,时年七十。当时有个“立委”,年纪比文群小一半,叫阿不都拉,时年三十五。今天呀,我李敖七十岁,我就是文群;你孙大千三十五,你就是阿不都拉。历史真会捉弄人,我竟变成“老贼”了。不同的是,李敖是硬碰硬自己选上的;当年的老贼们却是又作票又非法连任的。江苏无锡地方的票开出来,票数比人口总数还多呢。

“立法院”中只有一个人年纪比我大,就是江丙坤,出身“经济部部长”、“经建会主任委员”、财团法人“国家政策研究基金会”副董事长兼执行长、“立法院”副院长、国民党副主席。不分区“立委”中,顾崇廉死后,他年纪最大;区域“立委”中,我年纪最大。他是“立法院”中唯一年纪大于我的。我跟他说:跟我们同年龄、一九三五年出生的,有一个老妖怪,叫蔡同荣,还割双眼皮呢。你要不要割?他逊谢而去,此公属“老贼”级,极能干,国民党之循吏也。

我玩世

我在这小岛上,用股票术语,陷入一种盘,一种“落单”的盘。我“干青云而直上”,高得没有跟得上的良师畏友了,也没有什么同志、什么门徒,陷入严重的“落单”。落了单,标准的反应是行吟泽畔、是怀才不遇、是横眉冷对、是独喝闷酒与胃溃疡。可是我却全没这些。相反的,我一片欢喜,一点也不负面或消极。我的最大本领是自得其乐,并且常常乐不可支。草山(阳明山)上有一幢老旧大厦,五楼边间有我的书房,我常常“落单”其中,几天几夜足不出户。《庄子》所谓“独与天地精神往来”,正此之谓,但比庄子那时代的,更知天高地厚。书房不大,但高三米六,有夹层其中;书桌四个,此上彼下。舞厅小姐“转台子”,我也“转台子”,台子一转,我隔世矣。我的大门可真考究,是英国唐宁街(Downing Street)式的,全无文丐街(Grub Street)的穷酸。那道门反锁起来,浑然有响,气派非凡。书房中典雅琳琅,挂有沈尹默写的韩昌黎,中有一句是“宫门一锁不复启,虽有九陌无尘埃”,扣除悲情,正是写照。那里,才真正是我的世界。从那大门出来的我,不是完整的我,只是玩世的我。任何救世、愤世、警世、醒世的情怀,事实上,都被我的玩世罩上。像是上海人的傲慢,骂人“侬是一只卵”。我走出大门,知道我不能免于见到一只卵、许多只卵,我笑起来了。三年前,为了使李戡、李谌留学美国,这幢书房出售了。

“我反对!”

我在“立法院”,一直有双主轴:一个是“反对”;一个是“朝弄”。先说反对。我是天生反对派,一有反对,我就两眼发亮。美国参议院有个笑话:表决前,一位参议员睡着了,把他推醒时,他第一反应,就先说:“我反对!”其实这正是正义议员该有的基本态度。再说“朝弄”。中国古代有“朝隐”之说,典型的是柳下惠。《法言》书中所谓“或问柳下惠非‘朝隐’者欤”就是指此。“朝隐”是贤者身在庙堂,可是恬然不争,有如隐士。柳下惠不耻小官,他大得不介意把自己弄小了。在我看来,柳下惠虽然清高,但太消极了。我呢,我不止于“朝隐”,且是“朝弄”,在举手投足间、经意不经意间,闪出的,总是三分喜色二分骄,更一分作弄。综合而出的,是玩世之情,不可掩也。为什么不正经八百?因为这个岛,对我太小了。不是我在玩家家酒,是我陪小孩子们玩家家酒,陪玩中有以施教,又好笑又好气,又不愿孤愤自怜,故以玩世出之。我玩世的道具之一是柯俊雄。他是电影皇帝,最佳男主角,最会演戏。在“立法院”坐我旁边,本来老友,更熟上加熟。两人可以说粗话、骂大街。表决时,我懒得动,由他代我按按钮。有时给他一点问政资料,像杜正胜儿子的兵役问题等等,都是我告诉他的。此公对人类表情观察入微。我问他演曹操谁演得好,他说他演得好。我问为什么,他说大陆演员演舞台剧出身,眼神赶不上演电影出身的他。其言甚逗。我特别告诉了刘晓庆。柯俊雄长得相貌堂堂,是“立法院”第一雄男。

我当选得光明正大

一九四九年蒋政权兵败山倒,逃到台湾,为维系所谓道统、政统、法统、学统或什么什么统,从故宫的六十五万件古物以下,能搬的什么都朝台湾搬,其中人马自然在内。蒋介石想搬知识分子,但信誉破产,知识分子不跟他了。一九四八年“中央研究院”选出的第一届八十一位院士为例,跟着伪政府到台湾来的,只九个人:朱家骅、凌鸿勋、李先闻、吴敬恒、傅斯年、李济、董作宾、王世杰、王宠惠,占院士总数的11.9%,去美国的十二人:李方桂、赵元任、胡适、李书华、萧公权等,占院士总数的15%,留在大陆迎接解放的达六十人:冯友兰、郭沫若、陈寅恪、李四光、姜立夫、华罗庚、陶孟和、马寅初、顾颉刚、竺可桢、柳诒徽、陈垣、梁思成等,占院士总数的74%,光在这一范畴,就看出人心所向。相对的,来台湾的是什么货色,也就可想而知了。在知识分子唾弃蒋介石的情形下,蒋介石比较能搬的,是土豪劣绅为基架的法统,就是所谓民意代表。其中“立法院”是其尤者。第一届“立委”771人,搬到台湾的557人,屡经递补,维持小朝廷局面。但是,折损率也很高,从一九四八年到一九九〇年,四十二年间,依七七一总额算,辞职者七十四人、视同辞职者一百八十人、退职者四十九人、依法登出名籍者八十七人、死亡出缺者四〇六人。四十多年下来,死的死、老的老,拖到我选的那年,已经五十六年过去,除几个百岁和近百岁的老人,他们都死光了。相对的、谑画的,我倒变成“老贼”了。从选举程序上看,我这“老贼”可正大光明,我可是光明正大一票一票选进来的。电视里有一次播出颜清标亲家的秘密录音,亲家说:台湾选举只有一个人没花钱买票,就是李敖。我从不认识这位亲家,他说出了真的我。

绝无仅有的选举方式

虽然参选“立委”,说起来也不无理由,但是逍遥在外的我,还得靠有人催促,才起“歹念”。催促的人是陈境圳,我在东吴大学教书时的旁听生,经他提议,我就玩起来了。本无所谓竞选,也无所谓团队,我拿出十万元交给陈文茜的漂亮秘书 Vicky(李姿仪),就这样启动了。在王祥基的办公室,由祥基指挥主持。他是我的“哥儿们”,是我在凤凰卫视《李敖有话说》的制作人，一起折腾的还有阙聪华、张书铭。张书铭是老友成阳印刷厂张坤山之子兼小老板，还有“清客”赖岳忠，我的“御用摄影师”。台北市警察局怕出事，依法派来小常（常修治）、小蔡（蔡志煌）两位保护我。小常是二〇〇〇年我选所谓“总统”时的旧识，见我没有交通工具，开来一辆朋驰轿车，车牌五五六六，就是美国球王麦克·乔丹（Michael Jordan）到台湾使用的那辆。我不愿资本家对我这么好，就谢绝了。交通工具，我都坐计程车。偶尔坐王祥基的，亦朋驰也。开票那天，陈文茜约我上飞碟电台节目，路上祥基表演飞车特技，一边开车，一边电话不停，听开票情况。我在旁边看书，好像不关我的事。Vicky 他们后来告密，说王祥基有时听此起彼落的电话，双手不握方向盘呢。到飞碟后，我坐在休息室，才确知当选。并得知我的票一直起不来，与民进党的段宜康之流形成拉锯战，直到最后险胜，精彩万分。险胜关头，连中立的中央选举委员会主持选务的公务员们都为之欢呼云。当晚小屯告诉我，他们在家看开票，觉得我选不上了，就到厨房去，只有我儿子戡戡守在电视机旁，坚持到最后，然后到厨房“报佳音”云。回忆二〇〇〇年选所谓“总统”那次，戡戡只有七岁，在电视旁看开票，发现其他候选人票数都高于他老爸，为之愤慨，乃执笔写出“宋”“连”“许”“陈”四字，在每人头上，打了一个大叉子，另写个大“李”字，加上好多“零”字，以示当选者。所加“零”字多达上亿，数目之多，俨然当选矣。

开票那天我不在电视机旁，在哪儿呢？我和吴子嘉逛书店去了。我在诚品买了一本书，又跟吴子嘉喝饮料。后来王祥基他们找到了我，才发生飞车特技。开票日那天，王祥基要助选团队每人缴一千元猜谜，每人书面写下预占得票数，比赛谁猜得准。开票后，我赢走了所有赌注，“自知之明”，太公在此也。

没握过一次手

总之,我特立独行的选举方式,倒真为人间选举行为别开了生面。我没握过一次手、没开口拜托过一张票、没卖身投靠任何政党或团体、也没挥过一面旗,就轻松当选了——最后一名当选了。我开玩笑说:"李敖功在人间,不当选没天理;但李敖大模大样,不肯放低身段,高票当选也没天理,所以'吊车尾',选上最后一名,皆大欢喜,是最起码的天理。"

张书铭帮我印的一张海报里,有这样一段:

> 不上街、不拉票、不插旗、不鞭炮,
> 没有传统选举邪老套。
> 这是李敖四不一没有,
> 大家拍手哈哈笑。

这是我选举的实况,真可谓前无古人,后无来者了。

李文仪——迷人的女人

民进党的沈富雄吵着同我电视辩论,我懒得理他。邱复生为了促成这一辩论,向我说,找个漂亮女主持人来邀你吧,你就会答应。他问你喜欢谁,我说李文仪很漂亮,由她来吧。李文仪就来了。辩论时,沈富雄被我"宰"得哇哇叫,那天我分不少心在正视和偷看李文仪,不然的话,我会"宰"得更重,沈富雄不是哇哇叫而是惨叫。基本上,沈富雄是不堪一击的。原因是他有"首鼠两端症",又要清高又要讨好道德败类,结果两面失落。另外他话太多,脸上皮肤呈青蛙皮状,令人讨厌。他为了选举,写了一本名叫《不时奋起》的书,书名倒像壮阳药广告。

他落选两年后，二〇〇七年九月三日，在陈文茜的节目上，承认我在辩论时打败了他。最近，他退出了民进党。平心而论，他是民进党中水平最高的，但他不知道民进党主轴已是劣币和伪钞，最后，欲同流合污都不可得。政治呀，或者做真君子，或者做真小人；两样都不做，你就只有出局。做真君子也要出局，但出得比较体面。沈富雄之流不知也。

叶海瑞从警界退下来后，以他的声望，成立海天保全公司，在我参选期间保护我。我和沈富雄辩论会那天，派出两辆 BMW 五字头黑头车，每车四名黑衣大汉。我去电视台，李文仪在门口接我，她看到的画面却是：两辆 BMW 中间保护的，竟是一辆计程车！好一个三明治保全车队！

二〇〇五年三月二十二日《联合报》上，有李文仪谈话，说“李敖是我的偶像”云云。我的感想是：Jennifer 是迷人的女人，可惜总是交错了男朋友。

Vicky 三则

Vicky 的三不——我进伪国会，陈文茜介绍她的女秘书 Vicky 过来。我对别人说：美国一个总统老担心会中风，一天坐在方桌旁，低声哀号说我中风了，理由是我摸我大腿，全没反应。女秘书说：您摸的是我的大腿。Vicky 的优点就如此。如我摸她大腿，她一定不大叫、不闪躲，而去找救护车。Vicky 真好！

Vicky 会说 NO——头寸紧，银行经理下令拒贷。他发现职员在电话中一连说了 9 个 No 字，却说了一个 Yes。他问为什么？职员答道：对方问我电话听得清楚吗，我只好说句 Yes。我在伪国会，只管大议题，其他鸡毛蒜皮，一概由 Vicky 说 No。她幸不辱命，真会说 No。她满口 Yes Yes，因为她的 Yes 就是 No。

Vicky 的另一不——陈文茜介绍 Vicky 到伪国会做我女秘书，Vicky 有言在先，她上班要在十点后，因为十点前她要先去照顾高玉树。有人问我为什么同意她晚上班？我说高玉树九十岁了，每天清早，Vicky 先看个九十岁的人，再来看我这七十岁的，一定觉得我太年轻了。整个“立法院”，每天有个漂亮女人看我年轻，多重要呀！

我拒绝宣誓

“立法委员”就职时有一强制仪式，就是宣誓。依《宣誓条例》第五条明定：“宣誓应于就职任所或上级机关指定之地点公开行之，由宣誓人肃立向国旗及国父遗像，举右手向上伸直，手掌放开，五指并拢，掌心向前，宣读誓词。”多讨厌啊，所以我就决定请摄影家赖岳忠放大了他为我照的一张玉照，贴上硬板，装上三脚架，放在桌子上，正好挡在我本人与“国父遗像”之间，对我自己念念有词，宣起誓来。多爽啊！

反军购

我到“立法院”最大的功德是：一、拆穿军购案的内幕；二、揭发从国民党政权到民进党政权的连续性媚美和台湾人的“贱种”性格；三、点破做看门狗还要自己买骨头的荒谬；四、提醒这样发展是自欺自慰于先、自耗自毁于后。

由于我的努力与压力，再加上一次又一次的阴错阳差，军购案居然一路灰头土脸，迟迟其行，弄得“美国爸爸”“美国主子”一次又一次又一次又一次……的失望与不耐。他们不论好言相劝或要言恐吓或自订限期，最后，还是被我闹得“花容失色”。

我的功德，虽不乏醒世施教之功，但以近距离发功，难免踩到狗屎，殊为可厌。孔子有归欤之叹、梁任公有归国之悔，我虽不像孔梁诸公实际从政，且早知小化自己在先，参选海报上且自谓把自己变小了，本已洞见如斯。但游戏三年，每失窃笑，就个人利益而言，殊为不值也。

二千三百万，别再做笨蛋

我是二〇〇四年十二月十一日当选的。早在当选前三十八天，十一月二日，我就发表了我对“军购”的意见。我写道：

> 一、一九七九年一月一日，美国在《中美建交公报》中，白纸黑字地做出两个承认：㈠“承认中华人民共和国政府是中国的唯一合法政府”：㈡“承认中国的立场，即只有一个中国，台湾是中国的一部分”。
>
> 二、三个月零十天以后（一九七九年四月十日），美国私下里推出一部《台湾关系法》，并向前追溯三个月零十天，把生效时间拉到与上面的《中美建交公报》同一天，做了另一种自相矛盾的白纸黑字，闹出美国开国以来的一个笑话。
>
> 三、根据一九七九年三月十三日的美国《国会记录》S二五八一页，在《台湾关系法》立法时，就有参议员忍不住质问：在我们已承认北京是中国唯一的政府以后，我们怎么能给台湾武装呢？这岂不是支援中国的一个叛乱省份吗？这是笑话之一。
>
> 四、台湾在中国宪法里相当于美国的一个州。美国宪法第一条明定任何州都不得与外国订约，美国既然承认台湾是中国的一部分，过去与台湾的许多约定怎么还能在《台湾关系法》中声言继续有效呢？参议员质问：难道美国能够不经加拿大的同意，就跟加拿大西边的不列颠哥伦比亚省勾肩搭背吗？这是笑话之二。这个笑话，在《美国参议院外交委员会关于〈台湾关系法〉的听证会记录》第四十八到四十九页中，美国人可以脸红地看到。
>
> 五、更笑话的是，《台湾关系法》只是美国国内自说自话的法律。全世界任何国家和地区都无义务受它约束，包括被它自行夹带的台湾在内。它根本不是约束性的双边条约，既然不是条约，别人（包括台湾）为什么要听他的？

六、正因为《台湾关系法》是美国的国内法，所以它在第二条B项第二款中，明说是基于“美国政治上、安全上与经济上的利益”，但没说是基于台湾的这三种利益，台湾自然可以基于它自己的利益，自为解释。

七、目前对台湾最有利的解释：《台湾关系法》第二条B项第五款明定，美国“以防御性武器供应(provide)台湾”，所谓“供应”，并不是军售或军购，它可以解释成“赠予”、解释成“求你收下”、解释成“我不要了，放在你家”、解释成“为了保护我们‘美国政治上、安全上与经济上的利益’，请你笑纳，多多使用”……

八、台湾还可以比照英国等国的模式，“不花分文”地取得美国防御性的武器。最新的报道是：上月十七日英国《独立报》报道的：布莱尔(T. Blair)首相曾指出，让美国部署飞弹，可使英国不花分文获得防御性武器，同时，数个东欧国家均表达高度意愿，尤其是波兰。

九、台湾的尊严在美国笑话中被屈辱、台湾的尊严在美国国内法中被作弄，台湾在为美国流泪、流汗，花钱换来的却是流血。军备竞赛能否带来太平，暂不讨论，但是台湾被美国屈辱和作弄的尊严和荷包，我们一定得捡起来、保护好。我们决心不再花钱买武器了，一如看门狗无须自己花钱买骨头，美国基于他自己“政治上、安全上与经济上的利益”要武装台湾，至少至少，台湾拒绝再买“骨头”了。

我把上面这九点声明加了总标题《二千三百万，别再做笨蛋——李敖就军购案的声明》，全部意思，一张纸就列举无遗。

顾崇廉将军

我在“立法院”俨然老贼后，发现区域“立委”(就是硬碰硬选上的“立委”)我最老；不分区“立委”(就是靠党入列的没直接参选的“立委”)有顾崇廉、江丙坤两人略大于我。一去“立法院”,所见多是年纪小于我的后生晚辈,跟我同年的有民进党政客蔡同荣,丑态可掬;还有台联侨选的刘宽平,满头白发。顾崇廉是亲民党的不分区“立委”,做过海军总司令等大官;蒋经国身边的人,谨小慎微,讲究朝仪风度。他是国民党当政时的军方 VIP,向美国买武器,例多经手。他虽做过荷兰大使级的外交官,但思不出职业军人之位,只是看起来斯文,与他手下李杰粗鲁不文,判若天壤。记得有一次他质询“国防部长”汤曜明,汤曜明火了,出言有怨,顾崇廉反应冷静,修养功深。那时我还没当“立委”,在电视上看到这画面,印象深刻。到“立法院”后,与他同在“国防委员会”,我以“老大哥”称之。他的电子报中,一再报道我,非常友好,我却一直防他在军购案上冒出将军之见。有一次在他办公室,他小心翼翼跟我说:“国防预算 GDP3% 总是要的吧?”我把脸一板,说:“不行!”后来宋楚瑜到我房里来,我特别提出《桂河大桥》那部电影,提醒军人观点的不可思议,请他卡住顾崇廉,宋点头同意。

宋楚瑜

宋楚瑜在国民党大员中,是一个异数,他出身宫廷,却能在做省长后自我转型,并且勤政爱民,转型得极为成功。二○○○年选“总统”,他得了四百六十万票,几乎当选。后来扁宋会,有些人不谅解他。其实扁宋会在大陆政策与军购政策上,宋是赢了的。大陆政策上,扁被牵着走,直到美国发现宋在北京太成功了,才由扁反悔狡赖。至于军购政策,扁事后公开说宋本来答应了的,“但怕李敖骂他”,所以未能明确敲定。宋在军购上有推迟之功,不可埋没。

宋楚瑜本是我的敌人,多次被我为文抨击。党外时代被谥为“大内高手”,这个外号,就是我起的。他的一生,在省长任上表现得前无古人后无来者,是国民党大员知过能改、改而能洗心革面的唯一一人,引起群众对他的寄望。在二○○○年所谓“总统”选举中,我虽然也是候选人，却公开挺他，但我跟他并不熟。败选以后，一天张光锦将军来我书房，出示五百万赠款，说是“James（宋楚瑜）送你的”。我说：“我收了，可是有个条件，就是放在James那边，我需要，就去领。”光锦是我台中一中同学，知道我不肯收，但以委婉语气出之。十多年来，宋楚瑜偶来聊天，与我化敌为友者，无出其右。

我高潮，你刹车

二〇〇五年三月十七日，我质询大陆委员会主任委员吴钊燮，当年在二次大战以前，英国史家汤恩比（A. Toynbee）曾写了一篇文章劝日本人，要日本不要老是跟一个拥有四亿五千万人口的中国作对，这不是好现象。我的意思是说，今天的整体方向、政策和气氛都是在跟十三亿人口作对，而有一个人拥有足够的官方位阶、能够阻止继续跟他们作对，这个人就是你！你应该站出来告诉大家，我们必须尊重“宪法”，“宪法”规定一个中国，为什么你不站出来，为大家踩踩刹车呢？

应该去跟妇产科医生讲

二〇〇五年三月二十一日，我在“国防委员会”，质询“国防部副部长”霍守业上将，我说：“刚才主任说了半天，穿透率并不代表命中率，这句话讲得很好，可是应该去跟妇产科医生讲，不要跟本席讲。”引得满堂大笑。先是由退役空军中将林勤经补充报告，提出“穿透率并不代表命中率”，我才有“应该去跟妇产科医生讲”的反讽。我叫林勤经中将是“神童”，他对我以“老师”相称，还和他夫人请我吃了一顿饭。后来林勤经“叛变”了。

他们忘了站在第一排的要犯

林弘宣是美丽岛大审时,站在第一排的要犯。不料坐牢有份,受禄无缘,他却被忘恩负义、无情健忘的美丽岛受益者们出局了。在穷困之中,他请林宪同律师援之以手,慷慨的林宪同也不止一次地做了。我得知后,一方面送了钱给他,一方面向谢长廷"请命",照顾他。后来报载:"民进党耆老黄富竟成游民,国策顾问黄华胞兄,失忆昏倒无人问,送进游民收容所,同居人和黄华未处理"云云。当年黄富曾找我为他出版《三圣会谈》译本,是旧识。他后来参选过民进党主席。我不忍见其八十二岁时竟潦倒至此,乃转请谢长廷照顾他,可是没有下文了。

许荣淑今昔

"立委"中许荣淑是我老朋友。党外杂志的黄金时代,我除了主持自己的《千秋评论》《万岁评论》《乌鸦评论》等以外,还贾我余勇,以《千秋评论》为主轴,展开了党外杂志的大串连。我几乎来者不拒地免费为所有党外杂志拔刀挎刀;许荣淑系的杂志,我帮忙极多,她很感念我。我过生日时,她在紫庐为我大规模祝寿,我却逃掉了。她特别找人刻了一对图章送我。她竞选时,我送了她和方素敏两万美金。十多年后,不期我们重逢于"立法院",她代表民进党到"国防委员会"来护航,做投票大队,所有丧尽正义之行,都埋头为之。她私下向我说:她不能不配合党的指示,不然她的不分区"立委"就给撤销了。我反问她,怎么和国民党一样了?我们当年共同的理想呢?她苦笑摇头,惨然不答。我在"立法院",每次看到她,都觉得乌云盖顶:可怜的许荣淑,她怎么变成这样子,这就是我写文章拥护的许荣淑吗?

尤清的可恶

我有一次发言,正碰到尤清做主席,我看到他,颇多感想。尤清崛起于党外时代,他在别人坐牢受刑、吃苦受难时候,一路捡便宜。——别人在战场上作战,他在战场上捡战利品。在捡战利品的记录里,从美丽岛大审辩护律师,到“党外公共政策研究会”理事长,到民进党发言人,“外交部主任”,到民进党第一、二届中央常务委员,到“监察院监察委员”,到“立法院立法委员”、“立法院”民进党团总召集人、“立法院”司法委员会召集人,到台北县第十一、十二届县长、“国策顾问”,到日后又回头做“立委”。可见凡有便宜,他无位不抢;凡有好处,他无役不与。尤清的问题是他的无能,早在他做“党外公政会”头目、九年“国会议员”时代,就被我看出来了。我指摘尤清从“监委”到“立委”,时间那么长,可是成绩那么少,可见其无能。无能以外,尤清另一个严重问题是他不重视县民的福祉,何国庆“台北小城”案就是一例。该案在八年中,国民党政府犯错只是两年,但声言尽除国民党劣政的民进党政府却错上加错,反倒三倍于国民党。六年内,公文光在尤清手中,前后就累积四次:第一次八个月、第二次一年四个月、第三次一年八个月、第四次又两年起跳,这种效率,说他无能、说他不重视台北县人民福祉,还是客气的。不客气的说法,乃是:尤清的行径,根本是蓄意刁难!他坐视人民三万平土地荒废于斯、坐视人民二十亿资本困顿于斯、坐视人民六年长岁月浪费于斯,最后,还悍然违反“内政部”指示,使“台北小城”万劫不复。他太可恶了。难怪“监察院”弹劾他。在“立法院”,我一看到他就浑身不舒服,觉得他代表一层阴影。

魏太太

张庆惠是魏廷朝太太。廷朝死之日,小孩还小,我送了一万美金。二〇〇〇年一月十二日,张庆惠写信给我说:

> 要特别谢谢您情深义重,在廷朝骤去之期,立即函致悼念,且惠寄巨额慰问金,此番恩义,永铭于心。难怪廷朝、廷昱两兄弟都常称赞您的侠义……
>
> 廷朝一生淡泊名利,但他有那么多的朋友,尤其是您,让我看见人世间最真、最善、最美的一面。也是让我与新奇、子筠能继续走下去的最大力量。李大哥,谢谢您,尽在不言中。

张庆惠是民进党不分区"立委",常在"立法院"见到,只话家常。我"喷瓦斯事件"后,国民党(还是新党?)雷老太太联手民进党林姓小卒告我到"立法院纪律委员会",委员会约我答辩,结果大家不敢出席,在场只有二人,一为主席侯水盛、一为张庆惠。张庆惠对我说,她奉党的命令来了。侯水盛则一再赞美我怎么影响了青年的他。最后一等再等,人数不足,流会了。

尿太多与尿太少

闻鼓鼙而思良将。我的朋友苏秋镇是"立法院"有史以来最破纪录的。他做"立委"的时候,炮声之多、火力之猛,令国民党头痛万分,也令所谓党外人士康宁祥之流为之汗颜。以"立法院"七十一会期为例,质询期间,"立法院立委"共三七八名,其中老"立委"二七八名、海外"立委"三十名、台湾增补选七十名、党外"立委"十一名。书面质询次数,国民党五二六次、党外六二一次,其中苏秋镇一个人就占了四二六次！占全部“立委”质询次数百分之三十七强，超过三分之一！而康宁祥呢，却只有三次！还赶不上苏秋镇零头的八分之一！另外在发言方面，发言总次数是四四三五次，党外受发言限制，只占一三〇六次，其中苏秋镇虽受发言限制，但也发言四七七次，占全部“立委”发言次数百分之十强，换句话说，不到十次，就听到一次苏秋镇的“为民喉舌”！康宁祥之流差得远呢！正因为苏秋镇如此不肯放水、严格把关，所以，国民党只好趁他撒尿期间动手脚，每当苏秋镇一上厕所，国民党便派员在厕所门口“把风”、同时在院会中加快脚步，通过议案和条文。结果，害得苏秋镇只好忍尿，连厕所都不敢上。好有一比的是陈水扁。他做“立委”时，许多机密文件只许“立委”看但不能记录。陈水扁就默记在心，赶去厕所偷偷记下来。苏秋镇尿太少、陈水扁尿太多，蔚为奇趣。也足见当年大家在国民党高压下的一片苦心。

李文博士控告她的总统

如今苏秋镇走了，换成李敖来了。敌人已异，时势亦殊，我不能以次数和忍尿方法来做“立委”了，我必须以智慧调整方向、调高高度了。当我感到质询、发言的效果，只是一时的媒体效果，而非实质的挽澜效果，我就决定减少去委员会了。对“立法院”，外部拆穿比内部颠覆正确。内部的努力，到头来只是一个人一张票，是用我之短、争一日之长，我才不那么笨。虽然我偶尔也牛刀小试一下，但在主力上，我炮口转向了。例如我控告美国总统小布什，甚至联合出生在美国、有美国国籍的李文，同步在北京一起告，就是擒贼擒王的转向，不但调整了方向，也调高了高度。谁说李文博士只告中国人，她连美国总统也一起告呢。

李文仪与潜舰采购

二〇〇五年五月二日,我在“国防委员会”,质询“国防部长”李杰上将,我说:林肯总统在开国务会议的时候要先讲个笑话,他不是不尊重国家大事,而是让大家稍微轻松一点。我也先讲个与我们的前途有关系的笑话。前几年,我在中天电视台做节目,在化妆室碰到周守训的太太汪用和,我向她开玩笑:“用和,你去买乐透,中奖以后我把我太太丢掉,你把周守训丢掉,我们两个人拿着你中奖的钱远走高飞。”汪用和答应了,而且她很得意地把这件事情告诉每一位女主播,结果被一位女主播听到,她的名字叫侯佩岑。侯佩岑过来偷偷跟我讲:“李大哥,如果我去买了乐透,中了以后你要不要跟我走?”我说:“不要买,我们立刻走。”侯佩岑也很高兴,立刻告诉汪用和。汪用和把脸一板,说:“这怎么可以?我飞机票都买好了!”侯佩岑就愁眉苦脸地告诉我:“汪姐说飞机票都买好了。”我说:“没关系,我们坐船走。”这个笑话到这里还没完。现在有一个叫李文仪的美女出现了,看到李文仪以后,我不能够坐飞机走,也不能够坐船走,我可能坐潜水艇走了。换句话说,如果李文仪出现了,我可能就同意了潜艇的军购案。

下台局长来拜访

“国家安全局”是一个神秘的单位,当年成立时炙手可热,主其事者是陈大庆上将,整我们异己分子,无役不与。后来这个衙门越变越弱了,原因是它“家法”不太好用了。“家法处分”受到了限制,内控能力就减弱了。到了李登辉主政,它跟“国安局”的关系,迥非蒋氏父子的主奴关系,能力更减弱了。至于主管“大陆匪情”,更是骗中骗,这个局所能知道的共产党,甚至在常识以下。对这衙门“内斗内行,外斗外行”八字论定而已。它的局长宋心濂裸毙中国大饭店地下室后，殷宗文继起，所作所为，悉以非法为李登辉搞钱为要务。殷宗文最后因病下台，丁渝洲继起，细人细务，蔚为局风。二〇〇〇年所谓“总统”大选，由他分别向五组候选人马做简报，向我也演出一番。我当场奚落你们简报了半天，都是我知道的。丁渝洲幽默地说：“李先生当选后，就会简报李先生不知道的。”这句话后半句竟有趣言中。丁渝洲下台后，到我书房来拜访，透露李登辉拿钱却要赖，责任都推到“国安局局长”头上，陈水扁亦步亦趋。他委婉问计于我，我说你的麻烦不止一方面，连宋当选后，也会追究你助纣之罪。他问怎么办，我说除了你先写书和盘托出真相以自保外，没有什么法子了。后来他果然出版了《丁渝洲回忆录》，有所揭发。

女职员每人两根

我在“立法院”，不肯收官员或公家单位的礼，有时东西送来，退不回去，我就汇钱过去。自来水公司、台北故宫博物院、“国防部史政局”等单位，都收到我的汇票，表示盛情可感，但我照价付费。有一次“国安局”送了盒水果，没及时退回，我乃请小常、小龙（赵锦龙）到中央菜场，买了两千元香蕉，有两大筐，送到“国安局”。并告知是礼尚往来，香蕉大家可分吃，男职员每人一根，女职员每人两根。还有一次，陈境圳告诉我，“国安局”私下派人送办公室每人过年礼金三千元。我不动声色，悉数汇回，弄得薛石民大窘。他出面请我在来来十二楼吃饭，说：“李大师啊，每人三千元，三千元能收买谁？你太认真了。”我说：“三千元的确谁都不能收买，但三千元可以投石问路，说明你能收下三千，就能收下三万，将来说不定有什么有关李敖的事，你们‘国安局’就有管道了。”

还有一次，“国安局”请“国防委员会”的“立委”们到阳明山局本部“视察”，中午以便当招待。我坐在薛石民左侧，便当送来，每人一盒，我却半认真半开玩笑要求与薛石民互换，表示惯防中毒也。薛石民笑着同意了。不料便当下肚，肚里怪怪的，好一阵子。我后来想：一定是厨子要毒他们局长，可是没毒到，毒到李大师了。

薛石民伴君如伴虎，突然被陈水扁拉下台。我送一本书给他，表示不忘。他打电话来感谢我。这位上将特务头子的生涯，自此告一段落。

喷瓦斯事件

二〇〇六年十月二十四日，世界议会史上，发生了空前绝后的壮举，我以瓦斯对付美国人卵翼下的台湾军购案、以瓦斯对付祸害中国台湾的所谓国会议员。顿时世界大媒体都一一报道，台湾更是头条了。《苹果日报》甚至头条报道"李敖疯了"。

"立法院"程序委员会是看门的委员会，什么案子挂不挂号，要先经过它。"立法院"因从无独来独往的独行侠出现，所以内规例由各党派人参加，偷偷将李敖排除在外。会都是中午一边吃便当一边开的。我出现了，大家用很奇怪的眼光看着我，我若无其事，坐下来，也吃起来了，有说有笑，无异平时。会议一开始，我就走到台前，要求三分钟发言。主席是民进党蔡启芳，敬我如瘟神，问我你大师来说什么？我笑说我选市长啊，要发表政见，给我三分钟。启芳不明就里，好心同意了。我上了台，就反起军购付委来，声言我要喷瓦斯，女士们先出去。台下听了，不以为意，还笑呢，我就"行凶"给他们看了。"行凶"时，发生了一个设计上的错误，就是要讲话，就不能戴防毒面具；要戴，就不能讲话，所以电视画面上看我又戴又推开、又推开又戴，其理在此。总之，我太老了，画面实在不怎么好看，为了正义，牺牲老相了。

李敖与 V 怪客

舆论报道一大片，在所有文字报道中，以林深靖的《李敖与 V 怪客》最有深度:历史会记住这一天,二〇〇六年十月二十四日。

这一天,十五位诺贝尔和平奖得主在联合国共同发表一封公开信,呼吁各国政府签署决议文,承诺严格控管国际间的武器买卖,停止一切不负责任的武器输出,“因为,武器买卖已对全世界人民造成难以言喻的痛苦和伤害。”

就在同一天,“立委”李敖大闹“立法院”程序委员会。他为了阻挡军购案付委,礼貌性要求女性“立委”离场之后,戴上仿自电影《V怪客》(*V for Vendetta*)的防毒面具,取出预藏的催泪瓦斯向会场喷射,成功阻挠军购案的进程。李敖出人意表的行为立即遭到蓝绿“立委”的同声痛斥,媒体也一片挞伐之声,而李大师也的确为此付出了代价,当场被提案移送纪律委员会处置。

这真是一个极端讽刺的对比。相对于十五位诺贝尔和平奖得主对军火交易的指控,相对于军火商利润为全世界人民带来的巨大痛苦和伤害,李敖在“立法院”的行为只不过就是一场嘲讽性的抗议,现场同事幕僚毫发无伤,议场设备器材完好无缺。他用和平的手段成功挡下了一场金额庞巨、即将完成的武器交易,其豪情壮举,恐怕所有诺贝尔和平奖得主都要为他鼓掌叫好!

瓦斯伺之以后

我答复“立法院”纪律委员会有一段妙文,上下题“‘立委’诸弟妹千古 老哥李元凶敬撰”。最后说:

> 所谓“催泪瓦斯阻军购”案,根本伏机,在李敖独当一面,以证据证明美国人欺骗台湾人,台湾人忠厚而混,所以美国得售。不察伏机所在,只知着眼在瓦斯或纪律者,皆浅人也。谈到民主议会之纪律,有博学如李大师者乎?今以第二十一版之《英国国会规范》(*Erskine May's Treatise on The Law, Privileges, Proceedings and Usage of Parliament*)附卷,聊作“机会教育”。台湾人须知此乃英国七百

年努力民主之功，非一朝可蹴几者。台湾人要努力，得先追随大师起步。

综观本案，李大师慈悲苦心，昭然若揭。因材施教，何其智也；喷而不伤，何其仁也；一夫当关，何其勇也；得主席同意方发言，何其礼也；请女性先出场，何其体贴也；来去自如，何其手脚利落也；不伤人也不问马，何其孔夫子也……国民党及其余孽政党，不知李大师教而不诛、谑而不虐，反而相惊伯有、不识叔度，真是沟壑之人，真该痛改，特此叮咛如上。

两种美国走狗

军购案的媚美过关，民进党必须得力于国民党的有媚一同。国民党在李敖之流的压力下，迟迟而行。主席马英九推出所谓支持“合理军购”，至于什么是“合理”，却一路闪躲。事实上，自马英九以下，都是媚美军购的共犯，与民进党不同的，只是付款方式而已，其他早已定调。对他们这些媚美军购，我早洞烛其奸，并且也知道最后拍板那一天，不论我怎么阻挡，都会到来。

二〇〇六年十二月二十九日，这一天终于到来了。

在“军购汉奸”（含“军购台奸”）们的拥簇表决下，我独步向前，走在主席台正面，在全部“立委”面前，手拿标语，光天化日宣告如下：

陈水扁们是美国走狗

马英九们是美国走狗的走狗

第二天，二〇〇六年十二月三十日，英文报 *TAIPEI TIMES*（《台北时报》），以头版头题刊出图文，*The China Post*（英文《中国邮报》）且译以“Arms deal proves Chen Shui-bian is the U. S. 's running dog, Ma Ying-jeou is the U. S. running dog's running dog. ”图片中李敖身穿黑色风衣，

一手举牌示走狗之文，一夫当关，千山我独行，尽在其中。至于中文报纸，从《联合报》到《中国时报》到《自由时报》等蓝绿走狗报，皆尽力封杀。我已经习惯被走狗报封杀，所以也不以为意；要为意，早被气死了，还能又打主人又打狗吗？

二〇〇六年就这样过去了。我在"立法院"正好两年，最烂的一场仗我已打过，不论绿色与蓝色，"立法委员"们终于被我逼出原形于天下，此辈或迟速不同、或深浅稍异，其为贱也，九九归一。马英九能有所阻而不为，之尤也。

用选市长传播理念

台北市市长马英九干了八年，任期满了，市长要选新的了，我受了赖岳忠的"煽动"决定投身选举。人人知道我不会当选，我也知道，但有这么好的一次传播理想机会，我不忍失掉吐一口气的机会。消息传出，二〇〇六年十月十五日的电视画面上，出现马英九谈话，说："李大师在社会上有这么大影响力，对我们国民党威胁很大。"也出现谢长廷谈话，说："李敖参选不知该高兴还是该当心。"这次市长选举，对我的最大意义是彰显了道德、李敖式的道德：

> 一、我以"知其不可而为之"的圣者境界，拆穿蓝绿。
>
> 二、我宣扬以"中国统一"为主轴的理念。
>
> 三、我提升市长选举，拉高"修桥造路"的层次，警告众生。
>
> 四、我拆穿豪门对小人物的巧取豪夺。当我举郝家勤务兵和金门来的小丫环为例后，连郝龙斌都为之动容，私下向我说："李大师，我知道你会拿资料整我，但我万万没有想到你竟知道得这么多！"

投票那天，王祥基他们接我下山，要我书面存证，预估我得几票，我写下八千五百，与王祥基另纸写下的八千五百不谋而合，开出来的是七千九百票。我们自知之明,准确有如是者!因传播理念而来,因落选一笑而去。

至于我选起市长,乍看荒谬,其实游戏人间。吾道亦颇不孤。美国思想家亨利·乔治(Henry George),文人杰克·伦敦(Jack London)、巴克莱(William Buckley)、梅勒(Norman Mailer),都是选市长的败将。下海者众矣,小事一件。

搂抱莫文蔚

新闻界、电视界有一奇才,严智径,他主持年代电视时,想在每周日晚上八到九点,推出《笑敖年代》专集,由女主播访问我一个人,在二〇〇六年五月七日起播出。女主播前后由陈静兰和汪用和担任。我的经纪人王祥基为表示李敖是大牌,录影要由年代派专车和一位可爱的女孩子杨士仪陪同接送。节目开播前十七天,年代在喜来登二楼办开播记者会,并约王金平、宋楚瑜及市长候选人等二十多位"贵宾"前来。当场有两段致辞,Vicky 打字出来了。一段是王幸男的:

> 当然是祝贺他这个节目成功,从年轻的时候就敬佩他,到现在还找不到不敬佩他的理由,所以这个敬佩还存在。虽然大家立场不同,但是互相尊重,但是我还是有一句话:李敖大哥,我大概没有当场跟您讲过,我是赞成你的"反军购"的。你的"反军购"跟国民党、亲民党的"反军购"不一样,你是把美国台湾关系法里面"provide"necessary without charge,你把它原文都拿出来,是美国在我们需要的时候,要提供我们所有的防卫性武器,不用买的,你讲得我心服口服,这个朋友交定了……

一段是郝龙斌的:

> 我跟李大师有过一小段的交往,我清楚李大师的为人。他是一个侠骨柔情的人,他之所以狠、之所以痛,是因为他有所本;引经

据典，而且见解独到，大家认同。另外，在交往过程中间，我注意到李大师其实心肠非常软；其实他狠，可是如果你是柔情的攻势，有时候是有效的；另外就是他从不占人家便宜，我非常清楚这一点，不管任何方面，甚至他常常都是吃亏的。所以原来很多他的敌人都因为这个样子化敌为友……

当天又出现神秘嘉宾，从后面出来向我献花，原来是莫文蔚！我又搂又抱了这个动人的女人。

李杰下台了

俗话说"伴君如伴虎"，"国防部长"李杰伴的"望之不似人君"，却是一头"硕鼠"，最后伴硕鼠亦不易，一朝下台了。我开记者会，拿出一个像大号电风扇那样大的奶嘴（是小龙精心替我做的），表示即送李杰惜别，同时公布了我给他的信：

李杰上将本家老弟：

"国安局长"丁渝洲上将下台时，跑来看我，我说李扁不可信、连宋不饶你，你赶紧写本回忆录吧，立此存照，对自己和大家，都交交心吧。他听了我的建议，写了回忆录。

现在轮到你了，李杰上将，你做了三年"总司令"、两年"参谋总长"、三年"国防部长"，一连八载，位极封疆，配虎符、坐皋比，巍赫可知也；今日一朝势落，冷眼白眼，眼眼而来，人情冷暖亦可知也。官起官落，本自寻常，但你窝囊做官，不宜窝囊去职，争一口气，写出真相吧。

一位被蒋介石枪决的上将，死前有诗说："痴心爱国浑忘老，爱到痴心即是魔。"我相信你老弟是爱国者，但是爱到国也不国了、爱到黄埔精神也死了、爱到给美国做看门狗还自费买骨头了、爱到负隅顽抗破坏中国统一了、爱到买凯子潜舰破财招祸了、爱到做出“确保台湾三十年和平”的违心之论了……李杰老弟啊，痴心至此、着魔至此、爱国爱到一至于此，你不觉得失落吗？

往者已矣，只要你不再窝囊；来者可追矣，只要你说出真相。真相至少包括四部分：

一、军购部分——请你说出真相：军购只是水涨船高的军备竞赛，会把我们拖垮。军购只是买奶嘴。

二、保台部分——请你说出真相：军购并不能保台，我们打不过老共。购也白购。

三、待援部分——请你说出真相：老美从没保证来救我们。要救也来不及了。

四、守死部分——请你说出真相：你会说“战到一兵一卒”的话，是不可能的，也是没必要的。你愿意忏悔。

李杰老弟啊，以你的位阶、以你的声望、以你的经历、以你的“北方之强”，你都该放弃临去秋波，而带来别后冬暖。也许有一天，有人改写《唐诗三百首》中的两句诗赞美你：

君不见真相大白苦，
至今犹忆李将军。

李敖

二〇〇七年五月二十一日

李杰没有作为，也没有回我的信，此国民党将军之所以为国民党将军也。至于大奶嘴，“国防部”国会联络人崔永生少将不敢转交，说：“大师啊，求你让我只转信就好了，大奶嘴实在不方便。”我乃找来“行政院”国会联络人刘筱文，经她转交，她照办了。崔永生少将怕我在委员会质询此事，在我就要上台向新“部长”李天羽发威时，蹲在两桌走道中，抱住我大腿，笑说大师不要告状啊。我也笑说你给我起来，我不告状就是了。崔永生少将是个好人，一朝天子一朝臣，李杰一垮，他就跟着垮了。

小哥李庆华小妹李庆安

“立法委员”中,与我本有深交者,是李庆华。多年前我写文章挖苦他,后来化敌为友。他任新党党主席时,推我出来选二〇〇〇年所谓“总统”,独具只眼于先、力排众议于后,备尝苦头。我一直感念他,因为有他,才在历史上、记录上,留下二〇〇〇年光芒的一页。

听李庆华问政,是一种享受。你会惊叹,他会把一件事情讲得那么清楚犀利,并且还情不自禁,要与李天羽拥抱示范呢,真逗!我在文星时代,他爸爸李焕曾以国民党省党部主委身份,请我吃过一顿饭。隐约之间,问我彭明敏案宣言是不是我写的,因为文笔很好。我说我没见过这宣言,不过如果是我写的,会写得更好。

湖北人李焕,在抗战胜利后,到东北接收;接收大好河山失败,接收大好美女成功,最后讨了我们东北人做太太,所以李庆华有湖北、东北二血统。湖北人多智,东北人有勇且有悍气。李庆华的妈妈就有。她叫潘香凝。李焕做行政院长时,李登辉驱车到府,潘香凝拒见之,东北人气魄,有如是者!李庆华长得酷似乃父,一天李焕得罪了太太,李庆华跑去劝架,潘香凝凝视李庆华半天,随手飨以一记耳光,理由是:“长得那么像!”

李焕写了一本追思蒋经国的书,被我在电视中痛骂;这就是李敖,涉及是非大义,非常无情。但不涉及时,又两老无猜。李焕在今年跌跤住院时,我还去探病,看他顽健,还笑他装病呢。小妹李庆安送我出来,坐电梯下楼,我对庆安眨眼说:“这回可真的我们两人单独在一起了。”庆安笑着问:“就在这里吗?”她真是可爱的女人。

我摟着洪秀柱

“立法院”女委员中，唯一被我公开搂着讲话的，是洪秀柱。洪秀柱是六连霸的“立法委员”，年纪轻轻、资格老老。她中学教务主任、训导主任出身，历任国民党台北县党部妇工组组长、“台湾省党部”编审、“中央青工会”副主任、“妇工会”副主任、“政策会立院工作会”副主任、“政策会”副执行长、现任国民党中央常务委员。她是浙江人，父亲洪子瑜是政治犯，临终遗命她不记仇恨，洪秀柱做到了，但我却认为遗命有误，我可是记仇的。秀柱有名言：“民主竞争是温、良、恭、俭、不让。”说得太好了。马英九主席因案下台时，洪秀柱跟吴伯雄竞选起主席来，她在海报上说：“外界嘲笑本党只有上层，没有基层；只有组织，没有群众。秀柱来自‘白色恐怖’受难家庭，从小生长在困顿、恐惧之中，是受苦最多、生活于最底层的所谓外省团仔。但我热爱台湾，一心效忠中国国民党。秀柱出身基层，若有机会当选本党主席，证明即使不是权贵之后，亦有机会担任中国国民党主席，证明本党是一个真正平民化、与民众在一起的政党。”结果一场选举下来，证明了“不是权贵之后”，你就得靠边站。洪秀柱对我说，她藏了两百万做嫁妆，一场选举，嫁妆飞了。洪秀柱有正义感，快人快语，一生清白，可惜入了国民党。如今二〇一五年了，洪秀柱八连霸了“立委”，也做到了“立法院副院长”。去年电话聊天，我说刘忆如请我吃饭，还开玩笑要我介绍男朋友。秀柱说：“刘忆如已经结婚两次了，要介绍该先介绍给我。”我大笑。

卢秀燕

在“国防委员会”看卢秀燕做主席、听她质询，会非常入神，太优秀了。她三任“立法委员”，做过第十届台湾省议员、华视记者、中部采访中心主任、电视金钟奖最佳采访奖得主，又做过戏中胡志强的妈，又是国民党中常委。她有论文研究政治问题，我特别借来看。她在委员会骂多嘴的海军参谋长，词锋锐利，令人动容。她和她妹妹卢秀芳都漂亮，但卢秀芳嫁到讨厌鬼徐立德家后，未免失色。卢秀燕最漂亮了。

在"国防委员会"，帅化民是国民党中唯一的军方"立委"，军中本位主义很强，军购观念铁板一块。他跟我聊天时蛮谈得来，因为我们都用着粗犷的军中语言。他是老烟枪，人又老老的，颇有造型。此公是将军世家，人很黄埔，言谈间不无"蜀中无大将"的感叹。有一次我问他："'蜀中无大将，廖化做先锋。'你知道廖化的下场吗？"他说不知道。我说："廖化七十多岁后，亡国了，投降了。请看《三国志》。"他笑起来，他知道我在用学问影射台湾不该负隅顽抗祖国。可怜他是在台上的在野唯一黄埔，黄埔早就发黄了。铁杆"台独"王幸男送了一罐很难买到的多种维他命给我，因为王幸男有玩炸弹炸掉谢东闵手的前科，我把罐子摇了摇，未便打开，乃转送给帅化民，戏言万一要炸，去炸这老顽固。帅化民却一路幸存，还写信来道谢呢。帅化民女儿结婚，因我不参加婚丧喜庆，所以礼到人不到，并系之以诗：

收帅化民将军转来喜帖奉答

婚丧喜庆，概不参加。礼物照送，脖子照掐。
军购媚美，屁股要挖。九州铁错，歪七扭八。
将军失误，人仰马瞎。密告敌人，抓你去杀。

苏起是我麾下

"国防委员会"苏起委员，哥伦比亚博士。金惟纯组织老夫少妻会，我最老资格，是会长；苏起、赵宁、郭正亮他们都是我麾下。和他一起吃过饭，并无深交。我来"国防委员会"后，他又送书又送资料过来，"敬供参考"，执礼有加。但他当年护航李登辉"两国论"，人又亲美，我一直防他。他又是马英九的军购案总教头，马对他言听计从，他是真正密室中的“马家军”也。我在“国防委员会”,点名谴责他,不假辞色;他坐在那儿,默然不语,极有风度。苏起和关中是非常优秀的国民党文官,钱复、章孝严也优秀,但很讨厌。这些“外省挂”的集体的错误是亲美国反祖国,没有脊骨,以致沦为执政者文官鹰犬而不自忏,既可恨又可惜。苏起每次都随上司起舞,人并不一贯,发明“九二共识”,可谓节外生枝。“蝉曳残声到别枝”,引发口舌之争,没有必要。堂堂正正“一个中国共识”,岂不更好?

我通权达变

中国古人用语,别有会心者在。《庄子》有“厕足”之言,置身其中谓之“厕”,但“厕”之为字,岂不妙哉。厕身“立院”,逐臭之讥,亦堪失笑也。

正因为我从没把什么“立法委员”看在眼里,所以,我基本上是以“去他妈的”疏离态度,来扫除一切鸡零狗碎。就职照相,去他妈的;送往迎来,去他妈的;国宴酒会,去他妈的;婚丧喜庆,去他妈的。婚丧喜庆,我本已不参加几十年,当然不会参加“立委”的他和他妈的这一套,只是他家死人,印讣闻时,为了场面,总习惯性地把全体“立委”名单移作治丧委员,不由分说,也难以去函更正,只好随他列名。这一懒得计较,算是我唯一装糊涂之处,陋习扰人,亦无奈也。我在“立法院”,虽然一身傲骨,却无满脸骄气,待人接物,一片春风。也会欣赏别人长处,并且嘻嘻哈哈。我大德不踰闲,小德也与人为善。像白添枝委员,国民党,得过十大杰出专业农民奖,热心助人。他女儿选议员,找到李大师加持,当选了,送我一支名笔。他是“司法委员会”的委员,和监狱有关的事,我都找他帮忙。我不相信处处依法办事,政治是活的。我的朋友去坐牢,我要找白添枝打通关系。如一切依法,坐的牢就苦了。法不合理时,要通权达变。

邱毅的床头书

“立委”中,邱毅是个有特色的人。他是大学教授,又是补习班名师,很会理财,但财又屡被新陈代谢的夫人们理去。他问政很勤,记者会开得更勤,揭发弊案的本领无人能及。但因为神枪和乱枪混同,难免涉入官非,因一时之快,引来出庭频频。他感情丰富,离开亲民党之际,文情并茂、声泪俱下,令人动容。二〇〇七年三月二十三日,他入狱前,向我请教坐牢术,我以“吾道不孤”题字送别,并且面授机宜。他偷偷告诉我,他崇拜我极了,并且特别爱看我那本《上山·上山·爱》小说,还透露说,他跟女人上床前,都要先读过这本书。我没想到我的文学名著竟有“风月宝鉴”之功。他继我之后,要去北京大学演讲,并声言讲得比李敖还麻辣,结果终于没有讲成。看来他的道行还差得远呢。

邱毅有一辆朋驰好几百的名车。一天我下楼,在门口他拍我肩,问李大哥去哪里,可送一程,我说不必了。他把手花地一招,名车赫然出现,他扬长而去。我方定神,肩膀又被拍,原来是好友钟荣吉,“立法院”副院长,坐的凯迪拉克名车。他问李大哥去哪里,可送一程,我说不必了。他把手花地一招,名车赫然出现,他扬长而去。我看四下无人,也花地一下,把手一招,我的“随扈”(就是警察局怕我出事,派来保护我的警员)小龙(赵锦隆)开他的小车也赫然出现,我快速闪进,也扬长而去。不过我在车里埋怨小龙对不起我,因为他的车太寒酸了,只值十六万,邱毅、钟荣吉的车,可以买小龙的车三四十辆!有一次,“立院”门口的警察对小龙说:你们的老板李大师很节俭,他坐的汽车不怎么样。小龙笑着说:那不怎么样的汽车还是我的,李大师连这样的汽车都没有呢。

这就是我,我有过坐凯迪拉克的时代,有过坐朋驰的时代,现在改为坐计程车了,有时坐公车,或揩油坐小龙的车。我老了,浮华世界的东西吸引不了我了,富贵于我若浮云。名车,再见了。

李纪珠为我“裸奔”

国民党“立委”中，李纪珠是最靓丽的，她很年轻时就直攻博士学位，书念得极好。她出身“行政院青辅会”主任委员、“行政院”陆委会委员、政治大学经济系所教授兼经济政策中心主任、美国哈佛大学经济系访问学者、美国史丹佛大学经济系访问学者、美国傅尔布莱特奖学者、美国艾森豪威尔奖学者、中华民国哈佛校友会副会长、国民党中央常务委员。由于她的学问和美丽，备受同志青睐。她不需要辛苦去选区域“立委”，她坐在那儿，党内就提名做不分区“立委”。被提名时，排名并不在前面，但投票下来，她却得到第二名，可见她的实力。李纪珠两次约我吃日本料理，长谈了两次悄悄话。我是语妙天下的天才，重话轻说、严肃话玩笑说，谈笑间，颇能得人相与。我问李纪珠八卦传闻，她说她实际上很高傲，怎么会看得上传闻中的人。外面风风雨雨，都是谣言。她甚至告诉我，她的家庭非常团结，家人对她，照料备至，有任何事，都有个靠。她还是处女，在感情问题上，她严肃而保守。她问我怎么办，我开玩笑说，你的甜蜜家庭，其实害了你。至于你的观念，不是好言相劝可以改变的，只有强奸你，你才会痛改前非。李纪珠听了笑起来，她不知道我讲的是真话。

在北京的李文，最喜与名牌为伍。她托人送来名牌爱马仕(HERMES)瓷杯，我转送给李纪珠，说这瓷杯给你。我犹豫了一下又说，因为瓷杯美丽而高贵，但只是孤零零的一个，你打开它，会不会太凄凉了？她说不会，我就送给了她。

李纪珠用关切的眼神不止一次问我，她有什么可帮我的；我说只有一个，就是我参选时你为我“裸奔”，那样支持我，我就会得很多票。

李纪珠怕我失业，说“立法院”需要我，我可以到她办公室做高等顾问。她的房间摆两张办公桌，一张她的、一张我的。我开玩笑说：“桌子不必了，还是摆一张桌子以外的家具吧。”

李纪珠是迷人的女人，十七岁时的她，应该别具风华。可惜她不再十七岁了。

李纪珠寄给我的生日卡，上面英文是卡片原有的。不过内容倒有很多想象空间，可惜我已青春老去，没有时间了。

刘忆如洒脱之至

刘忆如出身台湾大学财务金融系所教授、系主任、所长；北京清华大学经管学院、澳洲国立大学商业管理学院客座教授、美国纽约市立大学财务经济学系所副教授、助理教授、美国芝加哥大学经济系讲师、台湾证券交易所、中国国际商银董事；"行政院"财改会、经发会、"经济部贸委会"委员；"行政院"经建会、研考会、"中央存保咨询委员"；"经济部"、"外交部"、省政府顾问；工总、电电公会大陆经贸访问团顾问。

她和我单独吃过两次日本料理，两次深谈，使我感受到她的优异。亲民党请她做不分区"立委"第一名，是宋楚瑜慧眼识人，但党对刘忆如太小了，她有她不受羁縻的奔放；结果，有时卡在两难之间，使她有不如归去之感。一次在院会，她哭着过来问我有没有手帕，我借给了她。安慰她，鼓励她继续干。后来她告诉我，她受了我的鼓励，终于使议案如其所愿。

刘忆如的爸爸是台大的刘庆瑞教授，不幸早死；妈妈郭婉容教授改嫁给国民党倪文亚。倪文亚做"立法院"N 年，典型"老贼"也；更典型的，是他活了一百零一二三四五岁，幸亏他的主子蒋介石只活到八十九；蒋如活到一百零一二三一四五，我就更坐穿牢底了。刘忆如说她做大学生时，男朋友半夜找她，她从"立法院长"公馆里大摇大摆而出，警卫侧目。这就是刘忆如，洒脱之至。

刘忆如的洒脱，从倪文亚的讣闻中可见一斑。讣闻中刘忆如只是"孝义女"，不是"孝女"可见此中不无划清界限之隐。我想刘忆如心里一定很不爽，怎么一个"老贼"变成了老爸，又老到一百零五岁才安息主怀，倒霉死了。

刘忆如卸任“财政部长”后，请我又吃料理，留下她的多篇近作给我看。她还是那样洒脱，言词动人。

赵良燕现象

我早点破台湾的民主是假的，但弄假弄出更多的祸害，一件祸害是最新的所谓“单一选区两票制”。

台湾有三个有清望的人，害人害得最凶，人不易觉，也不自觉，他们就是李远哲、王建煊和林义雄。李远哲从教改到助扁，老是刀口上害人；王建煊光说不练，老是刀口上封刀；林义雄从反核到“国会”减半，老是刀口上舔血。林义雄自己搞出一个“宪法”，却不推动，反倒乱打眼前宪法的主意。他带头推动“国会减半”，在二〇〇四年底，第六届“立委”选举压力下，各党为避免背负反改革的黑锅，都不敢有任何反对意见。“立法院”乃“自残式”的三读通过，内容包括“立委”席次减半为一百一十三席、任期四年、单一选区与比例代表的混合制等等。所谓“国会减半”，乍听之下，可以减少“立法院”乱象，也可以节省公帑。但一旦减为一百一十三席，未来“立法院”每个委员会可能不过九至十席，只要三分之一，也就是三至四席便可成会；其中只要有两名“立委”，就可以“过半数”的操控所谓“国家大事”，掌权者威胁利诱，更物美价廉了。所谓“国会”清一色了，乱是不乱了，制衡机制和机会都给毁了。

单一选区两票制，是更进一步的掐紧假民主。它的特色，三言以蔽之：一、大党吃下小党。二、二名“立委”吃下委员会。三、劣币吃下良币。不甘被吃的好“立委”，就只好洁身而退，不选了。我把这种现象叫作“赵良燕现象”。亲民党在“立法院”，最盛时有四十六席，可惜不善守成，以致分崩，一一回归国民党故巢；留守在亲民党内的，守死不去，我最佩服。赵良燕在“国防委员会”，与我较熟。她善良而优秀，却是“单一选区两票制”的最大受害者。她实在无力跟金牛比钱,她选不起,二〇〇八年的“立委”,她退出不选了。她关心她的凤山选区,希望我接替高飞,媒体也有了消息,报上登:“赵良燕说,大师在‘立法院’,地方上服务还是我负责。当总干事?当然。”可惜我未能南下,有负她的好意。但是“赵良燕现象”却长在我心。假民主我心痛恨。

高金素梅今生欠我,缘定来生

高金素梅是最能演出“立法委员”的漂亮女人。她的轮廓真美,清丽脱俗,长得脱出她出身的行业。演艺圈中,只有她和林青霞令我有这种感觉。二十多年前林青霞在我家,我就发现,她的造型脱俗,但文化水平赶不上她的漂亮。这也不能苛求,因为她的演艺生涯,使她每天“赶场”拍戏,哪来时间“充电”?但林青霞掩饰得很有做工,不太容易泄出凿痕。高金素梅比我早一届进“立法院”,她初次选“立委”时,我正在电视台主持节目,她盼我帮忙宣传;我和她单独吃了一次西餐,同意帮她,并送她一幅画。她见我一无所求,主动说,要送一张她的裸照给我。后来她当选了,她的承诺,没有下文。我深知演艺人员性格,笑而识之。好久以后,一天夏铸九找我,说高金有事相求,我说她还欠我一张她的裸照呢。隔了一天,夏铸九来说:高金承认的确有此承诺,只是她的裸照被她男朋友给烧了,能不能补照一张现在的?我笑说不必了,年轻的金素梅比较好。

后来民进党搞飞弹公投,赵少康很了不起,他带头辩论,挺而相抗。我那一场舌戏谢长廷,“中央选举委员会”管制会场,我因刚开刀不久,陈文茜怕我倒在台上,公然冒充小护理人员陪我进场,“中选会”主委黄石城不敢拦阻。谢长廷说,在台上,他离李敖兄最近,他可以急救我。结果没发生急救场面,发生的是谢长廷被我打败了。那一系列的辩论会中,高金素梅也演出一场,表现优异。我心里想,这漂亮女人文化水平跟不上她自己,但演出得超过她的文化。高金在西餐桌边曾向我细述她的身世，我更深知她成长的心路历程，她能成功转型到“立委”身份，真为她庆幸。为了高山族祖灵事件，她求教于我，我给了她许多人头的照片，证明日本鬼子的暴行。她带队去日本抗议，我捐了三十万给她；去联合国，我捐了一百万给她。我的朋友奇怪高金请我同开记者会，我却混在台下，我说：“这是她的场子，不可以抢人家的风头。”看到高金在外国的反日活动，看到她声泪俱下，美艳动人，我私下说：“哪里找得到这么漂亮的演出啊！高金是我最好的抗日演员啊。”在“立法院”议场中，高金一定过来向我致意，那是一个使你眼睛一亮的画面，冲淡了你被俗物包围的烦闷。“立委”就职那天，高金素梅身穿原住民装，一路歌舞跳进“立法院”，可爱极了。

我来台湾六十年，凤凰卫视访问高金，她讲了一段话，要跟我缘定来生呢。

创立中国第一个英美式民主政党

为了拆穿台湾的假民主、为了拆穿台湾的一三一个政党的面具、为了留下中国有史以来第一个英美式政党的光荣记录，我决定推出“中国智慧党”。

二〇〇七年九月三十日上午十时，我在“立法院”中兴大楼第一〇三室贴出“中国智慧党成立大会”。按照这岛上的制式规定，政党叫作人民团体，成立时要三十人以上参加。建党的主意本是冯沪祥出的，他找来二十三位大学生，我这边补足差额，由“伪内政部”专员二人到场依法暗算无误。我没有发任何请帖，也就是说，我没邀请任何人。林宪同律师风闻而至、叶芳雄委员风闻送来一盆花、林镇驹又在刘文雄委员房门口“偷”来三盆花，就开幕大吉了。说大吉，其实有人反对。冯沪祥的特助、秘书长陈荫华偷偷问他，九月三十日在黄历上是大凶之日，李敖怎么选这么一天？冯沪祥说，李敖不信怪力乱神，我也不敢劝他。

全部仪式只是一项，由我致辞五十分钟。我在墙上张贴了二十二张图片证据，等于替大家上了一课。

组党全部开支，除宣言海报由印刷厂老大哥张坤山、张书铭父子印赠外，都由我自费。

最后，果然不出所料，民进党政府“内政部”果然刁难“中国智慧党”的成立。我哪里是跟李逸洋这种刀笔吏“部长”啰唆的人，我根本经由林宪同律师，直接去告他们了。把话说破了，这个烂政府，不准“中国智慧党”成立，岂不正中我下怀。我毋宁要的，正是一个“碍难照准”的记录啊。但是天行有常，“中国智慧党”自此健在，谁要得你批准啊！

男生们

我在“立法院”的“立委”朋友，不乏旧识。其中蔡豪是哥儿们级的，很够朋友；黄义交、费鸿泰、冯定国都是小老弟级。定国的舅舅黄毅辛且是我同房难友。新识的同一楼层的亲民党朋友有李鸿钧、刘文雄。我创立“中国智慧党”，文雄和他的顾问林镇驹，把我的海报张贴在他办公室门口广告牌上，盛情可知。文雄喝酒时，先饮先醉，极得情味。李鸿钧和我互赠高级礼品，别具君子之交。民进党的郑运鹏常在院会时过来聊天。此人十分聪明，挣扎于民进党之中，内心痛苦可知。我的斜对门，是民进党的海外“立委”陈明真博士，他是美国巨微科技公司董事长兼执行长，在美国三十年，回来服务乡梓。他的眼光放在“全球暖化与台湾的能源政策”上，提醒人们，一旦全球暖化不可收拾，台湾台北盆地将一半被淹没，嘉南平原、宜兰罗东平原也将严重损失，大部分澎湖也将消失。陈明真更提出办法，他说，世界上许多国家已经早有课征能源税的例子，并发现能源税的课征，未必对国家经济产生负面影响，观察结果甚至是正面的影响。这些国家除了经济正面成长外，能源消耗与温室气体排放也会因此改进。他提出《能源税条例草案》，拉我提案，我都配合了。陈明真为人诚恳、有世界性的眼光，足以超越民进党的本土与孤陋，是民进党中最令人凝目的孤星。

我家最早认识的台湾人

我在《李敖快意恩仇录》中，有写我父亲与翁镇的一段因缘："爸爸在营城煤矿的时候，认识了台湾人翁镇，并且对他有所帮助。翁镇感念爸爸，曾告诉他时局不好，可考虑去台湾。后来翁镇返台，留下'台北市新起街一段十一号六桂行'（后改为'台北市汉中街一三九号六桂行'）的地址，这是爸爸最早想来台湾的张本。"这段因缘，在我当"立委"之后，有了新发展：某天，陈明真委员办公室主任、优异的王爱雪女士，代她的婆婆（翁苏亚孙）送了一份礼给我。她的婆婆与我父亲不曾相识，只因在电视上，看到我说起这段因缘，提到翁镇的名字，感怀旧情，特来送礼。原来王主任的公公（翁钤）正是翁镇的弟弟。后来，在王主任邀约的饭局中，我见到了翁镇的儿子翁廷伟、侄子翁廷府（王主任的先生）。人世间的聚散无常，本属自然，但由第二代代表重叙前缘，总有意想不到的风貌。

"桃花圣解"

中国人相信山川灵气所钟，如此论成立，山川浊气亦可钟人。戏言之，台湾人好像就钟了这种浊气。台湾有浊水溪，浊来有自。浊是什么，就是头脑不清楚，混，混蛋的混。

八点方向

二〇一一年我出版《我梦碎，所以我梦醒》，举出八点方向：

一、这个世界,是愚夫愚妇的世界。志士仁人,只是这个世界的点缀。志士仁人乃是世俗以外的成功者,与世"推移",精神可嘉。

二、"向来枉费推移力,此日中流自在行。"时机不对,"推移"会失败。

三、这个世界需要志士仁人,但只是点缀。

四、这个世界的基本面,中国是四分之一。外国人不能自外于中国,中国人更不能自外于中国。

五、国民党要统治中国一千年,但吹牛吹破了。现在轮到共产党了。务实的人不会笨到想推翻共产党。这是真正"休戚与共"的智慧。

六、中国的台湾,必须智慧地与共产党周旋、纠缠与相处。

七、海峡两岸有太多太多的梦碎、千奇百怪的梦碎。最好不要再乱做什么梦,而是睁开睡眼,务实地、斤斤计较地活下去。少做愚夫愚妇,多做善男信女,使你我在四分之一的世界里,稳住小康。多少乱做的梦,不是小康而是找死,少做一点吧;大家可以同床异梦,但别同归于尽。异梦是多少问题,同归于尽就是生死问题了。

八、四分之一的那个世界,要起来,在"美帝"的压力下起来。

摸屁股送客

我当上什么"立法委员",原因也是阴错阳差,因为理论上、实际上,都是落选的盘,但我当选了,为什么? 整个选举,我没拿过任何人的任何钱。但我的当选,却得益于王世坚的助选员的钱,怎么说呢?

"立委"开锣后,一天中午,民进党"立委"王世坚带领大队记者到我办公厅门口来"踢馆"。他质问我:"你为什么说我贿选?"我说:"我从没说过王世坚贿选,我只说过王世坚有的助选员花了大钱,使王世坚吸走了民进党的票,害得别的民进党参选人落选了,我李敖渔翁得利,当选了。所以呀，你是我的‘恩人’。来，让我摸‘恩人’一下。”说着，我就当众摸起王世坚屁股来。记者们笑成一团，王世坚也笑，吓得逃走了。后来在“国防委员会”，他公开说我是老狐狸，并且绕道而行，离我远远的。

李敖在所谓“国会”，只见其亮小刀也、撒狗链也、拉裤链也、喷瓦斯也、露裸照也、丢球鞋也，而不查其原因者，是只看表象的浅薄人。至于摸屁股也，也有视一同，只是王世坚“首当其屁”而已。

我早说过，我来“立法院”这鬼地方，就是把李敖变小了。

绝不“算了”

从另一角度看，蒋介石的杀光、抓光手段，对“敌人”而言，并非全不奏效。如果没有日本侵略，他可能杀光了所有共产党，至少以摆平青年党、民社党模式，相当程度地敉平了共产党。对蒋介石那种头脑的人，杀光手段并非绝无成功希望；另一方面，抓光手段对软弱的“敌人”也不无效果，这种“敌人”会在劫后余生时“算了”，甚至跟你“合作”。不过，杀光、抓光手段一旦碰到存活者、漏网者，星星之火，可以燎原，最后的局面就大不同了。毛泽东在杀光政策下存活下来，在二十八年的血债以后打败了蒋介石；李敖在抓光政策下，漏网下来，在十四年的复出以后，鞭尸了蒋介石。毛泽东、李敖这些少数、这类个人，只要存活下来，“蛟龙得云雨，终非池中物”，蒋介石完了。毛泽东绝不“算了”、李敖绝不“算了”。

“就算了？”

一九八四年十二月二十二日，我在百货公司碰到台大老同学卢华栋，十多年不见了。上次见他是他出狱后，我去看他，并小送金钱。此后“一别音容两渺茫”。卢华栋出狱第二年即结婚生子,洗手不涉及政治;对党外活动,亦所知茫然。我劝他写一点狱中回忆,他说他已专心从商了。我说:“就这样的不干了?”他苦笑了一下,说:“不干了。”我说:“这样被国民党欺负了,就算了?”他说:“就算了。”我在牢里听黄毅辛说,特务们整卢华栋,甚至把万金油涂在他眼珠上,其凶残可想,可是卢华栋统统“就算了”。我的人生观绝不如此,我从来不把恩仇“就算了”,我要“千刀万里追”,这一性格,最像犹太人。陶希圣、胡秋原这些湖北佬,如今死的死、老的老,仍难逃我们东北人的斧钺,惟我李敖,毋太犹乎?

“欺负回去”

老党外黄玉娇老大姐说她佩服我,请我吃饭。席上一段话说得声泪俱下。她说:“国民党欺负我们,我们要欺负回去!”言犹在耳,她却又被民进党欺负了:她被开除党籍了。三十多年过去了,我常常想起老大姐的话。“欺负回去”是一种正义,卢华栋“就算了”的态度是错的。正因为我信仰“欺负回去”,正因为我不肯“就算了”,所以我出狱后,一路千方百计追杀蒋家分子及其余孽,我的方式大体上是笔伐与口诛,这是一段漫长的逆袭,为时四十年不歇。别说我是复仇之神吧,其实我是正义之神呀!

我有我的方式

一九八五年六月八日,我有信给刘会云,道出我以我的方式,对付国民党老K:

> 我说我用我的方式反对老K、报复老K、收拾老K,一些人是不明白的。例如这期(二十期)的《万岁》——《殉国·殉国·谁殉

国》,就有我的一篇《鸟政府,赔钱来!》,是因老K误搜了我的书而逼他们出洋相的。文中收有我的"损害赔偿请求书",已经寄给老K台北市长许水德。(许水德以前是高雄市长,长得奇丑,与继任高雄市长苏南成正是一对丑物,光看他们的一脸猪头肉,光看老K这种审美观,老K就气数尽矣!)老K政府是一个十足的坏政府,因为它无法无天。无法无天以外,连自己订的法律以外的"办法"也不遵守。例如它扑灭自由言论,非法订出个《台湾地区戒严时期出版物管制办法》,来便宜行事,但是行来行去,越行越走火入魔,连没查禁的书也一并扑灭了事,真是岂有此理!我写的这一《损害赔偿请求书》,指的就是这件事。这一文件,表示了我同老K斗争的一个方式。我的斗争方式是务实的,不是"躲避派"或"作秀派"的。例如抗议老K滥行查扣,我的方式是你越禁我就越多出(《千秋评论》第二十二期在一九八三年六月一日被抢后,我在五天内就赶出第二十三期反击,就是一例)。但是"躲避派"却不如此,此所以有人自动停刊一期以为抗议也!我实在不懂这叫什么抗议(你自动少出,正中老K下怀啊)!又如"作秀派"也不如此,此所以有人以现场护书惹来麻烦却反以为荣也!

又如以"海外拳"揍老K,也是我的方式之一。当年老K把我跟踪、软禁。奥森柏格请我在中泰宾馆吃饭,看到我被国特"护驾"而来,极为反感。跟我密谈甚久后,他后来与卡特搭上线。卡特当总统时中国政策全部信任他,遂有提早承认中共之举。老K使我受明害,我使老K受暗伤;山人自有道理,山人自有山人的反老K方式。

最近美国《中报》请我开"李敖专栏",也是一例。在台湾的人,能在海外报上开"专栏"反对老K、报复老K、收拾老K的,只我李敖一人而已。六月十九日老K中常会上,老K"指示有关人员,应加强在美的文宣工作"。谁不会加强呢?我也会啊!你在台湾困扰我,我在海外困扰你。大家走着瞧吧!我有我的方式!

一些人不明白我的方式,所以他们以为我是"思想巨人,行动侏儒”，殊不知我其实是个黑天鹅，优游在水面上，表面悠闲，下面却划个不停呢！

四十六期《千秋》上我决定发表《金兰琐碎》，其中有《吴俊才来访》，是重要的一天日记。那是我继拒绝与陈诚合作、拒绝与蒋经国合作后，又一次拒绝合作的例子。一些人以为我李敖的长处是会写文章，才华盖世，其实我最欣赏我自己的，不在才华，而在我有伟大的人格。——我在台湾几十年，在老K通吃下，就是不给它吃、就是不同它合作，这是何等不容易！何等伟大的人格！换成别人，在陈诚、蒋经国的刻意拉拢下，早就下海矣！但我李敖就是不干。如今人口相传，只说我李敖是能文之士，岂知我哉！岂知我哉！

从这封信里，可以看到当年我的辛苦与不屈。

敌人凋零（一）

一九四九年浮海来台的老国民党，六十五年下来，已经死光了。一开始死得很慢，后来年纪渐长，越死越快，像物理学上的“加速度”，形成了“加死度”：往往张三送李四的丧，归途中，张三竟死在车里。欧阳修《归田录》有宋朝谚语：“赵老送灯台，一去更不来。”还是老国民党够朋友，干脆连自己也送了。

有一些本土的“老贼”，年轻一点。给会云信中提到许水德，就是一个。他在一九八五到一九八八年间做台北市长，后来又做“内政部长”、驻日代表、国民党秘书长、“考试院长”、“总统府资政”。我曾揭发他的儿子没服兵役，他出面解释，理由是：他的儿子没有汗腺。我讽刺他说：“狗也如此。”他颇感委屈，改说“李敖不够厚道”。我也觉得我真会骂人，这样说实在不厚道。他的儿媳妇在中国广播公司主持节目，邀我对谈，是个漂亮女人。前几年我在敦化南路散步，对面一个矮人走过来，跟我一见如故，聊起天来。原来就是许水德！我们从没见过面，但在媒体上认识对方，如今乍遇，宛若平生，想来有趣。许水德是台湾高雄人，大我四岁，从屏东县政府教育科长干起，是台湾人中追随国民党的老哈巴，但人还老实，因此有名言“法院是我们国民党开的”，有话直说，憨直之至。

敌人凋零（二）

我从一九四九年五月十二日登陆台湾，离开台湾在外，不到一个月，可以说，转眼六十六年来，一路住在台湾。这还不算稀奇。稀奇的是，这个外省人，“残山剩水我独行”，在国民党一党独大的统治下，挺身与国民党当权派斗争，一往直前、二入牢狱、三头六臂、四面树敌；又挺身与台湾人当权派斗争，五花八门、六亲不认、七步成章、八面威风。在所有斗争中，总是以人不可及的大人格、大节操、大头脑、大才华、大手笔、大刀斧、大有为和大不敬，斩将搴旗，外加踹走狗一脚。——李敖的敌人是不分大小的，从外省人民族救星到台湾人民间乩童，只要看不惯，都可成为我疾恶如仇的敌人，然后动用大量的资料与黑资料，笔力万钧，把死人鞭尸、把活人打倒。在这种得理不饶人的作业中，我是独行侠。我“富贵不能淫，贫贱不能移，威武不能屈”之外，又“时髦不能动”。画饼楼主在《台北日记》中说：“对整个知识界、思想界来讲，李敖才当得起真正的孤星，因为他耐得住寂寥，忍得住高处不胜寒。”正因为有这种气魄，所以我不为“时髦”所动。别人永远跟不上我。别人是羊的时候，我是老虎；别人变成了老虎，我又是武松。这样的外省人，在这样的孤岛上，岂不是怪事么？

现在我老了，敌人过去是不分大小，现在是不分生死了，可算是一种与时俱进。我越老，越觉得敌人都先我而去，如今主要敌人都找不到了。有头有脸的、有名有姓的，好像只有一个许历农了。

敌人凋零(三)

一九六四年,大我三十二岁的徐复观骂台大的“李×”是“小疯狗”,可是,当我告到法院时候,台中地院的孙嘉禄法官和高分院的郑红、杨襄明、曹德成三法官,竟说“李×”是李敖,“尚属不无置疑”!因而开脱徐复观,判他无罪!单告徐复观不成后,我又找到机会,委托李声庭律师,把徐复观、洪炎秋双双告进法院。但是,台中地方法院法官郑学通竟违法以裁定驳回。我提起抗告,指责郑学通“根本没把法律学通”,因为他把“行为不成立犯罪”与“行为不罚”相当,这就是大笑话了。国民党司法行政部长“郑矮子”(郑彦棻)借口我“语涉侮辱”法官,下令检察官林奇福把我提起公诉。林奇福是台大老同学,两面做人,在庭上透露他听命上级,情非得已。起诉后法官陆祖光判我有罪,如了郑彦棻所愿。几十年后,郑彦棻的女儿对我谈郑家往事,说她爸爸把浦城街的房子盖了二三四楼,全家都要住在一起。我说你爸爸在乱世中、别人家破人亡中,硬要造出一个郑家大观园,造得成吗?行得久吗?这女儿是我的朋友洪文湘的太太,好像不在我追杀之列。听说郑家大观园后来也散了。我常说国民党在台湾作威作福几十年,最后是空忙一场。不是吗?

“侬是一只卵”

对看不顺眼的人,本可不屑一顾。但他太讨厌了,还自以为了不起,在你眼前晃来晃去,对他不屑一顾,好像太便宜了他,总得补上一刀才好玩。这一刀,当然是骂他的话,你可以骂他王八蛋、驴蛋,或什么什么蛋,但都觉得劲道不够。在我搜集的辞库中,有一句上海人骂人的话:“侬是一只卵”,最能传神,我大笑起来:对了,就是这句“侬是一只卵”。

“侬是一只卵”不宜泛指，而要针对，针对小人得志的小人们、针对自以为了不起的丑类们、针对很贱的所谓党主席或前主席或荣誉主席。看他们贱来贱去：“侬是一只卵”。不过，说这五个字，要比一下手势，并用沪语发音才成，这样才够劲道。

大便战

我用玩世的喜感“化”掉了一切，所以遇到不如意事，只是一笑或哈哈一笑。不如意事以外，我发为评论，评论中也考究玩世的喜感。例如一九八九年有所谓无壳蜗牛卧上街头，以无住屋为抗议的活动。孟绝子打电话来，聊天中谈到如何才能有效逼国民党伪政府面对房屋政策；谈的结果，发现只有采集体大便模式，才能奏效。无壳蜗牛们应以一万人为集合人数，先到中正纪念堂大便，如官方再形玩忽，则二十四小时后，再去慈湖大便。国民党只能开出水肥车来清场。于是，无壳蜗牛们无屋可住，逐水草而居；国民党有屋住不得，逐水肥而居，余味无穷之下，民进党进无隙拉大便、退无缘捡水肥，其逐臭空间，也随问政空间一体减少矣。政治问题，大便解决，其斯之谓欤？唯一的流弊是，有朝一日，国民党政府房屋政策落实过度，盖好以后，以为是国民住宅，其实全是一间间公厕。蜗牛又叫苦矣！——这就是我玩世的喜感。

再度入狱与《千秋评论》

我的生命光辉，表现在笔伐上的，二十六岁起只算游击战；四十六岁起才形成阵地战、歼灭战。我大规模全面与国民党开战，时间在我第二次政治犯坐牢前夜。我要入狱了，我决定报复，《千秋评论》就是起点。

《千秋评论》的开始，是典型的忧患之书，因为它第一期出版的时候，我正在第二次政治犯牢中。在我入狱前夜，在白色恐怖下、在子夜的大厦厨房里，“汝清”陪我预先编好了前六册。在一九八一年八月十日入狱当天的清早，全部交给了林秉钦，转给叶圣康的四季出版公司出版。这种做法，活像诸葛亮“预伏锦囊计”似的，只要林秉钦每月“拆开锦囊视之”，即可付印成书。在编六册书的时候，原是以狱中新作无法外传的准备下编成的。我入狱后，在狱中结识石柏苍，他一手帮我建立了秘密运出稿件的管道。于是，从第四期起，每期都代换进我的狱中新作，总计一下，一共十七篇。这十七篇从秘密管道流出来的文字，是《千秋评论》前六期中后三期的最大特色。到了第七期以后，其中虽有许多也是狱中偷运出来的，但那时我已出狱了，发表时候，“传奇”上和“趣味”上，是不能同我在牢里相比的。在我一生的出版工作上，林秉钦是第一功臣，令人怀念。

“十年辛苦不寻常”

我出狱后，每月用《千秋评论》打击以国民党为主轴的魔鬼，从戒严打击到解严，一路打击不休、难分难解。国民党自然负隅顽抗，从第一期就予以抢劫查禁。但是，不管怎么对我“五堵”“七堵”“八堵”式的堵塞，《千秋评论》仍在排除万难下“按期发行”，大体都在每月一册的进度下飞跃前进、迂回前进、匍匐前进……在前进过程中，有时情况近乎拉锯式的惨烈。以第五十八期出版为例，一九八六年七月二十三日，国民党派出大队人马直扑装订厂，抢走四千本；我不屈服，再印，七月三十日再大队人马直扑装订厂，抢走四千本；我还不屈服，再印，八月四日又大队人马直扑装订厂，抢走一千五百本。我还不屈服，又再印……这种一次又一次你抢你的、我出我的的相持，足登“世界纪录全书”而有余。而我那种心之所善、九死无悔、就是要前进的刚毅性格，于此可见一斑。最后，走狗们力不从心，才告罢。最后胜利属于李敖，李敖成了名副其实的“魔鬼终结者”。到了一九九一年九月三十日，《千秋评论》在创造历史十年以后，停刊进入历史，前后追忆，不无沧桑之感，但是老了十年、赢得千载，却也值得。《红楼梦》开宗明义就点出：“字字看来皆是血，十年辛苦不寻常。”《千秋评论》十年辛苦，字字看来皆喊打，自非吟风弄月的《红楼梦》可比，但究其背后，亦血书也。

水肥不落外人田

国民党一查禁了李敖的书，便即时出之以抢书行动，我却尽量用计谋减低损失，就是同他们捉迷藏。不过，有时来不及捉迷藏，他们先驰得点，查到装订厂，先来抢书，那种情况，就最惨重。那种情况都由上级人员带队，手下的人也放不了水。《千秋评论》第二十七期出版前，我嘱咐我弟弟，所有的书不要全部在装订厂集中，这样的话，他们到现场抢书，顶多只能抢到一千本。那天正好是礼拜六下午，天气很好，我弟弟看第一批书已经安全出炉没有被抢，他就跟工人说，我们下午赶快一起装订完了，大伙好出去玩，于是就运进了一万本。该死的我弟弟出完了馊主意，竟然还跑回去大便，结果当天下午一万本被抢得干干净净。我当然大发脾气了，我骂说：“强盗抢你东西，至少你要跟他打个照面吧！强盗要见你，得从万华跑到大安区你家厕所来才成，这叫什么话！哪里不能大便？还非得跑回来大便？人家‘肥水不落外人田’，你却‘水肥不落外人田’！”不过，我弟弟的辩解却是：“敖哥，你不知道，每印几期，安全过关后，印刷厂装订厂就要向官方告一次密，大泻一次，给官方做点成绩，也给他们自己留下一些合作的记录。——他们跟我们、跟官方，是交替合作、两头合作的。他们是你的朋友，有时候也客串你的敌人，不得不告密。何时书被抢，其实跟我的水肥并无关系。我的水肥肥到哪里，都是一样啊！”

《万岁评论》

《千秋评论》以外，我在一九八四年一月起，又加出《万岁评论》(《万岁评论丛书》)，每月一册，与《千秋评论》错开出版，等于每半个月出书一册。三年两个月期间，共出四十期。除第一期、第二期、第六期、第七期外，其余三十六期统统被查禁，查禁率是百分之九十。

《千秋评论》《万岁评论》以外，我还贾其余勇出了四册《千秋评论号外》。事实上，我以《千秋评论》为主轴，展开了党外杂志的大串连。我几乎来者不拒地免费为所有党外杂志拔刀挎刀，最主要的是邓维桢、邓维贤的“政治家”系、许荣淑的“深耕”系、周清玉的“关怀”系、林正杰的“前进”系等等，但是关系最深、持续最久的是郑南榕“自由时代”系。

郑南榕

郑南榕活了四十二岁，但他“追随”我的时间长达二十一年。他本是一个力争上游的好学生，从辅仁大学哲学系转入台湾大学哲学系后，深受自由思想的启迪。他佩服殷海光，也佩服李敖，但他与殷海光并无较深的渊源。他对殷、李的感情，不是一己之私的。殷海光死时，他曾凄然下泪；李敖入狱时，他曾怆然若狂。这种感情，都是“我为苍生哭”“我为苍生狂”式的，全无私恸成分。殷海光没教过他，他只是殷海光的再传弟子，但他对他老师——殷海光一传弟子刘福增、陈鼓应都看不起，而只直接佩服殷海光。但殷海光与郑南榕之间，并无私交的发展，原因很简单，这两个人都是阴阳怪气的。他们的表面性格都不讨人喜欢。他们两人并无深交的机会，自然总是“萧条异代不同时”。至于南榕和我，情况就不同了。他二十多岁时，跑来看我，但我并无特别印象，原因是我虽不阴阳怪气，但有“洗脚戏门生”那种孤傲，以测验人。南榕似乎没有通过我那种奇怪的测验方式。但他并不灰心，十多年后，在我第二次政治犯出狱后，他又来了。在“紫藤庐”里，他走过来向我打招呼，我重新回忆了这个穿短裤的怪朋友。

那时南榕在《政治家》发表《李敖，不要走！》一文，说他如果是“出入境管理的掌权人”，他就要“禁李敖出境”，因为，台湾需要李敖。“李敖受了六年九个月的枯囚，同一时间许多人的心灵因而枯萎。”他对我的期许，情见乎辞。此后来往渐多，到一九八四年三月，遂有合作办杂志的事。

争取百分之百的言论自由

郑南榕创刊杂志开办费是我垫的。创刊之初，我和南榕携手争取言论自由，南榕亲笔在创刊号第一篇《言论自由第一优先》文中，宣示得十分明白。南榕指出：“在这个蔑视自由的小岛上，自由、百分之百的自由，从来没有过。李敖先生个人力争自由的成绩是第一名”。别有怀抱的人把南榕的事迹，定位在争取百分之百的言论自由之外，这是对南榕的一种政治性、宗教性的窄化与小化，是与史实不合的。

江南命案到“五一九”

“自由时代”系列在郑南榕的实际主持下，最后打着李敖的旗号，真正做到了百无禁忌的言论自由。其中最大的突破，是对蒋家三代的总清算，这种成绩与勇气，可谓历来所无！当时突破行动中，最有名的是连载江南写的《蒋经国传》。南榕这一举动，连我事先都不知情，最后却在封面印着“李敖总监”的声势下，冒险推出；由此一事，可见我对他如何纵容与信任，他对我如何置之死地而后生，想来不胜惊叹。

南榕又发起反国民党的“五一九绿色行动”。倡议之初,大家都意存观望,但南榕认为可行;他向我募捐,我捐了十万元。南榕下狱后,我亲自另送十万元到他家里,给他母亲;另约南榕太太叶菊兰和邱谦城(杂志往业务负责人)到我家,面致五十万元,告诉他们:杂志赔了钱,本来与南榕讲好各赔一半的;现在由我全赔,不要南榕赔了。

我捐给南榕搞“五一九绿色行动”的十万元,来源颇为有趣。那是我告国民党议员郁慕明诽谤的战利品。郁慕明最后以道歉、赔款同我和解,并成为朋友。我借花献佛、“因粮于敌”,把十万元捐给党外。我交给南榕的时候,南榕说:“李先生你捐了这么多钱,整个的宣传费用,都解决啦!”后来得知参加者每人身上配贴的圆形“五一九”绿色标志,都是“郁同志”出的钱!

南榕之死

南榕死后,一个说法是包围杂志社的警察们谋杀了他。这种郑南榕“非自焚论”,在“立法院”,由尤清、朱高正带头,就“非自焚论”展开政治秀,以是否有他杀的可能性,大做文章;陈水扁太太吴淑珍也依据陈永兴、黄华的话,同此炒作。而台南地区,也有四十名民进党员借口“国民党活活烧死郑南榕”,大举游行。——台北方面是打死后焚尸灭迹的,台南方面却是进一步活活烧死了,可见这一被杀焚尸“罗生门”,还有南派北派的不同说辞呢!

我根本看不起民进党对南榕的利用与歪曲,也看不起叶菊兰对自己丈夫的利用与歪曲。这些人小化、窄化了南榕,太可耻了。

我办报了

我办杂志,除了《千秋评论》《万岁评论》等月刊外,我还办过《乌鸦评论》周刊，自一九八八年十月一日办到一九八九年三月十七日，共出了二十四期。我不但办月刊、办周刊，还办报纸，在国民党报禁解除后，新创刊的《世界论坛报》邀我写专栏——“世论新语”。《世界论坛报》是一家低格调的烂报，只因全台湾只有这一家报的发行人段宏俊愿意邀我写专栏，并保障我一字不改的言论自由，所以我也就以“尔为尔，我为我”的划清界限，撒起野来了。最后发行人吃不消，大家闹翻也、绝交也，自是意料中事。如今回想，了无遗憾。但恨没有第二家烂报烂眼识人耳！不过，报禁开放后，我自己倒阴错阳差，有了一次办报的机会。有周孟禄者，学新闻出身，是高斯机的总代理；报禁解除后，他机会大好，大卖这种印报机，但却回收了一些旧的印报机，堆在仓库。他想到如能把这种旧机器废物利用，以小额投资办张报纸，可能是一个好计划。因此透过海王印刷厂的张坤山介绍，以伍振环做人头，邀我合作。伍振环本是警备总部的高干，当年负责查禁过我的书；如今找上门来，我心中一边发毛、一边好笑。于是合作起来，由我包办一切言责，办了只有一大张四个版的《求是报》。这报极有特色，从不奉“中华民国”正朔到天天彩色“三点要露”臭新闻局，热闹万分。这报没有一个记者，只有兼任的胡基峻帮我，就每天出刊起来了。从一九九一年二月二十七日到八月二十日，办了近半年，最后以曲高和寡、资金不足，以致中道崩殂。虽然周孟禄、伍振环双双被我告到法院，但我仍要公平地说，他们两人实在眼光不错。——他们能找到李敖做这场空前绝后的大买卖，虽然买卖垮了官司在，但他们绝对可附李敖骥尾而青史留名。桥归桥、路归路，我虽然告他们背信罪，但仍不埋没两人的功劳。

《求是报》不奉国民党正朔

我办《求是报》，是全台第一个中文报不奉国民党正朔的报纸。

在我申请《求是报》登记后，我收到由台北市长黄大洲签发的“七九府新一字第七九〇七二一七号函”，通知我“准予登记”了。不过在该函说明项下,有一条特别规定是:“新闻纸应记载发行人之姓名、登记证号数、发行年月日(应使用中华民国正朔)、发行所、印刷所之名称及所在地。”我看了以后,为之一笑。我是最细心的人,这一规定,引起我对《出版法》的比对。《出版法》第十三条明定:“新闻纸……应记载发行人之姓名、登记证号数、发行年月日、发行所、印刷所之名称及所在地。”一比对之下,发现显然台北市政府做了手脚,——在“发行年月日”下,加了一个括号,括号中要求“应使用中华民国正朔”!我在《求是报》创刊伊始,就先来篇《中华民国何来正朔可奉》。我指出:也许不要脸的国民党会不要脸地说,中国有台湾一隅在,应可证明“中华民国”尚有余地,其实这种说法是站不住的。从“纯地理因素”来看,大陆面积九百五十六万零九百四十平方公里(三百六十九万一千五百平方英里);台湾面积三万五千九百八十平方公里(一万三千八百九十二平方英里),大陆面积,比台湾大两百六十六倍!从“纯地理因素”上看,大陆台湾已是三百零九与一之比,难道大陆还不算中国、台湾才算中国吗?我又指出:也许在国民党的大脑里,三百零九不算百分之百,因为它还缺少三百一十分之一的台湾,所以不能称中国,但是,转一个弯,从“纯历史因素”来看,又怎么解释呢?历史上,明明说战国七雄争霸,到了公元前二二一年,终于胜负底定,秦朝统一了中国,但是,却有东方一个小国——卫国——逍遥在外。卫国是在解决六国以后十二年(公元前二〇九年)才统一的,那时候秦始皇早死翘翘了,若照国民党百分之百的大脑标准,则秦始皇统一中国,乃属不实,因为有卫国在焉。这样胡搅蛮缠,通吗?所以,“中华民国”早已亡国,是铁的事实。“中华民国”国都亡了,还要我们奉它的正朔,不是大笑话吗?奉个鬼正朔!奉个屁正朔!《求是报》创刊开始,就拒绝奉“中华民国”正朔。特此正告中外各界,兼告国民党狗腿子。

《求是评论》

我的《千秋评论》(李敖千秋评论丛书)办了十年、《求是报》办了半年,一九九一年十一月一日,我创办了《李敖求是评论》月刊。《李敖求是评论》共办了六期,为时半年。到了一九九二年四月一日,我急着写《北京法源寺》以外的那些书,决心结束每月不得安宁的写作方式,于是在《李敖求是评论》第六期出版后,告别了这一每月折腾的生涯。自《千秋评论》起算,这一生涯长达十年之久。

这十年中,我带头正人心、布公道、求真相、抱不平,以“匹夫而为百世师,一言而为天下法”的声势,整天四面树敌、八面威风,这一情景,我有浴盆中作的打油诗六首,最后一首是:

二次出狱后,声名翻两番。
口诛群党棍,笔伐大汉奸。
无心做牛饮,顺手把羊牵。
一片伤心事,不独为台湾。

胪列“老共”

笔伐时期,在编印发行上重要的“共犯”有:“汝清”、林秉钦、叶圣康、“老大哥”张坤山、赖阿胜、石柏苍、黄菊文、苏荣泉、何玉芳、苏久洲、苏世芳、曾骏龙、黄慧隆、郭宝秀、洪富仁、詹赐珠、姚文玲、张月华、陈淑美、陈兆基、胡基峻、孟绝子、李放、郭文宏。特别一提的是吕佳真。她毕业于东吴历史系,自参与李敖出版社后,所有阶段的出版品,无役不与;编校、印务、仓储、发行……十项全能。办《求是报》时,甚至在办公室打地铺而眠。工作精神与成绩,允称第一。我李敖生平不没人之功,特此胪列“共犯”,聊示崇德报功之至意。

“老大哥”张坤山

“老大哥”张坤山，三十五年来一直是我印刷出版上的大功臣。从白色恐怖时代开始，他就是我“出版自由”的干城。他一直支持我，随我高兴写什么，他就快速印什么。他慷慨重情义、大方肯吃亏，并且是不倒翁。他手上的海王印刷厂、成阳印刷厂，一直是我横行于世的屏障。他坚定而勇敢，举重若轻，一片从容。他吃素，也做慈善事业。他对我总是笑嘻嘻的，我对他也笑嘻嘻的，两人一切事都谈笑完成。张坤山实在是我的“共犯”，三十五年了，我一定要“咬”他出来。

赫赫之功，见誉于敌人之手

关于我的丰功伟业，我忍不住要举胡秋原“八十一年度诉更（一）字第十五号”的《民事答辩状》为例：

> 原告（李敖）虽非知名作家，但确实写了许多文字，其所写之文字，主要可分为两类：第一类是卖国汉奸性的，原告会写文字侮辱“中华民国政府”为“伪政府”，原告要“鞭蒋介石之尸”，又说李、郝体制是“谬种流传”，要加速打倒蒋家余孽，骂李登辉总统是“伪总统”，郝柏村是“奴才”，又骂最高法院“荒唐”“笑话”，原告还控告李总统伪造文书。第二类是猥亵下流性的，以原告最近之作品为例，如“从小就舔在女人×”（按：此指新闻局长邵玉铭说的，而被胡秋原断章取义）、写《鸡巴学》《鸡巴中正》《屁股功夫诗》《性交诗》，满纸生殖器、排泄器。又原告自《乌鸦评论》以至《求是报》，每期必刊一春宫照片，且要李登辉“总统”、前“新闻局”局长邵玉铭看他的“三点不露”，如此下流不堪入目之作品，不胜枚举；古今中外有如此以猥亵文字，妨害风化之知名作家乎？

上一宣布,可与当年徐复观所列李敖罪状比美。此李敖赫赫之功也,见誉于敌人之手,看似骂我,其实不知乃肯定我也。

我的部分成绩单

温绅是我十年笔伐成绩的最好统计者,他在《文化顽童,李敖——李敖被忽视的另一面》书里,有《李敖复出文坛的总成绩单》之作,他指出:

> "文化顽童"李敖在一九七九年六月复出,除了办过每日准时发行达一百七十三天的《求是报》外,他更以令人难能置信的毅力先后创办了《李敖千秋评论丛书》一百二十期、《李敖千秋评论号外》四期、《万岁评论》四十期、《李敖求是评论》六期、《乌鸦评论》二十四期;以及出版过八大册《李敖全集》、七本《李敖新刊》和三十余本丛书,堪称是著作等身的文坛异数。

可见我的局面之宽。温绅最后提到的"三十余本丛书",是我在报章以外,另行大规模的扫荡方法。这些书多是专案研究、专题刊印,有关揭发白色恐怖者尤多。这跟我的搜集资料本领有关。我在这方面的本领,不论敌友,都推服无间。我又博闻强记、方法新颖,综合起来,更如虎添翼了。让我自己归纳一下我的成绩单:印专书骂国民党,二本;骂民进党,一本;骂蒋氏父子,十一本;前后跟国民党作对的,五十七本;前后被查禁的,九十六本,这是全世界古往今来的冠军纪录。至于骂共产党,那是国民党、民进党,和唱高调的诸公包办的事,我没出书;为了中国,我肯定它值得肯定的部分。但对民进党,我越老越觉得他们太委琐了,实在不值得写书一骂。

干你老蒋

其实,对忘恩负义的朋友施以教训,对我只是小焉者也。我真正的主力,主要全锁定在敌人头上。在我不胜枚举的著作中,从《孙中山研究》到《蒋介石研究》、从《拆穿蒋介石》到《清算蒋介石》、从《国民党研究》到《民进党研究》、从《蒋经国研究》到《论定蒋经国》、从《共产党李登辉》到《李登辉的真面目》……这方面的拆穿真相,才是我工作的主力。我不但自己拆穿,还鼓舞并协助"同好"一起拆穿,李世杰之于《调查局研究》《军法看守所九年》、曾心仪之于《孙立人研究》《孙案研究》、大风(潘君密)之于《新官场现形记》、沈醉之于《军统内幕》、程思远之于《政海秘辛》、唐德刚之于《李宗仁回忆录》、王小痴之于《三毛三部作》、司马既明(刘心皇)之于《蒋介石国大现形记》、万亚刚之于《国共斗争的见闻》、宋希濂之于《鹰犬将军》、汪荣祖之于《章太炎研究》、谢聪敏之于《谈景美军法看守所》,谷正文之于《安全局机密文件》、陈定炎之于《陈竞存(炯明)先生年谱》……种种"围猎""围标"式努力,真可谓"无隐之不搜、无微之不续",蒋家天下碰到我这种死对头,可真生无宁日、也死无宁日了。

黑狱亡魂两百万字

我在牢里碰到一个"假匪谍",就是调查局第一处副处长李世杰。他本来负责处理国内"政治暗流"情报、分析"反党反政府分子""分歧分子"的政治主张动向等。他常说当年"奉命"把高玉树等人当"敌人"看待,也"奉命"要视雷震、李敖等为"敌人"。不料自身难保,陷入大狱二十年。出狱后,我鼓动他写黑狱亡魂内幕,他写了四年,写出二百万字,皆由我出版。自古以来写黑狱的书,没人写得比他多,比他更详细、更悲愤。——我不但自己掀蒋家的黑底,还找来李世杰一起掀。在坐穿牢底、沦为匪类的冤魂中,李世杰是最特殊的一位。他得赵孟所贵于先、又遭赵孟所贱于后,生不如死,复死里逃生,出狱后再转其余勇,重述生平死事。这样传奇的人生经历,太珍贵了。

替陈炯明翻案

拆穿国民党,要从它的祖师爷拆起。一九八七年九月,我出版了《孙中山研究》作为专书的起点。其中有一篇《孙中山蒋介石逼反老同志——替陈炯明翻翻案》,用史料与证据,替陈炯明"辩冤白谤"。我在文中历数陈炯明有大功于国民党,但孙中山却派小人小子蒋介石去挖墙脚,要把陈炯明利用完毕,兔死狗烹。《孙中山研究》出版后,远在美国的陈炯明的儿子陈定炎看到了,他写信给我,对当今之世,唯一挺身为陈炯明公开说公道话的中国人,有以联系。从陈定炎的信中,我得知这位在美国求学就业的工程专家,四十年来,在"工作余",曾一直矻矻不断地采集他父亲的种种资料,并编成二千八百多页、一百三十万字的真相,但无力出版。我同意替他印出来。我写道:"为人如陈定炎者,不但为人间存了第一天理,也为人子示范了第一孝道。这种孝道里有理智、有感情、有资料、有大义。旧式的孝道是迂腐的,但新式的孝道却是鲜活的。陈定炎使他父亲永远鲜活在清白里,我们真的钦佩他。"

拆穿蒋介石的道德意义

我是全中国唯一用证据拆穿蒋介石的人。在他死后、在他的余威犹在之处,也没有人敢拆穿他、也没有人能拆穿他。中国人中,真正敢也真正能拆穿他的,是从李敖开始。我认为这种道德意义,比存信史的意义更难能可贵。为什么?我在《蒋介石研究》自序中就指出:"当年蔡松坡起义，反对袁世凯，最大理由是‘为国民争人格’，如今我在蒋介石阴魂不散的岛上，敢于在他头上动土，也是‘为国民争人格’。”争几十年来被蒋介石欺骗、被蒋介石恐吓、被蒋介石作弄、被蒋介石羞辱、被蒋介石强奸得麻木不仁了的人格、争自己的人格。时至今日，凡在对蒋介石态度上没有觉悟的，都可认定这种人的人格层面出了问题。或许有人说，民进党在蒋介石铜像和纪念堂上做文章，不是觉悟吗？我的答案是否定的。因为民进党至今一脑袋蒋介石“仇共架构”等思路，他们是真正蒋的学生、蒋的传人，移移铜像、挂挂布条，又算什么呢？

揭发宋美龄

美国名女人富留尔·考尔斯(Fleur Cowles)在一九九六年出了一本书《交友并据为己有》(*She Made Friends And Kept Them*)。书中谈到她丈夫迈克·考尔斯(Mike Cowles)，回忆一九四二年与美国罗斯福总统特使威尔基(Wendell Willkie)到重庆的事。迈克·考尔斯在四十三年后(一九八五年)，秘密出版了一部书，叫《迈克回望》(*Mike Looks Back*)，透露宋美龄与外国男人交往。十一年后，考尔斯太太又出此书，进一步证实细节。一九九九年十一月一日到三日，由国民党大员故宫博物院院长秦孝仪主办蒋夫人学术研讨会，所谓中外学者两百余人参加，集体大拍夫人马屁，对这类史料，自然只字不提。真的历史，还得靠揭发。其实找男人、找外国男人都不是问题，问题是你宋美龄以国母之尊，代表中华妇女贞节。如此一来，殊为不伦。富留尔·考尔斯书中又有一段，她后来在台湾见到宋美龄，宋美龄表示对美国不满说：“You Americans are fools. You have the Atom Bomb. Why don't you throw it on China?”(你们美国人真是笨蛋，你们有原子弹，为什么不丢到中国大陆？)宋美龄对自己同胞的“热爱”，由此可见。这件事我在台湾电视中揭发过，有蒋家走狗写信来抗议，说蒋夫人与外国男人交往，也是为了国家呀。我把信一丢，骂道：“看来蒋夫人叫床，也是为了中华民国呢！

中华民国全体国民都该感谢她呀!”

党外噤若寒蝉

一九八六年十一月三日,我有记录如下:这次出版《蒋介石研究》,真是大快人心之事!总算在众口一声大喊万岁之时,表达了不同的声音与抗议,也证明了全台湾还有活人在!还有不买你蒋家账的人在!这次冥诞,党外全都噤若寒蝉了,没人敢攻击蒋介石了。他们内斗内行、外斗外行,他们对斗李敖的兴趣远超过斗蒋介石,这叫什么党外?这些杂碎不能成气候,此适为一例。

蒋介石是一张试纸

先弄清你对蒋介石的态度,这是检验历史的第一标准。由一个人对蒋介石的态度,可以检验出你有没有是非观念、正义观念、方法训练、史学程度、对真相了解的程度,还有,你是不是冷血、包括你的国家观念、对美国对日本的观念等等等等,都可从蒋介石这张试纸上检验出来。

大体说来,一九四九年后在台湾冒出头来的,除李敖外,没人能逃掉裹挟而完全脱身。以我的老师吴相湘为例。我念研究所时,第一个临时职业,每月赚一千块钱,就是他介绍的,我一直感念他。但他一辈子的努力,都陷于“国民党史观”的框框里,不能自拔。在他晚年的时候,我曾劝他抛掉“国民党史观”,重新改写或翻作他一生的著作,我甚至愿意提供协助,可惜他无此魄力。他得享高寿,活了九十三,最后写《三生有幸》大陆版结局,他始终没有“反正”。一生勤奋,却写错了历史。吴相湘如此,其他奉“国民党史观”的国民党文人更不足论矣。

看不起现代史工作者

我从来看不起台湾的现代史专家,因为他们都是马屁精,并且马屁到成群结队、一网打尽的程度。试看一九八六年十月的一幕丑剧:国民党搞出一个"蒋中正先生与现代中国学术研讨会",由"中国历史学会"、国史馆、"中央研究院"近代史研究所、中国国民党中央党史委员会共同主办,"教育部"、"外交部"、"新闻局"、"国立中央图书馆"等有关机关协助办理,以上八单位并共同组成筹备委员会,推请"中国历史学会"理事长——秦孝仪为总召集人,负筹备全责。研讨会分五组,进行为期四天的研讨,共宣读论文一百篇并进行讨论与座谈。应邀出席的所谓学者专家,包括所谓国内学者一百四十五人、国外学者六十人,分别来自美国等十三个国家及地区,均号称为研究中国现代史著有成就之学者,如美国之韦慕庭、马若孟,日本之古屋奎二等。最妙的,所谓学术会议开了一半,居然一干人等集体签名,向蒋宋美龄"致最高的敬意"起来。致敬到第二天,这些曲学阿世的马屁精意犹未尽,且对蒋经国也不敢怠慢,于是又集体签名另一份电文,再向"总统蒋经国""致最高的敬意"起来。这两百零五个知识人可真乖巧!他们深谙蒋介石、宋美龄、蒋经国的三角关系,于是在拍马屁时,刀切豆腐,面面俱光,全给致敬到了。一般人拍马屁,只会拍一面,而这些马屁精,却会拍三面。吾无以名之,鉴此学术,正所谓"三角马屁学"也!

彭克立在台湾

在台湾我发掘孙立人旧属李鸿等冤狱内幕,是很艰巨的。李鸿是孙立人新一军的军长,驻守长春。由于蒋介石歧视杂牌军,守长春的一半军队就是被他歧视的六十军,最后那边的六十军起义了,防线出了大缺口，这边的新一军也守城无望了。他们与共产党达成协议，听凭放下武器的长官解甲归田。新七军的长官主要是军长李鸿、新三十八师师长陈鸣人、新三十八师副师长彭克立、一一三团团长曾长云。一九五〇年，孙立人奉蒋介石之命，接李鸿等人来台。李鸿等一到台湾就被下狱，个个坐满二十五年牢，连张起诉书都没有；沉冤三十八年，无人知晓，直到我请曾心仪担纲，明察暗访，才得知真相。最后活口都死光了，只剩下彭克立。彭克立的台湾之行可真干脆：一九五〇年来台，两个月后入狱；二十五年后，一九七五年出狱，入老人院；七十九岁离台，带着老战友老难友的骨灰离台。他临行前，到我家拜访，我私下塞了一把钱送给他，他也收下了。可是，他登机前夜，却托曾心仪把钱奉还了，理由是："辅导员说不要收李先生的钱。"彭克立回大陆后，与两个女儿合照一帧，寄来给我，那该是我最后一次得到他的讯息。这是真正的长春故事。最后万骨枯了、一将功败了。天真的"彭大将军"们爱国爱到台湾来，多样刑求、二十五年的黑狱在等他们。没有李敖和曾心仪，他们的故事将永被埋没。

乔家才大特务

乔家才将军到我家，偷塞给我两部稿本，原来一部是他本人的"黑狱亡魂录"。乔家才黄埔四期出身，是蒋介石在华北的特务头子、军统局北平站站长。一九四八年七月一日，军统局局长毛人凤约乔家才和当天下台的北平市民政局局长马汉三开会，当场把他们五花大绑，分别塞进两辆汽车，送入监牢，并钉上脚镣。对付自己人，一如对付江洋大盗。中秋过后，在常州狱里，一个学生偷偷告诉他，见报得知马汉三已经被枪毙了，还说乔家才判了无期徒刑。——被判了无期徒刑，当事人自己还不知道，也不被告知。蒋介石特务机构的黑暗与恐怖，由此可见一斑了。一九四八年十二月，他跟十几个难友一道，押上轮船，直抵台湾。不幸中真是大幸，他早来台湾一步，因为第二年大陆失守前，蒋介石下令毛人凤,家法处分的囚犯中,五年以下徒刑的一律释放,五年以上的一律枪毙。由于先期来台,乃得死里逃生。到台湾后,坐了九年牢;毛人凤死了,他给放了出来。他回忆:“我坐了九年牢,未经正式军法审判,我没有看见过起诉书,也没有看见过判决书,不知身犯何罪,害得妻离子散,惨绝人寰。”——蒋介石特务机构,对自己的首席大将都可无法无天,如此对待,其他小人物或局外人,更可想而知了。而乔家才死里逃生,还得力于蒋介石神来九字“御批”:“乔家才无期徒刑可也!”因为“御批”如此,反倒成了黑狱中的保命符了。

为乔家才印“狱中记”

乔家才出狱后,前后写了两百多万字的书,包括《关山烟尘记》《铁血精忠传》《戴笠和他的同志》《海隅丛谈》《为历史作证》等书,对他传奇的身世与交游,做了不少透露。可是,唯独这九年的黑狱内幕,却写而不印、不愿发表。理由是:“怕落到敌人手里,用作攻击我政府不民主的具体例证,则罪过大矣!”微妙的,他“不愿发表”,却暗中塞给李敖,这不等于把一条鱼一言不发塞给一只猫吗?我收到后,就以《乔家才入狱记》为名,一字不漏地发表了。发表后,乔家才的老朋友们假惺惺地说:“你怎么被李敖利用了啊?”乔家才假惺惺地答道:“李敖不够朋友呀!”谷正文透露这一对话给我,我听了大笑。谷正文告诉我:乔家才坐牢后期,毛人凤以关人无名,有缓和之意。毛人凤告诉谷正文:如果你这位山西老乡答应出狱后不追究、不骂我毛人凤,我就放他出来。可是,当谷正文去跟乔家才商量的时候,这个硬汉一口拒绝。谷正文说:“最后毛人凤死了,我们请他出狱,他还发脾气不出来呢!我们没办法,只好把他抬了出来。”谷正文一边说一边笑。乔家才是硬汉,但他的硬度,在《乔家才入狱记》假李敖之手发表无以自解,就假装怪起李敖来了。

为龚大炮印两部遗稿

我在法院旁听打官司,见过龚德柏,但从没讲过话。这位老报人生前死后,都不知道我是他的"贵人"。他生前出版《愚人愚话》《也是愚话》《又是愚话》《还是愚话》,都和我在文星书店的推动有关。不过,龚德柏一生最精彩的著作,乃是他晚年偷偷写的《中日战争史》,书中批评蒋介石的错误,当然不能出版。在他死后,我从周德伟遗物中发现这部书稿,发表在《李敖千秋评论丛书》中,陆续为他流传于世。除《中日战争史》外,另有秘密回忆录一册,写他狱中见闻,也不能出版。书稿最后又落到我手里,给它全文发表了。我把它标题作《蒋介石黑狱亲历记》,精彩极了。龚德柏真是有心人、有心报复的人,他真了不起,留下了这本书稿。不过书稿写成了就"失踪"了。龚德柏乐观地说"自会与世人见面",实际上,那是三十四年(一九九一年)以后的奇遇了。这三十四年间,蒋介石先死了,八十九岁,一九七五年;五年后,"竞争寿命的长短"的龚德柏也死了,九十岁,一九八〇年。可是天下还是蒋家的,书稿仍然杳如黄鹤。直到龚德柏死后十年(一九九〇年),与他有同牢之雅的国民党大特务乔家才到我家来,才心照不宣地塞给我。龚德柏生前"自会与世人见面"的心血,三十四年后若不阴错阳差落到我手里,不知湮没到何年何月了。如果乔家才没塞给我,这部书稿,也可能"没世而不彰"了。文物有灵,信不虚也。

"鹰犬将军"

一九八四年四月四日,国民党党报《中央日报》大骂黄埔一期的宋希濂,指斥"宋希濂甘为中共鹰犬","不明大义,不惜放弃往日献身党国之荣誉,而晚年变节,在海外助桀为虐,为虎作伥,甘为中共统战工具”云云。我看了以后，写了一篇标题“鹰犬将军”的文章，抱起不平来。我责备国民党太无情了，怎么可以这样斥责当年为你们“断后”的同志？没有他们的牺牲，你们能从容逃到台湾吗？我的文章在美国转载了，宋希濂看到了，他有了回应。第二年，一九八五年，他出版了回忆录，书名就叫《鹰犬将军》。他在前言里特别感谢我的仗义执言。宋希濂最了不起的是，他在二十载戎马以后、十年监狱过后，最后有了“白头誓不归”的大彻大悟，彻悟中国的前途，原来掌舵在他当年的敌人手中、在关他十年的敌人手中。这种转折，太动人了、太动人了。这种转折真是自动自发的，因为宋希濂一九八四年二月发表宣言，地点是在美国华盛顿，丝毫不受任何控制，自无被中共指使的可能。他能有这种反省、觉悟与动作，自然动人感人。后来我在台湾出了《鹰犬将军》配图版，宋希濂更感谢我了。

老贼逻辑

蒋介石政权败逃到台湾，带来大量的官僚结构，其中用以维系所谓法统的，就是“立法委员”、“监察委员”、“国民大会代表”。蒋介石豢养着他们，他们也尸位荤餐，还理直气壮。以“立委”王学超的高论为例。王学超说：“许多委员认为，我们在台湾白吃白喝四十年，对此说法本席表示反对。大陆撤退来台之前一年，大陆四亿人口之所得、国库黄金，在该一年内天天用专机往台湾送；其中属新疆的黄金即达十二万两。本席为西北区五省（陕、甘、宁、青、新）教育会所选出的委员，对此不得不加以说明。”“我们为国家鞠躬尽瘁，并未曾花过政府一毛钱，我们花的是从大陆带来的四亿人口之所得。”“我们在此所吃的、喝的，均是我们所带来的四亿人口的黄金，而非本地的钱。”王学超的话多有气派呀，强盗只是住你家而已，饭可是吃他自己的！我永不忘我跟什么样的人住在一个岛上，一群嘴硬的强盗呀！

陈立夫看出李敖“阴谋”

我不但拆穿了国民党的祖师爷，也拆穿了祖师爷的“国父遗教”。我用了大量的文字驳斥了“三民主义”等的乱七八糟，同时我还“策反”了我的敌人周之鸣教授，以他精湛的“三民主义专家”地位，揭竿而起，大反“三民主义”，我为他发表《中毒的“三民主义”应该停授》等宏文，气得他的老友陈立夫在一九九〇年一月十三日写信给他，指出：“以反共专家如兄者发表此文，是李敖要毁兄之毒计，兄不可上其当！”可见陈立夫真是目光如炬，他惊醒到他们祖师爷的经典已被李敖砸掉。可是，国民党太迟了，它已经维系不住了，最后只能以“三民主义统一中国”自欺欺人了。一则“限制级”的政治笑话道出了一切。笑话说有个无聊男子在“那话儿”上纹了几个字，不幸感染溃烂，只好跑去看医生，经过初诊，隐约发现“三国”两字，于是要他去给护士看个清楚，护士看过后，告诉医生说，正常时候看是“三国”，膨胀后就出现全文“三民主义统一中国”了。只是国民党阳痿成性，出现全文大不易耳！作为真人，或有“威而钢”；作为主义，可要“黎明柔”啦！老贼陈立夫独具只眼看出李敖阴谋，不能不说他有眼光。姜是老的辣！

齐世英

齐世英是国民党党务上的东北王，“立法院”CC 派的领袖，实际上，他是陈立夫的代理人。他真是一个样板人物，被蒋介石开除了党籍，但又有了转折。蒋介石一死，蒋经国就送还党证，齐世英又是国民党了。他们毕竟是一家人。齐世英曾不止一次来我家，请我吃饭。有一次，他在双城街请我吃牛排，感慨地说：“当年我们革命，为了打倒军阀；可是今天啊，我们还不如军阀。”我听了他这句话，心头一震！多么坦白的告白啊。可是，在《齐世英先生访问记录》里，我们却看不到这种心坎里的真话了。

那次晚餐，齐世英坐在我面前，他的一生，对我一拥而上，他向我细诉蒋介石怨他"逼反张学良"的细节，他一一自辩。不过，我关心的毋宁不在这里。我关心的，是他难以自辩的部分。

为什么我说齐世英是样板人物？因为他阖不上眼、缴不了卷。他跟我来往一段后，疏远了我，我入狱、我出狱，他都躲着我、一躲十七年。我想，重要的原因是他在李敖身上看到了什么，令他不安；李敖老是捏他一把，使他更难自欺与自解。无独有偶的，他死后二十二年，二〇〇九年七月，我收到"寄赠李敖乡弟"的一本书——《巨流河》，他的女儿写给我："我们来自同一片乡土，有同样的愤怒，却用不同的方式表现。""盼望你读此书后赐寄数语。"年复一年过去了，我没有写一行字给她。他们太虚伪了。我的标准很简单，不敢公开挺李敖的，都是虚伪的人。

突破"二二八"

今天，人人会谈"二二八"了，这是一个好现象。不过，穷本溯源，大家这么勇敢，原来是有更勇敢的外省人带头的。外省人孟绝子早在国民党不准谈"二二八"时就谈"二二八"了。他先在几次演讲中提出，应该把"三一八"这一天定为"台湾苦难反省日"，后来他写成《台湾苦难反省日——化解台湾的隐痛"三一八"》一文，登在外省人李敖办的刊物上。"三一八"的禁忌是在李敖手里突破的。此外，我编了《"二二八"研究》《"二二八"研究续集》《"二二八"研究三集》。一九九七年，并和陈境圳合著了《你不知道的"二二八"》。我在序里特别指出：我们面临了三条错路，使我们无法全面了解"二二八"，也无法从"二二八"中得到真正的公义与和平。我的立场是"只谈'二二八'的真相真理的，无关本省人与外省人。我虽是外省人，但在我的笔下，哪一省的人我都骂。在我眼里,只有好坏之分,没有省籍之别。虽然,在外省人当权派迫害本省人之际,我站在本省人被迫害的一方,曾为义助本省人而坐过牢、受过难,并且在'台湾精英们'还不敢明目张胆地谈'二二八'之际,首先刊出谈'二二八'苦难反省的文字、首先刊出本省人被冤杀的文字,以开风气与勇气之先;如今,本省人出头了、胆大起来了,人人都会'二二八'了。扬眉吐气固是好现象,但扬吐之间,违反公义却是不应该的。人可以得意忘形,但不能忘掉真相真理,尤不可以披着学术报告的外衣,忘掉真相真理;尤不可立碑勒石,歪曲真相真理”。虽然我的声音被埋没了,但我的证据却条条俱在。《你不知道的“二二八”》成书架构是我的,细部充实却是境圳的功劳。

黄宏成

由于“被封嘴”的情况渐入佳境,各路人马请我演讲的也此起彼落,其中以吕学海的“社会大学”最有计划。有一次他请我在太平洋崇光百货顶楼演讲,一个东吴大学法律系学生黄宏成去听了,听后大为感动,觉得这么优秀的李先生,我们东吴大学真该请他来执教。由于黄宏成有无人可及的锲而不舍的本事,最后摆平校长章孝慈,竟请我“寒雨连江夜入吴”——进了东吴大学教起书来。黄宏成先安排章孝慈来拜访我,一九九三年三月二十六日他回忆:

> 校长和李先生二人单独会面的时间是约在三月二十六日,地点是约在敦化南路上的金兰大厦。校长准备了一套婴儿服及小朋友玩的画板,送给李先生的儿子当作见面礼;李先生则以《北京法源寺》一书回送给校长,并于书中题了一首诗给校长。这首诗这样写着:
>
> 台海一岛,法海真源,
>
> 我与孝慈,走过从前。
>
> 当晚校长请李先生到胡须张吃卤肉饭,事后他们两人都告诉

我这是一次很愉快的聚会。

在这段时间，石齐平老师、肥皂箱社的许多同学们，像陈敬介、阮登科、齐祖夔、邱惠婷、邱惠敏、张淑贞、洪淑蘂……都给我们莫大的帮忙和鼓励。而李先生也曾受我们之邀莅临东吴来演讲，在演讲期间也到过校长办公室聊聊天，回拜校长，并曾送了一幅章太炎的字给校长，以示对校长来访的答谢。

我进东吴

到了六月七日，章孝慈请我在福华大饭店早餐，敲定我去东吴；十九天后，来了"东吴大学聘书"："兹敦聘李敖先生为本大学兼任特聘教师"。我在六月底寄回"应聘书"，接着是填各种表格，表格中"著作栏"中我填的是："不胜枚举。""若干老师反映班级人数过多，影响教学品质，故调查各老师对班级人数设限之意愿"栏中，我填的是："教得好不怕学生多。"就这样的，我去了东吴。

去东吴前，在五月四日，我在校本部做了一场演讲，题目是《如何反对章孝慈》，学生们贴海报，一路从校园里贴到校门外，这一演讲，算是一场"下马威"；九月二十一日，我上课那天，教室内外也形成挤挤挤挤场面，我在头一堂课先花许多时间骂章孝慈的爷爷、骂章孝慈的爸爸，然后才进入正题。海内外舆论报道我上课盛况，当晚中国电视公司也播出了。

章孝慈病倒

一九九四年八月十五日，章孝慈在华视演讲会上播出《大学教育之精神内涵》，特别指出：

在去年，我们聘请了李敖李先生到学校来任教，有很多的报道蛮关心的，说东吴大学怎么聘李敖呢？李敖是备受争议的一个作家，有人说他是个疯狗、有人说他是个流氓、有人说他是个打手、有人说他是个天才，各种说法都有。我们很单纯，我们认为任何角度的学者都可以在东吴发展一个看法、一个见解，因为这是一个“自由市场”……让李敖李先生到东吴来，赞成他也好，不赞成他也好，那你在课堂上、在学术上和他讨论，让同学来做个选择，这是一所大学的学术生命，要延续、要发展，不可缺少的就是兼容并蓄。

这篇演讲后三个月（十一月十四日），章孝慈突在北京脑溢血，从此陷入昏迷。

祖孙身上见分明

十二月十三日，我写信给东吴历史系主任王庆琳，回答东吴为校长捐钱一事。

一、自执教以还，每月薪资，皆由校方直汇我在邮局专户，我一直原封未动，早拟退还，为恐校长怪我矫情，故暂置之。于今累积至新台币六万三千二百五十五元，我特全部提出，再照数加捐一倍，共计十二万六千五百一十元，随信附上，敬请查收。

二、今后每月薪资，累积到学期终了，我会继续比照办理，加倍奉还。

三、我正筹办一李敖私人收藏拍卖会，如果成功，对校长自可多金多助。

我筹办的拍卖会，陈中雄介绍由传家艺术公司白省三主持，一九九五年三月五日在新光美术馆举行。由于张慈让、黄秋雄他们的义行可风，结果极为成功。到了四月四日，我开记者招待会宣布捐给章孝慈七百万的同时，还发表了我与汪荣祖合写的《蒋介石评传》。我即席说：“今天是蒋介石死后二十年的日子，别人把他做的坏事忘记了，可是我没忘记；所以二十年后，还由汪荣祖教授同我合写这部评传鞭尸他。——刚才捐出的七百万，证明我李敖多么爱蒋介石的孙子；现在发表的这部书，证明我李敖多么恨章孝慈的爷爷。我李敖的恩怨分明，在他们祖孙二人身上，正好做了既强烈又鲜明的对比！”

李敖的“旧道德”

章孝慈病倒前，曾一再约我参加东吴音乐会，我拒绝了。我不参加音乐会的真正理由是我不去“中正纪念堂”；但我不愿伤他心，故不说理由，这是我为人又守原则又细心之处。一如章孝慈到我家来，我事先请我母亲到街上去玩一样。——为了他自幼失母，我不愿他看到我家有老母，以免使他看了难过。我越老越不好交友，但一旦成为我朋友，我总是很古典很旧式地与朋友交，我也欣赏“深情那比旧时浓”的那种年长于我的老派作风。我的好友施珂大哥、陈兆基、江述凡、亓丰瑜等等，都属此类。我的同乡吉垦老哥更是老派之尤，老友韩昭先也同属此类。李世振常常向人说：“你们别以为李敖是个‘新家伙’，从他身上，你可以看到比我们还多的‘旧道德’！”我觉得李士振的观察角度，是一个耐人寻味的角度。我在东吴上课，旁听的张泉增，海军上校退伍，好学不倦，向我执“旧道德”的弟子礼。我说：“泉增兄你跟我同岁，不要这样称呼”，他坚持不肯，老派得令人赞叹。我久更忧患，曾声言：“新朋友不交，老朋友遇缺不补。”乃有感而发也。有一次在程国强家与张光锦会面，光锦抱怨说：“我们是一中最好的朋友，你为什么三二十年不见人？”我说：“光锦呀，我上次见你，你是少校；现在你是中将。我这问题人物若见你见多了，你还升得了中将吗？”章孝慈算是我的新朋友，——“三顿饭的朋友”（即他请我吃了两顿；叶明勋与人为善，为贺孝慈与我的东吴之缘，请大家吃了一顿），两人并无深交，但他有胆量和度量，还有超人的眼光，请没人敢请的李敖到东吴，使我得以展开笔伐以外的口诛大业，在他不幸因公殉“植”（植物人）之际，捐之以款、援之以手，岂不正是侠骨柔情者所应为的么？

我与演讲

我本像一颗钻石，是多面发光的人物，可是由于环境的打压，我的光环被单一了、被小化了。例如一般人只知道李敖是写文章的高手，却不知道我在许多方面都是高手。我的本领，不止于写文章这一单项，其他单项，我的表现，也像写文章一样优异。其中口才一项，就不为一般人所知。事实上，我是极会讲话的人，谈吐幽默、反应快速、头脑灵活，片言可以解纷，当然也可以兴风作浪。我往往觉得：我的口才，其实比我的文章更动人。对听众不幸的是，我这方面的光环，一路被打压了。以演讲为例，不论在陆军步兵学校受预官训练时，或是在十七师做预官排长时，我的演讲，都在掌声雷动时被"长官"即时打压。退伍后，台大学生陈宏正他们请我演讲，台大校方甚至把场地锁门。一九六五年五月四日，我给尚勤信中有这么一段：

> 这几个月来，台大学生请我演说，被校方驳回的，据我所知，至少有四次。最近的一次就是今天，文学院原定今晚请我演说"五四运动"，结果被驳回，理由是殷海光、李敖两人不准在台大演说。上次（三月二十六号），法学院用"偷关漏税"的方法，不先登记，请我演说《傅斯年与胡适》，听众挤得人山人海，结果在我未到前，突被校方勒令解散！

从这一处境看，我"被封嘴"的情况，有甚于"被封笔"者。这一"被封嘴"情况，直到二十多年后，才稍有转机。首先是清华大学请我演讲，我讲了《清华生与死》。后来各大学陆续请我，也不乏打压之处，例如我在师范大学讲《师大新与旧》，就遭到国民党党棍谢瑞智等的干预；我在辅仁大学讲《辅仁神与鬼》，也有类似情形，只不过党棍换成神棍而已。到了一九八九年四月，我来台湾四十周年，由苏荣泉纠合多家出版社联合主办“李敖来台四十周年纪念演讲会”、施性忠主持，才算有了一次校园以外的公开演讲，不过在场地上还是被打压了。——理想的场地都不给租，只租到狭小的耕莘文教院，结果人山人海，场外的人比场内的还多，连讲台上都坐满了人。

我的急智表演

听我演讲的享受是看我在台上的“立即反应”工夫。也就是说，可以看到我的急智表演。我举两个例子。有一次演讲，一听众义正辞严质问我：“你来台湾四十年，吃台湾米、喝台湾水长大，为什么不说台湾话，是什么心态？”我“急智表演”回答说：“我的心态，跟你们来台湾四百年还不会说高山族的话同一心态。”还有一次，听众纷纷以纸条递上讲台，问我问题，我有问必答，条条不漏。突然其中一纸条，上写“王八蛋”三字，别无其他。我“急智表演”，举纸条面向听众说：“别人都问了问题，没有签名；这位听众只签了名，忘了问问题。”我的急智不但在外面，在家也一样。多年前我遭冤狱前夜，国民党报纸连番臭我，有人打匿名电话来，对话如下：

> 匿名者：李敖，我要杀你全家。
>
> 李敖：我家里只有我一个人，怎么办？
>
> 匿名者：那我就杀你一个人。
>
> 李敖：好罢，你去排队吧！

混进电视中

在东吴三年，一九九六年三月二十一日，我阴历生日前两天，新任系主任黄兆强以卡片前来，向我祝寿。

我在向他道谢之时，就顺便告诉他我在学期终了后不再教书了。

一九九六年五月二十一日，我在东吴上完最后一课。大体说来，我到东吴后，文字之业减少了，声音之业增多了，也就是从幕后的笔伐时期进入前台的口诛时期了。在口诛时期啸傲江湖，已经变成我一生的主调。口诛要讲台，东吴的讲台是闭路的；若论开放的讲台，则非电视莫属。而电视最初掌握在国民党台视、中视、华视三台手中，偶有邀请，所谈局限饮食男女，无从一抒怀抱。直到解严后，媒体稍加开放，三台以外的有线业者才有一点生存空间。在群雄并起，形成“五胡十六国”局面里，才有一点李敖的笑傲空间。电视界老手杨楚光首先判定：《李敖个人秀》绝对有它的可能性。后来TVBS邱复生约我试录。试录以后，他大概吃不消我对国民党当道的批评，而这种当道，正是他刻意交好的对象，所以计划就吹了。台大老同学陈安澜约我做了一阵批蒋介石的录影带，但传播方式限于“跑带子”，结果有疾而终。一九九五年春天，真相新闻网的周荃约我吃饭，谈《李敖个人秀》的可能性；到了夏天，周荃又约来她的老师张煦华同我谈。张煦华以美国密苏里大学新闻学院博士、淡江大学传播研究所和大众传播系主任的专家身份，也看好我这节目；到了冬天，签下《李敖笑傲江湖》的约。自一九九五年十月三十日起，每周一至周五，每日二十二时至二十二时三十分，播出三十分钟，每年二百六十集。

开电视得未曾有之奇

《李敖笑傲江湖》自开播后，立刻震惊岛内和海外。自人类发明电视以来，从没领教过节目是这样干法的：一世之雄、一手包办、一袭红衣、一成不变、一言九鼎、一座称善、一针见血、一厢情愿、一板三眼、一唱三叹……总之，任何认为一个人做不了的节目，都被我一个人做到了。这节目打破并违反了电视制作原理，撇开一切动态与精致，单刀直入，以证据入眼、以口舌开心，开电视得未曾有之奇，说它乃千古一绝，也不为过。玩电视的专家邓育昆以六页长信给“敖哥”，指摘这节目制作方面的失败，但却掩不住对内容方面成功的欣喜。总之，这是电视开天辟地以来又一次的开天辟地，以博学、勇气、口才三结合，闯出了一片新天地。那年旧历除夕，陈文茜打电话来聊天，说邱复生告诉她："如李敖年轻一点、言论缓和一点，李敖将通吃所有谈话性节目，没人是对手。"我告诉陈文茜："邱复生错了，我就这么老、就这么激烈，就足以通吃了。这位李登辉的朋友，站在商业观点，他一定后悔对我不守信了。"

笔伐添了口诛

《李敖笑傲江湖》播出一年后，又由周荃妹妹周菲出面，双方再行续约。被盗录的已远及美国等地，一般咸认这是唯一说真话揭真相的剽悍节目，天下只有李敖方能为之。这个节目的成功，使我从笔伐加添了口诛，进入新境界。我最感谢周荃的眼光与肚量，她在那么艰苦的处境中，对外为我撑住自李登辉以下的各种压力，对内任我"客大欺行"、由她苦撑待变。她真了不起。

《李敖笑傲江湖》的最大特色是：它不以空口骂人，而是以证据骂人。骂人威风所至，最后演变成不被李敖骂，就对李敖感激了；若被李敖捧一下，那就感激涕零了。民进党大员陈文茜向我开玩笑说："我们民进党不怕你骂而怕你得了老年痴呆症。你骂人凭证据，我们如该骂，被你凭证据骂了也就算了；不过你已建立起骂人的信用，一旦你老年痴呆了，不凭证据骂我们，甚至造我们谣，别人听了信以为真，我们就惨了。"

怀念周荃

我跟电视结缘，归功于两位知己：周荃和刘长乐。周荃使我死吃台岛;刘长乐使我生还大陆。没有他们的慧眼与勇气,李敖只是纸上英雄;有了他们,李敖才是媒体恶霸。但做恶霸,自我感觉良好,知己却吃足了苦头。周荃为我倾家荡产、刘长乐为我焦头烂额;恶霸都心存感念,只是面无表情而已。我一直很义气,周荃最后财务出问题,我免费为她做了一年节目。王令麟拉我去东森台,愿意一次预付我一年的钱,只要我同意放弃付不出钱来的周荃,我拒绝了。

在周荃那边,从一九九五做到二〇〇〇,连做五年,做到一千二百五十集,我六十五岁,决定告一段落。五年间,我为周荃做的有《李敖笑傲江湖》《李敖秘密书房》《李敖颠倒众生》。同时在其他电视台兼做过《李敖黑白讲》《挑战李敖》《李敖挑战》《李敖 TALK 秀》。最后做《李敖大哥大》,由郑乃嘉设计。到了二〇〇二年五月三十一日,中天电视台换老板,我也告退了。那时周荃早已在电视圈中做了"先烈",想来不胜怀念。到了二〇〇四年,刘长乐邀我为凤凰卫视做《李敖有话说》,从此我就台风转向了。

灵肉一致

"没有肉,哪有灵?没有欲,哪有情?"肉欲并不使我忘掉灵肉一致的境界,这种境界,是《列子》书中的"心凝形释"的境界。发乎灵、止乎肉,但绝不花钱买肉。扬州二十四桥的诗人杜牧,形式上是逛窑子,实质上该是因妓谈情、因灵生肉。他若是花钱打炮的粗汉,也不会"赢得青楼薄幸名"了。虽然灵肉本该一致,但却有误信灵肉二分的人,他们在生理构造上,好像多了一层"道德的横膈膜"。膈膜以上,是仁义道德,是上帝;膈膜以下,是男盗女娼,是魔鬼。他们认为:灵是清洁的、肉是肮脏的,因而崇灵贬肉。这种崇灵贬肉一蔓延,即使牧师以外,许多知识分子也大受感染,而绝对的灵上肉下起来。最早坦白承认灵不比肉高、肉不比灵低的开路人,该是十九世纪的英国大诗人勃朗宁。勃朗宁(R. Browning)曾用美丽的诗句,巧妙指出:"……灵之对肉,并不多于肉之对灵。”(“… nor soul helps flesh more, now, than flesh helps soul!”)这是何等灵肉平等的伟大提示！勃朗宁又指出：肉乃是“愉快”(pleasant)的象征，是可以给灵来做漂亮的“玫瑰网眼”(rose-mesh)的，这种卓见，实在值得满脑袋“灵魂纯洁”“肉体不纯洁”的卫道者的反省。

李敖的“淫威”

二○○一年四月二十五日出版了我继《北京法源寺》后又一长篇小说《上山·上山·爱》。台湾这边，除了登上排行榜第一名，并销售一空外，台北市议会传出笑谈，在审查防制青少年《租购出版品自治条例》时，市议员拿出两本新书的影印片段，遮去书名，询问市政府新闻处长金溥聪是否色情作品？金溥聪匆匆看了，说：“都是色情。”市议员随即亮出底牌，说一本可是李敖写的。金溥聪立刻改口说：“你不要害我。”“谁都不愿惹李敖。”“我没有说李敖的书情色。”弄得大家笑成一团，李敖的“淫威”，于此可见！

变成“西门庆”了

其实，从笑谈观点看，李敖在大陆的“淫威”，远比台湾风光得多。大陆除了冒李敖之名，出版《李敖谈男女》《李敖“变脸”三部曲》等假书大谈情色外，还现身说法，出版《我为卿狂——李敖的三次惊世婚恋》等书，也极尽加油加酱胡说八道之能事。光看书名就领教了，我只结过两次婚，何来“三次惊世婚恋”？不过，这类《李敖和他的女人们》的书，还算客气的，比起《和李敖一起疯狂》一类的书来，你就恍然大悟了。

在美国的好友陈兆基，一天打电话来，说你李敖可不得了啦，你在大陆变成“西门庆”啦！我笑问怎么回事？他说大陆出了一本《和李敖一起疯狂》的书，乱写一通，把你写成了一个大淫虫、大淫棍啦，我寄信给你见识见识。认识你老兄几十年，没想到，你居然变成了“西门庆”。

后来兆基把书寄来了，我翻了两页，果然是西门大官人无误。我掩卷一笑，想起一个故事。二〇〇一年我跟《联合报》社长张作锦吃饭，他半真半假地说：“李敖兄，多少年来，我们一直以为你是‘匪谍’，现在承认我们错了，——你不是‘匪谍’，你根本就是‘匪’！”我听了大笑。如今，我想张作锦会改口了：“李敖兄，我们一直以为你是破除迷信的‘西门豹’，现在承认我们错了，——你不是‘西门豹’，君子豹变，原来你是‘西门庆’！”

四分之一世纪后

半世纪前，杨西昆看了我写的《蒋廷黻选集·序》，大为惊叹，乃通过他的北大同学、我的老师吴相湘，约我到他家里吃了一顿饭。

四分之一世纪过去了，他又约我吃饭了。当时他年近八十，退休成为国策顾问，兼无酬为“外交部”主持外交人员讲习所。一九九一年十二月二十七日，从十一点半谈到两点半。在四季吃的西餐。可惜吴相湘远在美国老人院，不能重续四分之一世纪前的旧谈。

他说多年来政府不能争取到像李敖这样人才，反倒一再打击之，最说不过去。并对我不论遭遇何等打击，仍旧重新再来挺身而斗的精神，深致佩服。他看不起王世杰。有一次王世杰在美国，请他代约大报记者吃饭。他代约了，并且作陪。事后记者们问他说：“你们的‘外交部部长’说些什么啊？他讲的英文，我们听不懂。”杨西昆跟我说，他只好编了一些话“翻译”给记者们，为什么编呢？因为他也听不懂。他说当年在《联合报》提出控苏案，王世杰力持反对。因为这个案子会彰显出王世杰签订《中苏友好条约》的错误。王世杰没想到控苏案能够控诉成功。

最后我问他从政感想。他说他叮咛他的儿子：“不可去做公务员。”我说在公务员中，你还算是成功的；几十年来，大体上，你保持了自己，还能做出不少事。这已是奇迹。因为照你的个性，你连外交部次长、驻南非大使都做不上啊！

我对他总评说：几十年来，你为中国人做事，这是可以肯定的；若为这个政权做事，就不值得了。他点头同意我的话。

叶圣康

五十生日前夜，为支持郑南榕发起的抗议国民党运动，我捐了十万元。我给的是郁慕明付的一张支票，我还开玩笑说：“就算国民党郁慕明老弟捐的吧！”这张支票是郁慕明说我吃了四季出版公司叶圣康而被我告诽谤后“和解”的产品之一。郁慕明后来“不打不相识”，跟我交上了朋友。他最后真的了解了李敖没吃叶圣康，全是他们国民党杂志自己造的谣。事实上，李敖为资助叶圣康“逃亡”，还动员了七位数字的新台币呢。叶圣康是令人怀念的出版工作者，可惜时运不济，公司垮了。今天台湾留下来的，多是与官方与财团勾结的人，名为出版，皆小人也。

是谁忘了我

要藏有谁藏，
要躲有谁躲，
躲躲藏藏他是谁，
是谁忘了我？

要藏有谁藏，
要躲有谁躲，

藏的时候火如烟,
躲过以后烟如火。

要藏有谁藏,
要躲有谁躲,
偷偷查出他是谁,
是谁忘了我?

写《忘了我是谁》后二十八年,又写了这首《是谁忘了我》。前者是“我忘我”,后者是“人忘我”。

李庆华

我的朋友李庆华是最能知道并欣赏李敖的。他在二〇〇〇年担任新党主席时,毅然把非新党党员、且一路把蒋介石、国民党、“中华民国”、“三民主义”骂得臭头的李敖推出来,代表新党选总统,这要多大眼光与魄力,才能有这样的戏剧效果啊!只有庆华做得到。庆华能请来李敖给新党定性、定位、定走向,最了不起。为了推出李敖,他邀我参加新党提名我的会议。市议员汪志冰说:“我们不要跟李敖闹得不愉快,不要杀来杀去。”我及时回话说:“没有什么杀来杀去,你们杀来时候,都被我杀光了,没机会杀去了。”那天郝龙斌、谢启大两张臭脸最讨厌。郁慕明则逃掉了。

祖国行断片

一、有人在看好戏,有人在看笑话。他们以为大陆是我打击的一个对象。错了,错了。北京政府不但不是我的敌人,他是我的自己人。

二、让大陆见识见识,台湾有李敖这种货色。当然,也使台湾了解,台湾的确需要这样的高人到大陆去,减少台湾跟大陆因为误会而造成的误解。

三、我有好多面向,以为我只有一两个面向其实是错误的。今天我回到内地,大家愿意看看我其他的面向,不再是金刚怒目,而是菩萨低眉。

四、我在大陆的名誉不好。明明我只结婚两次,可是在大陆的出版物里面说我结婚三次。大陆很多书,把我描写成一个对两性关系特别感兴趣的人,把我描写成“西门庆”,其实误会了我。

五、我的确说过,如果不做李敖,我愿意做李敖第二。我现在七十岁了,对我自己说的话有所修正,别做李敖第二了,还是做李敖好了。

六、我要去跟连战、宋楚瑜做演讲比赛,给共产党看看台湾有人讲得多么好。

七、一仙过海,八仙失色。本来是八仙,我是第九仙。我是打倒八仙的“仙”。

八、任何人有我李敖博览群书的十分之一,就变成书呆子。我是一边看书,一边防它,然后才有今天。思想活泼,书读得特别棒,可是不中书毒。

九、我不喜欢、也不希望由于五十六年的隔离,真的把我们之间的距离拉长了。中国是我们大家的中国,中国共产党和我李敖,和不是共产党的中国人是一家的。

一〇、过去中国有一首诗叫作《孔雀东南飞》。为什么东南飞?因为有句诗叫“西北有高楼”,所以不能向西北飞。今天孔雀终于向西北飞了,孔雀不但是孔雀,并且变成了凤凰。

一一、北京离我越来越近了。今天我很高兴的,不但是我看到北京,并且高兴北京看到我。

一二、Zigzag(英文“锯齿形”),用北京话讲,叫曲里拐弯。什么是zigzag?当你迂回前进的时候,你是在前进;当你匍匐前进的时候,你是在前进。锯齿形的方法,不只前进,也发挥了它的力量。

一三、不管是批评还是反对,是很好的机会教育;可是我必须说,批评我的人和反对我的人，可能会输。

一四、有钱是非常重要的一个力量，可以保护我们的自由。当你没有金钱的力量的时候，你就没有支撑点。得自己腰包里揣一点钱，才能够谈一切，否则的话，一切都落空。

一五、现在大模大样到了北京，为什么？因为我不是客人，我是其中一分子。人家说："你什么时候回来？"我说："我根本就没走。"原因在此。

一六、"台独"分子是一群小孩，不是可以抛头颅、洒热血、坐穿牢底、横尸法场的。他们就是一群小人物。

一七、我告诉大家，北京大学不是一个势利眼的单位、不是一个政治挂帅的单位，这才符合北大的坐标。对政治人物，更应该贬低，而不是更应该捧；应该给他草席走，而不要给他红地毯。

一八、有些言论开放了以后，是火山一样的喷火口，让它喷出去。言论自由就好像看小电影一样，让他讲了、让他骂了、让他说了、老虎屁股让他摸了，没什么了不起。

一九、我女朋友十八岁生日时，我送她十七朵玫瑰花，然后在卡片上写：另一朵就是你。我们是这样玩的。

二〇、我在五十岁以前，看到漂亮女孩立刻下手；六十岁以后，看到漂亮女孩是"天人交战，内心挣扎"；到了七十岁，掉头就走。

二一、中国面临的两个问题是如何避免挨打和挨饿。这么多年下来，香港收回了，现在没有人敢打我们中国了。这种光荣，只有一个党能做到，就是中国共产党。

二二、富兰克林（B. Franklin）讲了一句话，非常动人，他说："哪里有自由，哪里就是我的祖国。"这句话被我李敖改写成："哪儿是我祖国，我要使它自由"。

二三、我自己有所反省，可是有时候忍不住，要张狂、要显摆；可是在我内心深处，冷静得不得了，非常务实，尤其在数钱的时候。

二四、网路引起我一个不愉快的联想。我当年做预备军官的时候，军中的厕所很脏，门上和墙角上有很多牢骚，平时不敢发，只能在厕所墙上写;现在很多人不在厕所的门板上写字了,改在网上写了。

二五、“自由”有趣的一点是,你过去努力所争取的、争取不到的,经过时间和空间的改变后,自然就有了。

二六、拍桌子、打板凳、讲风凉话、诅咒、抱怨、自叹不如……这些观念全要打倒。知识分子走这种自怨自艾的路,是没有出息的。现代知识分子要强壮、要快乐、要积极、要有智慧去解决受到的迫害和压迫,这才是现代知识分子。

二七、我并没有说鲁迅不好,我是说鲁迅在他那个时代里面他是好的,那个时代过了以后,如果我们还是认为好,证明我们没有进步。

二八、勾心斗角难免会有,争权夺利难免会有。至少在秦城监狱里面看不到政治犯,我觉得这是中国最大的进步。

二九、我是有名的自由主义者,为什么我到了祖国公开宣布愿意放弃自由主义?因为自由主义本身是虚无缥缈的,当这些东西都在《中华人民共和国宪法》里面一条一条列举的时候,谁还要自由主义啊?我要“宪法”,我不要自由主义。

三〇、在复旦大学题字:天不生仲尼,万古如长夜;天又生我们,长夜才复旦。

三一、苏格兰巴瑞(J. M. Barrie)讲了一句话:上帝使我们有记忆力,所以到了十二月还有玫瑰。十二月应该没有玫瑰了,可是我们有记忆力。北京和上海使我有记忆力,所以北京和上海在九月还有春天。

三二、我一再说,我比你们爱国,因为你们感受不出来国家弱的时候是什么样。

三三、当年国民党用强大的部队打到陕西,占领了共产党的首都延安,共产党撤退了,延安不要了,要什么?要国民党的首都南京。这个战术叫作“你到我家来,我到你家去”。为什么我要放弃“自由主义”?我一定要换取一个东西。

三四、今天我来到大陆,很高兴看到了祖国,可我希望大家想到,祖国被我看到,应该与我同样觉得快乐。

三五、有的人只有灵光一闪的智慧,讲了一句明白话,你刚要鼓掌,下一句话就是混话了。所以我很少给别人鼓掌。我觉得我的智慧是完整的,像一颗钻石一样,多方面发光。

三六、我本来很厉害,因为可以骂人;今天在同学会上不能骂,所以今天讲话为之失色。

三七、我是年轻年老全激进的那一种。

三八、悲哀、眼泪、痛苦、吵架,这统统都是错的。男欢女爱是人生最好的境界,为什么要鼻涕眼泪?那不是蠢蛋吗?

我的小女儿

一、神州文化之旅时,全家在北京。在北大演讲,人山人海。小我六十岁的小女儿李谌年纪还小,她问小屯:“大家为什么喜欢这老头儿?”

二、古代没邮政局,信都由人带。殷洪乔把他带的一百多封信,全丢到水里,还说:“沉者自沉、浮者自浮,殷洪乔不能作致书邮。”现代电话流行了,别人代接了,转话可也。但有人概不转话,就是我小女儿。她在电话里有说有笑,朋友以为她会转话给我,事后却全忘了。警察“吃案”,小女儿“吃电话”。

三、一天小女儿在冰箱找东西,往嘴巴里塞糖。我不敢骂她,到楼上告诉小屯,小屯下来把她骂一顿。小女儿翻脸了,立刻宣布我三个罪状:第一,你不是男子汉,你告密;第二,你七十岁了,是个老头子;第三,你墙上挂裸体女人,是色情狂。她意识里隐含的对我的不满,很准确、很清楚地找机会宣泄出来,这是我的小女儿。

不要对共产党不公道

有一个困惑第一流知识分子的问题,就是“不公道”的问题。以对中国共产党的态度而论，从共产党夺取中国统治权的时候，也就是一九四九年的时候，中国的工业基础是“比利时层级”的，又小又弱又不起眼，在世界工业国前面，微不足道。但是，在四分之一世纪里，中国变成了世界六大工业国之一，国民收入增加了五倍，从六百亿变成三千亿。另一方面，一九四九年前的中国人，平均只能活三十五岁，但是一九七〇年中期的中国人，却活到了六十五。在中国共产党的领导下，中国人在二十世纪四分之一的世纪里，平均寿命活了三十年，几乎多活了一倍。近三十年来又多活了十年，也就是说，中国人平均寿命多了四十年。

查出了上面的一些数字，我们才会猛然醒悟：原来在一九四九年前，我们中国的底子是那么薄、那么惨，人是那么短命。六十年下来，如果我们眼里看的，都是共产党的负面，是不公道的。

要敢于看到共产党的正面

美国历史家卡尔（E. H. Carr）在完成他的苏联史专著后，写道：“危险并不在于我们去掩盖革命史中的巨大污点、去掩盖革命带给人的痛苦代价、去掩盖在革命的名义下犯下的罪行。危险在于我们企图完全忘却革命的巨大成就，或对这种成就沉默不言、视若无睹。”历史家卡尔用“危险”这一字眼，实际上，更准确的字眼是“不公道”。因为“不公道”的心态淹没了我们，我们变得只能看到负面，不能看到正面。看不到共产党在底子薄的局面下走向富国强兵的正面，而加以悉行抹杀，这对共产党是“不公道”的。结果是，由于对共产党“不公道”，也无异对我们自己“不公道”，我们扼杀了我们神智上的清澈澄明。我们蓦然回首，发现我们自己竟是有失公正的人，因为对共产党的不喜欢而反弹了我们自己对是非的判断能力，使我们变成“不公道”的人，那就因偏执而使自己痛苦了。

第一流的知识分子，要使自己避免“不公道”、要敢于看到共产党的问题和正面。

唯恐中国大乱

有一种中国人很痛苦,那就是整天唱衰中国的中国人。他们整天看中国不顺眼,又怨又骂又诅咒,唯恐中国不乱。但这类中国人不知道,中国乱了,对大家全无好处。中国乱了,只要二十六分之一人口的难民出来、五千万难民流亡出来,这世界就乱了套了。五千万难民用和平方法流亡到世界各地,你知道多恐怖吗?也许你说,根据《联合国难民公约》,同意人类有“避难权”,五千万人不能逃到国外吗?但你可知道,这世界至少三十亿人符合这条件,这么多人逃到外国,外国吃不消;所以,《联合国难民公约》就有条件的规定说,寻求避难者,要以实际上“跨进”客居国的“国门”为基准。换句话说,要两脚踩上你要投奔的国家的土地才算。现在,问题来了,一九九三年间,大量的海地难民逃向美国,美国呢?不但下令海军拦截,并采取最妙最妙的一招,竟向海地政府行贿,请海地政府允许:在海地难民到达美国领土、要根据《联合国难民公约》申请避难权之前,美国海岸警卫队可以将抓到的难民送回海地!多讽刺啊,花钱买你“不着陆”,要你的政府像“回收垃圾”般的“回收难民”,这一方法,多细腻啊。这就是美国干的事!

结论是:唯恐中国不乱的,不是第一流的知识分子。第一流的知识分子唯恐中国大乱。

义助慰安妇

台湾第一位公开控诉日军暴行的慰安妇黄阿桃,九十岁死了。七十二年前,十九岁的年纪,她被日本人抓去做军妓,饱受摧残,连子宫都割掉了。一九五五年,日本人企图以每人送五十万私了,李敖拿出一百件收藏、义卖三千万分送她们,保住了中国人尊严。收下了李敖送的每人五十万,慰安妇们都哭了,也都笑了。

这次义卖,王清峰厥功最伟。其他共襄盛举的有李庆华、施寄青、宋楚瑜、陈水扁、马英九、蔡琴、金惟纯、张雅琴等。一百件收藏中,离我而去却使我常常想到的是我父亲用过的那支老钢笔,它在我家八十年了。多年以后,我买到一支同款的雪佛仿古笔(SHEAFFER'S BALANCE),放在案头,往事如在目前。

风流面向

唐朝诗人还说"英雄割据虽已矣,文采风流今尚存",宋朝诗人就说"大江东去,浪淘尽千古风流人物",看来风流已在宋朝云散。从古典标准看,风流云散的确是事实;但从浪漫标准看,古人风流有余,却不够看,因为风流的条件,更繁复了、更难了。所以,大致说来,古典标准的风流已大江东去,但古典的流风余韵,加上浪漫的异代萧条,却也令人憧憬不置。风流是数风流人物,还看明朝。不过,风流也不尽在明朝。照王闿运的词:"风流尽在,千古浪淘处",风流已经早夭了。

风流的定义,我列出许多,有一项是:"风流是逍遥其内,而又洒脱其外的人。"儒家讲四十而不惑,不算逍遥其内,因为多少人糊里糊涂活到四十、八十,被人骗了一辈子。即使孔夫子,如果活到八十,对他四十年前、四十年后的自己,也未必有一直不惑的保证。但风流人物则不然,他有很多侧面描写:

风流是自我感觉良好。风流是八十而"耳顺"。风流是"群籁虽参差,适我无非新"。风流是别时容易。风流是死得从容。

风流是笑着承认,动手动脚不如毛手毛脚。

风流不是古人"置酒终日,不交一语",而是"置书床头,不交一语"。

风流是从容不迫。不会为红灯将至而加快绿灯时的脚步。风流不是愿多让红灯拦阻一次，而是多等一次绿灯到来。

风流是躺在热水浴缸中，用脚趾开龙头。风流是能用脚时不用手。风流是要学黑猩猩手脚并用。风流是鼓励情人用脚洗你。

风流始于云淡而后云散。终于万古云霄一羽毛，随风而去的羽毛。

风流是想起那些不风流的蠢蛋，然后窃笑。

风流是生不瞑目，除非用眼药水闭目养神。

风流是不怀石的屈原、不哭庙的金圣叹、不要离婚财产的邓肯（I. Duncan）。风流是付之一笑而非付之一炬，因为星星之火，用来燎原。

风流是八十当头，乱写一本风流自传。

多少风流旧事

多少风流旧事，现代人不知道。公元四世纪，夜雪初霁，月色皓然。王徽之一个人喝着酒，想到戴逵。立刻上了小船，连夜去找小戴。到了戴家门口，竟过门不入。问他为什么变了卦？他说：“乘兴而来，兴尽而返，何必见戴？”多么洒脱！“想见他”比“见到他”更具人生境界。任性不是随其所之而是知其所止。其实在小戴一方，料想小王要来，一个人早溜了。这是何等风流！

我与墨子

为何我李敖“圣人行”却得“恶人名”，为何引起争议？为何不乖乖像圣人一样，净得嘉名？追究起来，有原因在，就是我太坦白了、太尖锐了、太凶悍了、太生不逢时了，所以虽“圣人行”不止，却“恶人名”不已，所以我的嘉名，没得到应得到的程度与浓度。这种不相称，不是从我开始的，早从古代的圣人墨子，就遭遇到了。孟子一方面明知“墨子兼爱，摩顶放踵，利天下为之”；一方面却血口喷人，骂墨子“是禽兽也”。

这未免太不公道。比起儒家的圣人来,墨子们却没得到应得的嘉名,这当然不公道。不过,有一点公道的是被骂禽兽,骂他的还是圣人级的人物,但李敖呢?在文章中和电视 call-in 中被骂禽兽,骂他的却是小人级的狗腿了。但我有比墨子优势一点的是,我因为太坦白了、太尖锐了、太凶悍了,我可以报复回去,不在乎形象,墨子却做不到。

亡国与亡天下

一九八六年三月五日,我回信给汪荣祖,曾一吐我对"亡国"与"亡天下"的看法:我就是看不过去,就是要在这岛上,给知识分子留下浩然之气的榜样。我的手法是霹雳式的,因为施的是天威,所以雷劈之下,不论首从。虽然以劈"当路"的"豺狼"为主,但是兼问"狐狸",有时也有必要。我蛮喜欢一幅漫画,画的是打猎家在家中墙上,以所猎动物头标本为装饰,但在墙脚下的老鼠洞旁,却有另一装饰,盖老鼠头标本也!此公对敌人一视同仁、葑菲不弃、巨细不遗,大的要、小的也要,真是要得!今之台湾知识分子不成材,卖身上床、粉墨登场而不以为耻,此真顾亭林所谓之"亡天下"也!顾亭林说:"有亡国,有亡天下。""亡国"是政权的失落,"亡天下"是道德的失落。国民党"亡国"是他家的事,但是率二流、三流、不入流的知识分子以"亡天下",我却要站出来打,打它个明白。

我的"圣人行"

一九八二年,我回信给黄妮娜,有这样的告白:

……你知道我婚丧喜庆概不参加……你和新郎的喜事,我不能参加,你们俩当不会见怪……

你结婚后,自然离开台湾,远托异国。你为理想坐过牢、受过难，如今离开这个令人痛苦的岛，去过一种新生活，似乎该为你庆幸。按说人不该老是做战士，总该新陈代谢，总得有个退休，有个变化。所以你此后远走高飞，不能说你不对。人要为同胞活，也得为自己活，不然岂不是圣人了？要人做圣人，总是强人所难的。你年纪轻轻的，就被国民党关那么久，如今苦海余生，别做打算，也是合情合理的。

至于我，显然老是做战士，无新陈代谢之可言，没有退休、没有变化，似乎该以圣人论了。套句明朝哲人的话：我做圣人，我做不到；但是圣人做我，也不过如此吧？我想，即使孔夫子在台湾，在国民党这样统治之下，做的也不会比我更多吧？……

这种类比，就是我自诩的根源。王安石赞美被人恶骂的冯道，说他有“圣人行”（圣人的行为），我自诩自己就是做有“圣人行”的豪杰。自己穷困时候，一顿顿饿饭帮助老师，此“圣人行”也。自己富有时候，一把把钞票支持难友，此“圣人行”也；自己坐牢时候，一篇篇文章抢救奇冤异惨的死魂灵，此“圣人行”也。“圣人做我，也不过如此吧？”至于仗义声援弱小、疏财领先抗暴、出山以救苍生、入狱以谢知己、散尽收藏以助慰安妇……此“圣人行”也。“圣人做我，也不过如此吧？”

许景澄的照片

在我书房中，有一镜框，是许景澄的照片。第一流的知识分子，最凄惨的遭遇，莫过于自己生命的牺牲。这一牺牲，尚不是指屈原的沉江、梁济的灭损、王国维的投湖，或是朱湘、老舍的赴水。因为这些死亡，好歹还算操之在我。这里指的“牺牲”，是指被外力杀害而言。义和团动乱时的许景澄，他是出使法、德、意、荷、奥、比、俄七国的大臣、京师大学堂（后来的北京大学）总教习、管学大臣，一代知识分子，却同时碰到暴君与暴民，以至命丧法场。在乱世中，第一流知识分子下场的悲惨，许景澄真是第一样板了。

为什么要摆这张照片？因为提醒自己，我一生比他运气。他一生同时碰到暴君和暴民，所以身首异处。我运气好吧？没同时碰到。

厦门大学

我本来是要老死台湾的，不再生还故土了，不料刘长乐一再邀我起驾。我诡说我怕坐飞机，刘长乐说他可以安排我自基隆坐船到香港，再转专列火车到北京。我为之词穷，就同意坐飞机了。结果一路福星，刘长乐亲身作陪，飘然飞去，又安全归来。有一天，“立委”吴成典看到我，他是金门人，出身新党副秘书长。我早在代表新党选所谓“总统”时就认识他，非常好的一个人。他又鼓动我“小三通”去厦门。他听说厦门大学给出两个终身级的名誉教授，一个给我，一个给李远哲，只要我肯“小三通”。他知道我不喜欢坐飞机，乃说包在他身上，一路坐船到厦门，且愿全程陪同。我说：“上次去北京，陈文茜问我怎么克服怕坐飞机的，我说一上飞机就东张西望，找个漂亮的空中小姐锁定。一有三长两短，就抱住她，与美女同归于尽。陈文茜问：那时候乱哄哄的，还来得及抱吗？我说：抱还来得及，脱衣服是来不及了。”吴成典听了大笑，说：“还是坐船好，船沉得比较慢。”

二〇一一年我应厦门大学校长朱崇实邀请，去了一趟厦门大学。那是我生平最好的一场演讲，比北京大学那场激越多了。我没告诉刘长乐。后来长乐来台湾，我说：“怕连累你，我去厦门大学演讲没告诉你”，他会心一笑，低声说：“谢谢”。我想他如释重负了。

朱崇实校长

大体看来，台湾的团体对我是普遍不友善的，或者敬而远之的，或者视若无睹的。所以李敖在台湾，从没得到过什么正式头衔、什么荣誉教授、什么什么奖、什么什么十大百大之类，我也不屑得之。但在大陆就不一样，大陆不像台湾那样小气巴拉。所以开封大学、暨南大学等，都送我名誉教授，当然这种头衔谁都不能跟潘毓刚比，他的头衔上百。我最落实的头衔是厦门大学名誉教授，是朱崇实校长在二〇一一年三月三十一日送出聘书的。早在二〇〇六年三月二十九日，朱校长就写"傲骨铮铮，胸襟荡荡。文思如泉，文采如画。身居宝岛，心系华夏。先生风范，永存天下"。三十二字颂词给我，周旋多年，我终于有了厦门行。我很感谢朱校长、陈支平院长。记得在请我主持的研讨会后，朱校长拿出他亲笔写的《阳痿美国》校对表，他那样细心读过我的书，太令人感动了。

"哈啰李敖"

刚开始写"哈啰李敖"（微博账号——编者注）的时候，我对限在一百四十个字以内的规则很陌生，但我有信心用一百四十个字打遍天下无敌手，因为我的中文本领太强了。后来在一百四十个字的规则内我得心应手，驾轻就熟，就越发成精了。我的自我批评是："哈啰李敖"也许有傲慢与偏见，但表达这些傲慢与偏见的中文，却是天下第一的。全中国没人能在一百四十个字以内把中国文字玩得这样出神入化，并且天天这样玩，绝不冷场、绝不良莠不齐。因为篇篇都写得那么精彩。尤其在一百四十个字收尾时分，总是一刀毙命，读者很难猜到文章是那样收尾的。一百四十个字规则难在你必须用"一起飞就迫降"的特技，我笑说这是"早泄写法"。看了"哈啰李敖"的早泄表演，真是"神乎技矣"。总之，我给一百四十个字的规则写出了一种"新文体"，这倒是我在写作之初没想到的。到了今年初，我的粉丝上千万了。我决定出一本足本，书名就叫《虽千万人，李敖往矣》。

《自由时报》赔钱记

我与土蛋林荣三的《自由时报》结梁子,因它乱登消息,说:"东北籍国代路国华娶媳妇时,李焕夫妇破例到场祝贺。席间,李敖突然出现,并和李焕亲切拥抱,引起现场一阵骚动。"我看了很气,因我不但早已多年不参加婚丧喜庆,并且与我们东北籍的什么"立监委"、"国大代表"之流根本没有来往;不但没来往,我还写文章一再骂他们呢!不但不认识的要骂,认识的也照骂不误。"立委"梁肃戎被我骂得狗血喷头,"立委"石九龄且是我三姐夫的爸爸,我也照骂不误。我根本不认识"东北籍国代路国华"及其血亲姻亲,又何从"突然出现"什么婚礼之上?何况,我一生美女都拥抱不完呢,谁要去拥抱李焕?《自由时报》实在太乱来了,因此我把它告到法院,可是没告成。但我没完没了,又逮到它诬指我开车闯红灯,就凭这么一句话,我又告到法院。地方法院法官谢碧莉判林荣三赔我十万元,我嫌少;上诉以后,高等法院法官吴欲君、王立杰、陈博享在我的依法纠缠下,判他再加四十万,支票开来,连同利息一共赔我五十四万九千七百九十五元,可见我如何快意恩仇!原因简单极了,就是"林荣三,大土蛋。讨厌你,跟你干。逮到你,法院见"。如此而已。林荣三赔钱后,恨我入骨,命令从此《自由时报》不准出现李敖名字。不料我选了"总统"。新闻上报,候选人五位,《自由时报》何能少一位?林荣三无奈,只好又让冤家名字出现了。

罗所长的"神仙·老虎·狗"

一九七一年到一九七二年间,我被国民党关在警备总部保安处看守所,看守所所长罗永黎跟我熟了,一天感慨地说:"我是神仙、老虎、狗。"我问他为什么?他说:"我一看到老婆,就是神仙;我一看到囚犯,就是老虎;我一看到长官,就是狗。”我听了哈哈大笑,他补充说:他真觉得他干了这么多年,其实只是国民党的一条狗!但他毕竟是假狗,看到真狗会害怕。国民党抓雷震那一天,他被派去参加,《自由中国》社有条大狼狗,差点咬了他,他说他虽然是国民党一条狗,但还是怕真狗。三十年后,我选伪总统时,站在宣传车上,下面有人喊我并递名片示好,原来就是罗永黎。

我最向往的一种死法

我最向往的一种死法是与十七岁的漂亮高中女生殉情。但我年华老去,而漂亮女生又贪生怕死,所以殉情云云,只是说着玩的。不过,退而求其次,如果死的是一个人,并且就是阁下自己,如果能选择死法,倒觉得有一种死法最值得向往,那就是“阿提拉(Attila the Hun)式死法”。阿提拉是五世纪时的匈奴王,武功所及,包含了大部分中欧和东欧。此公外号“上帝之鞭”(Scourge of God),其凶悍可想。但其死也,不死于沙场,却死于与德国少女伊尔娣蔻(Ildico)花烛之夜,性交高潮中,女方欲仙欲死,男方却真仙真死矣!英文有成语“甜蜜死”(the sweet death),即指此也。这是我最向往的一种死法。别说这种福气只阿提拉一个独享吧!十世纪的教皇李敖八世(Leo Ⅷ),就是与情妇私通时死于高潮的;十九世纪法国总统福尔(Félix Faure),也是与情妇私通时死于高潮的,可见“阿”道不孤,有后望焉!结论是:与其形而上七窍流血而死,不如形而下一窍流精而亡。云雨巫山,断肠有道,虽不能至,心向往之。

高信疆在大陆

二〇〇一年春天,信疆去大陆发展,我特别写了一篇《送高信疆归

大陆序》,我写道:

生离死别有两种,一种是对人的,一种是对土地的。半个世纪前,祸国者蒋介石和他国民党伪政府流亡到台湾,两三百万的各省各地同胞也相随或被迫来到那里,在蒋介石一连二十六年的高压下、在蒋经国接连十三年的高压下,同胞不堪回首也不准回首,对人、对土地,他们生离之后,继之死别。

十年二十年过去了、三十年四十年过去了,五十年也过去了,生离死别的第二代,他们成长、壮大、出类拔萃,在千分之三的中国土地上、在海角天涯的台湾岛上,他们虽然大展身手,可是不能一施抱负,因为在格局太小的岛上,假民主使他们不能变成主人,真民粹使他们又沦为客人。他们虽然无怨无悔,可是毕竟有志难伸。台湾对他们太小了。

"他们"在文法上是复数,在事实上却是少数,寥寥可数的少数。这些最优秀的中国人,他们不甘埋没在千分之三的中国领土上,他们希望有朝一日,能够为千分之九百九十七的中国,略尽绵薄。我的好友高信疆是有大才干的优秀中国人,他将把他优秀的余生,贡献给千分之九百九十七的中国。

一千两百年前,韩愈写《送李愿归盘谷序》,写大丈夫人生方向的转折,最后"升高而望远""终吾生以徜徉"。一千两百年后,我以超迈古人的新赠序类文体,为信疆一壮行色。前瞻大陆,回首台湾,人生徜徉至此,亦高人哉!

我送他一座坟

香港的马家辉有几段文字:

我在悼念高信疆先生的长文内谈及,高信疆先生于二〇一〇年在台湾跟李敖吃饭,李敖看他气色不对精神不佳,二话不说替他安排健康检查，并亲自把他"押送"到医院，更带备十万元新台币费用，要求院方把高先生当场"收押"，以免他讳疾忌医而逃之夭夭。原来故事尚有后续。高信疆的癌症是李敖逼他检验出来的，治疗失败，高先生大去往生；李敖亦二话不说慨捐墓地，等于在很大程度上负起了他的后事使费。金钱并非代表一切，但如此这般的一而再地二话不说为朋友出钱出力，在金钱背后，不能不说是有着一股热血与一身侠骨。李敖之狂之狷，世人知之久矣，但其侠其勇，却常被世人或有意或无意地忽视淡化，是谓不公不义。李敖这番侠义行径，在高信疆追思会上，被张大春当众说出来了。

我生平见过两位死前被太太缠住信教的人：殷海光和高信疆。高信疆尤其严重，因为柯元馨要把丈夫埋在阳明山基督教墓园。我送了六十万给元馨，买下墓地。我不参加教会的追悼仪式，却由赖岳忠开车，在一个阴天的下午去看了信疆。信疆一生舍己芸人，因搞"文化统战"，失之驳杂。但他对李大哥耿耿此心，令我感念，一生一死，乃见交情如上。

"西龙之囚"

"来来来，来台大；去去去，去美国"，在我大学时代，已蔚为风气。人人以去美国为目标，没去美国的，反倒不合标准了。我是所有人中的头号怪胎，我不但没去过美国，八十年来，甚至从没出过国。我是一个土蛋。有人说你不去过香港吗？你不去过"中国"吗？怎么没出过国？我说我是香港回归中国后才去香港的，而"中国"根本是我自己的国家，当然没出过国啊。最奇怪的是，我虽然一生没出过国，但却"不出户，知天下"，谈起外国来，仿佛身历其境。马宏祥移民瑞士，家居日内瓦湖畔。那一年回台湾，跟我大谈日内瓦湖风光；我也跟他大谈日内瓦湖风光，我还特别谈到那座监狱。他大为惊讶，问我为何博学如此。我说拜伦（Lord Byron）那首《西龙之囚》（*The Prisoner of Chillon*），写的就是那座监狱啊。

水下的九寨沟

约翰生(Samuel Johnson)拒绝鲍斯威尔(J. Boswell)的请求去看巨人岬(Giant’s Causeway),他的学生问他不值得看吗?他说:“值得看,但不值得跑去看。”我的邻居张善惠太太林丽苹观光九寨沟回来,向我大谈美景。我笑说有些水底美景你看不到,我不去九寨沟的反倒看到了。她问你怎么办到的,我说我买了NHK的录影带,制作人派专家拍水底风光,漂亮极了。你们身临其境的不可能穿潜水衣下水,不是吗?你们看到的,没我多呀。并且我可以天天看到九寨沟,你们一回来,什么都看不到了。

唐僧

一九八四年十月十四日清早四点,我在寒风袭人的日月潭,凭栏极目,看山色湖光。我心里想:台湾的山水,无过于此,不过如此;有风景,也有煞风景。天大亮后,在玄奘寺看到国民党污染下的艺术与建筑,风景一一被杀,更为之扫兴。出来在石柱上看到一联(道安述联,谢冠生书),倒使我聊有所得。联曰:

听静夜钟声,唤醒梦中梦;
观澄潭月影,藐见身外身。

作为一个“身外身”的过客,我夜半钟声,一再对梦中做梦的人,有所唤醒。我不知道我苦口婆心,能做多少,但我真像唐僧取经一样,深知这是一件“千山我独行”的孤寂大业。玄奘寺中有唐僧指骨,用红缎包扎。这指骨在千年以前,曾为迷津普度,有所导向;如今已是烛照香熏。我看看我的指骨,恍然有唐僧"身外身"之感,我真有点飘飘然呢!

我的写作量

我第一次做政治犯黑牢出狱后,复出写书,劈头就告诉人们:

> 五十年来和五百年内,中国人写白话文的前三名是李敖、李敖、李敖,嘴巴上骂我吹牛的人,心里都为我供了牌位。

我的傲岸自大与目中无人是有名的,但我的努力与剽悍也是有名的。剽悍方面,我独来独往,拆穿了所有的伪善、伪君子和伪政府;努力方面,我一心一德,第一批一千五百万字印出四十巨册的《李敖大全集》,其实只是我写作量七老八十时的一小半。我八老九十时,可累积五千万字,蔚为巨观。论品质、论数量,可谓古今第一。

我拒绝做美国人

苏格拉底(Socrates)说他不是雅典人或希腊人,他是世界公民。苏格拉底的境界是伟大的,但是环境不作美,雅典人、希腊人逼死了他。世界公民是只能说不能做的,即使你的国家放了你,别的国家也不要你。当然你可以到南极去做世界公民,但"南极老人星"(canopus)都不甩你,它比太阳亮一千三百倍,它要跟太阳比赛。你距离它两百万光年,你算老几?

第一流的知识分子,不上不务实的当。

不做世界公民是务实的,但中国人不做中国人是不务实的。当然你有本领可以做美国人,但有人能做美国人而不做,我李敖就是一个。因为我分别具备美国移民法规第一优先、第三优先的条件,要做美国人随时可做,可是我放弃了。我就是不要做美国人。

美国大使馆的邀请虽然早已是明日黄花，但把李敖请到美国去的念头，却大有人在，我三姐就是此中健者。她不让我知道，就为我申请到移民名额；美国在台协会通知我后，我大模大样，理都不理。一拖好多年后，美国在台协会一九九七年十月二十九日给了我最后一信，说再等你李先生一年，你再不来，难得的名额恐怕就得取消了。可是我还是不动如山，拒绝做美国人。除了我是中国人，我不做美国人外，一个插曲道出了一切：一九八四年，美国在台协会文化中心的头儿何龙（David Hess）下帖子请我晚饭，我谢绝了。八月十六日，我写了一封信给他，这信清楚说明了我对美国的态度：

> 二十年前（一九六四年五月十八日），我收到发自贵国大使馆高立夫（Ralph N. Clough）先生的信，邀请我访问贵国；两星期后（一九六四年六月一日），我又收到林诺华（Lynn H. Noah）先生的信，洽商访美细节，但是我没有成行。没有成行的原因有两个：一个是国民党刁难我的出境，他们要跟我“交换条件”才让我走，但我拒绝；另一个是我对贵国政府一路支持国民党这种法西斯政权，深致不满。
>
> 当伊朗法西斯政权倒台的时候，柯梅尼（R. Khomeini）扣留美国大使馆人质，种种行为，令美国人不解。美国人说他们对伊朗流亡在外国王的关切是基于人道，但他们忘了，当柯梅尼流亡在外的时候，美国的人道又在哪儿？柯梅尼是美国一路支持伊朗法西斯政权的长年受害者，一朝他得以翻身，他会谅解美国这种伪君子的理由吗？

我拒绝见美国代表

我给何龙的信上又说：

> 同类的例子太多了。中共在延安时代，美国政府是一路支持

> 国民党法西斯政权的(虽然美国新闻处的主持人费正清(John K. Fairbank)等支持中共),美国大使都懒得到延安去;但是,一朝中共得以翻身,美国总统都得勤于上北京了。中共领导人以几近无礼的大架子"临时通知接见"美国总统,美国人同样不解,为什么?因为美国人又健忘了。
>
> 如何学到从被美国间接迫害的人的观点看事情,对骄傲的美国人说来,太重要了。
>
> 如今,在美国在台机构和我相忘二十年后的今天,你老兄走马上任,想补救你们过去的错误,我很欣赏你的慧眼,可是,好像有点太迟了。至少对我说来,除非美国政府彻底放弃支持法西斯政权,我对美国官员会见,全无兴趣。

我这种坚定的态度,一直未改。多年以后,我做"立法委员",美国在台协会副头子来信约我一见,我照样拒绝了。

《阳痿美国》

二〇一〇年十月,我出版了《阳痿美国》。上距半个世纪前我对美国的向往,这本六百五十多页的厚书,显然做了颠覆性的转变。这种转变,对我是强烈的,我用这么厚的专书来拆穿美国、来送葬自己的旧梦。我写道:美国得天独厚,变得强大,却不知以其强大,与世修好;反自恃强大,与世为仇,惹来人恨,又不知自己多么可恨,其骄纵狂妄,亦复可知。美国以拳头威胁世界,它的"拳头开支"(军费),占世界一半,它不但自己伸出大拳头,还卖小拳头给四方,激发军备竞赛,制造世界紧张。全世界六十六亿人口,平均每人要花三百零二美元玩拳头,听任全世界穷死、饿死,这是什么对比?美国宣传说它爱好和平,现在查出来了,它花在杀人的钱与救人的钱的比例是三十比一;美国宣传说它慷慨,给欧洲多少钱,现在查出来了,原来美国人每人只花了六七美分的钱,相当于一块糖的钱,给了欧洲;美国宣传说它对世界捐助最多,并且有八成一的美国人如此相信,现在查出来了,比例上,它是全世界最小气的国家。"联合国世界卫生组织"公布:只要拿出美国所得千分之一的钱救人,相当于每个美国人出一毛钱,即可救出成千上万条人命,可是美国人却一毛不拔!如果钱是美国大富翁自己的,它小气,倒也罢了。真相是,这大富翁越来越是假的,它外场的珠光宝气,却建筑在"以邻为壑"的内场上。美国曾经安分过、曾经有钱过,但是今天它变了,它变得鸭霸四海、狂吃八方。债台高筑之下,它的政府,每花一美元,其中四角一分是借来的;它的人民呢,一美元当十美元大花特花、虚掷浪费。在美国境外流通的美金总数,比在美国本土还多得多,这就是说,美国在用印钞机吃世界。一张百元美钞的印刷费只要两分钱,一张张印出来,全世界都被它偷吃了。美国变了,美国是他国的祸害、是人类的噩梦、是世界的狰狞。美国动用排山倒海的"柔性力量"(soft power)载歌载舞,在欢乐中使我们向往它,淡化它的恶形恶状。我们曾经向往过,但是,我们必须觉悟了。我们用这本书,举证历历,表达我们的不安与愤怒,我们决心不再受骗了。

我用的书名,是强烈的,《阳痿美国》,由名词转为动词。我写道:阉割美国太不幽默了,让我们阳痿它。对美国,我们不是"治疗阳痿",我们是"阳痿治疗"。是用使美国阳痿的方法,治疗美国"强阳不倒"的绝症("强阳不倒"的学名是"阴茎异常勃起",priapism)。美国的绝症很邪门儿,它得了"政治上的强阳不倒"(political priapism),祸害世界和它自己。

在废墟上盖小建筑

三十年前,我读劳伦斯《查泰莱夫人的情人》(*Lady Chatterley's Lover*),我最喜欢这么一段:"苦难当前,我们正置身废墟之中。在废墟中,我们开始盖一些小建筑,寄一些小希望。这当然是一件困难的工作,但已没有更好的路通向未来了。我们要迂回前进,要爬过层层障碍,不管天翻也好、地覆也罢,我们还是要活。”(The cataclysm has happend, we are among the ruins, we start to build up new little habitats, to have new little hopes. It is rather hard work, there is no smooth road into the future; but we go round, or scramble over the obstacles. We've got to live, no matter how many skies have fallen.)这段文字,可说是我在岛上处境的最好描写。我的确是在“废墟之中”一次又一次地“开始盖一些小建筑,寄一些小希望”,可是一次又一次被摧毁了。在每一层的“废墟之中”,都有我“小建筑”和“小希望”的残迹,恰像那一层盖在又一层上面的特洛伊(Troy)古城,你会发现:自己既是过去、又是现在。过去已经化为尘土,可是,就凭那些尘土,你活到现在;不但活到现在,还从现在朝向未来。

我的秘密正业

我笑我自己“不务正业”。我笑我的“正业”不是思想、文学、历史,而是中国艺术品的鉴定。张大千说他画山画不过张三、画水画不过李四,但是鉴定艺术品本领五百年他是第一。张大千死后,这头衔我私下承受了。唯一不同的,我的本领不只第一而且唯一而已。

由我发现并收藏周越墨迹一事上,便足证明。自启功以下,大陆七大专家都被我比下去了。启功用文字表示周越的墨迹世界没有了,但我却说不但有,还在我手里。七大专家中的刘九庵、杨仁恺来台湾,到我家看到真货,都吓到了。最后,启功修改了他的书,并在他主编的《中国法书全集》第六册里,正式收录了我的收藏。书前列有七大专家的名字,以示肯定:

谢稚柳(原上海博物馆顾问、书画家)、启功(北京师范大学教授、书法家)、徐邦达(故宫博物院研究员、画家)、杨仁恺(辽宁省博物馆名誉馆长、研究员)、刘九庵(故宫博物院研究员)、傅熹年(建设部高级建筑师、中国工程院院士)、谢辰生(原国家文物局顾问)。最后,李敖的大名进入了“中国书法史”。我可是登记有案的大咖呢。

“进广告”写书法

电视节目看得正起劲,突然来了一句“现在我们进广告”,“现在我们休息一下(进广告)”。我这本《李敖风流自传》(台版书名——编者注)就是这样写法。谈得兴起,突然中断一下,插播进来又相关又不相关的一节一段或几节几段。像演讲中停下来,喝口水、润润喉。也像说书的,在紧要关头,突然停了,拿出帽子,倒过来,传来传去,收起钱来了。我为什么不这样写本书呢?为什么要为章法所限、正经八百呢?请你习惯我写这本书的花样吧。广告时候,请别去小便,因为我可能正在小便。我跟棺材板连战一生没讲过话,但他跟我讲过四个字。竞选伪总统时,他忽然走过来,向我情急拜托“借过借过”,原来他被尿憋得急,要小便,而我正站在洗手间门口。

“小 Y”

一九六七年春天,在文星被迫改组,和我分手后,文星资料室和我家之间的门也封死了。在官方压力下,文星开始“从良”,编起与政治无关的字典来,成立小组,组员之一,就是“小 Y”。那时她是政治大学中文系的学生。在这之前两年,她曾投稿《文星》批评我。她来过文星,可是和我缘悭一面。这次到我隔壁上起班来,一天下班,在路上,我认识了她。她是个有深度又漂亮的大学女生,我约她在东门“美而廉”餐厅吃饭,她同意了,可是临时写信来,说不来了。我失望之下,仍开车到东门,结果在“美而廉”对面,看到她在看我来不来。她看到我,满意地笑了一下,一切都在不言中。由于我的邀请,她终于同意到我家来。她进门的第一个动作很怪异:拿起我的烟斗,并且把它擦干净。我们谈话的时候，她宛如一个梦游中的少女，说着许多“飘在云里”的话，飘呀飘的，从此我们之间写了许多情书。

显然的，“小Y”是又惩罚我又十分宠我的：惩罚我，为了我常在“欲之中”而非“欲之上”，而她在这方面非常矜持，以致要离我而去好多天；宠我，为了我的一封信，她会剪下全部长发送给我，并在我生日时做卡片过来，把她的小照片，暗嵌其中。最后，她终于放松了一点，答应跟我进浴室，但她不肯脱光，只是宠我，像个古典女奴般的，为我洗遍身体。当她显然漏洗了什么，我提醒她，她背过脸去，还是为我轻轻地洗了。

《号外》

一九六八年五月，“小Y”写了一篇文章，历数她的情人，在《号外》一节写到了一个人，那就是我：

> 我在街上碰到你，你问我要去哪里，我说，我还不知道。
>
> 你问我是不是在等你，你的脸上闪着很多开玩笑的表情，没想到我竟认真地点起头来，我说是的。我喃喃地说是的，我在等你，号外。
>
> 我从来不曾肯定什么，就像我不能肯定我的等待从什么时候开始，我唯一能肯定的是：我是等你吧。
>
> 刚认识你的时候，你笑着问我，你该排在第几号？我笑着，我的笑代表了我的惊愕，我想了一下才说，你排在十三号吧，或许我曾给了你为男孩编号的感觉；我没问你，也没认真地解释，你呵呵地笑了两声，你说你连十三号都不是，你是号外。对吗？
>
> 我开心地笑起来，我不要说不对，从此，我便认真地对自己喊起你“号外”来。
>
> 我喜欢同你说话，喜欢同你开玩笑，喜欢听你说笑话，可是，这只是我喜欢而已，你的回应是淡淡的，有时候我对自己说，号外也

许一点也不喜欢我吧！号外一定不会喜欢陪我在风中散步，号外也不会和我在雨中撑一把伞，号外多么不同。但这种不同是当然的，因为他不喜欢我。

号外，你一定也有过很着迷的时候，只是，我遇到你的时候嫌晚了一些；而对我来说，遇到你却是太早了一些；那时，我还不懂得抓住一点点自以为是的爱情，虽然，那种爱情也没什么用！

我应该有很多你的记忆，但是，我抬起眼睛，觉得一切都很茫然。我站在阳光照不到的地方，阳光和你一起消失。我实在该走近你，但我还是不走近你的好，我怕听到梦碎裂的声音，梦的破碎在无形中我还经受得起，我怕我还要固执一个没有回复的爱情。我又望见你的年轻在阳光底下焕发着，我轻轻地闭上眼睛，我让心一阵接一阵地抽着痛。你让我懂得什么叫心痛。

号外，如果我对你有过幻想、有过渴望，那么让我的幻想、我的渴望就这样死去，死去从你身上；让我的爱情连同我的幻想、我的渴望一同埋葬，埋葬在你身上。

（也许，你真的是号外吧，还好你说过你是号外，不然，在大街上我该如何站立，如何排列呢？）

写《号外》时候的“小Y”，人已在香港。终于有一天，她回来了。她返台度假，她想通了：“我实在该走近你。”我们手牵手，依偎着，一起走进阳明山“新荟芳36”，在温泉旅馆中，她给了我处女所能给出的一切。——“让我的幻想、我的渴望就这样死去，死去从你身上；让我的爱情连同我的幻想、我的渴望一同埋葬，埋葬在你身上。”最后，她一语成愿，真的“埋葬”在我身上。当她迷茫中喃喃说“我要死了，我要死了”的时候，回想起来，那的确是一种“死去从你身上”。我仿佛觉得：这可爱的人儿，正在被蹂躏中同我一起死去、一起死去。在灵肉边缘、在生死线外，人间还有更好的死法吗？

亲爱的小芸

“小 Y”就是“小芸”。四十年过去了,我在香港的第二场演讲有点神秘,听众几百位,都与台湾有不同的关系。大家密闭在香港指标大楼里,听我挥洒自如。演讲方毕,在签书前,一个身影默默递来了,哦,不是她吗?在书上,我写下“亲爱的小芸”。四十年过去了,真是漫长的告别,漫长得已轶出挂号。谁要挂号呢?哦,她永远是号外。

小叶

一九八三年我在东门公车站旁认识了“小叶”,她是高中女生,父亲是外省人,母亲是高山族,眼睛非常漂亮,有那种“神如秋水”的情致。但是,当我要脱光她的时候,她表示她要回家,我让她走了。她后来写贺年卡来,我没有回她,我让她永远走了。我送了她一块南美“菊石”(鹦鹉螺化石 ammonite),并写了一首《两亿年在你手里》,第一段是:

两亿年在你手里,
时间已化螺纹。
三叠纪(Triassic)生命遗蜕,
告诉你不是埃尘,
从螺纹旋入过去,
向过去试做追寻,
那追寻来自遥远,
遥远里可有我们?

中国古书说“所过者化,所存者神”,化石正是过者的实体,而她正是存者的虚幻。我并不认为我跟“小叶”的关系短暂是遗憾的，因为短暂本是爱情的重要条件。表达短暂的方式就突然让现状遥远，用无情表达了有情。

三多

我在台湾六十六年，传有“三多”：钱多、书多、敌人多。“三多”中钱多是假的，但是否认也没用。当人人都说你有几亿台币的时候，何不乐得承认也好？充阔总比装穷省事，并且人人看到你还会“啊呀”呢！

“渊如”

有收藏家刻收藏印，印文是“但愿得者如吾辈，虽非我有亦可喜”，对艺术品和女人，我的心胸亦复如此，只是得者多为牛粪，故鲜花插上，殊煞风景耳。一九八四年春天，我在路上认识了台大心理系的“渊如”，很有味道的女孩子。我认识她二十分钟就约她到我家，她跟我来了，后来还定了下次约会时间。不久，我收到她的信，说她宁愿过平凡的日子；又在电话中说她还是跟定她相识已久的政战学校的男朋友了，我对她太“高”了。挂了电话以后，我的感觉是一片惋惜——鲜花又插在牛粪上了。“但愿得者如吾辈，虽非我有亦可喜”，可是，谁又能如吾辈呢？

小公猴与小母狗

我爱动物的真情与单纯。一天下午散步，看到一个小公猴在笼子里，面目干净而清秀，脖子上还绑了一条铁链。我从几个角度去想跟它四目相对,但它有一股苍茫的骄傲、羞怯与冷漠——它总是一副目中无人的样子,不肯看我。我想起我在狱里时,别人来"参观"时候我的表情,我不禁对这小公猴顿起一股同情与同调。这种感情上的深沉,直到我看到一只胖乎乎的小雄狗时候,才开始散开。这只小雄狗同几只其他品种的小狗围在一起。别人都在休息或安静地在一边,它小先生却精力过剩,逐一扰每一只难友,与每一只闹着玩,冲到别人身上,咬呀咬的,直到咬痛了一只小白狗。小白狗大叫一声,起来追咬它一下,它才停止,然后撇开后腿,以大便姿态,撒了一泡小便。——是条小母狗。

卧写

我老了,比起坐着写,躺下来写的时间变多了。这倒也好,一切随性。苏东坡说行云流水,我则飘在云端、浮在水上,比大苏更飘浮无定。欧阳修说信笔写出的,才是最好的墨迹;太有意写出的,反倒败笔,是吗?这是指写毛笔字。我躺下来写字,或仰写或侧写,都不能用毛笔了。我用一种出水多的原子笔来写,写出来的字不成字形。我本可以写出一手漂亮的字,一躺下来就完了。我的毛笔字、钢笔字都退步了。本可以多花点时间练它、好好写它,可是我没闲工夫保留我自己的艺术品了。写字涂鸦化,鸦就鸦吧。

"快乐战士"

我最了不起的,是为第一流知识分子立下尊严。中国知识分子不是跳河,就是低头叩首,向党交心。

立下尊严不是逃到国外,也不是逃入山林。立下尊严是不合作,是唱说出道理的高调与反调,夹杂着反动与反讽。"吾从其讽"是重要的,它会拆穿皇帝的新衣,并且自己不生闷气和胃癌。

我是精打细算深谋远虑的战士。我一身兼总司令、参谋长、狙击手和战士。我不开小差,因为四面都是敌人。我永远在远山含笑中含笑看远山,没有苦脸与愁眉。我是“快乐战士”(Happy Warrior)。

名牌三帖

一、世界上的服装设计师,十分之九(大概)都是男同性恋者。他们喜欢男人,不喜欢女人。他们为女人设计服装,十分之九都是丑衣服,但女人不知道,知道了也不敢拆穿,因为设计师太有名了。男同性恋者不断以丑衣服给女人,女人纵使穿对了一件,也抵消不住那十分之九的丑衣服的暗伤或明伤。多蠢啊。

二、大家讲究名牌。名牌一出,一拥而上。一开始拥的,是厌食症的模特儿,她们人人瘦高,所以名牌上身,“其间绰约多仙子”,不好看也好看。但名牌上市,效颦者或痴肥、或傻胖,吨位太重,穿起来,名牌两个改装成一件,也难掩其陈菊状。苍天不仁,我于陈菊见之。

三、世界上总该有人自告奋勇,告诉王效兰:你不能那样画眼睛,因为你太像一只交配错误的熊猫了;总该有人自告奋勇,告诉陈文茜:你不能那样戴帽子,因为你太像凤飞飞了。但是找来找去,世界上没人这样大胆,所以,人间只好看她们两个在作怪。当然陈文茜才华四溢,王效兰却香水四溢,但香水是香水,她是她。

意淫

老去的秘密情怀不在回忆而在重现、在用新角度细看过去的匆匆。我更会诠释过去,并且提升了过去。我会用经验做底子,加上重现与意淫。灵肉会越来越拉开距离。肉已淡出、已老去;灵却更提升、升华、绚丽。十七岁永远不会老去,因为她已凝结在图像里、刹那在写真里、鲜活在记忆里。而我已越来越神化、精神化,走向意淫与 fade away。十七岁永不 fade away,我会,但是"还有精神"。

我十八岁时候,在我前面有太多太多八十岁以下的老年人;我八十岁时候,在我后面有太多太多十八岁以上的青年人;在我十八岁到八十岁之间,有太多太多的意淫。

难忘陈碧君

那年交通大学请我演讲,由学生活动中心学术部长陈碧君出面函邀,并约好由一位吴姓男生亲来接我。时间到了,出现的却是陈碧君本人,一位青春美丽的小女生。到学校后,他们请我吃晚饭。饭后陈碧君陪我看看校园,在细雨中、在夜幕中,两人走在校园的路上。陈碧君对我说:"李先生,这条路有一样特色,就是它是循环的。你走下去,会又走回原点。"我回答她:"这样也好,你永远循环,永远不会迷路。"

演讲的情况还不错,为了答复问题,两个小时外,又延长了二十五分钟,前后都由陈碧君主持。在演讲中,我带听众到了另外一个世界,但我始终在两个世界。陈碧君坐在左边第一排,我几次称她作"陈部长"。她的笑容是优雅的,我想,《阿丽思漫游奇境记》(*Alice in Wonderland*)中那只猫如果看到,一定剽窃她的笑容。

过了几天,朋友送我一支名贵钢笔,我转寄给陈碧君,并写信指出,从她给我的信上,看出她用的钢笔该换了。陈碧君收下我的礼物,并用新钢笔,写信向我道谢。

又过了几天,陈碧君又写信了。告诉我,每年一度的"梅竹赛"(清华与交通大学的竞赛)在某一天开场了,她是交通大学的排球队选手,盼我到新竹看她比赛。

我没有回信,也没在当天去看球赛。但是,我在球赛过后第三天独自去了新竹,走在空无一人的球场,为之驻足,然后返回了台北。

我没再见过陈碧君,此生也恐难见到。我到了路的原点、走回路的原点，我永远循环，我迷了路。

我的模特儿

唐朝大诗人杜甫，写大画家曹霸，说：“将军画善盖有神，每逢佳士亦写真；即今漂泊干戈际，屡貌寻常行路人。”为什么要在马路上找路人去画呢？因为创作者需要模特儿写真，作品才能飞扬生动。一般刻板印象只以为画家需要模特儿、雕塑家需要模特儿、摄影家需要模特儿、服装设计师需要模特儿，殊不知文学家也需要模特儿。

模特儿的范围很广，当我为老兵喊话时，满身伤痕的是我模特儿；当我为慰安妇义卖时，满腔悲愤的是我模特儿；当我为小雏妓仗义执言时，满眼忧伤的是我模特儿。

当然，我也有正点的模特儿。当我写《虚拟的十七岁》，我的实体模特儿真的确有其人、确有其形，她是传统说法的模特儿，跟画像艺术品配合，必要时，也跟画家艺术家上床。

在文星时，林丝缎出版《我的模特儿生涯》，绝大部分是我改写的，黄三也改写了一部分。我从没见过林丝缎，但她作为摄影模特儿，太健康了。但我看了许多外国的摄影集，都觉得模特儿太健康了。而我所欣赏的、所需要的，悉属羽级。身高一六八，却四十公斤以下，才是我通过的尺码。

赤裸的十七岁

在写《虚拟的十七岁》前，我的构想是写《赤裸的十七岁》。二〇〇二年十一月二十七日我写出大纲：

《赤裸的十七岁》这本书，以赤裸为书名，有人会大惊小怪，其实他如看过美国作家巴洛兹（William Seward Burroughs）的《赤裸的午餐》

(*Naked Lunch*),或诺曼·梅勒(Norman Mailer)的《赤裸的和死亡的》(*The Naked and the Dead*),就知道赤裸的真义不在黄色,而在万紫与千红。

岳飞十七岁做了爸爸;安妮·法兰克(Anne Frank)十七岁不到死于集中营,魂归成为名家;欧仁妮(Eugénie de Montijo)十七岁方至自言心已碎,老去成为皇后……多少的万紫与千红,都来自赤裸、来自十七岁。

《赤裸的十七岁》,是我以十七岁为主轴的小说,也是由模特儿穿插其中的高情远致的小说。这模特儿是台北朱仑街的一位高中女生。我在《虚拟的十七岁》书中,创造了“朱仑症”和“朱仑现象”。因为“朱仑症”,凄艳的高中女生成了抵抗科技疯狂的牺牲者;因为“朱仑现象”,这一牺牲给了人类最后的余光。如今,十年过去了,那远去的十七岁,名字是 C. J. 周,她在朱仑街念了高中,她是《虚拟的十七岁》的模特儿,我写下“朱仑”,一如写下了她的名字。“Deliver a real novel along with a mystery.”这是我的最后感觉。小说那么真实、“朱仑”那么神秘。沿着神秘,我告别了真实的十七岁。

书成后记

写这本《李敖自传》,其实我自己并不怎么赞成。直到我八十岁生日前四个月,我还反对。二〇一四年十二月十七日日记:“八十年来,除美丽的回忆外,都是六十五年在岛上的腌臜事,忘了最好,不值得一写。从风流水准言,一说就俗。行年八十,要把余生花在令自己快乐的事上,俗人俗事都不值得花时间。”虽然我如此反对,但也转念一想:一、我八十岁了,应该出本书来表示表示;二、如把书写成一本纪功碑,把一些一说就俗的事写得别有施教作用,写了也好。转念一想后,我还是写了。限时四十天完成,因为我在忙着写别的大书,花四十天以上的时间写,就不值得了。

给他们时间,但我不再给我时间了

我一生被蠢人骂,自台湾而海外而海内而大陆,不知凡几。最近最流行的骂法,是我应该庆幸被蒋介石关。这真是贱种逻辑。一位女士问犹太宗教哲学家马丁·布勃(Martin Buber):时间与永恒之别在哪里?布勃说:即使我肯花时间说给你听,你也得经过永恒去了解它(It would take an eternity for you to comprehend it.)。对先知来说,他必须有心理准备:蠢人可能跟不上你,他们尚在永恒中浮沉,要给他们时间来骂你。虽然我已八十岁,能给出的骂我时间也不多了。但骂不骂我,已被我"耳顺"掉了。我的人生方向,显然已经意不在此。我要把我的余生主力,用在永恒的、世界性的文学作品上。像我一九九一年写的《北京法源寺》、二○○一年写的《上山·上山·爱》、二○○三年写的《红色11》、二○○八年写的《虚拟的十七岁》、二○一○年写的《阳痿美国》、二○一一年写的《第73烈士》。除了这类顶尖的书,我将"老弃台湾"、也"老弃祖国"。也不是很多话不该说,只是不该我说了。我给他们时间,但我不再给我时间了。八十岁了,我更朝前走了。

在暗室里，
我要自造光芒。

他是李敖。
他永不放弃面对未来。